江苏“十四五”普通高等教育本科规划教材

概率论与数理统计

（第二版）

张爱武　主编

江苏高校品牌专业建设工程资助项目（PPZY2015C211）
盐城师范学院校品牌专业建设工程资助项目（YCTUPPZYC03）

科学出版社
北京

内 容 简 介

本书是江苏“十四五”普通高等教育本科规划教材，内容包括引言、随机事件及概率、随机变量及分布、随机变量的数字特征、大数定律与中心极限定理、数理统计的基本概念、参数估计、假设检验、方差分析及线性回归分析初步等内容. 书中每节都安排了习题，习题分为两个部分，横线以上部分为基础题，横线以下部分为提高题，以适应不同层次学生的学习需求. 每章结尾都增设了本章概要、常用术语和常用公式，帮助学生复习.

本书可作为高等院校理工类及经济类各专业的概率论与数理统计课程教材, 也可供教师及工程技术人员参考.

图书在版编目(CIP)数据

概率论与数理统计 / 张爱武主编. —2 版. —北京: 科学出版社, 2018.8

江苏“十四五”普通高等教育本科规划教材

ISBN 978-7-03-057813-6

Ⅰ. ①概… Ⅱ. ①张… Ⅲ. ①概率论-高等学校-教材 ②数理统计-高等学校-教材 Ⅳ. ①O21

中国版本图书馆 CIP 数据核字(2018)第 129275 号

责任编辑: 胡云志 李 萍 / 责任校对: 彭珍珍
责任印制: 赵 博 / 封面设计: 华路天然工作室

科 学 出 版 社 出版
北京东黄城根北街 16 号
邮政编码: 100717
http://www.sciencep.com

北京中科印刷有限公司印刷
科学出版社发行 各地新华书店经销

*

2013 年 8 月第 一 版 开本: 787×1092 1/16
2018 年 8 月第 二 版 印张: 20 1/2
2025 年 1 月第十五次印刷 字数: 486 000

定价: 57.50 元

(如有印装质量问题, 我社负责调换)

第二版前言

本书的第一版是2007年江苏省精品教材立项建设项目的成果, 2011年被评为江苏省精品教材, 2017年立项为“十三五”江苏省高等学校重点教材建设项目(修订教材), 2018年确定为江苏省重点教材, 自2013年出版以来, 也得到了广大读者和同行的一致好评, 这使得本书的影响力也越来越大. 面对精品教材和重点教材建设的要求, 面对广大同仁的鼓励, 我们感觉有必要将近几年在教学过程中的尝试进行系统的总结, 于是有了再版的想法.

本次修订主要做了如下修改: ①针对在教学中遇到的问题, 在不影响知识体系的情况下, 我们对部分内容进行了修改, 以便使学生更容易理解; ②为了激发学生学习概率统计的兴趣, 增加了一些实验的经典案例; ③更新了部分例题和习题; ④为了适应教材的需求, 在假设检验、方差分析及回归分析中增加了Matlab程序实现; ⑤为了便于学生复习, 在每章后面增加了本章概要、常用术语和常用分式.

本书的分工如下: 第1、2章由张爱武执笔, 第3、4章由袁兰兰执笔, 第5、6章由黄娟娟执笔, 第7、8章和实验的经典案例由李万斌执笔, Matlab程序实现由孙慧慧执笔, 张爱武教授对全书进行了统稿. 在编写过程中, 参阅了不少参考文献, 同时也吸取了不少同行的意见和建议; 这次再版得到了江苏高校品牌专业建设工程资助项目(PPZY2015C211)和盐城师范学院校品牌专业建设工程资助项目(YCTUPPZYC03)的资助, 同时得到了科学出版社一如既往的鼓励和支持. 在此一并表示感谢.

本书虽经过多次修改, 限于编者水平, 难免有不足之处, 恳请读者批评指正, 我们将作进一步改进.

编　者

2018年4月

第一版前言

概率论与数理统计是理工类及经济类专业的一门重要的基础课. 为了适应教学的需要, 编者集盐城师范学院概率论与数理统计全体任课教师的多年教学与科研经验, 结合普通高等院校概率论与数理统计课程特点和教学要求编写了本书. 本书是2007年江苏省精品教材立项建设项目的成果; 并于 2011 年被评为江苏省精品教材. 概率论是从数量侧面研究随机现象的统计规律性, 它是本课程的理论基础. 本书 1～4 章是概率论的基本内容. 数理统计是处理随机数据, 建立有效的统计方法, 进行统计推断. 本书 5～8 章是数理统计的基本内容.

本书着重介绍了概率论与数理统计的概念、方法, 注意描述概念的实际意义, 并通过精选例题加深对概念的理解, 体现由浅入深、启发诱导的教学方法; 力求在循序渐进的过程中, 使读者逐步掌握概率论与数理统计的基本方法; 突出概率论与数理统计方法的应用, 对较烦琐的理论推导适当降低要求; 本书的习题分节设立, 这样可使习题更具有针对性, 习题数量也明显增加, 在习题的安排上体现层次性, 在每节后面配备的习题分两部分, 一部分为基本要求, 另一部分为提高要求(横线以下部分).

使用本书大约需要 72 学时. 若课时较少, 可选取部分内容组织教学. 譬如, 概率论部分可选取第 1～3 章大部分内容. 统计部分可选取第 5～7 章大部分内容, 其中最小方差无偏估计、两样本的假设检验与区间估计均可略去.

本书由盐城师范学院张爱武编著, 李万斌、孙慧慧、黄娟娟等老师对本书的编写提出了宝贵的意见, 在此对他们深表感谢. 在编写本过程中, 参阅了不少参考文献, 在此对这些文献的作者表示感谢. 本书虽经多次修改, 但限于编者水平, 仍会有缺点和不足. 恳请读者批评指正, 我们将作进一步改进.

编　者

2013 年 4 月

目　　录

引　言

一、必然现象与随机现象

在自然界和人的实践活动中经常遇到各种各样的现象,这些现象大体可分为两类:一类是确定的,例如“在一个标准大气压下,纯水加热到100℃时必然沸腾”,“向上抛一块石头必然下落”,“同性电荷相斥,异性电荷相吸”等等,这种在一定条件下有确定结果的现象称为必然现象(确定性现象).

另一类现象是随机的,例如,在相同的条件下,向上抛一枚质地均匀的硬币,其结果可能是正面朝上,也可能是反面朝上,不论如何控制抛掷条件,在每次抛掷之前无法肯定抛掷的结果是什么,这个试验多于一种可能结果,但是在试验之前不能肯定试验会出现哪一个结果.同样地,同一门大炮对同一目标进行多次射击(同一型号的炮弹),各次弹着点可能不尽相同,并且每次射击之前无法肯定弹着点的确切位置,以上所举的现象都具有随机性,即在一定条件下进行试验或观察会出现不同的结果(也就是说,多于一种可能的试验结果),而且在每次试验之前都无法预言会出现哪一个结果(不能肯定试验会出现哪一个结果),这种现象称为随机现象.

再看两个试验.

试验Ⅰ:一盒中有10个完全相同的白球,搅匀后从中摸出一球;

试验Ⅱ:一盒中有10个相同的球,其中5个白球,5个黑球,搅匀后从中任意摸取一球.

对于试验Ⅰ而言,在球没有取出之前,我们就能确定取出的球必是白球,也就是说在试验之前就能判定它只有一个确定的结果,这种现象就是必然现象(确定性现象).

对于试验Ⅱ来说,在球没有取出之前,不能确定试验的结果(取出的球)是白球还是黑球,也就是说一次试验的结果(取出的球)出现白球还是黑球,在试验之前无法肯定.对于这一类试验而言,骤然一看,似乎没有什么规律而言,但是实践告诉我们,如果从盒子中反复多次取球(每次取一球,记录球的颜色后仍把球放回盒子中搅匀),那么总可以观察到这样的事实,当试验次数n相当大时,出现白球的次数$n_{白}$和出现黑球的次数$n_{黑}$是很接近的,比值$\frac{n_{白}}{n}\left(或\frac{n_{黑}}{n}\right)$会逐渐稳定于$\frac{1}{2}$,出现这个事实是完全可以理解的,因为盒子中的黑球数与白球数相等,从中任意摸一球取得白球或黑球的“机会”相等.

试验Ⅱ所代表的类型,它有多于一种可能的结果,但在试验之前不能确定试验会出现哪一种结果,这类试验所代表的现象称为随机现象,对于试验而言,一次试验看不出什么规律,但是“大数次”地重复这个试验,试验的结果又遵循某些规律,这些规律称为“统计规律”.在客观世界中,随机现象是极为普遍的,例如“某地区的年降雨量”,“某电话交换台在单位时间内收到的用户的呼唤次数”,“一年全省的经济总量”等等,这些都是随机现象.

二、随机试验

如果一个试验满足下述条件:

(1)试验可以在相同的条件下重复进行(可重复性);

(2) 试验的所有可能结果是明确的、可知道的(在试验之前就可以知道的), 并且不止一个(明确性);

(3) 每次试验总是恰好出现这些可能结果中的一个, 但在一次试验之前却不能肯定这次试验出现哪一个结果(不确定性).

称这样的试验是一个随机试验, 为方便起见, 也简称为试验, 今后讨论的试验都是指随机试验.

三、概率论与数理统计的研究对象

概率论是从数量侧面研究随机现象及其统计规律性的数学学科, 它的理论严谨, 应用广泛, 并且有独特的概念和方法, 同时与其他数学分支有着密切的联系, 是近代数学的重要组成部分.

数理统计是对随机现象统计规律归纳的研究, 就是利用概率论的结果, 深入研究统计资料, 观察这些随机现象并发现其内在的规律性, 进而作出一定精确程度的判断, 将这些研究结果加以归纳整理, 形成一定的数学模型. 虽然概率论与数理统计在方法上有所不同, 但作为一门学科, 它们却相互渗透, 相互联系.

概率论与数理统计这门学科的应用相当广泛, 不仅在天文、气象、水文、地质、物理、化学、生物、医学等学科有其应用, 而且在农业、工业、商业、军事、电信部门等也有广泛的应用.

四、概率论与数理统计发展简史

概率论被称为“赌博起家”的理论.

概率论产生于 17 世纪中叶, 是一门比较古老的数学学科, 有趣的是: 尽管任何一门的数学分支的产生与发展都不外乎是生产、科学或数学自身发展的推动, 但是概率论的产生, 却起始于对赌博的研究, 当时两个赌徒约定赌若干局, 并且谁先赢 c 局便是赢家, 若一个赌徒赢 a 局 $(a<c)$, 另一赌徒赢 b 局 $(b<c)$ 时终止赌博, 问应当如何分赌本? 最初正是一个赌徒将问题求教于帕斯卡, 促使帕斯卡同费马讨论这个问题, 从而他们共同建立了概率论的第一基本概念——数学期望.

1657 年惠更斯也给出了一个与他们类似的解法.

在他们之后, 对于研究这种随机(或称偶然)现象规律的概率论做出了贡献的是伯努利家族的几位成员, 雅各布给出了赌徒输光问题的详尽解法, 并证明了被称为“大数定律”的一个定理(伯努利定理), 这是研究偶然事件的古典概率论中极其重要的结果, 它表明在大量观察中, 事件的频率与概率是极其接近的. 历史上第一个发表有关概率论论文的人是伯努利, 他于 1713 年发表了一篇关于极限定理的论文, 概率论产生后的很长一段时间内都是将古典概型作为概率来研究的, 直到 1812 年拉普拉斯在他的著作《分析概率论》中给出概率明确的定义, 并且还建立了观察误差理论和最小二乘法估计法, 从这时开始对概率的研究, 实现了从古典概率论向近代概率论的转变.

概率论在 20 世纪再度迅速发展起来, 这是由于科学技术发展迫切地需要研究有关一个或多个连续变化着的参变量的随机变数理论, 即随机过程论, 1906 年俄国数学家马尔可夫(1856～1922)提出了所谓“马尔可夫链”的数学模型, 对发展这一理论做出贡献的还有柯尔莫哥洛夫(苏联)、费勒(美国); 1934 年苏联数学家辛钦又提出了一种在时间中均匀进行着的平稳过程的理论. 随机过程理论在科学技术中有着重要的应用, 现在已建立了马尔可夫过程与随机微分方程之间的联系.

1960 年, 卡尔曼(1930～2016)建立了数字滤波论, 进一步发展了随机过程在制导系统中的应用. 1917 年苏联科学家伯恩斯坦首先给出了概率论的公理体系. 1933 年柯尔莫哥洛夫又以更完整的形式提出了概率论的公理结构, 从此, 更现代意义上的完整的概率论臻于完成.

相对于其他许多数学分支而言, 数理统计是一个比较年轻的数学分支, 它是研究怎样去有效地收集、整理和分析带有随机性的数据, 以对所观察的问题作出推断或预测, 直至为采取一定的决策和行动提供依据与建议. 数理统计学是伴随着概率论的发展而发展起来的. 当人们认识到必须把数据看成是来自具有一定概率分布的总体, 所研究的对象是这个总体而不能局限于数据本身之日, 也就是数理统计学诞生之时(确切时间至今难定论).

从现有资料看, 19 世纪中叶以前已出现了若干重要工作, 特别是高斯和勒让德关于观测数据误差分析和最小二乘法的研究. 到 19 世纪末, 经过包括皮尔逊在内的一些学者的努力, 这门学科已经开始形成.

数理统计学发展成一门成熟的学科, 则是 20 世纪上半叶的事, 它很大程度上要归功于皮尔逊、费希尔等的工作. 特别是费希尔的贡献, 对这门学科的建立起了决定性的作用. 1946 年, 克拉默发表的《统计学数学方法》, 是第一部严谨且比较系统的数理统计学著作, 可以把它作为数理统计学进入成熟阶段的标志.

我国的概率论研究起步较晚, 从 1957 年开始, 先驱者是许宝騄先生. 1957 年暑期许老师在北京师范大学举办了一个概率论与数理统计的讲习班, 从此, 我国对概率论与数理统计的研究有了较大的发展. 现在概率论与数理统计是数学系各专业的必修课之一, 也是工科、经济类专业学生的公共课, 许多高校都设了统计学(特别是财经类高校). 近年来, 我国科学家对概率论与数理统计的研究也取得了较大的成果.

第 1 章　随机事件及概率

1.1　随机事件与样本空间

随机事件与样本空间是概率论中的两个最基本的概念.

1.1.1　基本事件与样本空间

对于随机试验来说, 我们感兴趣的往往是随机试验的所有可能结果. 例如, 掷一枚硬币, 我们关心的是出现正面还是出现反面这两个可能结果. 若观察的是掷两枚硬币的试验, 则可能出现的结果有(正、正), (正、反), (反、正), (反、反)四种, 如果掷三枚硬币, 其结果还要复杂, 但还是可以将它们描述出来的, 总之为了研究随机试验, 必须知道随机试验的所有可能结果.

1. 基本事件

通常, 根据我们研究的目的, 将随机试验的每一个可能的结果, 称为基本事件. 因为随机试验的所有可能结果是明确的, 从而所有的基本事件也是明确的. 例如, 在抛掷硬币的试验中"出现反面""出现正面"是两个基本事件; 又如, 在掷骰子试验中"出现一点", "出现两点", "出现三点", …, "出现六点"都是基本事件.

2. 样本空间

基本事件的全体, 称为样本空间. 也就是试验所有可能结果的全体是样本空间, 样本空间通常用大写的希腊字母 Ω 表示, Ω 中的点即基本事件, 也称为样本点, 常用 ω 表示, 有时也用 A, B, C 等表示.

在具体问题中, 给定样本空间是研究随机现象的第一步.

例 1.1.1　一盒中有十个完全相同的球, 分别有号码 $1,2,3,\cdots,10$, 从中任取一球, 观察其标号, 写出其样本空间.

解　令 $i=\{$取得球的标号为$i\}$, $i=1,2,3,\cdots,10$, 则 $\Omega=\{1,2,3,\cdots,10\}$, $\omega_i=\{$标号为$i\}$, $i=1,2,\cdots,10$, 其中, $\omega_1,\omega_2,\cdots,\omega_{10}$ 为基本事件(样本点).

例 1.1.2　写出下列试验的样本空间:

(1) 同时抛掷红色与白色的骰子各一粒, 记录其向上一面(简称出现)的点数;

(2) 同时抛掷两粒骰子, 记录出现的点数之和.

解　(1) 用有序数组 (i,j) 表示红色骰子出现 i 点, 白色骰子出现 j 点, 则样本空间可表示为 $\Omega=\{(1,1),(1,2),(1,3),(1,4),\cdots,(6,5),(6,6)\}$ 共 36 个样本点;

(2) 试验和 (1) 类似, 但观察的内容不相同, 其样本点也不相同, 不难看出 (2) 的样本空间可表示为: $\Omega=\{2,3,4,\cdots,12\}$.

例 1.1.1 和例 1.1.2 讨论的样本空间只有有限个样本点, 是比较简单的样本空间.

例 1.1.3　讨论某寻呼台在单位时间内收到的呼叫次数, 可能结果一定是非负整数而且很难制定一个数为它的上界. 这样就可以把样本空间取为 $\Omega=\{0,1,2,\cdots\}$.

这样的样本空间含有无穷个样本点, 但这些样本点可以依照某种顺序排列起来, 称它为可列样本空间.

例 1.1.4　讨论某地区的气温时自然把样本空间取为 $\Omega=(-\infty,+\infty)$ 或 $\Omega=[a,b]$, 这样的样本空间含有无穷个样本点, 它充满一个区间, 称它为无穷样本空间.

从这些例子可以看出, 样本空间是由试验完全确定的. 随着问题的不同, 样本空间可以相当简单, 也可以相当复杂. 在今后的讨论中, 都认为样本空间是预先给定的.

注意　对于一个实际问题或一个随机现象, 考虑问题的角度不同, 样本空间也可能选择得不同.

例如, 掷骰子这个随机试验, 若考虑的是出现的点数, 则样本空间 $\Omega=\{1,2,3,4,5,6\}$; 若考虑的是出现奇数点还是出现偶数点, 则样本空间 $\Omega=\{\text{奇数},\text{偶数}\}$.

由此说明, 同一个随机试验可以有不同的样本空间. 在实际问题中, 选择恰当的样本空间来研究随机现象是概率论中值得研究的一个问题.

1.1.2　随机事件

随机试验总有一定的观察目的, 除了考察其所有可能结果组成的样本空间外, 还需观察其他各种各样的结果. 如在例 1.1.1 中, 样本空间 $\Omega=\{1,2,3,\cdots,10\}$, 研究下面这些问题:

$$A=\{\text{球的标号为3}\},\quad B=\{\text{球的标号为偶数}\},\quad C=\{\text{球的标号不大于5}\},$$

其中 A 为一个基本事件, 而 B 与 C 则由基本事件所组成.

例如, B 发生(出现)必须而且只需下列样本点 2,4,6,8,10 之一发生, 它由五个基本事件组成.

同样地, C 发生必须而且只需下列样本点 1,2,3,4,5 之一发生.

A,B,C 这些结果在一次试验中既可能发生, 也可能不发生, 体现了随机性. 这样的结果称为随机事件, 简称事件. 习惯上用大写英文字母 A,B,C 等表示, 在试验中如果出现 A 中包含了某一个基本事件 ω, 则称作 A 发生, 并记作 $\omega\in A$.

我们知道, 样本空间 Ω 包含了全体基本事件(样本点), 而随机事件不过是由某些特征的基本事件组成的, 从集合论的角度来看, 一个随机事件不过是样本空间 Ω 的一个子集而已.

如例 1.1.1 中 $\Omega=\{1,2,3,\cdots,10\}$, 显然 A,B,C 都是 Ω 的子集, 它们可以简单地表示为

$$A=\{3\},\quad B=\{2,4,6,8,10\},\quad C=\{1,2,3,4,5\}.$$

因为 Ω 由所有基本事件组成, 所以在一次试验中, 必然要出现 Ω 中的某一基本事件, 即 $\omega\in\Omega$, 也就是在试验中 Ω 必然要发生(出现), 今后用 Ω 表示一个必然事件, 它本身就是 Ω 的子集. 例如, 掷骰子这个随机试验, "掷出的点数不小于 1", "掷出的点数是自然数" 等, 它们在每次试验中必然出现, 都是必然事件.

相应地, 空集 $\varnothing$ 在任意一次试验中不能有 $\omega\in\varnothing$, 也就是说 $\varnothing$ 永远不可能发生, 所以称 $\varnothing$ 为不可能事件. 又如, 在掷骰子这个试验中, "掷出的点数大于 6", "掷出的点数是负数" 等, 它们在每次试验中都不会出现, 都是不可能事件.

实质上必然事件就是在每次试验中都发生的事件, 不可能事件就是在每次试验中都不发生的事件, 必然事件与不可能事件的发生与否, 已经失去了"不确定性", 即随机性, 因而本质上不是随机事件, 但为了讨论问题方便, 还是将它看作随机事件.

例 1.1.5　一批产品共 10 件, 其中 2 件次品, 其余为正品, 从中任取 3 件, 则 $A=\{\text{恰有1件正品}\}$,

$B=\{$恰有2件正品$\}$, $C=\{$至少有2件正品$\}$, $D=\{$3件中至少有1件次品$\}$, 这些都是随机事件, 而 $\Omega=\{$3件中有正品$\}$ 为必然事件, $\varnothing=\{$3件都是正品$\}$ 为不可能事件.

对于这个随机试验来说, 基本事件总数为 C_{10}^3 个.

1.1.3 事件的关系与运算

对于随机试验而言, 它的样本空间 Ω 可以包含很多随机事件, 概率论的任务之一就是研究随机事件的规律, 通过对较简单事件规律的研究再掌握更复杂事件的规律, 为此需要研究事件和事件之间的关系与运算.

若没有特殊说明, 认为样本空间 Ω 是给定的, 且还定义了 Ω 中的一些事件, $A,B,A_i(i=1,2,\cdots)$ 等, 由于随机事件是样本空间的子集, 从而事件的关系与运算和集合的关系与运算完全类似.

1. 事件的包含关系

定义 1.1.1 若事件 A 发生必然导致事件 B 发生, 则称事件 B 包含 A, 或称 A 是 B 的特款, 也称 A 为 B 的子事件, 记作 $A\subset B$ 或 $B\supset A$.

比如前面提到过的 $A=\{$球的标号为6$\}$, 这一事件就导致了事件 $B=\{$球的标号为偶数$\}$ 的发生, 因为摸到标号为6的球意味着标号为偶数的球出现了, 所以 $A\subset B$.

可以给定义 1.1.1 一个几何解释, 设样本空间 Ω 是一个长方形, 用一个圆表示一个随机事件, 这类图形称为维恩(Venn)图. 如图 1-1 所示, A,B 是两个事件, 也就是说, 它们是 Ω 的子集, "A 发生必然导致 B 发生" 意味着属于 A 的样本点都在 B 中, 由此可见, 事件 $A\subset B$ 的含义与集合论是一致的.

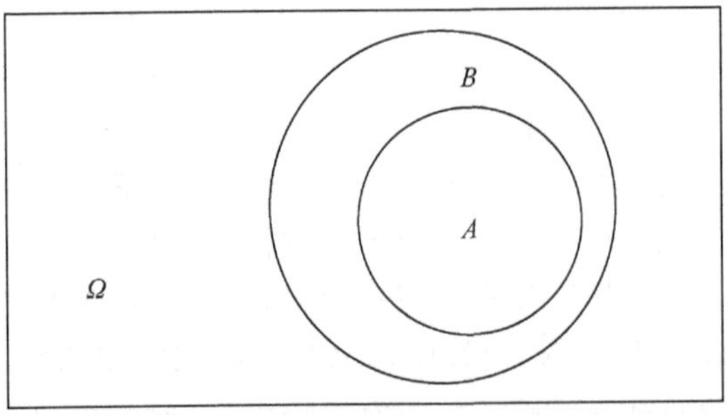

图 1-1

特别地, 对任何事件 A, 有 $A\subset\Omega$, $\varnothing\subset A$.

例 1.1.6 设某种动物从出生活到 20 岁记为 A, 从出生活到 25 岁记为 B, 则 $B\subset A$, 因为某种动物从出生活到 25 岁, 肯定先要活到 20 岁.

2. 事件的相等

定义 1.1.2 设 $A,B\subset\Omega$, 若 $A\subset B$, 同时有 $B\subset A$, 称 A 与 B 相等, 记为 $A=B$. 易知相等的两个事件 A,B 总是同时发生或同时不发生, 在同一样本空间中两个事件相等意味着它们含有相同的样本点.

3. 并(和)事件与积(交)事件

定义 1.1.3　设 $A,B\subset\Omega$，称事件"A 与 B 中至少有一个发生"为 A 和 B 的和事件或并事件，记作 $A\cup B$，有时也记为 $A+B$．如图 1-2 阴影部分所示.

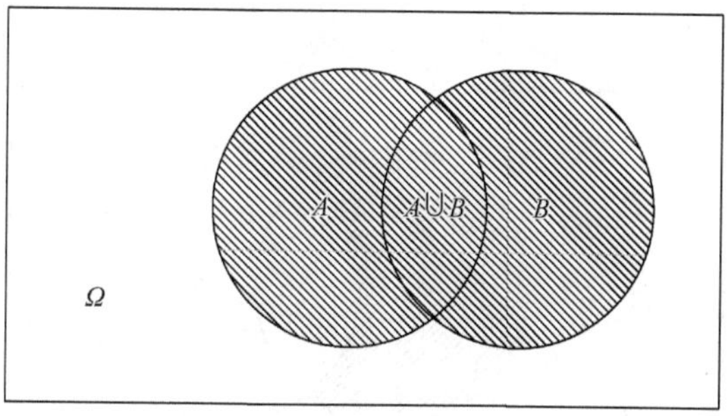

图 1-2

实质上，由 $A\cup B=$"A 或 B 发生"．显然，$A\cup\varnothing=A,A\cup\Omega=\Omega,A\cup A=A$．

若 $A\subset B$，则 $A\cup B=B$．同时有，$A\subset A\cup B,B\subset A\cup B$．

例 1.1.7　设某种圆柱形产品，若底面直径和高都合格，则该产品合格．令 $A=\{$直径不合格$\}$，$B=\{$高度不合格$\}$，则 $A\cup B=\{$产品不合格$\}$.

和事件的概念可以推广到多个事件的情形.

推广　设 n 个事件 $A_1,A_2,\cdots,A_n$，称"$A_1,A_2,\cdots,A_n$ 中至少有一个发生"这一事件为 A_1，$A_2,\cdots,A_n$ 的和事件或并事件，记作 $A_1\cup A_2\cup\cdots\cup A_n$ 或 $\bigcup_{i=1}^{n}A_i$.

和事件的概念还可以推广到可列个事件的情形.

定义 1.1.4　设 $A,B\subset\Omega$，称"A 与 B 同时发生"这一事件为 A 和 B 的积事件或交事件，记作 $A\cdot B$ 或 AB 或 $A\cap B$，如图 1-3 阴影部分所示.

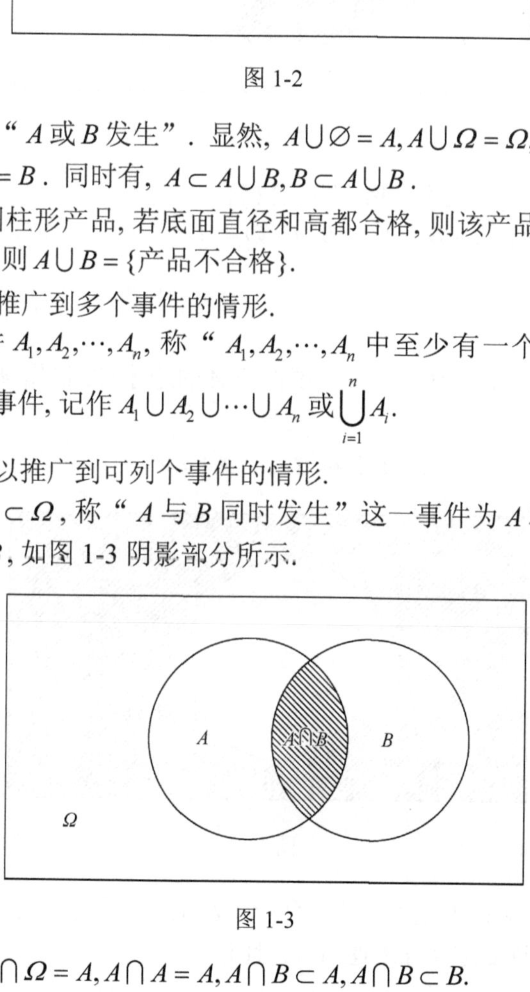

图 1-3

显然．$A\cap\varnothing=\varnothing,A\cap\Omega=A,A\cap A=A,A\cap B\subset A,A\cap B\subset B$.

若 $A\subset B$，则 $A\cap B=A$．

如例 1.1.7 中，若 $C=\{$直径合格$\}$，$D=\{$高度合格$\}$，则 $C\cdot D=\{$产品合格$\}$.

积事件的概念可以推广到多个事件的情形.

推广　设 n 个事件 $A_1,A_2,\cdots,A_n$，称"$A_1,A_2,\cdots,A_n$ 同时发生"这一事件为 $A_1,A_2,\cdots,A_n$ 的积事件或交事件，记作 $A_1\cap A_2\cap\cdots\cap A_n$ 或 $A_1A_2\cdots A_n$ 或 $\bigcap_{i=1}^{n}A_i$．

同样积事件的概念也可以推广到可列个事件的情形.

4. 差事件

定义 1.1.5 设$A,B\subset\Omega$,称“A发生B不发生”这一事件为A与B的差事件,记作$A-B$,如图 1-4 阴影部分所示.

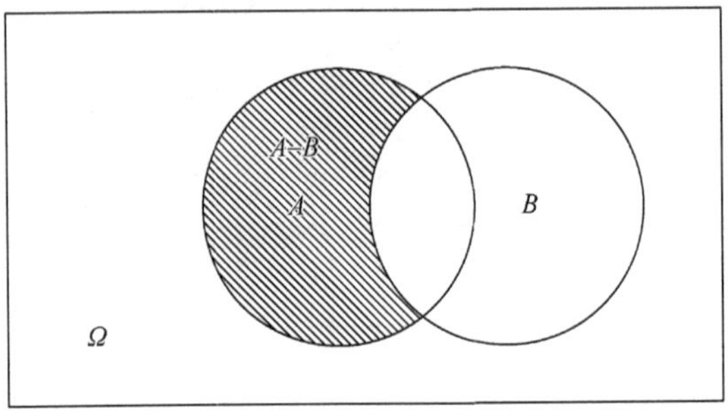

图 1-4

如例 1.1.7 中, $A-B=\{$直径不合格, 高度合格$\}$.
从集合论的相关结论有$A-B=A-AB, A-\varnothing=A$.

5. 对立事件

定义 1.1.6 称“$\Omega-A$”为A的对立事件或A的逆事件,记作$\overline{A}$,如图 1-5 中阴影部分所示.

$$A\cup\overline{A}=\Omega,\quad A\overline{A}=\varnothing.$$

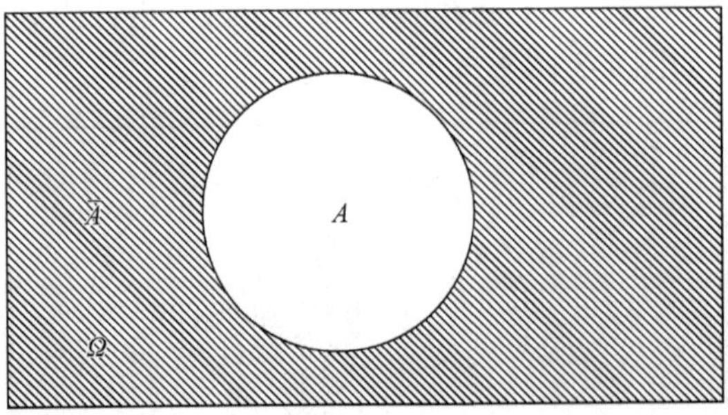

图 1-5

由此说明,在一次试验中A与$\overline{A}$有且仅有一个发生, 即不是A发生就是$\overline{A}$发生.
显然$\overline{\overline{A}}=A$,由此说明$A$与$\overline{A}$互为逆事件, 且有

$$\overline{\Omega}=\varnothing,\quad \overline{\varnothing}=\Omega,\quad A-B=A\overline{B}.$$

例 1.1.8 设有 100 件产品,其中 5 件产品为次品,从中任取 50 件产品. 记

$$A=\{50\text{ 件产品中至少有一件次品}\},$$

则$\overline{A}=\{50$ 件产品中没有次品$\}=\{50$ 件产品全是正品$\}$.

由此说明,若事件A比较复杂,往往它的对立事件$\overline{A}$比较简单,因此我们在讨论复杂事件时,往往可以转化为讨论它的对立事件.

6. 互不相容事件(互斥事件)

定义 1.1.7　若在一次试验中, 两个事件 A 与 B 不能同时发生, 即 $AB=\varnothing$, 则称 A 与 B 为互不相容事件(或互斥事件).

注意　任意两个基本事件都是互斥的.

推广　设 n 个事件 $A_1,A_2,\cdots,A_n$ 两两互斥, 称 $A_1,A_2,\cdots,A_n$ 互斥(互不相容).

若 A,B 为对立事件, 则 A,B 互斥. 而若 A,B 为互斥事件, 则 A,B 不一定为对立事件. 例如, 在掷骰子这个试验中, "掷出的点数是 1" 与 "掷出的点数是 2" 是互斥事件, 但 "掷出的点数是 1" 的这个事件的对立事件为 "掷出的点数不是 1", 它包含了 "掷出的点数是 2" 这个事件.

7. 完备事件组

定义 1.1.8　设 $A_1,A_2,\cdots,A_n,\cdots$ 是有限个或可列个事件, 若其满足:

(1) $A_i\cap A_j=\varnothing, i,j=1,2,\cdots$;

(2) $\bigcup\limits_{i} A_i=\Omega$,

则称 $A_1,A_2,\cdots,A_n,\cdots$ 是一个完备事件组.

显然, A 与 $\overline{A}$ 是一个完备事件组.

8. 事件的运算法则

(1) **交换律**　$A\cup B=B\cup A, AB=BA$;

(2) **结合律**　$(A\cup B)\cup C=A\cup(B\cup C),(AB)C=A(BC)$;

(3) **分配律**　$(A\cup B)\cap C=(A\cap C)\cup(B\cap C)$, $(A\cap B)\cup C=(A\cup C)\cap(B\cup C)$;

(4) **对偶原则**　$\overline{\bigcup\limits_{i=1}^{n} A_i}=\bigcap\limits_{i=1}^{n}\overline{A_i}$, $\overline{\bigcap\limits_{i=1}^{n} A_i}=\bigcup\limits_{i=1}^{n}\overline{A_i}$.

事件间的关系及运算与集合的关系及运算是一致的, 为方便起见, 给出下列对照表(表 1-1).

表 1-1

记号	概率论	集合论
Ω	概率空间, 必然事件	全集
$\varnothing$	不可能事件	空集
ω	基本事件	元素
A	事件	子集
$\overline{A}$	A 的对立事件	A 的余集
$A\subset B$	事件 A 发生导致 B 发生	A 是 B 的子集
$A=B$	事件 A 与 B 相等	A 与 B 相等
$A\cup B$	事件 A 与事件 B 至少有一个发生	A 与 B 的并集
AB	事件 A 与事件 B 同时发生	A 与 B 的交集
$A-B$	事件 A 发生而事件 B 不发生	A 与 B 的差集
$AB=\varnothing$	事件 A 与事件 B 互不相容	A 与 B 没有相同元素

例 1.1.9　设 A,B,C 为 Ω 中的随机事件, 试用 A,B,C 表示下列事件:

(1) A 与 B 发生而 C 不发生: $AB-C$ 或 $AB\overline{C}$;

(2) A 发生, B 与 C 不发生: $A-B-C$ 或 $A\overline{B}\overline{C}$;

(3) 恰有一个事件发生: $A\overline{B}\overline{C} \cup \overline{A}B\overline{C} \cup \overline{A}\overline{B}C$;

(4) 恰有两个事件发生: $AB\overline{C} \cup A\overline{B}C \cup AB\overline{C}$;

(5) 三个事件都发生: ABC;

(6) 至少有一个事件发生: $A\cup B\cup C$ 或(3)(4)(5)之并;

(7) A,B,C 都不发生: $\overline{A}\overline{B}\overline{C}$;

(8) A,B,C 不都发生: $\overline{ABC}$;

(9) A,B,C 不多于一个发生: $\overline{A}\overline{B}\overline{C} \cup A\overline{B}\overline{C} \cup \overline{A}B\overline{C} \cup \overline{A}\overline{B}C$ 或 $\overline{AB\cup BC\cup CA}$;

(10) A,B,C 不多于两个发生: $\overline{ABC}$ 或 $\overline{A}\overline{B}\overline{C}\cup A\overline{B}\overline{C}\cup \overline{A}B\overline{C}\cup \overline{A}\overline{B}C\cup AB\overline{C}\cup A\overline{B}C\cup AB\overline{C}$.

注意　用其他事件的运算表示一个事件, 方法往往不唯一, 如上例中的(6)与(9). 因此在解决实际问题时要根据需要选择一种恰当的表示方法.

例 1.1.10　试验 E: 袋中有三个球编号为 1, 2, 3, 从中任意摸出一球, 观察其号码, 记 $A=$ {球的号码小于 3}, $B=$ {球的号码为奇数}, $C=$ {球的号码为 3}. 试问:

(1) E 的样本空间是什么?

(2) A 与 B, A 与 C, B 与 C 是否互不相容?

(3) A, B, C 对立事件是什么?

(4) A 与 B 的和事件、积事件、差事件各是什么?

解　设 $\omega_i=$ {摸到球的号码为 i}, $i=1,2,3$, 则

(1) E 的样本空间为 $\Omega=\{\omega_1,\omega_2,\omega_3\}$;

(2) $A=\{\omega_1,\omega_2\}$, $B=\{\omega_1,\omega_3\}$, $C=\{\omega_3\}$, A 与 B, B 与 C 是相容的, A 与 C 互不相容;

(3) $\overline{A}=\{\omega_3\}$, $\overline{B}=\{\omega_2\}$, $\overline{C}=\{\omega_1,\omega_2\}$;

(4) $A\cup B=\Omega$, $AB=\{\omega_1\}$, $A-B=\{\omega_2\}$.

1.1.4　事件域

前面我们曾经指出, 事件是样本空间 Ω 的某个子集, 但一般并不把 Ω 的一切子集都作为事件, 因为这将会给进一步的讨论带来困难. 另一方面, 由讨论问题的需要, 又必须把问题中感兴趣的事件都包括进来. 例如, 若 A 是事件, 则应要求 $\overline{A}$ 也是事件, 若 A, B 是事件, 则 $A\cap B, A\cup B, A-B$ 等也应是事件. 用集合论的语言来说, 就是样本空间 Ω 中某些子集组成的集合类要关于运算“$\cup$”,“$\cap$”和“$-$”是封闭的. 为此, 我们通常根据具体问题的需要, 适当选取 Ω 的一些子集组成集类 $\mathscr{F}$, 要求 $\mathscr{F}$ 对集合的逆、交、并等运算封闭, 而把 Ω 中属于 $\mathscr{F}$ 的那些子集叫做事件, 把 $\mathscr{F}$ 称作事件域.

定义 1.1.9　设 Ω 是一给定的样本空间, $\mathscr{F}$ 是由 Ω 的一些子集构成的集合类, 如果 $\mathscr{F}$ 满足下列条件:

(1) $\Omega\in\mathscr{F}$;

(2) 若 $A\in\mathscr{F}$, 有 $\overline{A}\in\mathscr{F}$;

(3) 若 $A_i\in\mathscr{F}$, $i=1,2,\cdots$, 有 $\bigcup_{i=1}^{\infty}A_i\in\mathscr{F}$,

则称 $\mathscr{F}$ 为事件域, $\mathscr{F}$ 中的元素称为事件, Ω 称为必然事件.

在集合论中，满足上述三条件的集合类称为布尔代数(σ代数)，所以事件域是一个布尔代数，对于样本空间Ω，如果$\mathscr{F}$是Ω的一切子集的全体，显然，$\mathscr{F}$是一个布尔代数.

关于$\mathscr{F}$有如下性质：

(1) $\varnothing\in\mathscr{F}$ (由条件(1),(2)可得)；

(2) 若$A,B\in\mathscr{F}$，有$A\cap B, A\cup B, A-B\in\mathscr{F}$ ($A,B\in\mathscr{F}$，由定义 1.1.9(3)有$A\cup B\in\mathscr{F}$，$\overline{A}$，$\overline{B}\in\mathscr{F}$，$\overline{A}\cup\overline{B}\in\mathscr{F}$，$\overline{\overline{A}\cup\overline{B}}=AB\in\mathscr{F}$，$A\overline{B}=A-B\in\mathscr{F}$)；

(3) 若$A_i\in\mathscr{F}$，$i=1,2,\cdots$，有

$$\bigcap_{i=1}^{\infty}A_i\in\mathscr{F}\quad\left(A_i\in\mathscr{F},\ \overline{A_i}\in\mathscr{F},\ \bigcup_{i=1}^{\infty}\overline{A}_i\in\mathscr{F},\ \overline{\bigcup_{i=1}^{\infty}\overline{A_i}}=\bigcap_{i=1}^{\infty}A_i\in\mathscr{F}\right).$$

例 1.1.11　$\mathscr{F}=\{\varnothing,\Omega\}$是一个事件域，它所含的元素最少，称它为最小事件域.

例 1.1.12　$\mathscr{F}=\{\varnothing,A,\overline{A},\Omega\}$，其中$A\subset\Omega$是一个事件域.

例 1.1.13　$\mathscr{F}=\{A:A\subset\Omega\}$，即$F$是由$\Omega$的一切子集所构成的集合，是一个事件域，称它为最大事件域.

特别地，若$\Omega=\{\omega_1,\omega_2,\cdots,\omega_n\}$为有限的样本空间，则$\mathscr{F}=\{\varnothing,\{\omega_1\},\cdots,\{\omega_n\},\{\omega_1,\omega_2\},\cdots,\{\omega_{n-1},\omega_n\},\cdots,\Omega\}$是$\Omega$上为最大事件域，共有$2^n$个元素.

例 1.1.14　设$A_i\subset\Omega,i=1,2,3,A_1\cup A_2\cup A_3=\Omega,A_iA_j=\varnothing,i\neq j=1,2,3$，则$\mathscr{F}=\{\varnothing,A_1,A_2,A_3,\Omega\}$不是事件域；但$\mathscr{F}_1=\{\varnothing,A_1,A_2,A_3,A_1\cup A_2,A_1\cup A_3,A_2\cup A_3,\Omega\}$是一个事件域.

习　题　1.1

1. 写出下列随机试验的样本空间：

(1) 抛三枚硬币；　(2) 掷三颗骰子；

(3) 连续抛一枚硬币，直至出现正面为止；　(4) 某城市一天内的用水量.

2. 在抛三枚硬币的试验中写出下列事件的集合表示：

A = "至少出现一次正面"；　B = "最多出现一次正面"；

C = "恰好出现一次正面"；　D = "出现三面相同".

3. 一个工人生产了n个零件，以事件A_i表示他生产的第i个零件是合格品($1\leqslant i\leqslant n$)，试用A_i表示下列事件：

(1) 没有一个零件是不合格品；　(2) 至少有一个零件是不合格品；

(3) 仅仅只有一个零件是不合格品；　(4) 至少有两个零件不是不合格品；

(5) 恰好有$k(1\leqslant k\leqslant n)$个零件是合格品.

4. 假设A_1,A_2,A_3是同一随机试验的三个事件，试通过它们表示下列各事件：

(1) 只有A_1发生；　(2) 只有A_1和A_2发生；

(3) A_1,A_2,A_3中恰有一个发生；　(4) A_1,A_2,A_3中至少有一个发生；

(5) A_1,A_2,A_3都不发生.

5. 设某人向目标射击 3 次，用A_i表示"第i次射击击中目标"($i=1,2,3$)，试用语言描述下列事件：

(1) $\overline{A}_1\cup\overline{A}_2\cup\overline{A}_3$；　(2) $\overline{A}_1\cup\overline{A}_2$；　(3) $(A_1A_2\overline{A}_3)\cup(\overline{A}_1A_2A_3)$.

6. 互不相容事件与对立事件有什么区别？说出下列各对事件的关系：

(1) $|x-a|<\delta$与$|x-a|\geqslant\delta$；　(2) $x>20$与$x<18$；

(3) 20 件产品全是合格品与 20 件产品中只有一件次品；

(4) 20 件产品全是合格品与 20 件产品中至少有一件次品；

(5) $x>20$与$x\leqslant 22$.

7. 证明：若事件A与B为对立事件，则$\overline{A}$与$\overline{B}$也为对立事件.

8. 证明: 若 A, B 为两个事件, 且 $AB=\overline{A}\overline{B}$, 证明 A 与 B 为对立事件.

9. 指出下列各式成立的条件(用 A 与 B 的关系表达):

(1) $AB=A$　　(2) $(A\cup B)-A=B$.

---

10. 设 $\mathscr{F}$ 为一事件域, 若 $A_n\in\mathscr{F}$, $n=1,2,\cdots$, 试证:

(1) $\varnothing\in\mathscr{F}$;　　(2) 有限并 $\bigcup\limits_{i=1}^{n}A_i\in\mathscr{F}$, $n\geqslant 1$;

(3) 有限交 $\bigcap\limits_{i=1}^{n}A_i\in\mathscr{F}$, $n\geqslant 1$;　　(4) 可列交 $\bigcap\limits_{i=1}^{+\infty}A_i\in\mathscr{F}$, $n\geqslant 1$;

(5) 差运算 $A_1-A_2\in\mathscr{F}$.

1.2　概率定义及概率的性质

1.2.1　概率的描述性定义

对于随机试验中的随机事件, 在一次试验中是否发生, 虽然不能预先知道, 但是它们在一次试验中发生的可能性是有大小之分的. 比如掷一枚均匀的硬币, 那么随机事件 A (正面朝上) 和随机事件 B (正面朝下) 发生的可能性是一样的(都为 1/2). 又如袋中有 8 个白球, 2 个黑球, 从中任取一球. 当然取到白球的可能性要大于取到黑球的可能性. 一般地, 对于任何一个随机事件都可以找到一个数值与之对应, 该数值作为事件发生的可能性大小的度量.

定义 1.2.1　随机事件 A 发生的可能性大小的度量(数值)称为 A 发生的概率, 记为 $P(A)$.

1.2.2　概率的统计定义

1. 频率的概念

对于一个随机试验来说, 它发生可能性大小的度量是由自身决定的, 并且是客观存在的. 概率是随机事件发生可能性大小的度量是自身的属性. 一个根本问题是, 对于一个给定的随机事件发生可能性大小的度量——概率, 究竟有多大呢?

掷硬币的试验, 做一次试验, 事件 A (正面朝上) 是否发生是不确定的, 然而这是问题的一个方面, 当试验大量重复做的时候, 事件 A 发生的次数, 也称为频数, 体现出一定的规律性, 约占总试验次数的一半, 也可写成 n_A.

A 发生的频率 = 频数/试验总次数, 与 1/2 接近.

一般地, 设随机事件 A 在 n 次试验中出现了 n_A 次, 比值 $f_n(A)=\dfrac{n_A}{n}$, 称为事件 A 在这 n 次试验中出现(发生)的频率.

关于频率的稳定性, 历史上有几个经典的例子可以权威地进行例证, 且可以反复进行. 例如, 著名的掷硬币试验. 在投掷一枚硬币时, 可能出现正面, 也可能出现反面, 事先做出确定的判断是不可能的, 进一步, 若假设硬币均匀, 则直观上出现正面与反面的机会应该均等, 即在大量试验的情形下出现正面的概率应接近于 50%, 为证实该结论, 历史上曾有许多人做过这个试验, 其中试验结果如表 1-2 所示.

表 1-2

试验者	n	n_A	$f_n(A)$
蒲丰	4040	2048	0.5070
K.皮尔逊	12000	6019	0.5016
K.皮尔逊	24000	12012	0.5005

从上表可以看出, 不管什么人去抛, 当试验次数逐渐增多时, $f_n(A)$ 总是在 0.5 附近摆动而逐渐稳定于 0.5. 从这个例子可以看出, 一个随机试验的随机事件 A, 在 n 次试验中出现的频率 $f_n(A)$, 当试验的次数 n 逐渐增多时, 它在一个常数附近摆动, 而逐渐稳定于这个常数. 这个常数是客观存在的, 这就是频率的稳定性. "频率稳定性"的性质, 不断地为人类的实践活动所证实, 它揭示了隐藏在随机现象中的规律性.

又如, 在英语使用中, 某些字母出现的频率会远高于其他的一些字母. 深入的研究还发现各字母被使用的频率相当稳定. 特别地, 表 1-3 给出了英文字母使用频率的一份统计表.

表 1-3

字母	空格	E	T	O	A	N	I	R	S
频率	0.2	0.105	0.072	0.0654	0.063	0.059	0.055	0.054	0.052
字母	H	D	L	C	F	U	M	P	Y
频率	0.047	0.035	0.029	0.023	0.0225	0.0225	0.021	0.0175	0.012
字母	W	G	B	V	K	X	J	Q	Z
频率	0.012	0.011	0.0105	0.008	0.003	0.002	0.001	0.001	0.001

还有一个著名的试验就是由英国生物统计学家高尔顿(Galton)设计的. 该试验被称为高尔顿挡板试验, 试验模型如图 1-6 所示.

试验过程为在图 1-6 中自上端放进一个小球, 任其自由下落, 在下降过程中当接触到钉子时, 从左边落下与从右边落下的机会相等. 接触到下一排的钉子时又是如此. 最后落入地板中的某一格子. 故当任意放入一球时, 此球落入哪个格子, 事先也是难以确定的. 但经过研究发现, 当放入大量小球时, 最后所呈现的曲线, 几乎是一致的. 因此, 小球落入各个格子的频率是稳定的.

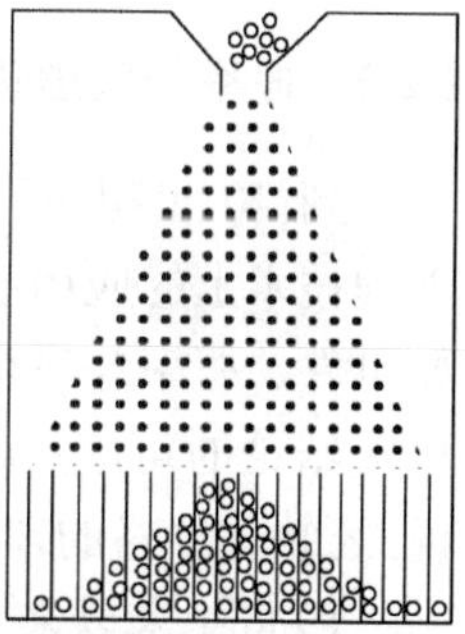

图 1-6　高尔顿挡板

2. 概率的统计定义

由于频率反映了事件发生的频繁程度, 其大小也能用来度量一个事件发生的可能性的大小, 因此基于频率的稳定性质, 在试验的基础上可以给出概率的统计定义.

定义 1.2.2　若当重复试验次数 n 足够大时, 事件 A 的频率在某一常数 p 附近摆动, 且随着试验次数的增大, 摆动的幅度越来越小, 则称常数 p 为事件 A 的概率.

频率的稳定性揭示了随机现象中隐藏的规律性, 用频率的稳定值来度量事件发生的可能性大小是合适的.

注意　"频率的极限就是概率"这句话是不正确的, 即极限 $\lim\limits_{n\to\infty}\dfrac{n_A}{n}=P(A)$ 不正确.

事实上, 若 $\lim\limits_{n\to\infty}\dfrac{n_A}{n}=P(A)$ 成立, 由 ε-N 定义, 则

$$\forall \varepsilon > 0, \exists N > 0, \forall n > N \Rightarrow \left|\frac{n_A}{n} - P(A)\right| < \varepsilon.$$

而频率具有随机性, $\forall n > N$, 并不能保证 $\left|\frac{n_A}{n} - P(A)\right| < \varepsilon$ 恒成立. 例如, 当 $n_A = n$ 时, 取 $\varepsilon < 1 - P(A)$, 上述不等式就不成立.

因此, 在概率论与数理统计中不能沿用数学分析或高等数学中的一般极限定义.

在实际使用中, 由于频率的稳定性, 当试验次数足够大时, 人们往往用频率值作为概率的近似值.

3. 频率的性质

由频率的定义 $f_n(A) = \frac{n_A}{n}$, $0 \leqslant n_A \leqslant n$, 很快可以得到频率的性质:

(1) **非负性**　$f_n(A) \geqslant 0$;

(2) **规范性**　若 Ω 为必然事件, 则 $f_n(\Omega) = 1$;

(3) **有限可加性**　若 A, B 互不相容, 即 $AB = \varnothing$, 则 $f_n(A \cup B) = f_n(A) + f_n(B)$.

由这三条基本性质, 还可以推出频率的其他性质:

(4) 不可能事件的频率为 0, 即 $f_n(\varnothing) = 0$;

(5) 若 $A \subset B$, 则 $f_n(A) \leqslant f_n(B)$, 由此还可以推得 $f_n(A) \leqslant 1$;

(6) 有限个两两互不相容的事件的频率具有可加性, 即若 $A_iA_j = \varnothing$ ($1 \leqslant i, j \leqslant m, i \neq j$), 则

$$f_n\left(\bigcup_{i=1}^{m} A_i\right) = \sum_{i=1}^{n} f_n(A_i).$$

1.2.3　概率的公理化定义

到 20 世纪, 概率论在各个领域已经得到了大量的成果, 而人们对概率论在其他基础学科和工程技术上的应用已出现了越来越大的兴趣, 但是直到那时为止, 关于概率论的一些基本概念如事件、概率却没有明确的定义, 这是一个很大的矛盾, 这个矛盾使人们对概率客观含义甚至相关结论的可应用性都产生了怀疑, 由此可以说明到那时为止, 概率论作为一个数学分支来说, 还缺乏严格的理论基础, 这就大大妨碍了它的进一步发展.

19 世纪末以来, 数学的各个分支广泛流传着一股公理化潮流, 这个流派主张将假定公理化, 其他结论则由它演绎导出. 在这种背景下, 1933 年苏联数学家柯尔莫哥洛夫在集合与测度论的基础上提出了概率的公理化定义, 这个结构综合了前人的结果, 明确定义了概率的基本概念, 使概率论成为严谨的数学分支, 对近几十年来概率论的迅速发展起了积极的作用, 柯尔莫哥洛夫的公理化定义已经被广泛地接受.

在公理化结构中, 概率是针对事件定义, 即对于事件域 $\mathscr{F}$ 中的每一个元素 A 有一个实数 $P(A)$ 与之对应. 一般地, 把这种从集合到实数的映射称为集合函数. 因此, 概率是定义在事件域 $\mathscr{F}$ 上的一个集合函数. 此外在公理化结构中也规定概率应满足的性质, 而不是具体给出它的计算公式或方法.

概率应具有什么样的性质呢? 由概率与频率之间的关系可知, 概率应具有非负性、规范性、可列可加性.

从而有如下公理化定义.

定义 1.2.3　定义在事件域 $\mathscr{F}$ 上的一个集合函数 P 称为概率, 如果它满足如下三个条件:

(1) **非负性**　$\forall A\in\mathscr{F}$, $P(A)\geqslant 0$;

(2) **规范性**　$P(\Omega)=1$;

(3) **可列可加性**　若 $A_i\in\mathscr{F}$, $i=1,2,\cdots$, 且两两互不相容, 有

$$P\left(\bigcup_{i=1}^{n}A_i\right)=\sum_{i=1}^{n}P(A_i).$$

描述一个随机试验的数学模型, 应该具备以下三要素: ①样本空间 Ω; ②事件域(布尔代数) $\mathscr{F}$; ③概率($\mathscr{F}$ 上的规范测度) P. 习惯上常将这三者写成 $(\Omega,\mathscr{F},P)$, 并称它是一个概率空间. 由此, 给出一个随机试验, 就可以把它抽象成一个概率空间 $(\Omega,\mathscr{F},P)$.

概率的公理化定义刻画了概率的本质, 概率是集合(事件)的函数, 若在事件域 $\mathscr{F}$ 上给出一个函数, 若这个函数能满足上述公理化定义中的三个条件, 就称之为概率; 当这个函数不能满足上述三个条件中的任一个, 就被认为不是概率.

1.2.4　概率的性质

由概率的非负性、规范性和可列可加性, 可以得出概率的其他一些性质.

(1) 不可能事件的概率为 0, 即 $P(\varnothing)=0$.

证明　由于可列个不可能事件的和事件仍为不可能事件, 所以

$$\Omega=\Omega\cup\varnothing\cup\cdots\cup\varnothing\cup\cdots.$$

因为不可能事件与任何事件是互不相容的, 故由可列可加性得到

$$P(\Omega)=P(\Omega)+P(\varnothing)+\cdots+P(\varnothing)+\cdots,$$

从而由 $P(\Omega)=1$, 得到 $P(\varnothing)+\cdots+P(\varnothing)+\cdots=0$. 再由非负性, 有 $P(\varnothing)=0$.

注意　概率的规范性及性质(1)反过来不一定成立. 反例在后面给出.

(2) 概率具有**有限可加性**　即若 $A_iA_j=\varnothing$ $(1\leqslant i\leqslant j\leqslant n)$, 则

$$P\left(\bigcup_{i=1}^{n}A_i\right)=\sum_{i=1}^{n}P(A_i).$$

证明　对 $A_1,A_2,\cdots,A_n,\varnothing,\varnothing,\cdots$ 应用可列可加性, 得到

$$\begin{aligned}P(A_1\cup A_2\cup\cdots\cup A_n)&=P(A_1\cup A_2\cup\cdots\cup A_n\cup\varnothing\cup\cdots\cup\varnothing\cup\cdots)\\&=P(A_1)+P(A_2)+\cdots+P(A_n)+P(\varnothing)+\cdots+P(\varnothing)\\&=P(A_1)+P(A_2)+\cdots+P(A_n).\end{aligned}$$

特别地, 若 $A\overline{A}=\varnothing$, $A\cup\overline{A}=\Omega$, 则有下面结论.

(3) 对任一随机事件 A, 有 $P(\overline{A})=1-P(A)$.

(4) 若 $A\supset B$, 则 $P(A-B)=P(A)-P(B)$.

证明　因为 $A\supset B$, 则 $A=B\cup(A-B)$, 又

$$B\cap(A-B)=\varnothing,$$

所以

$$P(A)=P(B)+P(A-B).$$

即

$$P(A-B)=P(A)-P(B).$$

推论 1　若 $A\supset B$, 则 $P(A)\geqslant P(B)$.

推论 2　对任一事件 A, $P(A)\leqslant 1$.

推论 3　对 $A,B\in\mathscr{F}$，$P(A-B)=P(A)-P(AB)$.

(5) 对任意两个事件 A,B，有 $P(A\cup B)=P(A)+P(B)-P(AB)$.

证明　因为 $A\cup B=A\cup(B-A)$，而 A 与 $B-A$ 互不相容，由有限可加性及性质(4)得

$$P(A\cup B)=P(A)+P(B-A)=P(A)+P(B)-P(AB).$$

推论 1　对任意两个事件 A,B，有 $P(A\cup B)\leqslant P(A)+P(B)$.

用数学归纳法可证得下面结论.

推论 2　设 $A_1,A_2,\cdots,A_n$ 为 n 个随机事件，则有

$$P\left(\bigcup_{i=1}^{n}A_i\right)=\sum_{i=1}^{n}A_i-\sum_{1\leqslant i<j\leqslant n}^{n}P(A_iA_j)+\sum_{1\leqslant i<j<k\leqslant n}^{n}P(A_iA_jA_k)-\cdots+(-1)^{n-1}P\left(\bigcap_{i=1}^{n}A_i\right).$$

此公式称为概率的一般加法公式.

特别地，有

$$P(A\cup B\cup C)=P(A)+P(B)+P(C)-P(AB)-P(AC)-P(BC)+P(ABC).$$

推论 3　对任意 n 个事件 $A_1,A_2,\cdots,A_n$，$P\left(\bigcup_{i=1}^{n}A_i\right)\leqslant P(A_1)+P(A_2)+\cdots+P(A_n)$.

从性质(2)可知，由可列可加性可以推出有限可加性，但是一般来说由有限可加性并不能推出可列可加性，这两者之间的差异可以用另一个形式来描述.

设 $A_n\in\mathscr{F}\,(n=1,2,\cdots)$ 且 $A_n\subset A_{n+1}$，则称 $\{A_n\}$ 是 $\mathscr{F}$ 中的一个单调不减的集合序列.

定义 1.2.4　对于 $\mathscr{F}$ 上的集合函数 P，若对 $\mathscr{F}$ 中的任一单调不减的集合序列 $\{A_n\}$，有

$$\lim_{n\to\infty}P(A_n)=P\left(\lim_{n\to\infty}A_n\right),$$

则称集合函数 P 在 $\mathscr{F}$ 上是下连续的，其中 $\lim\limits_{n\to\infty}A_n=\bigcup\limits_{n=1}^{\infty}A_n$.

类似可定义上连续性.

定理 1.2.1　若 P 是 $\mathscr{F}$ 上非负的、规范的集函数，则 P 具有可列可加性的充要条件是

(1) P 是有限可加的；

(2) P 在 $\mathscr{F}$ 上是下连续的.

该定理亦称为连续性公理.

例 1.2.1　设 A,B 互不相容，且 $P(A)=p,P(B)=q$，求 $P(A\cup B)$，$P(\bar{A}\cup B)$，$P(AB)$，$P(\bar{A}B)$，$P(\bar{A}\bar{B})$.

解　因为 A,B 互不相容，所以

$$P(A\cup B)=P(A)+P(B)=p+q,$$
$$P(\bar{A}\cup B)=P(\bar{A})=1-p,$$
$$P(AB)=0,$$
$$P(\bar{A}B)=P(B)-P(AB)=q,$$
$$P(\bar{A}\bar{B})=1-P(A\cup B)=1-p-q.$$

例 1.2.2　设 $P(A)=p,P(B)=q,P(A\cup B)=r$，求 $P(AB),P(\bar{A}B),P(\bar{A}\cup\bar{B})$.

解　由概率性质知

$$P(AB)=P(A)+P(B)-P(A\cup B)=p+q-r,$$
$$P(\bar{A}B)=P(B)-P(AB)=p-(p+q-r)=r-q,$$

$$P(\bar{A}\cup\bar{B})=1-P(AB)=1-p-q+r.$$

例 1.2.3　设 A,B,C 为三个事件, 且 $AB\subset C$. 证明 $P(A)+P(B)-P(C)\leqslant 1$.

证明　由于 $AB\subset C$, 所以 $P(AB)\leqslant P(C)$, 又

$$P(A\cup B)=P(A)+P(B)-P(AB),$$

故

$$P(A)+P(B)-P(C)\leqslant P(A\cup B)\leqslant 1,$$

即

$$P(A)+P(B)-P(C)\leqslant 1.$$

例 1.2.4　设 $P(A)=P(B)=P(C)=\dfrac{1}{4}$, $P(AB)=\dfrac{1}{8}$, $P(BC)=P(AC)=0$, 求 A,B,C 至少有一个发生的概率.

解　由一般加法公式有

$$P(A\cup B\cup C)=P(A)+P(B)+P(C)-P(AB)-P(AC)-P(BC)+P(ABC).$$

又 $ABC\subset BC$, 所以 $0\leqslant P(ABC)\leqslant P(BC)=0$, 于是 $P(ABC)=0$. 从而有

$$P(A\cup B\cup C)=\frac{1}{4}+\frac{1}{4}+\frac{1}{4}-\frac{1}{8}=\frac{5}{8}.$$

例 1.2.5　设 A,B,C 为任意三个事件, 证明 $P(AB)+P(AC)-P(BC)\leqslant P(A)$.

证明　由于 $A\supset A\cap(B\cup C)$, 所以

$$P(A)\geqslant P(A\cap(B\cup C))=P(AB\cup AC)=P(AB)+P(AC)-P(ABC),$$

又

$$P(ABC)\leqslant P(BC),$$

故

$$P(AB)+P(AC)-P(BC)\leqslant P(A).$$

习　题　1.2

1. 设 $P(A)=0.4, P(A\cup B)=0.7$, 且 A 与 B 互不相容, 求 $P(B)$.

2. 设 $P(A)=\dfrac{1}{3}, P(B)=\dfrac{1}{2}$, 当 (1) A 与 B 互不相容; (2) $A\subset B$; (3) $P(AB)=\dfrac{1}{6}$ 时, 求 $P(B\bar{A})$.

3. $P(A)=\dfrac{1}{3}, P(B)=\dfrac{1}{4}, P(A\cup B)=\dfrac{1}{2}$, 求 $P(\bar{A}\cup\bar{B})$.

4. 设 $P(A)=P(B)=P(C)=\dfrac{1}{4}, P(AB)=P(BC)=0, P(AC)=\dfrac{1}{8}$, 求

(1) 事件 A,B,C 全不发生的概率;　　(2) 事件 A,B,C 至少有一个发生的概率.

5. 设事件 A 与 B 满足 $P(AB)=P(\bar{A}\bar{B})$, 且 $P(A)=p$, 求 $P(B)$.

6. 设 $P(A)=0.5, P(B)=0.4, P(A-B)=0.3$, 求 $P(A\cup B)$ 和 $P(\bar{A}\cup\bar{B})$.

7. 设 A,B 是两个事件, 且 $P(A)=0.6, P(B)=0.7$, 问:

(1) 在什么条件下 $P(AB)$ 取得最大值, 最大值是多少?

(2) 在什么条件下 $P(AB)$ 取得最小值, 最小值是多少?

8. 设 $P(A)=P(B)=\dfrac{1}{2}$, 试证 $P(AB)=P(\bar{A}\bar{B})$.

---

9. 对任意事件 A,B,C, 证明

(1) $P(AB)+P(AC)-P(BC)\leqslant P(A)$;

(2) $P(AB)+P(AC)+P(BC)\geqslant P(A)+P(B)+P(C)-1$.

10. (1) 已知 A_1 与 A_2 同时发生则 A 发生, 证明 $P(A)\geqslant P(A_1)+P(A_2)-1$;

(2) 若 $A_1,A_2,A_3\subset A$, 证明 $P(A)\geqslant P(A_1)+P(A_2)+P(A_3)-2$.

1.3 古典概型与几何概型

1.3.1 古典概型

先讨论一类最简单的随机试验, 它具有下述特征:

(1) 样本空间的元素(基本事件)只有有限个, 不妨设有 n 个, 记为 $\omega_1,\omega_2,\cdots,\omega_n$;

(2) 每个基本事件出现的可能性是相等的, 即有 $P(\omega_1)=P(\omega_2)=\cdots=P(\omega_n)$.

称这种数学模型为古典概型.

古典概型在概率论中具有非常重要的地位, 一方面它比较简单, 既直观又容易理解, 另一方面它概括了许多实际内容, 有很广泛的应用.

对上述古典概型, 它的样本空间 $\Omega=\{\omega_1,\omega_2,\cdots,\omega_n\}$, 事件域 $\mathscr{F}$ 为 Ω 的所有子集的全体, 这时连同 Ω , $\varnothing$ 在内, $\mathscr{F}$ 中含有 2^n 个事件, 并且从概率的有限可加性知

$$1=P(\Omega)=P(\omega_1)+P(\omega_2)+\cdots+P(\omega_n),$$

于是

$$P(\omega_1)=P(\omega_2)=\cdots=P(\omega_n)=\frac{1}{n}.$$

$\forall A\in\mathscr{F}$, 若 A 是 k 个基本事件之和, 即

$$A=\omega_{i_1}\cup\omega_{i_2}\cup\cdots\cup\omega_{i_k},$$

则

$$P(A)=\frac{k}{n}=\frac{A\text{包含的基本事件数}}{\text{基本事件总数}}=\frac{A\text{包含的有利场合数}}{\text{基本事件总数}}.$$

所以在古典概型中, 事件 A 的概率是一个分数, 其分母是样本点(基本事件)总数 n , 而分子是事件 A 包含的基本事件数 k .

例如, 将一枚硬币连续掷两次就是这样的试验, 也是古典概型, 它有四个基本事件: (正、正), (正、反), (反、正), (反、反), 每个基本事件出现的可能结果都是 $\frac{1}{4}$.

但将两枚硬币一起掷, 这时试验的可能结果为(正、反), (反、反), (正、正), 但它们出现的可能性却是不相同的, (正、反)出现的可能性为 $\frac{2}{4}$, 而其他的两个事件的可能性为 $\frac{1}{4}$.

它不是古典概型, 对此历史上曾经有过争论, 达朗贝尔曾误认为这三种结果的出现是等可能的.

判别一个概率模型是否为古典概型, 关键是看"等可能性"条件满不满足. 而对此又通常根据实际问题的某种对称性进行理论分析, 而不是通过试验来判断.

由古典概型的计算公式可知, 在古典概型中, 若 $P(A)=1$, 则 $A=\Omega$; 同样, 若 $P(A)=0$, 则 $A=\varnothing$.

不难验证, 古典概型具有非负性、规范性和有限可加性.

利用古典概型的公式计算事件概率的关键是要求基本事件总数 n 和 A 的有利场合数 k ,

这需要利用排列和组合的有关知识，且有一定的技巧性．计算中经常要用到两条基本原理——乘法原理和加法原理及由之而导出的排列、组合等公式，现简介如下．

乘法原理　完成一件工作分 m 个步骤，第一步有 n_1 种方法，第二步有 n_2 种方法，…，第 m 步有 n_m 种方法，那么完成这件工作共有 $n_1n_2\cdots n_m$ 种方法．

加法原理　完成一件工作有 m 个独立的途径，第一个途径有 n_1 种方法，第二个途径有 n_2 种方法，…，第 m 个途径有 n_m 种方法，那么完成这件工作共有 $n_1+n_2+\cdots+n_m$ 种方法．

以上述两个原理为基础，可以推导出如下的排列、组合等公式．

1．排列

从 n 个元素中取出 r 个来排列，既要考虑每次取到哪个元素，又要考虑取出的顺序，根据取法分为两类：

(1) 有放回选取，这时每次选取都是在全体元素中进行，同一元素可被重复选中，这种排列称为有重复排列，总数为 n^r 种．

(2) 不放回选取，这时一元素一旦被选出便立刻从总体中除去，这种排列称为选排列，总数为 $\mathrm{A}_n^r=n(n-1)\cdots(n-r+1)$，特别地，$\mathrm{A}_n^n=n(n-1)\cdots3\cdot2\cdot1=n!$，称为 n 个元素的全排列．

2．组合

(1) 从 n 个元素中取出 r 个元素的组合是不考虑元素的顺序的，其组合总数为

$$\mathrm{C}_n^r=\frac{\mathrm{A}_n^r}{\mathrm{A}_r^r}=\frac{n!}{r!(n-r)!}$$

(2) 若 $r_1+r_2+\cdots+r_k=n$，把 n 个不同的元素分成 k 个部分，第一部分有 r_1 个，第二部分 r_2 个，…，第 k 部分 r_k 个，则不同的分法有 $\dfrac{n!}{r_1!r_2!\cdots r_k!}$ 种，此称为多项系数，因为它是 $(x_1+x_2+\cdots+x_k)^n$ 展开式中 $x_1^{r_1}x_2^{r_2}\cdots x_k^{r_k}$ 的系数．当 $k=2$ 时，即为组合数 C_n^r．

(3) 若 n 个元素中有 n_1 个带足标“1”，n_2 个带足标“2”，…，n_k 个带足标“k”，且 $n_1+n_2+\cdots+n_k=n$，从这 n 个元素中取出 r 个，使得带足标“i”的元素有 r_i 个（$r_i\leqslant n_i$，$1\leqslant i\leqslant k$），而 $r_1+r_2+\cdots+r_k=r$，这时不同取法的总数为 $\mathrm{C}_{n_1}^{r_1}\mathrm{C}_{n_2}^{r_2}\cdots\mathrm{C}_{n_k}^{r_k}$．

3．一些常用等式

排列和组合式可推广到 r 是正整数而 n 是任意实数 x 的场合，即有

$$\mathrm{A}_x^r=x(x-1)\cdots(x-r+1),\quad \mathrm{C}_x^r=\frac{\mathrm{A}_x^r}{\mathrm{A}_r^r}=\frac{x(x-1)\cdots(x-r+1)}{r!}.$$

此外由 $(1+1)^n=\sum\limits_{r=0}^{n}\mathrm{C}_n^r1^r1^{n-r}$，得 $\mathrm{C}_n^0+\mathrm{C}_n^1+\cdots+\mathrm{C}_n^n=2^n$．

古典概型问题大致可分为三类．

1) 摸球问题

例 1.3.1　在盒子中有 5 个球（3 个白球、2 个黑球），从中任取 2 个．求取出的两个球都是白球的概率？一白、一黑的概率？

分析　说明它属于古典概型，从 5 个球中任取 2 个，共有 C_5^2 种不同取法，可以将每一种取

法作为一个样本点, 则样本点总数 C_5^2 是有限的. 由于摸球是随机的, 所以样本点出现的可能性是相等的, 因此这个问题是古典概型.

解 设 $A=\{$取到的两个球都是白球$\}$, $B=\{$取到的两个球一白一黑$\}$, 基本事件总数为 C_5^2.

A 包含的基本事件数为 C_3^2, $P(A)=\dfrac{C_3^2}{C_5^2}=\dfrac{3}{10}$;

B 包含的基本事件数为 $C_3^1C_2^1$, $P(B)=\dfrac{C_3^1C_2^1}{C_5^2}=\dfrac{3}{5}$.

由此例我们初步体会到解古典概型问题的两个要点:

(1) 首先要判断问题是否属于古典概型, 即要判断样本空间是否有限和基本事件等可能性;

(2) 计算古典概型的关键是"记数", 这主要利用排列与组合的知识.

在研究古典概型问题时常利用摸球模型, 因为古典概型中的大部分问题都能形象化地用摸球模型来描述, 若把黑球作为废品, 白球看为正品, 则这个模型就可以描述产品的抽样检查问题, 假如产品分为更多等级, 例如, 一等品、二等品、三等品、等外品等, 则可以用有多种颜色的摸球模型来描述.

例 1.3.2 在盒子中有 10 个相同的球, 分别标为号码 $1,2,\cdots,9,10$, 从中任摸一球, 求此球的号码为偶数的概率.

解法一 令 $i=\{$所取球的号码为$i\}$, $i=1,2,\cdots,10$, 则 $\Omega=\{1,2,\cdots,10\}$, 故基本事件总数为 $n=10$.

设 $A=\{$所取球的号码为偶数$\}$, 因而 A 含有 5 个基本事件, 所以

$$P(A)=\frac{5}{10}=\frac{1}{2}.$$

解法二 令 $A=\{$所取球的号码为偶数$\}$, 则 $\overline{A}=\{$所取球的号码为奇数$\}$, 因而

$$\Omega=\{A,\overline{A}\},$$

故 $P(A)=\dfrac{1}{2}$.

此例说明了在古典概型问题中, 选取适当的样本空间, 可使我们的解题变得简洁.

例 1.3.3 一套五册的选集, 随机地放到书架上, 求各册书自左向右或自右向左恰好成 1, 2, 3, 4, 5 的顺序的概率.

解 将五本书看成五个球, 这就是一个摸球模型, 基本事件总数为 5!.

令 $A=\{$各册自左向右或自右向左恰好构成$1,2,3,4,5$的顺序$\}$, A 包含的基本事件数为 2, 所以 $P(A)=\dfrac{2}{5!}=\dfrac{1}{60}$.

例 1.3.4 从 52 张扑克牌(不含大小王)中取出 13 张来, 问有 5 张黑桃、3 张红桃、3 张方块、2 张梅花的概率是多少?

解 基本事件数为 C_{52}^{13}. 令 A 表示 13 张牌中有 5 张黑桃、3 张红桃、3 张方块、2 张梅花, A 包含的基本事件数为 $C_{13}^5\cdot C_{13}^3\cdot C_{13}^3\cdot C_{13}^2$, 所以

$$P(A)=\frac{C_{13}^5C_{13}^3C_{13}^3C_{13}^2}{C_{52}^{13}}\approx 0.01293.$$

2) 分房问题

例 1.3.5 设有 n 个人, 每个人都等可能地被分配到 N 个房间中的任意一间去住($n\leqslant N$), 求下列事件的概率:

(1) $A=\{$指定的n个房间各有一人住$\}$;

(2) $B=\{$恰好有n个房间各有一人住$\}$.

解　因为每一个人有 N 个房间可供选择(没有限制每间房住多少人), 所以 n 个人住的方式共有 N^n 种, 它们是等可能的.

(1) n 个人都分到指定的 n 间房中去住, 保证每间房中各有一人住; 第一个人有 n 种分法, 第二个人有 $n-1$ 种分法, …, 最后一个人只能分到剩下的一间房中去住, 共有 $n(n-1)\cdot(n-2)\cdots2\cdot1$ 种分法, 即 A 含有 $n!$ 个基本事件, 所以

$$P(A)=\frac{n!}{N^n}.$$

(2) n 个人都分到的 n 间房中, 保证每间只要一人, 共有 $n!$ 种分法, 而 n 间房未指定, 故可以从 N 间房中任意选取, 共有 C_N^n 种取法, 故 B 包含了 C_N^n 种取法. 所以

$$P(B)=\frac{C_N^n n!}{N^n}.$$

注意　分房问题中的人与房子一般都是有个性的, 这类问题是将人一个个地往房间里分配, 处理实际问题时要分清什么是"人", 什么是"房子", 一般不可颠倒, 常遇到的分房问题有: n 个人相同生日问题、n 封信装入 n 个信封的问题(配对问题)、掷骰子问题等, 分房问题也称为球在盒子中的分布问题.

从上述几个例子可以看出, 求解古典概型问题的关键是在寻找基本事件总数和有利事件数, 有时正面求较困难时, 可以转化求它的对立方面, 要讲究一些技巧.

例 1.3.6　某班级有 n 个人 ($n<365$), 问至少有两个人的生日在同一天的概率是多大?

解　假定一年按 365 天计算, 将 365 天看成 365 个"房间", 那么问题就归结为分房问题.

令 $A=\{$至少有两个人的生日在同一天$\}$, 则 A 的情况比较复杂(两人, 三人, …, 在同一天), 但 A 的对立事件 $\bar{A}=\{n$个人的生日全不相同$\}$, 这就相当于分房问题中的(2)"恰有 n 个房间, 其中各住一人":

$$P(\bar{A})=\frac{C_N^n n!}{N^n}=\frac{N!}{N^n(N-n)!}\quad (N=365).$$

因为 $P(A)+P(\bar{A})=1$, 所以

$$P(A)=1-\frac{N!}{N^n(N-n)!}\quad (N=365).$$

这个例子就是历史上有名的"生日问题", 对于一些不同的 n 值, 计算得相应的 $P(A)$ 如表 1-4 所示.

表 1-4

n	10	20	23	30	40	50
$P(A)$	0.12	0.41	0.51	0.71	0.89	0.97

表 1-4 所列出的答案足以引起大家的惊奇, 因为"一个班级中至少有两个人生日相同"这个事件发生的概率并不如大多数人想象得那样小, 而是足够大, 从表中可以看出, 当班级人数达到 23 时, 就有半数以上的班级会发生这个事件, 而当班级人数达到 50 人时, 竟有 97%的班级会发生上述事件, 当然这里所讲的半数以上、有 97%都是对概率而言的, 只是在大数次的情况下(就是要求班级数相当多), 才可以理解为频率.

这个例子告诉我们"直觉"并不可靠,从而更有力地说明了研究随机现象统计规律的重要性.

例 1.3.7　在电话号码簿中,某人任取一个号码(电话号码由 7 个数字组成),求取到的号码是由完全不同的数字组成的概率.

解　此时将 0～9 这 10 个数字看成"房子",电话号码看成"人",这就可以归结为"分房问题(2)".

令 A ={取到的号码由完全不同的数字组成},则

$$P(A)=\frac{\mathrm{A}_{10}^{7}}{10^{7}}.$$

当然这个问题也可以看成摸球问题,将这 10 个数字看成 10 个球,从中有放回地取 7 次,要求 7 次取得的数字都不相同.

3) 随机取数问题

例 1.3.8　从 1, 2, 3, 4, 5 这 5 个数中等可能地、有放回地连续抽取 3 个数字,试求下列事件的概率:

A = {3 个数字完全不相同};

B = {3 个数字中不含 1 和 5};

C = {3 个数字中 5 恰好出现了两次};

D = {3 个数字中至少有一次出现 5}.

解　基本事件数为 5^3.

A 的有利事件数为 A_5^3,故 $P(A)=\dfrac{\mathrm{A}_5^3}{5^3}=0.48$.

B 的有利事件数为 3^3 (3 个数只能出现 2, 3, 4),故 $P(B)=\dfrac{3^3}{5^3}=0.216$.

3 个数字中 5 恰好出现两次,可以是三次中的任意两次,出现的方式为 C_3^2 种,剩下的一个数只能从 1, 2, 3, 4 中任意选一个数字,有 A_4^1 种选法,故 C 的有利事件数为 $\mathrm{C}_3^2\mathrm{A}_4^1$,所以 $P(C)=\dfrac{\mathrm{C}_3^2\mathrm{A}_4^1}{5^3}=\dfrac{12}{125}$.

事件 D 包含了 5 出现一次、5 出现两次、5 出现三次三种情况,从而,D 的有利事件数为

$$\mathrm{C}_3^1 1(\mathrm{A}_4^1)^2+\mathrm{C}_3^2 1^2\mathrm{A}_4^1+\mathrm{C}_3^3 1^3,$$

故

$$P(D)=\frac{\mathrm{C}_3^1 1(\mathrm{A}_4^1)^2+\mathrm{C}_3^2 1^2\mathrm{A}_4^1+\mathrm{C}_3^3 1^3}{5^3}=0.488.$$

或可以转化为求 D 的对立事件 $\bar{D}$ 的概率

$$\bar{D}=\{3\text{ 个数字中 }5\text{ 一次也不出现}\},$$

说明三次抽取的都是在 1, 2, 3, 4 中任取一个数字,故含有 4^3 个基本事件

$$P(D)=1-P(\bar{D})=1-\frac{4^3}{5^3}=0.488.$$

例 1.3.9　在 0,1,2,⋯,9 这 10 个数字中无重复地任取 4 个数字,试求取得的 4 个数字能组成四位偶数的概率.

解 设 A = {取得的 4 个数字能组成四位偶数}, 从 10 个数中任取 4 个数字进行排列, 共有 A_{10}^4 种排列方式, 所以共有 A_{10}^4 个基本事件.

下面考虑 A 包含的基本事件数, 分两种情况考虑: 一种是 0 排在个位上, 有 A_9^3 种选法; 另一种是 0 不排在个位上, 有 $\mathrm{A}_4^1\mathrm{A}_8^1\mathrm{A}_8^2$ 种选法, 所以 A 包含的基本事件数为 $\mathrm{A}_9^3+\mathrm{A}_4^1\mathrm{A}_8^1\mathrm{A}_8^2$, 故

$$P(A)=\frac{\mathrm{A}_9^3+\mathrm{A}_4^1\mathrm{A}_8^1\mathrm{A}_8^2}{\mathrm{A}_{10}^4}=\frac{41}{90}\approx 0.4556.$$

或先从 0, 2, 4, 6, 8 这 5 个偶数中任选一个排在个位上, 有 A_5^1 种排法, 然后从剩下的 9 个数字中任取 3 个排在剩下的 3 个位置上, 有 A_9^3 种排法, 故个位上是偶数的排法共有 $\mathrm{A}_5^1\cdot\mathrm{A}_9^3$ 种, 但在这种四个数字的排列中包含了“0”排在首位的情形, 故应除去这种情况的排列数. 因此 A 的有利场合数为 $\mathrm{A}_5^1\cdot\mathrm{A}_9^3-\mathrm{A}_4^1\mathrm{A}_1^1\mathrm{A}_8^2$, 同样可求出事件 A 的概率.

例 1.3.10 任取一个正整数, 求该数的平方数的末位数字是 1 的概率.

分析 不能将正整数的全体取为样本空间, 否则样本空间是无限的, 谈不上等可能的.

解 因为一个正整数的平方的末位数只能取决于该正整数的末位数, 所以它们可以是 0,1, 2,…,9 这 10 个数字中的任一个, 现任取一个正整数的含义, 就是这 10 个数字等可能地出现的, 换句话说, 可以取样本空间 $\Omega=\{0,1,2,\cdots,9\}$.

记 A = {该数的平方的末位数字是 1}, 那么 A 包含的基本事件数为 2, 即 $A=\{1, 9\}$, 故

$$P(A)=\frac{2}{10}=\frac{1}{5}.$$

下面我们看一个稍微复杂的例子.

例 1.3.11 某人一次写了 n 封信, 又写 n 个信封, 如果他任意将 n 张信纸装入 n 个信封中, 问至少有一封信的信纸和信封是一致的概率是多少?

解 令 A_i = {第 i 张信纸恰好装进第 i 个信封}, $i=1,2,\cdots,n$, 则

$$P(A_i)=\frac{1}{n},\quad 1\leqslant i\leqslant n,\quad \sum_{i=1}^{n}P(A_i)=1,$$

$$P(A_iA_j)=\frac{1}{n(n-1)},\quad 1\leqslant i<j\leqslant n,\quad \sum_{1\leqslant i<j\leqslant n}P(A_iA_j)=\mathrm{C}_n^2\frac{1}{n(n-1)}=\frac{1}{2!},$$

同理得

$$\sum_{1\leqslant i<j<k\leqslant n}P(A_iA_jA_k)=\mathrm{C}_n^3\frac{1}{n(n-1)(n-2)}=\frac{1}{3!},\cdots,$$

$$P(A_1A_2\cdots A_n)=\mathrm{C}_n^n\frac{1}{n!}=\frac{1}{n!}.$$

由概率的一般加法公式有

$$P\left(\bigcup_{i=1}^{n}A_i\right)=\sum_{i=1}^{n}P(A_i)-\sum_{1\leqslant i<j\leqslant n}P(A_iA_j)+\cdots+(-1)^{n-1}P(A_1A_2\cdots A_n)$$

$$=1-\frac{1}{2!}+\frac{1}{3!}-\cdots+(-1)^{n-1}\frac{1}{n!}.$$

当 n 充分大时, 它近似于 $1-\mathrm{e}^{-1}$.

这个例子就是历史上有名的“匹配问题”或“配对问题”.

1.3.2 几何概型

一个随机试验, 如果它的数学模型是古典概型, 那么描述这个试验的样本空间 Ω、事件域

$\mathscr{F}$ 和概率 P 已在前面得到解决. 在古典概型中, 试验的结果是有限的, 受到了很大的限制. 在实际问题中经常遇到试验结果是无限的情形. 例如, 若我们在一个面积为 S_Ω 的区域 Ω 中, 等可能地任意投点, 这里等可能的确切意义是这样的: 在区域 Ω 中有任意一个小区域 A, 若它的面积为 S_A, 则点 A 落在 A 中的可能性大小与 S_A 成正比, 而与 A 的位置及形状无关. 如果点 A 落在区域 A 这个随机事件仍记为 A, 则由 $P(\Omega)=1$ 可得, $P(A)=\dfrac{S_A}{S_\Omega}$. 这一类概率称为几何概率.

若一个试验具有下列两个特征:

(1) 每次试验的结果是无限多个, 且全体结果可用一个有度量的几何区域来表示;

(2) 每次试验的各种结果的发生是等可能的,

则称这种随机试验所表示的数学模型为几何概型.

例如, 我们在一个面积为 S_Ω 的区域 Ω 中等可能地任意投点, 这就是一个几何概型.

如果在一条线段上等可能投点, 那么只需要将面积改为长度; 如果在一个立体内等可能投点, 则只需将面积改为体积.

设几何概型的样本空间可表示成有度量的区域, 仍记为 Ω, 事件 A 所对应的区域仍以 A 表示 $(A\subset\Omega)$, 则定义事件 A 的概率为

$$P(A)=\frac{A\text{的度量}}{\Omega\text{的度量}}$$

这个定义称为概率的几何定义, 由上式所确定的概率称为几何概率.

例 1.3.12 (会面问题)　甲乙两人约定在 6 时到 7 时之间某处会面, 并约定先到者应等候另一人一刻钟, 过时即可离去, 求两人能会面的概率.

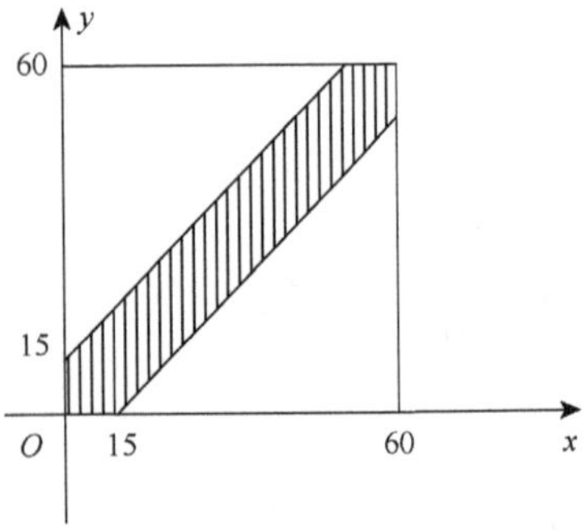

图 1-7

解　设甲、乙到达的时刻分别为 x 和 y, 则 $0\leqslant x\leqslant 60$, $0\leqslant y\leqslant 60$. 两人能会面的充要条件是

$$|x-y|\leqslant 15,$$

在平面上建立直角坐标系, 如图 1-7 所示. 则 (x,y) 的所有可能结果是边长为 60 的正方形, 而可能会面的时间由图中阴影部分表示. 这是一个几何概率问题, 所以

$$P(A)=\frac{S_A}{S_\Omega}=\frac{60^2-45^2}{60^2}=\frac{7}{16}.$$

例 1.3.13 (蒲丰 (Buffon) 投针问题)　平面上画有等距离的平行线, 平行线间的距离为 a $(a>0)$, 向平面任意投掷一枚长为 l $(l<a)$ 的针, 试求针与平行线相交的概率.

解　如图 1-8 所示, 假设 x 表示针的中点与最近一条平行线的距离, 又以 φ 表示针与此直线间的交角, 有 $0\leqslant x\leqslant\dfrac{a}{2}$, $0\leqslant\varphi\leqslant\pi$.

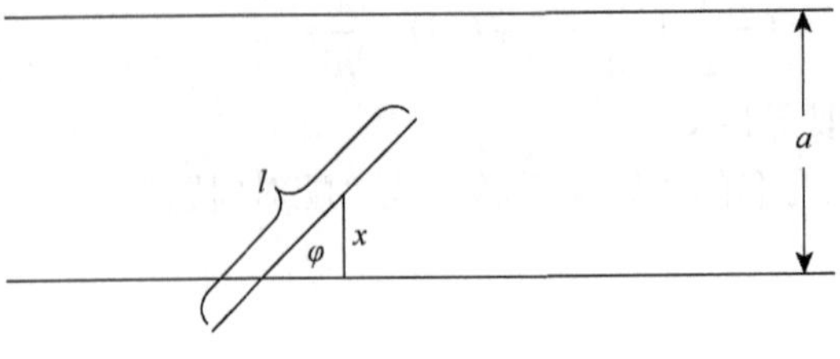

图 1-8

由这两式可以确定 x,φ 平面上的一个矩形 Ω,

$$\Omega=\left\{(\varphi,x)\middle|0\leqslant\varphi\leqslant\pi,0\leqslant x\leqslant\frac{a}{2}\right\}.$$

这时为了针与平行线相交,其条件为 $x\leqslant\frac{l}{2}\sin\varphi$,由这个不等式表示的区域 A 是图 1-9 中的阴影部分,

$$A=\left\{(\varphi,x)\middle|x\leqslant\frac{l}{2}\sin\varphi,0\leqslant x\leqslant\frac{\pi}{2}\right\},$$

由等可能性可知,

$$P(A)=\frac{S_A}{S_\Omega}=\frac{\int_0^\pi\frac{l}{2}\sin\varphi\mathrm{d}\varphi}{\pi\frac{a}{2}}=\frac{2l}{\pi a}.$$

若 l,a 为已知,则以 π 值代入上式,即可计算得 $P(A)$ 的值. 反过来,若已知 $P(A)$ 的值,也可以用上式去求 π,而关于 $P(A)$ 的值,可以用频率去近似它. 如果投针 N 次,其中针与平行线相交 n 次,则频率为 $\frac{n}{N}$,于是 $\pi\approx\frac{2lN}{na}$.

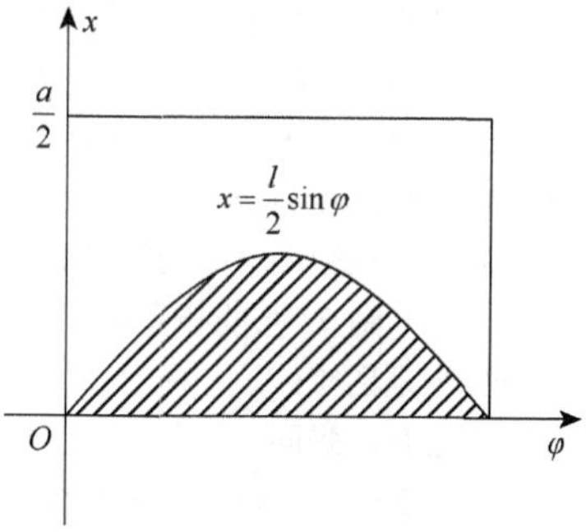

图 1-9

这是一个颇为奇妙的方法,只要设计一个随机试验. 使一个事件的概率与某一未知数有关,然后通过重复试验,以频率近似概率即可以求未知数的近似数. 当然试验次数要相当多. 随着计算机的发展,人们用计算机来模拟所设计的随机试验,使得这种方法得以广泛应用. 将这种计算方法称为随机模拟法,也称为蒙特卡罗法.

几何概率的意义及计算是与几何图形的面积、长度和体积(测度)密切相关的,因此所考虑的事件应是某种可定义测度的集合,这类集合的并、交也应该是事件. 甚至对它们的可列次并、交也应该有这个要求. 例如,在[0, 1]中投一点的随机试验,若记 A 为该点落入 $\left[0,\frac{1}{2}\right]$ 中这一事件,而以 A_n 记该点落在 $\left[\frac{1}{2^{n+1}},\frac{1}{2^n}\right]$ 中这一事件, $n=1,2,\cdots$,则 $A=\bigcup_{i=1}^{\infty}A_i$.

如果所投点落入某区间的概率等于该区间的长度,则

$$P(A)=\sum_{i=1}^{\infty}P(A_i).$$

综上所述,几何概率应具有如下性质:

(1) 对任何事件 $A,P(A)\geqslant0$;

(2) $P(\Omega)=1$;

(3) 若 $A_1,A_2,\cdots,A_n,\cdots$ 两两互不相容,则 $P\left(\bigcup_{i=1}^{\infty}A_i\right)=\sum_{i=1}^{\infty}P(A_i)$.

前两个性质与古典概型相同,而有限可加性则可推广到可列个事件成立,这个性质称为可列可加性.

例 1.3.14　甲、乙二人相约在12点到13点之间见面，两人可以在这一小时内的任何时刻到达，则事件 $A=$ "甲、乙在同一时刻到达"的概率是多大？

解　设甲、乙到达的时刻分别为 x 和 y，由几何概型知样本空间

$$\Omega=\{(x,y)\mid 0\leqslant x\leqslant 60, 0\leqslant y\leqslant 60\},$$

事件 A 可表述为 $A=\{(x,y)\mid x=y\}$，由几何概率中概率求法知样本空间的度量为 $|\Omega|=60^2$，事件 A 的度量为 $|A|=0$，所以 $P(A)=\dfrac{|A|}{|\Omega|}=0$.

很明显，事件 A 是可能发生的．即甲、乙有可能同时到达，事件 A 并不是一个不可能事件．此例表明，若 $P(A)=0$，则事件 A 不一定是不可能事件．

习　题　1.3

1. 一个袋子中装有 10 个大小相同的球，其中 3 个黑球，7 个白球，求：

(1) 从袋子中任取一球，这个球是黑球的概率；

(2) 从袋子中任取两球，恰好为一个白球一个黑球的概率以及两个球全为黑球的概率．

2. 抛掷两枚硬币，求至少出现一次正面的概率．

3. 掷两颗骰子，求下列事件的概率：

(1) 点数之和为 7；　　(2) 点数之和不超过 5；

(3) 两个点数中一个恰好是另一个的两倍．

4. 从一副 52 张的扑克牌（不含大小王）中任取 4 张，求下列事件的概率：

(1) 全是黑桃；　　(2) 同花；

(3) 没有两张同一花色；　　(4) 同色．

5. 将 3 个球随机放入 4 个杯子中，问杯子中球的个数最多为 1, 2, 3 的概率各是多少？

6. 口袋中有 10 个球，分别标有号码 1 到 10，现从中不放回地任取 3 个，记下取出球的号码，试求：

(1) 最小号码为 5 的概率；　　(2) 最大号码为 5 的概率．

7. 在 1～2000 的整数中随机地取一个数，问取到的整数既不能被 6 整除，又不能被 8 整除的概率是多少？

8. 从数字 1, 2, …, 9 中可重复地任取几次，试求所取得的 n 个数的乘积被 10 整除的概率．

9. 任取一个整数，求下列随机事件的概率：

(1) 该数的平方的末位数字是 1；　　(2) 该数的四次方的末位数字是 1；

(3) 该数的立方的最后两位数字都是 1.

10. 从 0, 1, 2, …, 9 这 10 个数字中任意读一个数字，假设每个数字被读到的概率相同，先后读了 7 个数字试求下列事件的概率：

(1) $A_1=$ "指定的一个 7 位数"；　　(2) $A_2=$ "7 个数字全不相同"；

(3) $A_3=$ "不含 1 和 9"；　　(4) $A_4=$ "9 恰好出现两次"．

11. 10 个人中有一对是夫妇，他们随意坐在一张圆桌周围，求该对夫妇正好坐在一起的概率．

12. 从 5 双不同的鞋中任取 4 只，这 4 只鞋子中至少有两只能配成一双的概率是多少？

13. 任取两个真分数，求它们的乘积不大于 $\dfrac{1}{4}$ 的概率．

14. 在区间 (0,1) 中随机取两个数，求事件"两个数之和小于 $\dfrac{6}{5}$"的概率．

15. 甲、乙两艘轮船驶向一个不能同时停泊两艘轮船的码头，它们在一昼夜内到达时间是等可能的．如果甲船的停泊时间为一小时，乙船的停泊时间为两小时，求出它们中任何一艘都不需要码头等候的概率．

16. 在半径为 R 的圆内画平行弦，如果这些弦与垂直于弦的直径的交点在该直径上的位置是等可能的，即交点在直径上的一个区间内可能性与该区间的长度成比例，求任意画弦的长度大于 R 的概率．

17. 考虑一元二次方程 $x^2+Bx+C=0$，其中 B,C 分别是将一枚骰子接连掷两次先后出现的点数，求该方程有实根的概率 p 和有重根的概率 q .

18. 将 n 个完全相同的球随机放入 N 个盒子中，试求:

(1) 指定的某个盒子中恰有 k 个球的概率;

(2) 恰好有 m 个空盒的概率;

(3) 某个指定的 m 个盒子中恰好有 j 个球的概率.

19. 设有一列火车共有 n 节车厢，某站有 $k(k\geqslant n)$ 个旅客上这列火车，并随机选择车厢，求每一节车厢至少有一个旅客的概率.

20. 随机向半圆 $0<y<\sqrt{2ax}-x^2$ (a为正常数) 内掷一点，点落在半圆内任何区域的概率与区域的面积成正比，求原点与该点的连线与 x 轴的夹角小于 $\frac{\pi}{4}$ 的概率.

1.4　条件概率的计算公式

1.4.1　条件概率

前面讨论了事件和概率这两个概念，对于给定的一个随机试验，要求出一个指定的随机事件 $A\in\mathscr{F}$ 的概率 $P(A)$，需要花很大的力气，现在将讨论继续深入，设两个事件 $A,B\in\mathscr{F}$，则有加法公式

$$P(A\cup B)=P(A)+P(B)-P(AB).$$

特别地，当 A,B 为互不相容的两个事件时，有 $P(A\cup B)=P(A)+P(B)$，此时由 $P(A)$ 及 $P(B)$ 即可求得 $P(A\cup B)$，但在一般情形下，为求得 $P(A\cup B)$ 还应该知道 $P(AB)$. 因而很自然要问，能不能通过 $P(A)$，$P(B)$ 求得 $P(AB)$，先看一个简单的例子.

例 1.4.1　考虑有两个孩子的家庭，假定男女出生率一样，则两个孩子(依大小排列)的性别分别为(男、男)，(男、女)，(女、男)，(女、女)的可能性是一样的.

若记 $A=\{$随机抽取一个这样的家庭有一男一女$\}$，则 $P(A)=\frac{1}{2}$，但如果我们事先知道这个家庭至少有一个女孩，则上述事件的概率为 $\frac{2}{3}$.

这两种情况下算出的概率不同，这也很容易理解，因为在第二种情况下我们多知道了一个条件. 记 $B=\{$随机抽取一个这样的家庭至少有一女孩$\}$，因此我们算得的概率是“在已知事件 B 发生的条件下，事件 A 发生”的概率，这个概率称为条件概率，记为 $P(A|B)$.

$$P(A|B)=\frac{2}{3}=\frac{\frac{2}{4}}{\frac{3}{4}}=\frac{P(AB)}{P(B)}.$$

这虽然是一个特殊的例子，但是容易验证对一般的古典概型，只要 $P(B)>0$，上述等式总是成立的，同样对几何概型上述关系式也成立.

1. 条件概率的定义

定义 1.4.1　若 $(\Omega,\mathscr{F},P)$ 是一个概率空间，$B\in\mathscr{F}$，且 $P(B)>0$，则对任意 $A\in\mathscr{F}$，称

$$P(A|B)=\frac{P(AB)}{P(B)}$$

为在已知事件 B 发生的条件下事件 A 发生的条件概率.

2. 性质

不难验证条件概率 $P(\cdot|B)$ 具有概率的三个基本性质:

(1) **非负性**　$\forall A\in\mathscr{F}$, $P(A|B)\geqslant 0$;

(2) **规范性**　$P(\Omega|B)=1$;

(3) **可列可加性**　$\forall A_i\in\mathscr{F}\,(i=1,2,\cdots)$, 且 $A_1,A_2,\cdots,A_n,\cdots$ 互不相容, 有

$$P\left(\bigcup_{i=1}^{\infty}A_i\,|\,B\right)=\sum_{i=1}^{\infty}P(A_i\,|\,B).$$

由此可知, 对给定的一个概率空间 $(\Omega,\mathscr{F},P)$ 和事件 $B\in\mathscr{F}$, 如果 $P(B)>0$, 则条件概率 $P(\cdot|B)$ 也是 $(\Omega,\mathscr{F})$ 上的一个概率测度, 特别地, 当 $B=\Omega$ 时, $P(\cdot|B)$ 就是原来的概率测度 $P(\cdot)$, 所以不妨将原来的概率看成条件概率的极端情形, 还可以验证:

(4) $P(\varnothing|B)=0$;

(5) $P(A|B)=1-P(\overline{A}|B)$;

(6) $P((A_1\cup A_2)|B)=P(A_1|B)+P(A_2|B)-P(A_1A_2|B)$.

1.4.2　乘法公式

由条件概率的定义可知, 当 $P(A)>0$ 时, $P(AB)=P(A)P(B|A)$, 同理, 当 $P(B)>0$ 时, $P(AB)=P(B)P(A|B)$. 这两个公式称为乘法公式.

乘法公式可以推广到 n 个事件的情形,

$$P(A_1A_2\cdots A_n)=P(A_1)P(A_2|A_1)P(A_3|A_1A_2)\cdots P(A_n|A_1A_2\cdots A_{n-1})\quad (P(A_1A_2\cdots A_{n-1})>0).$$

例 1.4.2　甲、乙两市都位于长江下游, 据一百多年来的气象记录, 知道在一年中的雨天的比例甲市占 20%, 乙市占 18%, 两地同时下雨占 12%. 记 $A=\{$甲市出现雨天$\}$, $B=\{$乙市出现雨天$\}$. 求:

(1) 两市至少有一市是雨天的概率;

(2) 乙市出现雨天的条件下, 甲市也出现雨天的概率;

(3) 甲市出现雨天的条件下, 乙市也出现雨天的概率.

解　(1) $P(A\cup B)=P(A)+P(B)-P(AB)=0.20+0.18-0.12=0.26$;

(2) $P(A|B)=\dfrac{P(AB)}{P(B)}=\dfrac{0.12}{0.18}\approx 0.67$;

(3) $P(B|A)=\dfrac{P(AB)}{P(A)}=\dfrac{0.12}{0.20}=0.60$.

此例表明, 甲、乙两市出现雨天是有联系的.

例 1.4.3 (抽签问题)　有一张电影票, 7 个人抓阄决定谁得到它, 问第 i 个人抓到票的概率是多少 ($i=1,2,\cdots,7$)?

解　设 $A_i=\{$第 i 个人抓到电影票$\}$ $(i=1,2,\cdots,7)$, 显然

$$P(A_1)=\frac{1}{7},\quad P(\overline{A}_1)=\frac{6}{7},$$

如果第二个人抓到票的话, 必须第一个人没有抓到票. 这就是说 $A_2\subset\overline{A}_1$, 所以 $A_2=A_2\overline{A}_1$, 于是

可以利用概率的乘法公式, 因为在第一个人没有抓到票的情况下, 第二个人有希望在剩下的 6 个阄中抓到电影票, 所以

$$P(A_2 \mid \overline{A}_1) = \frac{1}{6},$$

$$P(A_2) = P(A_2\overline{A}_1) = P(\overline{A}_1)P(A_2 \mid \overline{A}_1) = \frac{6}{7} \times \frac{1}{6} = \frac{1}{7},$$

类似可得

$$P(A_3) = P(\overline{A}_1\overline{A}_2A_3) = P(\overline{A}_1)P(\overline{A}_2 \mid \overline{A}_1)P(A_3 \mid \overline{A}_1\overline{A}_2) = \frac{6}{7} \times \frac{5}{6} \times \frac{1}{5} = \frac{1}{7},$$

……

$$P(A_7) = \frac{1}{7}.$$

注意　抽签问题或抓阄问题大家机会均等, 不必争先恐后.

1.4.3　全概率公式

先看一个具体例子.

例 1.4.4　将外形相同的球分别装两个袋子, 设甲袋有 6 只白球, 4 只红球, 乙袋有 3 只白球 6 只红球, 现在先从每袋中各任取一球, 再从取出的二球中任取一球, 求此球是白球的概率.

解　令 $B=\{$最后取出的球是白球$\}$, 显然导致 B 发生的"原因"可能是取出的二球中有 0 只或 1 只或 2 只白球, 因此, 如果令 $A_i=\{$先取出的二球有 i 只白球$\}$, $i=0,1,2$, 则 $B=BA_0\cup BA_1\cup BA_2$, 由概率的有限可加性

$$P(B)=P(BA_0)+P(BA_1)+P(BA_2),$$

再由乘法公式

$$P(B)=P(A_0)P(B\mid A_0)+P(A_1)P(B\mid A_1)+P(A_2)P(B\mid A_2)=\frac{7}{15}.$$

上例中采用的方法是概率论中颇为有用的方法, 为了求比较复杂事件的概率, 往往可以先把它分解为两个(或若干个)互不相容的较简单的事件的并, 求出这些较简单事件的概率, 再利用加法公式, 即得所要求的复杂事件的概率, 将这种方法一般化便得到下述定理.

定理 1.4.1　设 $B_1, B_2, \cdots, B_n$ 是一列互不相容的事件, 且有 $\bigcup_{i=1}^{n} B_i = \Omega$ (亦称 $B_1, B_2, \cdots, B_n$ 为样本空间 Ω 的一个剖分), 则对任何事件 A, 有

$$P(A)=\sum_{i=1}^{n} P(B_i)P(A\mid B_i).$$

证明　因为 $A = A\Omega = A\left(\bigcup_{i=1}^{n} B_i\right) = \bigcup_{i=1}^{n}(AB_i)$, 由 $B_1, B_2, \cdots, B_n$ 是一列互不相容的事件, 可得 $AB_1, AB_2, \cdots, AB_n$ 是互不相容的, 所以由有限可加性可得

$$P(A)=P\left(\bigcup_{i=1}^{n} AB_i\right)=\sum_{i=1}^{n} P(AB_i).$$

再由乘法公式

$$P(AB_i)=P(B_i)P(A\mid B_i),\quad i=1,2,\cdots,n,$$

代入上式得到

$$P(A)=\sum_{i=1}^{n}P(B_i)P(A\mid B_i).$$

对于全概率公式,我们要注意以下三点:

(1) 全概率公式的最简单形式,如果 $0<P(B)<1$,则

$$P(A)=P(B)P(A\mid B)+P(\bar{B})P(A\mid \bar{B}).$$

(2) 全概率公式可以推广到可列个事件的情形,即设 $B_1,B_2,\cdots,B_n,\cdots$ 是一列互不相容的事件,且有 $P(B_i)>0,i=1,2,\cdots$,$\bigcup_{i=1}^{\infty}B_i=\Omega$,则对任何事件 A,有 $P(A)=\sum_{i=1}^{\infty}P(B_i)P(A\mid B_i)$.

(3) 条件 $B_1,B_2,\cdots,B_n$ 为样本空间 Ω 的一个剖分,可改写为 B_1, B_2, $\cdots,B_n$ 互不相容,且 $A\subset\bigcup_{i=1}^{n}B_i$,全概率公式仍然成立.

例 1.4.5 某工厂有四条生产线生产同一种产品,该四条流水线的产量分别占总产量的 15%, 20%, 30%, 35%,又这四条流水线的不合格品率为 5%, 4%, 3%, 2%,现在从出厂的产品中任取一件,问恰好抽到不合格品的概率为多少?

解 设 $B_i=\{$从出厂的产品中任取一件是第 i 条流水线生产的$\}$,$i=1,2,3,4$,

$$A=\{\text{从出厂的产品中任取一件,恰好为不合格品}\}.$$

由题意,

$$P(B_1)=15\%,\quad P(B_2)=20\%,\quad P(B_3)=30\%,\quad P(B_4)=35\%.$$
$$P(A\mid B_1)=5\%,\quad P(A\mid B_2)=4\%,\quad P(A\mid B_3)=3\%,\quad P(A\mid B_4)=2\%.$$

由全概率公式有

$$\begin{aligned}P(A)&=\sum_{i=1}^{n}P(B_i)P(A\mid B_i)\\&=15\%\times5\%+20\%\times4\%+30\%\times3\%+35\%\times2\%\\&=0.0315.\end{aligned}$$

注意 一般地,能用全概率公式解决的问题都有以下特点:

(1) 该随机试验可以分为两步,第一步试验有若干个可能结果,在第一步试验结果的基础上,再进行第二次试验,又有若干个结果;

(2) 如果要求与第二步试验结果有关的概率,则用全概率公式.

例 1.4.6 某保险公司认为,人可以分为两类:第一类是容易出事故的;另一类则是比较谨慎的.保险公司的统计数字表明,一个容易出事故的人在一年内出一次事故的概率为 0.04,而对于比较谨慎的人这个概率为 0.02.如果第一类人占总人数的 30%,那么一客户在购买保险单后一年内出一次事故的概率为多少?已知一客户在购买保险单后一年内出一次事故,那么,他属于哪一类型的人?

解 设 $A=\{$客户购买保险单后一年内出一次事故$\}$,$B=\{$他属于容易出事故的人$\}$,由全概率公式有

$$\begin{aligned}P(A)&=P(B)P(A\mid B)+P(\bar{B})P(A\mid \bar{B})\\&=0.3\times0.04+(1-0.3)\times0.02=0.026.\end{aligned}$$

由条件概率公式有

$$P(B\mid A)=\frac{P(AB)}{P(A)}=\frac{P(B)P(A\mid B)}{P(A)}=\frac{6}{13},$$

同理可得

$$P(\overline{B} \mid A) = \frac{7}{13}.$$

1.4.4　贝叶斯公式

在上面的计算中, 事实上已经建立了一个极为有用的公式.

定理 1.4.2　若 $B_1, B_2, \cdots, B_n$ 是一列互不相容的事件, 且

$$\bigcup_{i=1}^{n} B_i = \Omega, \quad P(B_i) > 0, \quad i = 1, 2, \cdots, n,$$

则对任一事件 A, $P(A) > 0$, 有

$$P(B_i \mid A) = \frac{P(B_i)P(A \mid B_i)}{\sum_{j=1}^{n} P(B_j)P(A \mid B_j)}.$$

这个公式通常称为贝叶斯公式或逆概率公式.

证明　由条件概率定义

$$P(B_i \mid A) = \frac{P(AB_i)}{P(A)},$$

对上式的分子用乘法公式, 分母用全概率公式

$$P(AB_i) = P(A \mid B_i)P(B_i), \quad P(A) = \sum_{i=1}^{n} P(A \mid B_i)P(B_i),$$

即得

$$P(B_i \mid A) = \frac{P(B_i)P(A \mid B_i)}{\sum_{j=1}^{n} P(B_j)P(A \mid B_j)}.$$

贝叶斯公式在概率论与数理统计中有着多方面的应用, 假定 $B_1, B_2, \cdots, B_n$ 是导致试验结果的“原因”. $P(B_i)$ 称为先验概率, 它反映了各种“原因”发生的可能性的大小, 一般是以往经验的总结, 在这次试验前已经知道, 现在若试验产生了事件 A, 这个信息将有助于探讨事件发生的“原因”. 条件概率 $P(B_i \mid A)$ 称为后验概率, 它反映了试验之后对各种“原因”发生的可能性大小的新知识. 例如, 在医疗诊断中, 有人为了诊断病人到底是患了 $B_1, B_2, \cdots, B_n$ 中的哪一种病, 对病人进行观察与检查, 确定了某个指标(譬如体温、脉搏、转氨酶含量等), 他想用这类指标来帮助诊断, 这时可以用贝叶斯公式来计算有关概率. 首先必须确定先验概率 $P(B_i)$, 这实际上是确定患各种疾病的大小, 以往的资料可以给出一些初步数据(称为发病率). 其次要确定 $P(B_i \mid A)$, 这当然要依靠医学知识, 一般地, 有经验的医生 $P(A \mid B_i)$ 掌握得比较准, 从概率论的角度 $P(B_i \mid A)$ 较大, 病人患 B_i 种病的可能性较大, 应多加考虑, 在实际工作中检查指标 A 一般有多个, 综合所有的后验概率, 会对诊断有很大的帮助, 在实现计算机自动诊断或辅助诊断中, 这种方法是有实用价值的.

例 1.4.7　用甲胎蛋白法普查肝癌, 令

$$C = \{\text{被检验者患肝癌}\}, \quad A = \{\text{甲胎蛋白法检查结果为阳性}\},$$

则

$\overline{C}=\{$被检验者未患肝癌$\}$，　$\overline{A}=\{$甲胎蛋白法检查结果为阴性$\}$，

由过去资料知 $P(A|C)=0.95$，$P(\overline{A}|\overline{C})=0.90$.

又已知某地居民的肝癌发病率 $P(C)=0.0004$，在普查中查出一批甲胎蛋白法检查结果为阳性的人，求这批人中患有肝癌的概率 $P(C|A)$.

解　由贝叶斯公式有

$$P(C|A)=\frac{P(C)P(A|C)}{P(C)P(A|C)+P(\overline{C})P(A|\overline{C})}=\frac{0.0004\times0.95}{0.0004\times0.95+0.9996\times0.1}=0.0038.$$

由此例可知道，经甲胎蛋白法检查结果为阳性的人中，其实真正患肝癌的人还是很少的（只占 0.38%），把 $P(C|A)=0.0038$ 和已知的 $P(A|C)=0.95$ 及 $P(\overline{A}|\overline{C})=0.90$ 对比一下是很有意思的.

因此，虽然检验法相当可靠，但是被认为患肝癌的人确实患肝癌的可能性并不大.

注意　一般地，能用贝叶斯公式解决的问题都有以下特点：

(1) 该随机试验可以分为两步，第一步试验有若干个可能结果，在第一步试验结果的基础上，再进行第二次试验，又有若干个结果；

(2) 如果要求与第一步试验结果有关的概率，则用贝叶斯公式.

在上面介绍的条件概率的几个公式中，乘法公式是求积事件的概率，全概率公式是求一个复杂事件的概率，而贝叶斯公式可以用来求条件概率.

习　题　1.4

1. 在一批产品中一、二、三等品各占 60%, 30%, 10%，从中任意取出一件，结果不是三等品，求取到的是一等品的概率.

2. 设 10 件产品中有 4 件不合格，从中任取 2 件，已知所取 2 件产品中有一件不合格，求另一件也是不合格品的概率.

3. 设某种动物由出生活到 10 岁的概率为 0.8，而活到 15 岁的概率为 0.4，问现在为 10 岁的这种动物活到 15 岁的概率是多少？

4. 设 $P(\overline{A})=0.3, P(B)=0.4, P(A\overline{B})=0.5$，求 $P(B|(A\cup\overline{B}))$.

5. 已知 $P(A)=\frac{1}{4}, P(B|A)=\frac{1}{3}, P(A|B)=\frac{1}{2}$，求 $P(A\cup B)$.

6. 设 A，B 为两个事件，$P(A)=0.7, P(B)=0.5, P(A-B)=0.3$，求 $P(B|\overline{A})$.

7. 在有三个小孩的家庭中，已知至少有一个女孩，求该家庭至少有一个男孩的概率（设男孩与女孩是等可能的）.

8. 为了防止意外，在矿内同时装有两种报警系统 Ⅰ 和 Ⅱ，两种报警系统单独使用时，系统 Ⅰ 和 Ⅱ 有效的概率分别为 0.92 和 0.93；在系统 Ⅰ 失灵的条件下，系统 Ⅱ 仍然有效的概率为 0.85，求

(1) 两种报警系统 Ⅰ 和 Ⅱ 都有效的概率；

(2) 系统 Ⅱ 失灵的条件下，系统 Ⅰ 有效的概率；

(3) 发生意外时，两个报警系统至少有一个有效的概率.

9. 已知 $P(A|B)=0.7, P(A|\overline{B})=0.3, P(B|A)=0.6$，求 $P(A)$.

10. 某射击小组共有 20 名射手，其中一级射手 4 人，二级射手 8 人，三级射手 7 人，四级射手 1 人，一、二、三、四级射手通过选拔进入决赛的概率分别为 0.9, 0.7, 0.5, 0.2. 求在小组内任选一名射手，该射手能通过选拔进入决赛的概率.

11. 12 个乒乓球中有 9 个新的，3 个旧的，第一次比赛取出 3 个，用完后放回去，第二次又取出 3 个，求第二次取到的 3 个球中有 2 个新球的概率.

12. 有两箱同种类的零件, 第一箱装了 50 只, 其中 10 只一等品; 第二箱装 30 只, 其中 18 只一等品, 今从两箱中任挑出一箱, 然后从该箱中取零件两次, 每次任取一只, 作不放回抽样, 求:

(1) 第一次取到的是一等品的概率;

(2) 在第一次取到的零件是一等品的条件下, 第二次取到的也是一等品的概率.

13. 玻璃杯成箱出售, 每箱 20 只, 各箱次品数为 0, 1, 2 的概率分别为 0.8, 0.1, 0.1, 一顾客欲买下一箱玻璃杯, 售货员随机取出一箱, 顾客开箱后随机取 4 只进行检查, 若无次品, 购买, 否则退回, 求:

(1) 顾客买下该箱玻璃杯的概率 α;

(2) 在顾客买下的一箱中确实没有次品的概率.

14. 发报台分别以概率 0.8 及 0.2 收到 "." 及 "-", 由于通信系统受到干扰, 当发出信号 "." 时, 收报台分别以概率 0.8 及 0.2 收到 "." 及 "-"; 又当发出信号 "-" 时, 收报台分别以概率 0.9 及 0.1 收到 "-" 及 ".". 求当收报台收到 "." 时, 发报台确定发出信号 "." 的概率, 以及收到 "-" 时, 确定发出 "-" 的概率.

15. 学生做一道有 4 个选项的单项选择题时, 如果他不知道问题的正确答案时, 就作随机猜测, 现从试卷上看是答对了, 试在以下情况下求学生确实知道正确答案的概率.

(1) 学生知道正确答案和胡乱猜测的概率都是 $\frac{1}{2}$;

(2) 学生知道正确答案是 0.2.

16. 甲口袋有 a 只黑球, b 只白球, 乙口袋有 n 只黑球, m 只白球.

(1) 从甲口袋中任取 1 只放入乙口袋, 然后再从乙口袋中任取 1 只球, 试求最后从乙口袋取出的是黑球的概率;

(2) 从甲口袋中任取 2 只放入乙口袋, 然后再从乙口袋中任取 1 只球, 试求最后从乙口袋取出的是黑球的概率.

---

17. 甲、乙两选手进行乒乓球比赛, 甲选手发球成功后, 乙选手回球失误的概率为 0.3; 若乙选手回球成功, 甲选手回球失误的概率为 0.4; 若甲选手回球成功, 乙选手再次回球失误的概率为 0.5. 试计算这几个回合中, 乙选手输掉 1 分的概率.

18. 从 1, 2, 3, 4 中任取一个数, 记为 X, 再从 1, $\cdots$, X 中任取一个数, 记为 Y, 求 $P(Y=2)$.

19. 在 n 个袋中各有 6 只白球, 4 只黑球, 而另一个口袋中有 5 只白球, 5 只黑球, 从这 $n+1$ 个袋中随机取一袋, 再从袋中取 2 只球, 2 只球都是白球, 在这种情况下, 有 5 只白球和 3 只白球留在袋中的概率为 $\frac{1}{7}$, 求 n.

20. 设 $P(A)>0$, 试证 $P(B\mid A)\geqslant 1-\frac{P(\bar{B})}{P(A)}$.

1.5　独立性与伯努利概型

1.5.1　事件的独立性

独立性是概率论中一个重要的概念, 利用独立性可以简化事件概率的计算. 下面先讨论两个事件的独立性, 再讨论多个事件的独立性.

1. 独立性的概念

1) 两个事件的独立性

先看一个具体的例子.

例 1.5.1　设袋中有五个球(三新两旧)每次从中取一个, 有放回地取两次, 记 $A=\{$第一次取得新球$\}$, $B=\{$第二次取得新球$\}$, 求 $P(A)$, $P(B)$, $P(A\mid B)$.

解 显然 $P(A)=\frac{3}{5}$, $P(B)=\frac{3}{5}$, $P(A|B)=\frac{3}{5}$. 因 $P(A|B)=P(B)$, 故 $P(AB)=P(A)P(B)$.

定义 1.5.1 设 $A,B\in\mathscr{F}$, 若 $P(AB)=P(A)P(B)$, 则称事件 A,B 是相互独立的, 简称为独立的.

根据定义, 两个事件的独立性实质上就是一个事件的发生不影响另一个事件的发生. 必然事件 Ω 和不可能事件 $\varnothing$ 与任何事件都是相互独立的, 因为必然事件与不可能事件的发生与否, 的确不受任何事件的影响, 也不影响其他事件是否发生.

例 1.5.2 分别掷两枚均匀的硬币, 令 $A=\{$硬币甲出现正面$\}$, $B=\{$硬币乙出现正面$\}$, 验证事件 A,B 是相互独立的.

证明 因为

$$\Omega=\{(\text{正、正}),(\text{正、反}),(\text{反、正}),(\text{反、反})\},$$

$$A=\{(\text{正、正}),(\text{正、反})\},\quad B=\{(\text{反、正}),(\text{正、正})\},$$

$$AB=\{(\text{正、正})\}.$$

$$P(A)=P(B)=\frac{1}{2},\quad P(AB)=\frac{1}{4}=P(A)P(B).$$

所以 A,B 是相互独立的.

实质上, 在实际问题中, 人们常用直觉来判断事件间的"相互独立"性. 事实上, 分别掷两枚硬币, 硬币甲出现正面与否和硬币乙出现正面与否, 相互之间没有影响, 因而它们是相互独立的, 当然有时直觉并不可靠.

例 1.5.3 一个家庭中有男孩, 又有女孩, 假定生男孩和生女孩是等可能的, 令 $A=\{$一个家庭中有男孩, 又有女孩$\}$, $B=\{$一个家庭中最多有一个女孩$\}$.

对下述两种情形, 讨论 A 和 B 的独立性.

(1) 家庭中有两个小孩; (2) 家庭中有三个小孩.

解 (1) 有两个小孩的家庭, 这时样本空间为

$$\Omega=\{(\text{男、男}),(\text{男、女}),(\text{女、男}),(\text{女、女})\},$$

$$A=\{(\text{男、女}),(\text{女、男})\},\quad B=\{(\text{男、男}),(\text{男、女}),(\text{女、男})\},$$

$$AB=\{(\text{男、女}),(\text{女、男})\},$$

于是 $P(A)=\frac{1}{2}$, $P(B)=\frac{3}{4}$, $P(AB)=\frac{1}{2}$. 由此可知 $P(AB)\neq P(A)P(B)$, 所以 A 与 B 不独立.

(2) 有三个小孩的家庭, 样本空间 $\Omega=\{$(男、男、男), (男、男、女), (男、女、男), (女、男、男), (男、女、女), (女、女、男), (女、男、女), (女、女、女)$\}$.

由等可能性可知, 这 8 个基本事件的概率都是 $\frac{1}{8}$, 这时 A 包含了 6 个基本事件, B 包含了 4 个基本事件, AB 包含了 3 个基本事件.

$$P(AB)=\frac{3}{8},\quad P(A)=\frac{6}{8}=\frac{3}{4},\quad P(B)=\frac{4}{8}=\frac{1}{2}.$$

显然 $P(AB)=P(A)P(B)$, 于是 A 与 B 相互独立.

2) 多个事件的独立性

定义 1.5.2 设三个事件 A,B,C 满足

$$P(AB)=P(A)P(B),$$

$$P(AC)=P(A)P(C),$$

$$P(BC)=P(B)P(C),$$

$$P(ABC)=P(A)P(B)P(C),$$

则称 A,B,C 相互独立.

由三个事件的独立性可知, 若 A,B,C 相互独立, 则它们两两相互独立, 反之不一定成立.

例 1.5.4　一个均匀的正四面体, 其第一面染成红色, 第二面染成白色, 第三面染成黑色, 第四面上同时染上红、黑、白三色, 以 A,B,C 分别记投一次四面体, 朝下的面出现红、白、黑颜色的事件, 则

$$P(A)=P(B)=P(C)=\frac{2}{4}=\frac{1}{2},$$

$$P(AB)=P(AC)=P(BC)=\frac{1}{4},$$

$$P(ABC)=\frac{1}{4}.$$

故 A,B,C 两两相互独立.

但此时不能推出 $P(ABC)=P(A)P(B)P(C)$. 也就是说由 A,B,C 两两相互独立不能推出 A,B,C 相互独立.

同样地, 由 $P(ABC)=P(A)P(B)P(C)$ 不能推出 A,B,C 两两相互独立.

事件的独立性可以推广到多个随机事件的情形.

定义 1.5.3　对 n 个事件 $A_1,A_2,\cdots,A_n$, 若对于所有可能的组合 $1\leqslant i<j<k<\cdots\leqslant n$ 有

$$P(A_iA_j)=P(A_i)P(A_j);$$

$$P(A_iA_jA_k)=P(A_i)P(A_j)P(A_k);$$

$$\cdots\cdots$$

$$P(A_1A_2\cdots A_n)=P(A_1)P(A_2)\cdots P(A_n),$$

则称 $A_1,A_2,\cdots,A_n$ 相互独立.

从定义 1.5.3 可知, 若 n 个事件相互独立, 则必须满足 2^n-n-1 个等式. 显然 n 个事件相互独立, 则它们中的任意 m $(2\leqslant m\leqslant n)$ 个事件也相互独立.

2. 事件独立性的性质

定理 1.5.1　四对事件 $\{A,B\}$, $\{\bar{A},B\}$, $\{A,\bar{B}\}$, $\{\bar{A},\bar{B}\}$ 中有一对相互独立, 则其他三对也相互独立.

证明　不失一般性. 设事件 A 与 B 独立, 仅证 $\bar{A}$ 与 B 相互独立, 其余情况类似证明.

因为

$$P(\bar{A}B)=P(B-A)=P(B-AB)=P(B)-P(AB),$$

又 A 与 B 独立, 所以

$$P(AB)=P(A)P(B),$$

从而

$$P(\bar{A}B)=P(B)-P(A)P(B)=P(B)(1-P(A))=P(\bar{A})P(B),$$

所以, $\bar{A}$ 与 B 相互独立.

用数学归纳法可以证明下面的定理.

定理 1.5.2　设 $A_1,A_2,\cdots,A_n$ 相互独立, 则将其中任意 m 个 $(1\leqslant m\leqslant n)$ 换成其对立事件, 则所得 n 个事件也相互独立. 特别地, 若 $A_1,A_2,\cdots,A_n$ 相互独立, 则 $\bar{A}_1,\bar{A}_2,\cdots,\bar{A}_n$ 也相互独立.

3. 事件独立性的应用

1) 相互独立事件至少发生其一的概率的计算

设 $A_1, A_2, \cdots, A_n$ 相互独立, 则

$$P(A_1 \cup A_2 \cup \cdots \cup A_n) = 1 - P(\overline{A_1 \cup A_2 \cup \cdots \cup A_n})$$
$$= 1 - P(\bar{A}_1 \bar{A}_2 \cdots \bar{A}_n) = 1 - P(\bar{A}_1) P(\bar{A}_2) \cdots P(\bar{A}_n).$$

这个公式比起非独立的场合, 要简便得多, 它在实际问题中经常用到.

例 1.5.5 假若每个人血清中含有肝炎病的概率为 0.4%, 混合 100 个人的血清, 求此血清中含有肝炎病毒的概率?

解 设 $A_i = \{第\, i\, 个人血清中含有肝炎病毒\}, i = 1, 2, \cdots, 100$. 可以认为 $A_1, A_2, \cdots, A_{100}$ 相互独立, 所求的概率为

$$P(A_1 \cup A_2 \cup \cdots \cup A_{100}) = 1 - P(\bar{A}_1) P(\bar{A}_2) \cdots P(\bar{A}_{100}) = 1 - 0.996^{100} \approx 0.33 .$$

虽然每个人有病毒的概率都很小, 但是混合后, 则有很大的概率. 在实际工作中, 这类效应值得充分重视.

例 1.5.6 张、王、赵三位同学各自独立地去解一道数学题, 他们解出的概率为 $\frac{1}{5}, \frac{1}{3}, \frac{1}{4}$, 试求: (1) 恰有一人解出的概率; (2) 难题被解出的概率.

解 设 $A_i (i = 1, 2, 3)$ 分别表示张、王、赵三位同学解出难题这三个事件, 由题设知, A_1, A_2, A_3 相互独立.

(1) 令 $A = \{三人中恰有一人解出难题\}$, 则

$$A = A_1 \bar{A}_2 \bar{A}_3 \cup \bar{A}_1 A_2 \bar{A}_3 \cup \bar{A}_1 \bar{A}_2 A_3,$$
$$P(A) = P(A_1 \bar{A}_2 \bar{A}_3) + P(\bar{A}_1 A_2 \bar{A}_3) + P(\bar{A}_1 \bar{A}_2 A_3)$$
$$= P(A_1) P(\bar{A}_2) P(\bar{A}_3) + P(\bar{A}_1) P(A_2) P(\bar{A}_3) + P(\bar{A}_1) P(\bar{A}_2) P(A_3)$$
$$= \frac{1}{5}\left(1 - \frac{1}{3}\right)\left(1 - \frac{1}{4}\right) + \left(1 - \frac{1}{5}\right) \cdot \frac{1}{3}\left(1 - \frac{1}{4}\right) + \left(1 - \frac{1}{5}\right)\left(1 - \frac{1}{3}\right) \cdot \frac{1}{4} = \frac{13}{30}.$$

(2) 令 $B = \{难题解出\}$, 则

$$P(B) = P(A_1 \cup A_2 \cup A_3) = 1 - P(\bar{A}_1) P(\bar{A}_2) P(\bar{A}_3) = 1 - \left(1 - \frac{1}{5}\right)\left(1 - \frac{1}{3}\right)\left(1 - \frac{1}{4}\right) = \frac{3}{5}.$$

2) 在可靠性理论中的应用

对于一个电子元件, 它能正常工作的概率 p 称为它的可靠性, 元件组成系统, 系统正常工作的概率称为该系统的可靠性. 随着近代电子技术组成迅猛发展, 关于元件和系统可靠性的研究已发展成为一门新的学科——可靠性理论. 概率论是研究可靠性理论的重要工具.

例 1.5.7 如果构成系统的每个元件的可靠性均为 r, $0 < r < 1$, 且各元件能否正常工作是相互独立的, 试求下面两种系统的可靠性, 如图 1-10 和图 1-11 所示.

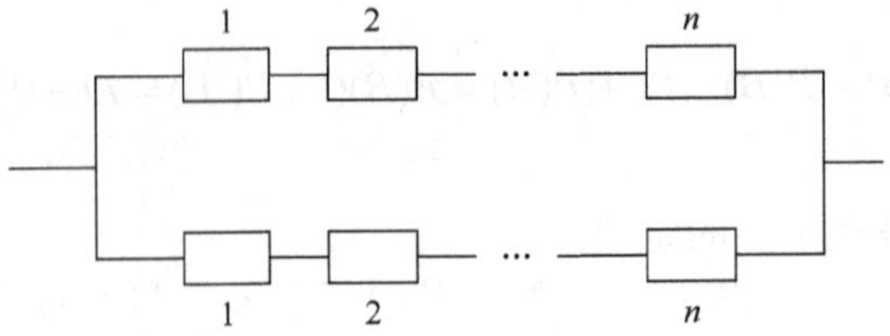

图 1-10

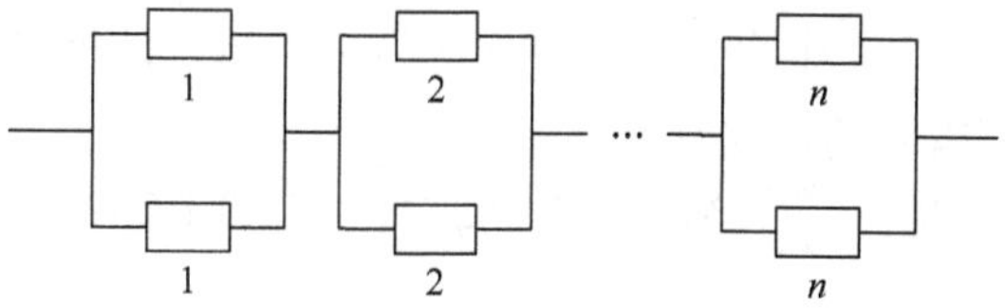

图 1-11

解　(1) 每条道路要能正常工作当且仅当该通路上各元件正常工作, 故其可靠性为 $R_s = r^n$, 也即通路发生故障的概率为 $1-r^n$. 由于系统是由两通路并联而成的, 两通路同时发生故障的概率为 $(1-r^n)^2$, 因此上述系统的可靠性为

$$R_s = 1-(1-r^n)^2 = r^n(2-r^n).$$

(2) 每对并联元件的可靠性为 $R' = 1-(1-r)^2 = r(2-r)$, 系统由 n 对并联元件串联而成, 故其可靠性为

$$R_s' = (R')^n = r^n(2-r)^n.$$

利用数学归纳法可以证明 $n \geqslant 2$ 时, $(2-r)^n > 2-r^n$.

所以 $R_s' > R_s$. 因此虽然上面两个系统同样由 $2n$ 个元件构成, 作用也相同, 但是第二种构成方式比第一种方式可靠性来得大, 寻找可靠性较大的构成方式也是可靠理论的研究课题之一.

1.5.2　伯努利概型

1. 试验的独立性

如果两次试验的结果是相互独立的, 称两次试验是相互独立的. 当然, 两次试验是相互独立的, 由此产生的事件也相互独立.

2. 伯努利概型

(1) 伯努利试验.

若试验 E 只有两个可能的结果: A 及 $\overline{A}$, 则称这个试验为伯努利试验.

(2) 伯努利概型.

设随机试验 E 具有如下特征:

(i) 每次试验是相互独立的;

(ii) 每次试验有且仅有两种结果: 事件 A 和事件 $\overline{A}$;

(iii) 每次试验的结果发生的概率相同. 即 $P(A)=p, P(\overline{A})=1-p=q$ 在每次试验中保持不变.

称试验 E 表示的数学模型为伯努利概型. 若将试验 E 做了 n 次, 则这个试验也称为 n 重伯努利试验, 记为 E^n. 由此可知 “一次抛掷 n 枚相同的硬币” 的试验可以看作是一个 n 重伯努利试验.

一个伯努利试验的结果可以记作

$$\omega = (\omega_1, \omega_2, \cdots, \omega_n),$$

其中 ω_i $(1 \leqslant i \leqslant n)$ 或者为 A 或者为 $\overline{A}$, 因而这样的 ω 共有 2^n 个, 它们的全体就是伯努利试验的样本空间 Ω.

$$\omega = (\omega_1, \omega_2, \cdots, \omega_n) \in \Omega.$$

如果 ω_i $(1 \leqslant i \leqslant n)$ 中有 k 个 A, 则必有 $n-k$ 个 $\overline{A}$. 于是由独立性即得 $P(\omega) = p^k q^{n-k}$.

如果要求"n重伯努利试验中事件A出现k次"这一事件的概率，记$B_k=\{n$重伯努利试验中事件A出现k次$\}$，由概率的可加性有

$$P(B_k)=\sum_{\omega\in B_k}P(\omega)=C_n^k p^k q^{n-k},\quad k=0,1,2,\cdots,n.$$

在n重伯努利试验中，事件A至少发生一次的概率为$1-q^n$(可以转化为它的对立事件来求).

例 1.5.8 金工车间有10台同类型的机床，每台机床配备的电功率为10千瓦，已知每台机床工作时，平均每小时实际开动 12 分钟，且开动与否是相互独立的，现因当地电力供应紧张，供电部门只提供50千瓦的电力给这10台机床. 问这10台机床能够正常工作的概率为多大？

解 50千瓦电力可用时供给5台机床开动，因而10台机床中同时开动的台数为不超过5台时都可以正常工作，而每台机床只有"开动"与"不开动"两种情况，且开动的概率为 12/60 = 1/5，不开动的概率为4/5. 设10台机床中正在开动着的机床台数为X，则

$$P(X=k)=C_{10}^k\left(\frac{1}{5}\right)^k\left(\frac{4}{5}\right)^{10-k},\quad 0\leqslant k\leqslant 10.$$

于是同时开动的机床台数不超过5台的概率为

$$P(X\leqslant 5)=\sum_{k=0}^{5}P(\xi=k)=\sum_{k=0}^{5}C_{10}^k\left(\frac{1}{5}\right)^k\left(\frac{4}{5}\right)^{10-k}=0.994.$$

由此可知，这10台机床能正常工作的概率为0.994，也就是说这10台机床的工作基本上不受电力供应紧张的影响.

例 1.5.9 某人有一串m把外形相同的钥匙，其中只有一把能打开家门. 有一天该人酒醉后回家，下意识地每次从m把钥匙中随便拿一把去开门，问该人第k次才把门打开的概率为多少？

解 因为该人每次从m把钥匙中任取一把(试用后不做记号又放回)，所以能打开门的一把钥匙在每次试用中恰被选种的概率为 $1/m$. 易知，这是一个伯努利试验，在第k次才把门打开，意味着前面$k-1$次都没有打开，于是由独立性即得

$$P(\text{第}k\text{次才把门打开})=\underbrace{\left(1-\frac{1}{m}\right)\left(1-\frac{1}{m}\right)\cdots\left(1-\frac{1}{m}\right)}_{(k-1)\text{个}}\cdot\frac{1}{m}=\frac{1}{m}\left(1-\frac{1}{m}\right)^{k-1}.$$

例 1.5.10(巴拿赫火柴问题) 某数学家常带有两盒火柴(左、右衣袋中各放一盒)，每次使用时，他在两盒中任抓一盒，问他首次发现一盒空时另一盒有r根的概率是多少($r=0,1,2,\cdots,N$，N为最初盒子中的火柴数)？

解 设选取左边衣袋为"成功"，于是相继选取衣袋，就构成了$p=\dfrac{1}{2}$的伯努利试验. 当某一时刻为先发现左袋中没有火柴而右袋中恰有r根火柴的事件相当于恰有$N-r$次失败发生在第$2N-r$根火柴，其中从左袋中取了N根，并且在$2N-r+1$次取火柴还要从左袋中取，才能发现左袋已经取完，因此

$$P(\text{发现左袋空而右袋还有}r\text{根})=C_{2N-r}^N\left(\frac{1}{2}\right)^N\left(\frac{1}{2}\right)^{2N-r-N}\frac{1}{2}=C_{2N-r}^N\left(\frac{1}{2}\right)^{2N-r+1}.$$

由对称性，首次发现右袋中没有火柴而左袋中恰有r根的概率为$C_{2N-r}^N\left(\dfrac{1}{2}\right)^{2N-r+1}$. 故所求的概率为$P=2C_{2N-r}^N\left(\dfrac{1}{2}\right)^{2N-r+1}$.

习　题　1.5

1. 两射手独立地向同一目标射击, 设甲、乙击中目标的概率分别为 0.9 和 0.8, 求

(1) 两人都击中目标的概率;

(2) 目标被击中的概率;

(3) 恰好有一人击中目标的概率.

2. 甲乙两人独立地对同一目标射击一次, 其命中率分别为 0.6 和 0.7, 现已知目标被击中, 求它是甲击中的概率.

3. 设 $A_1, A_2, \cdots, A_n$ 为 n 个相互独立的事件, 且 $P(A_i) = p_i (1 \leqslant i \leqslant n)$, 求下列事件的概率.

(1) n 个事件全不发生;

(2) n 个事件至少发生一件;

(3) n 个事件恰好发生一件.

4. 设 A, B, C 相互独立, 证明 A与$B \cup C$ 独立, A与$B - C$ 也独立.

5. 求下列系统(图 1-12～图 1-14)的可靠度, 假设原件的可靠度为 p_i, 各原件正常工作或失效相互独立.

(1)

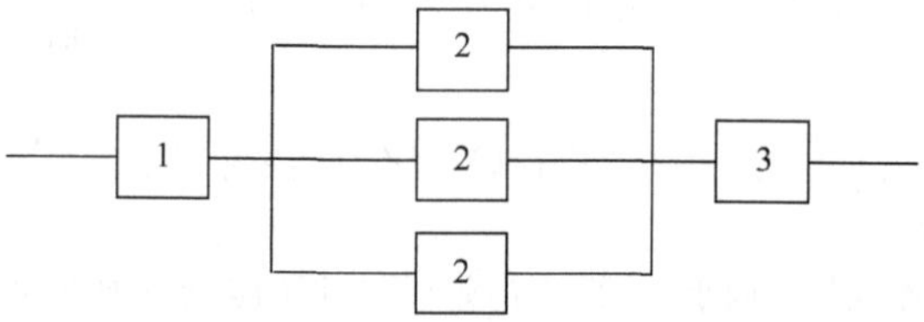

图 1-12

(2)

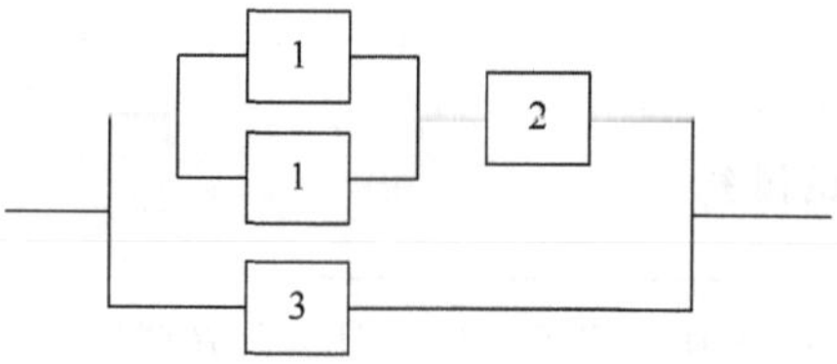

图 1-13

(3)

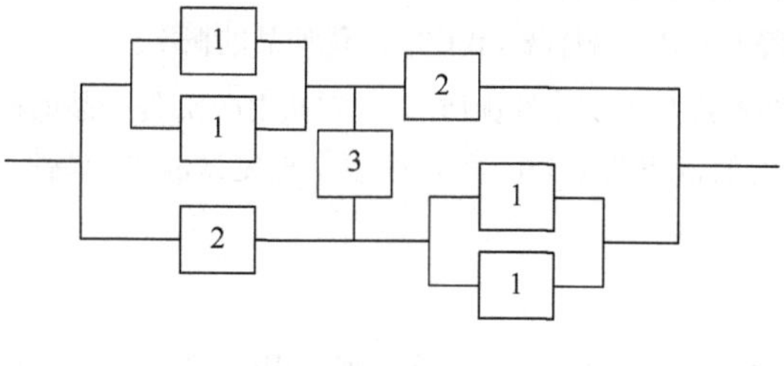

图 1-14

6. 甲、乙两人进行乒乓球比赛, 每局甲胜的概率为 $p, p \geqslant \frac{1}{2}$. 问对甲而言, 采用三局两胜制有利, 还是采用五局三胜制有利, 设各局胜负相互独立.

7. 若事件 A 与 B 相互独立且互不相容, 试求 $\min\{P(A),P(B)\}$.

8. 设 $P(A)=0.4, P(A\cup B)=0.7$, 在以下情况下求 $P(B)$:

(1) A,B 互不相容; (2) A,B 独立; (3) $A\subset B$.

9. 设 A,B,C 两两独立, 且 $ABC=\varnothing$,

(1) 如果 $P(A)=P(B)=P(C)=x$, 试求 x 的最大值;

(2) 如果 $P(A)=P(B)=P(C)<\dfrac{1}{2}$, 且 $P(A\cup B\cup C)=\dfrac{9}{16}$, 求 $P(A)$.

10. 事件 A,B 独立, A与B 都不发生的概率为 $\dfrac{1}{9}$, A 发生 B 不发生的概率与 B 发生 A 不发生的概率相等, 求 $P(A),P(B)$.

11. 一个人的血型为 A,B,AB,O 型的概率分别为 0.37,0.21,0.08,0.34, 现任意挑选四人, 试求:

(1) 此四人的血型全不相同的概率; (2) 此四人的血型全部相同的概率.

12. 一大楼装有 5 个同类型的供水设备. 调查表明在任一时刻 t 每个供水设备被使用的概率为 0.1, 求在同一时刻:

(1) 恰有 2 个设备被使用的概率; (2) 至少有 3 个设备被使用的概率;

(3) 至多有 3 个设备被使用的概率; (4) 至少有 1 个设备被使用的概率.

13. 一射手对同一目标独立地进行四次射击, 若至少命中一次的概率为 $\dfrac{80}{81}$, 试求该射手进行一次射击的命中率.

14. 甲袋有 1 个黑球, 2 个白球, 乙袋中有 3 个白球, 每次从两袋中各取一个, 交换放入另一袋中, 求交换几次后, 黑球仍在甲袋中的概率.

15. 某机构有一个 9 人组成的顾问小组, 若每个顾问贡献正确意见的概率为 0.7, 现该机构对某事的可行性与否, 个别征求各位顾问的意见, 并按多数人的意见作出决策, 求作出正确决策的概率.

16. 假设一厂家生产的每台仪器, 概率 0.7 可直接出厂; 概率 0.3 需进行测试, 经测试后概率 0.8 可以出厂, 概率 0.2 定为不合格品不能出厂. 现该厂生产了 $n(n\geqslant 2)$ 台仪器(假设各台仪器的生产过程是相互独立的), 求:

(1) 全部能出厂的概率;

(2) 其中恰有 2 台不能出厂的概率;

(3) 其中至少有 2 台不能出厂的概率.

---

17. 设 A,B 是两随机事件, 且 $0<P(A)<1, P(B)>0$, 证明 A 与 B 相互独立的充要条件为 $P(B\mid A)=P(B\mid \overline{A})$.

18. 设 $0<P(A)<1, 0<P(B)<1$, 且$P(A\mid B)+P(\overline{A}\mid \overline{B})=1$, 证明 A 与 B 独立.

19. 一条自动生产线连续生产 n 件产品不出故障的概率为 $\dfrac{\lambda^n}{n!}\mathrm{e}^{-\lambda}, n=0,1,2,\cdots$, 假设产品的优质品率为 $p(0<p<1)$, 如果各件产品是否为优质品相互独立,

(1) 计算生产线在两次故障间共生产 k件$(k=0,1,2,\cdots)$ 优质品的概率;

(2) 已知在某两次故障该生产线生产了 k 件优质品, 求它共生产 m 件产品的概率.

20. 设每次试验中 A 发生的概率为 $\varepsilon>0$, 在 n 次独立重复试验中, 事件 A 至少发生一次的概率记为 p_n, 求 $\lim\limits_{n\to\infty} p_n$.

本 章 概 要

1. 必然现象和随机现象是自然界、社会生产和日常生活中广泛存在的两类现象, 概率论与数理统计是揭示和研究随机现象统计规律的数学学科.

2. 随机事件是概率论的基本概念，它与集合论的知识相类似，借助集合的知识可以比较直观地了解事件的关系和运算.

3. 概率是概率论中另一个基本概念，频率的稳定性是概率统计定义的基础，概率的公理化定义实质上是一个定义在事件域上的集函数，从公理化定义出发可以得到概率的相关性质.

4. 从条件概率出发，可以得到概率的乘法公式、全概率公式和贝叶斯公式.

5. 古典概型、几何概型和伯努利概型是概率论三个特殊的概型.

6. 事件的独立性是概率论的重要概念之一，这个概念在概率论和数理统计中经常用到.

常用术语

随机现象　随机事件　事件之间的关系与运算　完备事件组　概率的定义　概率的性质　古典概型　几何概型　伯努利概型　条件概率　乘法公式　全概率公式　贝叶斯公式　事件的独立性

常用公式

1. 概率的计算

(1) 古典概率计算公式.

$$P(A)=\frac{k}{n}=\frac{A\text{包含的基本事件数}}{\text{基本事件总数}};$$

(2) 几何概率计算公式.

$$P(A)=\frac{A\text{的度量}}{\varOmega\text{的度量}};$$

(3) 概率的加法公式.

对任意两个事件 A,B，有 $P(A\cup B)=P(A)+P(B)-P(AB)$.

2. 有关条件概率的计算公式

(1) 条件概率.

$$P(A\mid B)=\frac{P(AB)}{P(B)}\quad (P(B)>0),$$

$$P(B\mid A)=\frac{P(AB)}{P(A)}\quad (P(A)>0);$$

(2) 乘法公式.

$$P(AB)=P(A)P(B\mid A)\quad P(A)>0,$$

$$P(AB)=P(B)P(A\mid B)\quad P(B)>0;$$

(3) 全概率公式.

设 $B_1,B_2,\cdots,B_n$ 是一列互不相容的事件，且有 $\bigcup_{i=1}^{n}B_i=\varOmega$（亦称 $B_1,B_2,\cdots,B_n$ 为样本空间 $\varOmega$ 的一个剖分），则对任何事件 A，有

$$P(A)=\sum_{i=1}^{n}P(B_i)P(A|B_i).$$

(4) 贝叶斯公式.

若 $B_1, B_2,\cdots,B_n$ 是一列互不相容的事件, 且

$$\bigcup_{i=1}^{n}B_i=\Omega,\quad P(B_i)>0,\quad i=1,2,\cdots,n.$$

则对任一事件 A , $P(A)>0$, 有

$$P(B_i|A)=\frac{P(B_i)P(A|B_i)}{\sum_{j=1}^{n}P(B_j)P(A|B_j)}.$$

3. 事件的独立性

事件 A,B 是相互独立的充要条件是 $P(AB)=P(A)P(B)$.

4. 伯努利公式

设在每次试验中事件 A 发生的概率为 p, 则在 n 重伯努利试验中事件 A 出现 k 次的概率

$$P_n(k)=\mathrm{C}_n^k p^k q^{n-k},\quad k=0,1,2,\cdots,n.$$

第 2 章　随机变量及其分布

2.1　随机变量及分布函数

2.1.1　随机变量及其分类

1. 概念

我们讨论过不少随机试验, 其中有些试验的结果就是数量. 例如, 袋中有五个球(三白两黑), 从中任取三球, 则取到的黑球数可能为 0, 1, 2 本身就是数量, 且黑球数随着随机试验结果的变化而变化的. 又如, 在“n重伯努利试验中, 事件 A 出现 k 次”这一事件的概率, 若记 $X=$“n重伯努利试验中 A 出现的次数”, 则上述“n重伯努利试验中, 事件 A 出现 k 次”这一事件可以简记为 $(X=k)$, 从而有

$$P(X=k)=\mathrm{C}_n^k p^k q^{n-p}, \quad q=1-p,$$

并且 X 的所有可能取值就是事件 A 可能出现的次数 $0,1,2,\cdots,n$.

有些随机试验的结果虽然本身不是数量, 但也可以用数量来表示这些试验的结果.

例 2.1.1　从一批废品率为 p 的产品中有放回地抽取 n 次, 每次取一件产品, 考虑取到废品的次数, 这一试验的样本空间为 $\Omega=\{1,2,\cdots,n\}$. 如果用 X 表示取到废品的次数, 那么, X 的取值依赖于试验结果, 当试验结果确定了, X 的取值也就随之确定了. 比如, 进行了一次这样的随机试验, 试验结果为 $\omega=1$, 即在 n 次抽取中, 只有一次取到了废品, 那么 $X=1$.

例 2.1.2　掷一枚匀称的硬币, 观察正面、反面的出现情况. 这一试验的样本空间为 $\Omega=\{H,T\}$, 其中 H 表示“正面朝上”, T 表示“反面朝上”. 如果引入变量 X, 对试验的两个结果, 将 X 的值分别规定为 1 和 0, 即

$$X=\begin{cases}1, & \text{出现}H,\\ 0, & \text{出现}T.\end{cases}$$

一旦试验的结果确定了, X 的取值也就随之确定了.

从上述例子可以看出: 无论随机试验的结果本身与数量有无联系, 我们都能把试验的结果与实数对应起来, 即可把试验的结果数量化. 由于这样的数量依赖试验的结果, 而对随机试验来说, 在每次试验之前无法断言会出现何种结果, 因而也就无法确定它会取什么值, 即它的取值具有随机性, 我们称这样的变量为随机变量. 事实上, 随机变量就是随着试验结果的变化而变化的实变量. 因此也可以说, 随机变量是随机试验结果的函数. 我们可以把例 2.1.1 中的 X 写成 $X=X(\omega)$, 其中 $\omega\in\{0,1,2,\cdots,n\}$. 把例 2.1.2 中的 X 写成

$$X=X(\omega)=\begin{cases}1, & \omega=H,\\ 0, & \omega=T.\end{cases}$$

一般地, 我们有以下定义.

定义 2.1.1　设 E 为一随机试验, Ω 为它的样本空间, 若 $X=X(\omega)$, $\omega\in\Omega$ 为单值实函数, 且对于任意实数 $X(\omega)$, 集合 $\{\omega \mid X(\omega)\leqslant x\}$ 都是随机事件, 则称 $X(\omega)$ 为随机变量. 今后, 在

不必强调 ω 时, 常省去 ω, 简记 $X(\omega)$ 为 X, 而 ω 的集合 $\{\omega \mid X(\omega) \leqslant x\}$ 所表示的事件简记为 $(X \leqslant x)$.

一般地, 用大写英文字母 X,Y,Z 或希腊字母 ξ,η,ζ 等表示随机变量.

例 2.1.3 一射手对一目标连续射击, 则他命中目标的次数 X 为随机变量, X 的可能取值为 $0,1,2,\cdots$.

例 2.1.4 某一公交车站每隔 5 分钟有一辆汽车停靠, 一位乘客不知道汽车到达的时间, 则候车时间为随机变量 X, X 的可能取值为 $0 \leqslant X \leqslant 5$.

例 2.1.5 考察某一地区全年的温度的变化情况, 则某一地区的温度 X 为随机变量, X 的可能取值为 $a < X < b$.

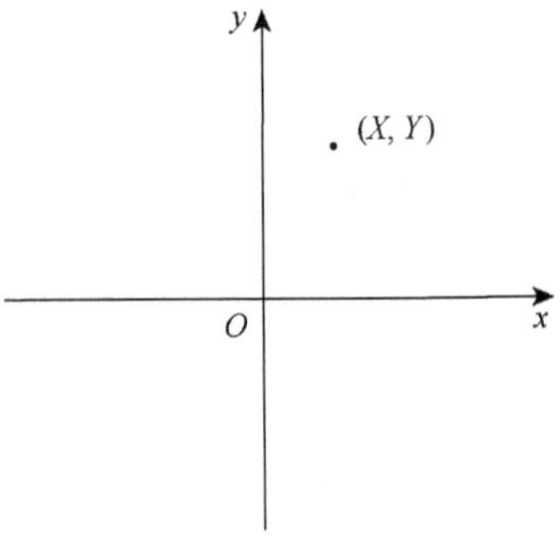

图 2-1

例 2.1.6 大炮对某一目标射击, 考虑弹着点的位置, 如果将大炮所在的位置看成原点, 建立如图 2-1 所示的坐标系, 则弹着点就可以用一个二维坐标 (X,Y) 表示出来, 这时, 就要用两个随机变量来描述. 这就是一个二维随机变量.

随机变量与普通实函数这两个概念之间既有联系又有区别, 它们都是从一个集合到另一个集合的映射, 区别主要在于: 普通实函数无须做试验便可依据自变量的值确定函数值, 而随机变量的取值在做试验之前是不确定的, 只有在做了试验之后, 依据所出现的结果才能确定. 定义中要求对任一实数 x, $\{\omega \mid X(\omega) \leqslant x\}$ 都是事件, 这说明并非任何定义在 Ω 上的函数都是随机变量, 而是对该函数有一定的要求. 定义中的要求无非是说, 当我们把随机试验的结果数量化时, 不可随心所欲, 而是应该合乎概率公理体系的规范.

2. 随机变量的分类

从随机变量的取值情况来看, 若随机变量的可能取值只有有限个或可列个, 则称该随机变量为离散型随机变量, 不是离散型的随机变量统称为非离散型随机变量. 若随机变量的取值是连续的, 称为连续型随机变量, 它是非离散型随机变量的特殊情形. 如例 2.1.1～例 2.1.3, 例 2.1.6 都是离散型随机变量; 例 2.1.4 和例 2.1.5 都是连续型随机变量.

按描述随机试验的随机变量的个数来分, 随机变量可分为一维随机变量和多维随机变量. 如例 2.1.1～例 2.1.5 中的随机变量都是一维随机变量, 例 2.1.6 中的随机变量是二维随机变量.

一维随机变量表示坐标轴上的一个随机点, 二维随机变量表示二维坐标平面上的一个随机点.

引入了随机变量之后, 随机事件就可以用随机变量来描述. 例如, 在某城市中考察人口的年龄结构, 年龄在 80 岁以上的长寿者, 年龄介于 18 岁至 35 岁的年轻人, 以及不到 12 岁的儿童, 它们各自的比率如何. 从表面上看, 这些是孤立事件, 但若我们引进一个随机变量 X: X 表示随机抽取一个人的年龄; 那么, 上述几个事件可以分别表示成 $\{X > 80\}$, $\{18 \leqslant X \leqslant 35\}$ 及 $\{X < 12\}$. 由此可见, 随机事件的概念是被包含在随机变量这个更广的概念之内的.

2.1.2 一维随机变量的分布函数

1. 分布函数的概念

对于随机变量 X, 我们不只是看它取哪些值, 更重要的是看它以多大的概率取那些值. 由随机变量的定义可知, 对于每一个实数 x, $\{X\leqslant x\}$ 都是一个事件, 因此有一个确定的概率 $P(X\leqslant x)$ 与 x 相对应, 所以概率 $P(X\leqslant x)$ 是 x 的函数. 这个函数在理论和应用中都是很重要的, 为此, 我们有以下定义.

定义 2.1.2　设 X 为定义在样本空间 Ω 上的随机变量, 对于任意实数 x, 称函数 $F(x)=P(X\leqslant x), x\in(-\infty,+\infty)$ 是随机变量 X 的概率分布函数, 简称为分布函数或分布.

注意　分布函数实质上就是事件 $(X\leqslant x)$ 的概率, 也就是随机变量 X 落在区间 $(-\infty,x]$ 内的概率.

2. 分布函数的性质

由概率的性质可知如下性质.

(1) **非负性**　$\forall x\in(-\infty,+\infty), 0\leqslant F(x)\leqslant 1$.

(2) 若 $x_1<x_2$, 则 $P(x_1<X\leqslant x_2)=F(x_2)-F(x_1)$.

因为 $(X\leqslant x_2)\supset(X\leqslant x_1)$, 所以 $(x_1<X\leqslant x_2)=(X\leqslant x_2)-(X\leqslant x_1)$, 进一步有

$$P(x_1<X\leqslant x_2)=F(x_2)-F(x_1).$$

由性质 (2) 得

(3) **单调性**　若 $x_1<x_2$, 则 $F(x_1)\leqslant F(x_2)$.

(4) **极限性**　$\lim\limits_{x\to-\infty}F(x)=F(-\infty)=0, \lim\limits_{x\to+\infty}F(x)=F(+\infty)=1$.

证明　因为 $0\leqslant F(x)\leqslant 1$ 且 $F(x)$ 单调, $\lim\limits_{x\to-\infty}F(x)=\lim\limits_{m\to-\infty}F(m), \lim\limits_{x\to+\infty}F(x)=\lim\limits_{n\to+\infty}F(n)$ 都存在, 又由概率的完全可加性有

$$1=P(-\infty<X(\omega)<+\infty)=P\left\{\bigcup_{n=-\infty}^{\infty}(n<X(\omega)\leqslant n+1)\right\}=\sum_{n=-\infty}^{\infty}P(n<X(\omega)\leqslant n+1)$$

$$=\lim_{\substack{n\to+\infty\\ m\to-\infty}}\sum_{i=m}^{n}P(i<X(\omega)\leqslant i+1)=\lim_{n\to+\infty}F(n)-\lim_{m\to-\infty}F(m),$$

所以 $\lim\limits_{n\to+\infty}F(n)=1, \lim\limits_{m\to-\infty}F(m)=0$, 即 $\lim\limits_{x\to+\infty}F(x)=1, \lim\limits_{x\to-\infty}F(x)=0$.

(5) **右连续性**　$F(x+0)=F(x)$.

证明　因为 $F(x)$ 是单调有界函数, 其任意一点 x_0 的右极限 $F(x_0+0)$ 必存在, 为证其右连续性, 只要对某一列单调下降的数列 $x_0<\cdots<x_n<x_{n-1}<\cdots<x_2<x_1, x_n\to x_0(n\to\infty)$ 证明 $\lim\limits_{n\to\infty}F(x_n)=F(x)$ 成立即可. 这时有

$$F(x_1)-F(x_0)=P(x_0<X(\omega)\leqslant x_1)=P\left\{\bigcup_{n=1}^{\infty}(x_{n+1}<X(\omega)\leqslant x_n)\right\}$$

$$=\sum_{n=1}^{\infty}P(x_{n+1}<X(\omega)\leqslant x_n)=\sum_{n=1}^{\infty}[F(x_n)-F(x_{n+1})]$$

$$=\lim_{n\to\infty}[F(x_1)-F(x_{n+1})]=F(x_1)-\lim_{n\to\infty}F(x_{n+1}),$$

由此可得 $F(x_0)=\lim\limits_{n\to\infty}F(x_{n+1})=F(x_0+0)$.

(3), (4), (5) 是分布函数的三个基本性质, 反过来还可以证明任一个满足这三个性质的函数, 一定可以作为某个随机变量的分布函数. 知道了随机变量 X 的分布函数 $F(x)$, 不仅可以求出 $(X\leqslant x)$ 的概率而且还可以计算下述概率

$$P(x_1 < X \leqslant x_2) = F(x_2) - F(x_1);$$
$$P(X > x) = 1 - P(X \leqslant x) = 1 - F(x);$$
$$P(X < x) = F(x-0);$$
$$P(X \geqslant x) = 1 - P(X < x) = 1 - F(x-0);$$
$$P(X = x) = F(x) - F(x-0);$$
$$P(x_1 \leqslant X \leqslant x_2) = F(x_2) - F(x_1 - 0);$$
$$P(x_1 < X < x_2) = F(x_2 - 0) - F(x_1);$$
$$P(x_1 \leqslant X < x_2) = F(x_2 - 0) - F(x_1 - 0).$$

由此可以看出, 分布函数是一种分析性质良好的函数, 便于处理, 而给定了分布函数就能算出各种事件的概率, 因此分布函数一方面全面地描述了随机变量 X 的统计规律, 另一方面使许多概率论问题得以简化而归结为函数的运算, 这样就能利用数学分析或高等数学的许多结果, 这也是引进随机变量的好处之一.

例 2.1.7　等可能地向区间 $[a,b]$ 上投掷质点, 求质点坐标 X 的分布函数.

解　设 x 为任一实数, 当 $x<a$ 时, 显然有 $F(x)=P(X\leqslant x)=P(\varnothing)=0$;

当 $a\leqslant x<b$ 时, 由几何概型可知

$$F(x)=P(X\leqslant x)=P(X\leqslant a)+P(a<X\leqslant x)$$
$$=0+\frac{x-a}{b-a}=\frac{x-a}{b-a};$$

当 $x\geqslant b$ 时, 有 $F(x)=P(X\leqslant x)=P(\Omega)=1$.

从而

$$F(x)=\begin{cases}0, & x<a,\\ \dfrac{x-a}{b-a}, & a\leqslant x<b,\\ 1, & x\geqslant b.\end{cases}$$

例 2.1.8　设随机变量 X 的分布函数为 $F(x)=A+B\cdot\arctan x, -\infty<x<+\infty$, 求:

(1) 常数 A, B;　　(2) $P(0<X\leqslant 1)$.

解　(1) 由极限性 $\begin{cases}F(+\infty)=1,\\ F(-\infty)=0,\end{cases}$ 得

$$\begin{cases}A+B\cdot\dfrac{\pi}{2}=1,\\ A-B\cdot\dfrac{\pi}{2}=0,\end{cases}$$

从而解得

$$\begin{cases}A=\dfrac{1}{2},\\ B=\dfrac{1}{\pi}.\end{cases}$$

于是

$$F(x)=\frac{1}{2}+\frac{1}{\pi}\arctan x,\quad -\infty<x<+\infty.$$

(2) $P(0<X\leqslant 1)=F(1)-F(0)=\dfrac{1}{2}+\dfrac{1}{\pi}\arctan 1-\dfrac{1}{2}-\dfrac{1}{\pi}\arctan 0=\dfrac{1}{4}$.

例 2.1.9　设随机变量 X 的分布函数为 $F(x)=\begin{cases}0, & x\leqslant 0,\\ Ax^2, & 0<x\leqslant 1,\\ 1, & x>1,\end{cases}$ 求:

(1) 常数 A;　　(2) X 落在 $\left(-1,\dfrac{1}{2}\right]$ 上的概率.

解　(1) 因为 $F(x)$ 在 $x=1$ 处右连续, 所以

$$F(1+0)=\lim_{x\to 1^+}F(x)=\lim_{x\to 1^+}1=A=F(1),$$

故 $A=1$. 于是

$$F(x)=\begin{cases}0, & x\leqslant 0,\\ x^2, & 0<x\leqslant 1,\\ 1, & x>1.\end{cases}$$

(2) $P\left(-1<X\leqslant \dfrac{1}{2}\right)=F\left(\dfrac{1}{2}\right)-F(-1)=\dfrac{1}{4}$.

注意　求分布函数中的待定常数, 主要是利用分布函数的极限性及右连续性.

2.1.3　多维随机变量的联合分布函数

1. 概念

定义 2.1.3　设 $X_1,X_2,\cdots,X_n$ 是定义在同一个样本空间 Ω 上的随机变量, 则称 n 维随机向量 $(X_1,X_2,\cdots,X_n)$ 是样本空间 Ω 上的 n 维随机变量或 n 维随机向量, 并称 n 元函数 $F(x_1,x_2,\cdots,x_n)=P(X_1\leqslant x_1,X_2\leqslant x_2,\cdots,X_n\leqslant x_n)$ 是 n 维随机变量 $X_1,X_2,\cdots,X_n$ 的联合分布函数, 称为联合分布或分布.

联合分布函数描述了多维随机变量的统计规律.

下面着重讨论二维随机变量, 若 (X,Y) 表示笛卡儿平面上的点的坐标, 那么 $F(x,y)=P(X\leqslant x,Y\leqslant y)$ 为 (X,Y) 的联合分布函数, $F(x,y)$ 表示点落在图 2-2 中阴影部分的概率.

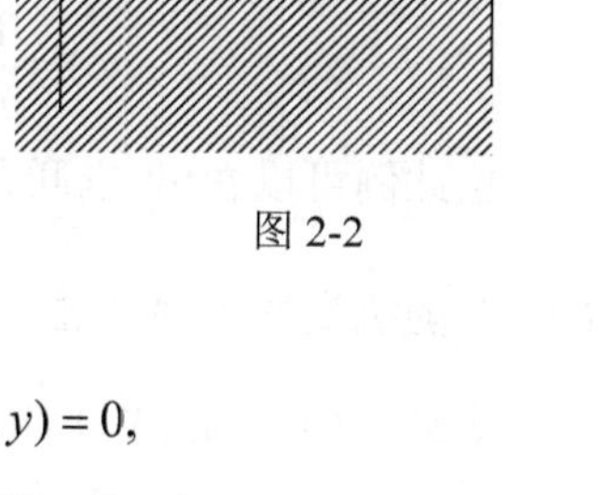

图 2-2

2. 联合分布函数的性质

(1) $0\leqslant F(x,y)\leqslant 1$;

(2) 对 x 或 y 都是单调不减的;

(3) 对 x 和 y 都是右连续的, 即 $F(x,y)=F(x+0,y), F(x,y)=F(x,y+0)$;

(4) 对任意 x 和 y, 有

$$F(-\infty,y)=\lim_{x\to-\infty}F(x,y)=0,\quad F(x,-\infty)=\lim_{y\to-\infty}F(x,y)=0,$$

$$F(-\infty,-\infty)=\lim_{\substack{x\to-\infty\\ y\to-\infty}}F(x,y)=0,\quad F(+\infty,+\infty)=\lim_{\substack{x\to+\infty\\ y\to+\infty}}F(x,y)=1.$$

(5) 对任意 (x_1,y_1) 和 (x_2,y_2), 其中 $x_1<x_2, y_1<y_2$, 有

$$P(x_1<X\leqslant x_2,y_1<Y\leqslant y_2)=F(x_2,y_2)-F(x_2,y_1)-F(x_1,y_2)+F(x_1,y_1)$$

且

$$F(x_2,y_2)-F(x_1,y_2)-F(x_2,y_1)+F(x_1,y_1)\geqslant 0.$$

反过来还可以证明,任意一个具有上述四个性质的二元函数必定可以作为某个二维随机变量的分布函数,因而满足这四个条件的二元函数通常称为二元联合分布函数.

3. 边际(边缘)分布函数

设 (X,Y) 为二维随机变量,那么它的每一个分量都是一维的随机变量,它们的分布函数称为 X,Y 关于 (X,Y) 边际(边缘)分布函数,分别记为 $F_X(x)$, $F_Y(y)$.

设二维随机变量 (X,Y) 的联合分布函数为 $F(x,y)$,那么它的两个分量 X,Y 的边际分布函数可由 $F(x,y)$ 求得

$$\begin{aligned}F_X(x)&=P(X\leqslant x)=P(X\leqslant x,Y<+\infty)\\&=\lim_{y\to+\infty}P(X\leqslant x,Y\leqslant y)\\&=\lim_{y\to+\infty}F(x,y)\\&=F(x,+\infty),\end{aligned}$$

同理

$$F_Y(y)=F(+\infty,y).$$

由此可知,由联合分布可以唯一确定边际分布函数,反之,不一定成立(反例见后面).

例 2.1.10 设 (X,Y) 的联合分布函数为 $F(x,y)=A\left(B+\arctan\dfrac{x}{2}\right)\left(C+\arctan\dfrac{y}{3}\right)$,求:

(1) 常数 A, B, C; (2) 边际分布函数 $F_X(x)$, $F_Y(y)$.

解 (1) 由 $F(+\infty,+\infty)=1, F(x,-\infty)=F(-\infty,y)=0$ 得

$$\begin{cases}A\left(B+\dfrac{\pi}{2}\right)\left(C+\dfrac{\pi}{2}\right)=1,\\A\left(\arctan\dfrac{x}{2}+B\right)\left(C-\dfrac{\pi}{2}\right)=0,\\A\left(B-\dfrac{\pi}{2}\right)\left(C+\arctan\dfrac{y}{3}\right)=0,\end{cases}$$

解得 $A=\dfrac{1}{\pi^2}, B=C=\dfrac{\pi}{2}$. 于是 $F(x,y)=\dfrac{1}{\pi^2}\left(\dfrac{\pi}{2}+\arctan\dfrac{x}{2}\right)\left(\dfrac{\pi}{2}+\arctan\dfrac{y}{3}\right)$.

(2) $F_X(x)=F(x,+\infty)=\dfrac{1}{\pi}\arctan\dfrac{x}{2}+\dfrac{1}{2}$; $F_Y(y)=F(+\infty,y)=\dfrac{1}{\pi}\arctan\dfrac{y}{3}+\dfrac{1}{2}$.

由此例可以看出,求联合分布函数中的待定常数,主要利用联合分布函数的性质.

2.1.4 随机变量的独立性

定义 2.1.4 设 (X,Y) 的联合分布函数为 $F(x,y)$,X 与 Y 的边际分布函数为 $F_X(x), F_Y(y)$,如果对任意实数 x,y,总有 $F(x,y)=F_X(x)\cdot F_Y(y)$ 成立,则称随机变量 X 与 Y 是相互独立的.

在例 2.1.10 中,由于 $F(x,y)=F_X(x)\cdot F_Y(y)$,所以随机变量 X 与 Y 是相互独立的.

例 2.1.11 设二维随机变量 (X,Y) 的联合分布函数为

$$F(x,y)=\begin{cases}(1-\mathrm{e}^{-2x})(1-\mathrm{e}^{-3y}), & 0<x<+\infty, 0<y<+\infty,\\0, & \text{其他},\end{cases}$$

求: (1) X,Y 的边际分布函数 $F_X(x)$, $F_Y(y)$; (2) 判定 X,Y 是否相互独立.

解　(1) 由题意得

$$F_X(x)=\lim_{y\to+\infty}F(x,y)=\begin{cases}1-\mathrm{e}^{-2x}, & x>0,\\ 0, & x\leqslant 0,\end{cases}$$

同理可得

$$F_Y(y)=\lim_{x\to+\infty}F(x,y)=\begin{cases}1-\mathrm{e}^{-3y}, & y>0,\\ 0, & y\leqslant 0.\end{cases}$$

(2) 因为对任意实数 x,y, 都有 $F_X(x)F_Y(y)=F(x,y)$, 所以随机变量 X,Y 相互独立.

类似地, 可以定义多个随机变量的独立性.

定义 2.1.5　设 n 维随机变量 $(X_1,X_2,\cdots,X_n)$ 的联合分布函数为 $F(x_1,x_2,\cdots,x_n)$, $F_{X_1}(x_1)$, $F_{X_2}(x_2),\cdots,F_{X_n}(x_n)$ 为它们的边际分布函数, 若 $\forall x_i\in\mathbf{R}, i=1,2,\cdots,n$, 总有 $F(x_1,x_2,\cdots,x_n)=F_{X_1}(x_1)F_{X_2}(x_1)\cdots F_{X_n}(x_n)$, 则称 $X_1,X_2,\cdots,X_n$ 是相互独立的随机变量.

习　题　2.1

1. 一颗骰子抛两次, 以 X 表示两次中所得的最小点数, 求 X 的分布函数.

2. 向区间 $(0,a)$ 上任意投点, 用 X 表示这个点的坐标, 设这个点落在 $(0,a)$ 中任一小区间的概率与这个小区间的长度成正比, 而与小区间位置无关, 求 X 的分布函数.

3. 设随机变量 X 的分布函数为

$$F(x)=\begin{cases}0, & x<0,\\ \dfrac{1}{4}, & 0\leqslant x<1,\\ \dfrac{1}{3}, & 1\leqslant x<3,\\ \dfrac{1}{2}, & 3\leqslant x<6,\\ 1, & x\geqslant 6,\end{cases}$$

求 $P(X\leqslant 3), P(X<3), P(X>1), P(X\geqslant 1)$.

4. 设随机变量 X 的分布函数为

$$F(x)=\begin{cases}0, & x<1,\\ \ln x, & 1\leqslant x<\mathrm{e},\\ 1, & x\geqslant \mathrm{e},\end{cases}$$

试求 $P(X<2), P(0<X\leqslant 3), P(2<X<2.5)$.

5. 设 (X,Y) 的联合分布函数为 $F(x,y)$, 试用 $F(x,y)$ 表示:

(1) $P(a\leqslant X\leqslant b, Y<c)$;　　(2) $P(0<Y<b)$;　　(3) $P(X\geqslant a, Y<b)$.

6. 设二维随机变量 (X,Y) 的联合分布函数为

$$F(x,y)=\begin{cases}1-\mathrm{e}^{-x}-\mathrm{e}^{-y}+\mathrm{e}^{-x-y-\lambda xy}, & x>0,y>0,\\ 0, & \text{其他}\end{cases}\quad(\lambda>0),$$

求 X,Y 的边际分布函数并判断 X 与 Y 是否相互独立.

7. 设 (X,Y) 的联合分布函数为

$$F(x,y)=\begin{cases}y(1-\mathrm{e}^{-x}), & x>0, 1>y>0,\\ 1-\mathrm{e}^{-x}, & x>0, y\geqslant 1,\\ 0, & \text{其他},\end{cases}$$

求 X,Y 的边际分布函数 $F_X(x)$ 及 $F_Y(y)$，并判断 X,Y 是否相互独立.

8. 设随机变量 (X,Y) 的分布函数为

$$F(x,y)=\begin{cases}\sin x\sin y, & 0\leqslant x\leqslant\dfrac{\pi}{2}, 0\leqslant y\leqslant\dfrac{\pi}{2},\\ 0, & \text{其他},\end{cases}$$

判断 X 与 Y 的相互独立性.

---

9. 设 (X,Y) 的联合分布函数为

$$F(x,y)=\begin{cases}a(1-\mathrm{e}^{-2x})(1-\mathrm{e}^{-y}), & x>0, y>0,\\ b, & \text{其他},\end{cases}$$

求: (1) 常数 a，b；(2) $P(X>1, Y<1)$.

10. 设 (X,Y) 的联合分布函数为

$$F(x,y)=\begin{cases}1-\mathrm{e}^{-x}-x\mathrm{e}^{-y}, & 0<x<y,\\ 1-\mathrm{e}^{-y}-y\mathrm{e}^{-y}, & 0\leqslant y\leqslant x,\\ 0, & \text{其他},\end{cases}$$

判断 X 与 Y 的相互独立性.

2.2　离散型随机变量及其分布列

2.2.1　一维离散型随机变量及分布列

1. 概念

定义 2.2.1　定义在样本空间 Ω 上，取值于实数域 **R**，且只取有限个或可列个值的变量 $X=X(\omega)$，称为一维(实值)离散型随机变量，简称离散型随机变量.

讨论离散型随机变量主要要弄清楚两个方面问题：一是随机变量的所有可能取值；二是随机变量取这些可能值的概率.

例 2.2.1　设袋中有 5 个球(3 个白球、2 个黑球)，从中任取两球，则取到的黑球数为随机变量 X，X 的可能取值为 0, 1, 2.

$$P(X=0)=\frac{\mathrm{C}_3^2}{\mathrm{C}_5^2}=\frac{3}{10};\quad P(X=1)=\frac{\mathrm{C}_2^1\mathrm{C}_3^1}{\mathrm{C}_5^2}=\frac{6}{10};\quad P(X=2)=\frac{\mathrm{C}_2^2}{\mathrm{C}_5^2}=\frac{1}{10}.$$

习惯上，把它们写成 $\begin{pmatrix}0 & 1 & 2\\ \dfrac{3}{10} & \dfrac{6}{10} & \dfrac{1}{10}\end{pmatrix}$ 或

X	0	1	2
p	$\frac{3}{10}$	$\frac{6}{10}$	$\frac{1}{10}$

称它为随机变量 X 的分布列(律).

2. 分布列(律)

如果离散型随机变量 X 可能取值为 a_i $(i=1,2,\cdots)$，相应的取值 a_i 的概率 $P(X=a_i)=p_i$，称 $p_i=P(X=a_i)(i=1,2,\cdots)$ 为随机变量 X 的分布列，也称为分布律，简称分布.

也可以用下列表格或矩阵的形式来表示, 称为随机变量 X 的分布律:

X	a_1	a_2	$\cdots$	a_i	$\cdots$
$p_i = P(X = a_i)$	p_1	p_2	$\cdots$	p_i	$\cdots$

或

$$\begin{pmatrix} a_1 & a_2 & \cdots & a_i & \cdots \\ p_1 & p_2 & \cdots & p_i & \cdots \end{pmatrix}.$$

例 2.2.2　在 $n=5$ 的伯努利试验中, 设随机事件 A 在一次试验中出现的概率为 p, 令 $X=$ "5 次试验中事件 A 出现的次数", 求 X 的分布列.

解　因为

$$P(X=k)=\mathrm{C}_5^k p^k q^{5-k}, \quad k=0,1,2,3,4,5,$$

这里 $q=1-p$, 于是 X 的分布列为

X	0	1	2	3	4	5
p_i	q^5	$5pq^4$	$10p^2q^3$	$10p^3q^2$	$5p^4q$	p^5

3. 分布列的性质

由概率的性质可知, 任一离散型随机变量 X 的分布列 $\{p_i\}$ 都具有下述性质:

(1) **非负性**　$p_i \geqslant 0, i=1,2,\cdots$;

(2) **规范性**　$\sum\limits_i p_i = 1$.

反过来, 任意一个具有以上性质的数列 $\{p_i\}$ 都可以看成某一个离散型随机变量的分布列.

分布列不仅明确地给出了 $(X=a_i)$ 的概率, 而且对于任意的实数 $a<b$, 事件 $(a\leqslant X\leqslant b)$ 发生的概率均可由分布列算出, 因为 $(a\leqslant X\leqslant b)=\bigcup\limits_{a\leqslant a_i\leqslant b}(X=a_i)$, 于是由概率的可列可加性

$$P(a\leqslant X\leqslant b)=\sum_{i\in I}P(X=a_i)=\sum_{i\in I}p_i,$$

其中 $I=\{i: a\leqslant a_i\leqslant b\}$.

由此可知, 离散型随机变量取各种值的概率都可以由它的分布列通过计算而得到, 这种事实常常说成是, 分布列全面地描述离散型随机变量.

例 2.2.3　设随机变量 X 的分布列为 $P(X=i)=c\left(\dfrac{2}{3}\right)^i$, $i=1,2,3$. 求 c 的值.

解　X 的分布列为

$$P(X=i)=c\left(\frac{2}{3}\right)^i, \quad i=1,2,3.$$

由分布列的性质 $\sum\limits_i p_i=1$, 即 $c\left(\dfrac{2}{3}+\left(\dfrac{2}{3}\right)^2+\left(\dfrac{2}{3}\right)^3\right)=1$, 所以

$$c=\frac{27}{38}.$$

注意　求分布列中的待定常数, 往往用分布列的性质(规范性)或利用分布列自身的概率性质.

例 2.2.4　一个口袋中有 n 只球, 其中 m 只白球, 无放回地连续取球, 每次取一球, 直到取到黑球时为止, 设此时取出了 X 个白球, 求 X 的分布列.

解　X 的可能取值为 $0,1,2,\cdots,m$.

$$P(X=i)=\frac{m(m-1)\cdots(m-i+1)(n-m)}{n(n-1)\cdots(n-i+1)(n-i)}.$$

注意　$(X=i)$ 表示第 i 次取出白球, 第 $i+1$ 次取出黑球.

例 2.2.5　抛掷一枚不均匀的硬币, 出现正面的概率为 $p(0<p<1)$, 设 X 为一直掷到正、反都出现时所需要的次数, 求 X 的分布列.

解　X 的所有可能取值为 $2,3,\cdots$, 则

$$P(X=k)=p^{k-1}q+pq^{k-1},\quad k=2,3,\cdots,\quad q=1-p.$$

注意　求离散型随机变量的概率分布的一般步骤: ①确定随机变量的所有可能取值; ②确定每个可能取值的对应的概率; ③验证 $\sum_i p_i=1$ 是否成立. 实质上求离散型随机变量的概率分布就是转化为求随机事件的概率.

4. 几种常用分布

1) 退化分布

设 X 的分布列为 $P(X=a)=1$ (a 为常数), 则称 X 服从退化分布.

在所有分布中, 最简单的分布是退化分布. 其之所以称为退化分布, 是因为其取值几乎是确定的, 即这样的随机变量退化成一个确定的常数.

2) 两点分布

设 X 的分布列为

X	1	0
p_i	p	q

称 X 服从两点分布或 0-1 分布或伯努利分布, 其中 $q=1-p$.

两点分布的一般情形为: 设随机变量 X 只有两个可能取值, 其分布列为

$$P(X=a_1)=p,\quad P(X=a_2)=1-p\quad(0<p<1).$$

对于一个随机试验, 如果它的样本空间只包含两个可能结果, 即

$$\Omega=\{\omega_1,\omega_2\},$$

则总能在 Ω 上定义一个服从 0-1 分布的随机变量

$$X=X(\omega)=\begin{cases}0, & \omega=\omega_1,\\ 1, & \omega=\omega_2\end{cases}$$

来描述这个随机试验的结果. 例如, 对某一目标进行射击的试验, 产品的抽样检查问题等等.

3) 二项分布

设随机变量 X 的分布列为

$$P(X=k)=\mathrm{C}_n^k p^k q^{n-k},\quad k=0,1,2,\cdots,n,\quad q=1-p.$$

显然: (1) $p_k>0$, $k=1,2,\cdots,n$;

(2) $\sum_{k=0}^{n}p_k=\sum_{k=0}^{n}\mathrm{C}_n^k p^k q^{n-k}=(p+q)^n=1$,

称随机变量 X 服从二项分布, 记为 $X \sim b(k;n,p)$.

大家可以发现两点分布是二项分布在 $n=1$ 的情形.

例如, 对某一目标进行独立连续射击时击中目标的次数, 产品的抽样检查问题抽得的次品的件数等都服从二项分布.

4) 几何分布

在伯努利试验中, 每次试验成功的概率为 $p(0<p<1)$, 失败的概率为 $q=1-p$, 设试验进行到第 X 次才出现成功, 则 X 的分布列为

$$P(X=k)=pq^{k-1},\quad k=1,2,\cdots,$$

其中 $pq^{k-1}(k=1,2,\cdots)$ 是几何级数 $\sum\limits_{k} pq^{k-1}$ 的一般项. 因此称它为几何分布, 记为 $X \sim g(k;p)$.

几何分布具有下列无记忆性:

$$P(X>m+n \mid X>m)=P(X>n),\quad m,n\in \mathbf{N}^{+}.$$

事实上, 因为

$$P(X>m+n \mid X>m)=\frac{P(X>m+n)}{P(X>m)}=\frac{\sum\limits_{k=m+n+1}^{\infty}(1-p)^{k-1}p}{\sum\limits_{k=m+1}^{\infty}(1-p)^{k-1}p}$$

$$=\frac{(1-p)^{m+n}}{(1-p)^{m}}=(1-p)^{n}=P(X>n).$$

所谓无记忆性, 是指几何分布对过去的 m 次失败的信息在后面的计算中被遗忘了.

5) 泊松分布

观察电信局在单位时间内收到的呼唤次数, 某公共汽车站在单位时间内来站乘车的乘客数等, 可用相应的变量 X 表示, 实践表明 X 的统计规律近似地为

$$P(X=k)=\frac{\lambda^{k}}{k!}\mathrm{e}^{-\lambda},\quad k=0,1,2,\cdots,$$

其中 $\lambda>0$ 是某个常数, 易验证

(1) $P(X=k)>0$, $k=0,1,2,\cdots$;

(2) $\sum\limits_{k=0}^{+\infty}P(X=k)=\sum\limits_{k=0}^{+\infty}\frac{\lambda^{k}}{k!}\mathrm{e}^{-\lambda}=\mathrm{e}^{\lambda}\cdot\mathrm{e}^{-\lambda}=1$.

也就是说, 若 X 的分布列为 $P(X=k)=\frac{\lambda^{k}}{k!}\mathrm{e}^{-\lambda}$, $k=0,1,2,\cdots(\lambda>0)$, 称 X 服从参数为 λ 的泊松 (Poisson) 分布, 记为 $X \sim P(k;\lambda)$.

在很多实践问题中的随机变量都可以用泊松分布来描述, 从而使得泊松分布对于概率论来说, 有着重要的作用. 而概率论理论的研究又表明泊松分布在理论上也具有特殊重要的地位.

泊松分布有着极其广泛的应用. 如一定时间内发生的意外事故次数或灾害次数、放射性物质放射出的粒子数目等等, 都可以用泊松分布作为其概率模型. 历史上曾有大量的统计数据显示泊松分布的广泛适用性, 例如, 对于“放射性粒子数目”, 就有著名的 Rutherford 实验室的统计数据为证. 表 2-1 中给出了统计数据.

表 2-1

k	υ_k	$nP(k;3.87)$
0	57	54.39
1	203	210.523
2	383	407.361
3	525	525.496
4	532	508.418
5	408	393.515
6	273	253.817
7	139	140.325
8	45	67.882
9	27	29.189
10	16	17.016
总计	2608	2607.932

近代物理学家Rutherford等利用云雾实验室观察镭所发射的α粒子数目. 他们以每7.5秒为一个时间段, 共观察了 $n=2608$ 个时间段, 记录下了每个时间段所观察到的α粒子数目. 在这2608个时间段中, 他们共观察到10097个α粒子, 平均每个时间段为3.87个α粒子. 接着, 他们对统计的数据做如下处理: 一方面, 将时间段按观察到的α粒子数目分类, 将α粒子数目为k的时间段的个数记作υ_k. 另一方面, 他们以3.87作为泊松分布中的参数λ, 意即假定一个时间段中所观察到的α粒子数目X服从参数为λ的泊松分布, 从而$P(X=k)=P(k;3.87)$, 并逐一算出$nP(k;3.87)$的值, 列表对照如上. 上表中的第三列称为理论值, 可以看出他们与实际观察值υ_k吻合得很好. 这就表明泊松分布作为粒子数目的分布是合适的.

下面介绍泊松分布与二项分布之间的关系:

定理 2.2.1(泊松定理)　在n重伯努利试验中, 事件A在一次试验中出现的概率为p_n(与试验总数n有关). 若当$n\to\infty$时$np_n\to\lambda$($\lambda>0$为常数), 则有

$$\lim_{n\to\infty} b(k;n,p_n)=\frac{\lambda^k}{k!}\mathrm{e}^{-\lambda},\quad k=0,1,2,\cdots.$$

证明略.

这个定理在近似计算方面有较大的作用, 在二项分布中, 要计算$b(k;n,p)=\mathrm{C}_n^k p^k q^{n-k}$, 当$n$和$k$都比较大时. 计算量比较大, 若此时$np$不太大(即$p$较小), 那么由泊松定理就有$b(k;n,p)\approx\frac{\lambda^k}{k!}\mathrm{e}^{-\lambda}$, 其中$\lambda=np$. 而要计算$\frac{\lambda^k}{k!}\mathrm{e}^{-\lambda}$有泊松分布表(附表6)可查.

例 2.2.6　已知某种疾病的发病率为$\frac{1}{1000}$, 某单位共有5000人, 问该单位患有这种疾病的人数超过5的概率为多大?

解　设该单位患这种疾病的人数为X, 则$X\sim P\left(5000;\frac{1}{1000}\right)$.

$$P(X>5)=\sum_{k=6}^{5000}P(X=k)=\sum_{k=6}^{5000}b\left(k;5000,\frac{1}{1000}\right),$$

其中$b\left(k;5000,\frac{1}{1000}\right)=\mathrm{C}_{5000}^k\left(\frac{1}{1000}\right)^k\left(1-\frac{1}{1000}\right)^{5000-k}$.

这时如果直接计算 $P(X>5)$，计算量较大. 由于 n 很大，p 较小，而 $np=5$ 不很大，可以利用泊松定理

$$P(X>5)=1-P(X\leqslant 5)\approx 1-\sum_{k=0}^{5}\frac{5^k}{k!}\mathrm{e}^{-5},$$

查泊松分布表(附表 6)得 $\sum_{k=0}^{5}\frac{5^k}{k!}\mathrm{e}^{-5}\approx 0.616$. 于是

$$P(X>5)\approx 1-0.616=0.384.$$

例 2.2.7　由商店过去的销售记录知道，某种商品每月销售数可以用参数 $\lambda=10$ 的泊松分布来描述，为了以 95%以上的把握保证不脱销，问商店在月底至少应进某种商品多少件？

解　设该商店每月销售某种商品 X 件，月底的进货为 a 件，则当 $(X\leqslant a)$ 时就不会脱销. 因而按题意要求为

$$P(X\leqslant a)\geqslant 0.95,$$

又 $X\sim P(10)$，所以 $\sum_{k=0}^{a}\frac{10^k}{k!}\mathrm{e}^{-10}\geqslant 0.95$，查泊松分布表(附表 6)得

$$\sum_{k=0}^{14}\frac{10^k}{k!}\mathrm{e}^{-10}\approx 0.9166<0.95,\quad \sum_{k=0}^{15}\frac{10^k}{k!}\mathrm{e}^{-10}\approx 0.9513>0.95.$$

于是这家商店只要在月底进货某种商品 15 件(假定上月没有存货)就可以以 95%的把握保证这种商品在下个月不会脱销.

5. 离散型随机变量的分布函数

设 $X(\omega)$ 为一个离散型随机变量，它的分布列为

X	a_1	a_2	$\cdots$	a_k	$\cdots$
p_i	p_1	p_2	$\cdots$	p_k	$\cdots$

则 X 的分布函数为 $F(x)=P(X(\omega)\leqslant x)=\sum_{a_i\leqslant x}P(X(\omega)=a_i)$.

对离散型随机变量，用得较多的还是分布列.

例 2.2.8　若 X 服从退化分布，即 $P(X=a)=1$，则 X 的分布函数为

$$F(x)=\begin{cases}1, & x\geqslant a,\\ 0, & x<a.\end{cases}$$

例 2.2.9　若 X 服从两点分布

X	1	0
p_i	p	q

求 X 的分布函数 $F(x)$.

解　当 $x<0$ 时，$F(x)=P(X\leqslant x)=0$；

当 $0\leqslant x<1$ 时，$F(x)=P(X\leqslant x)=P(X=0)=q$；

当 $x\geqslant 1$ 时，$F(x)=P(X\leqslant x)=P(X=0)+P(X=1)=1$.

例 2.2.10　设 X 的分布列为

X	0	1	2
p_i	0.3	0.4	0.3

求 X 的分布函数 $F(x)$.

解　当 $x<0$ 时, $F(x)=P(X\leqslant x)=0$;

当 $0\leqslant x<1$ 时, $F(x)=P(X\leqslant x)=P(X=0)=0.3$;

当 $1\leqslant x<2$ 时, $F(x)=P(X\leqslant x)=P(X=0)+P(X=1)=0.3+0.4=0.7$;

当 $x\geqslant 2, F(x)=P(X\leqslant x)=P(X=0)+P(X=1)+P(X=2)=1$.

于是

$$F(x)=\begin{cases}0, & x<0,\\ 0.3, & 0\leqslant x<1,\\ 0.7, & 1\leqslant x<2,\\ 1, & x\geqslant 2.\end{cases}$$

注意　从上面例子可以看到, 在已知分布列的情况下, 可利用公式 $F(x)=P(X\leqslant x)=\sum\limits_{a_i\leqslant x}p_i$ 求分布函数, 要对自变量的取值进行讨论. $F(x)$ 是一个阶梯状的右连续函数, 在 $x=a_k$ $(k=0,1,2,\cdots)$ 处有跳跃, 其跃度为 X 在 a_k 处的概率. 同样, 利用分布函数与概率的关系, 也可以在已知离散型随机变量分布函数的情况下求得其分布列.

例 2.2.11　设随机变量 X 的分布函数

$$F(x)=\begin{cases}0, & x<-1,\\ 0.4, & -1\leqslant x<1,\\ 0.8, & 1\leqslant x<3,\\ 1, & x\geqslant 3,\end{cases}$$

求 X 的分布列.

解　依题意可得 X 的可能取值为 $-1,1,3$.

$$P(X=-1)=F(-1)-F(-1-0)=0.4,$$
$$P(X=1)=F(1)-F(1-0)=0.4,$$
$$P(X=3)=F(3)-F(3-0)=0.2.$$

所以 X 的分布列为

X	-1	1	3
p_i	0.4	0.4	0.2

2.2.2　多维离散型随机变量及其联合分布列

1. 概念

定义 2.2.2　设 $X_1,X_2,\cdots,X_n$ 是样本空间 Ω 上的 n 个离散型随机变量, 则称 n 维向量 $(X_1,X_2,\cdots,X_n)$ 是 Ω 上的一个 n 维离散型随机变量或 n 维随机向量.

对于 n 维随机变量而言, 固然可以对它的每一个分量分别研究, 但我们可以将它看成一个向量, 则不仅要研究各个分量的性质, 而且更重要的是要考虑它们之间的联系.

下面主要讨论二维离散型随机变量.

定义 2.2.3　设 (X,Y) 是二维离散型随机变量, 它们的一切可能取值为 $(a_i,b_j), i,j=1,2,\cdots$,

$$P(X=a_i,Y=b_j)=p_{ij},\quad i,j=1,2,\cdots,$$

称 $p_{ij}=P(X=a_i,Y=b_j)$, $i,j=1,2,\cdots$ 为二维随机变量 (X,Y) 的联合分布列.

注意　$(X=a_i,Y=b_j)=(\xi=a_i)\bigcap(\eta=b_j)$.

与一维时的情形相似, 常常习惯于把二维离散型随机变量的联合分布用表 2-2 表示.

表 2-2

X \ Y	b_1	b_2	$\cdots$
a_1	p_{11}	p_{12}	$\cdots$
a_2	p_{21}	p_{22}	$\cdots$
$\vdots$	$\vdots$	$\vdots$	

2. 联合分布的性质

容易证明二维离散型随机变量的联合分布具有下面的性质:

(1) **非负性**　$\forall i,j$, $p_{ij}\geqslant 0$, $i,j=1,2,\cdots$;

(2) **规范性**　$\sum\limits_i\sum\limits_j p_{ij}=1$.

3. 边际分布(边缘分布)

定义 2.2.4　设 (X,Y) 为二维离散型随机变量, 它们的每一个分量 X, Y 的分布称为 (X,Y) 关于 X, Y 的边际分布, 记为 $P(X=a_i)=p_{i\cdot}$ 与 $P(Y=b_j)=p_{\cdot j}$.

若 (X,Y) 的联合分布为 $P(X=a_i,Y=b_j)=p_{ij}$, $i,j=1,2,\cdots$, 则

$$P(X=a_i)=p_{i\cdot}=\sum_{j=1}^{\infty}p_{ij},\quad P(Y=b_j)=p_{\cdot j}=\sum_{i=1}^{\infty}p_{ij}.$$

事实上, 因为 $\bigcup\limits_{j=1}^{\infty}(Y=b_j)=\Omega$, 所以

$$P(X=a_i)=P\left(X=a_i,\bigcup_{j=1}^{\infty}(Y=b_j)\right)=\sum_{j=1}^{\infty}P(X=a_i,Y=b_j)=\sum_{j=1}^{\infty}p_{ij}.$$

同理可得, $P(Y=b_j)=\sum\limits_{i=1}^{\infty}p_{ij}$.

由此可以发现, 由联合分布列可以唯一确定边际分布, 反之, 由边际分布不能唯一确定联合分布(反例在下面举).

大家可以发现, 边际分布列的求法只需在联合分布列 $\{p_{ij}\}$ 的右方加上一列, 它将每一行中的 p_{ij} 对 j 相加而得出 $p_{i\cdot}$, 这就是 X 的边际分布列; 相应地在 $\{p_{ij}\}$ 下面增加一行, 它把每一列中的 p_{ij} 对 i 相加而得到 $p_{\cdot j}$, 恰好就是 Y 的边际分布列, 这也是边际分布列名称的来历, 见表 2-3.

表 2-3

X \ Y	b_1	b_2	$\cdots$	$p_{i\cdot}$
a_1	p_{11}	p_{12}	$\cdots$	$p_{1\cdot}$
a_2	p_{21}	p_{22}	$\cdots$	$p_{2\cdot}$
$\vdots$	$\vdots$	$\vdots$		$\vdots$
$p_{\cdot j}$	$p_{\cdot 1}$	$p_{\cdot 2}$	$\cdots$	

例 2.2.12　设把三个相同的球等可能地放入编号为 1, 2, 3 的三个盒子中, 记落入第 1 号盒子中球的个数为 X, 落入第 2 号盒子中球的个数为 Y, 求 (X,Y) 的联合分布列及 X,Y 的边际分布列.

解　X,Y 的可能取值都为 $0,1,2,3$ (首先确定 (X,Y) 的所有可能取值 (i,j)), 然后利用第 1 章的知识计算概率 $P(X=i,Y=j)$.

当 $i+j>3$ 时, $(X=i,Y=j)=\varnothing$.

$$P(X=0,Y=0)=\frac{1}{3^3}=\frac{1}{27};\quad P(X=0,Y=1)=\frac{C_3^1}{3^3}=\frac{1}{9};$$
$$P(X=0,Y=2)=\frac{C_3^2}{3^3}=\frac{1}{9};\quad P(X=0,Y=3)=\frac{C_3^3}{3^3}=\frac{1}{27};$$
$$P(X=1,Y=0)=\frac{C_3^1}{3^3}=\frac{1}{9};\quad P(X=1,Y=1)=\frac{C_3^1\cdot C_2^1}{3^3}=\frac{2}{9};$$
$$P(X=1,Y=2)=\frac{C_3^1\cdot C_2^2}{3^3}=\frac{1}{9};\quad P(X=2,Y=0)=\frac{C_3^2}{3^3}=\frac{1}{9};$$
$$P(X=2,Y=1)=\frac{C_3^2\cdot C_1^1}{3^3}=\frac{1}{9};\quad P(X=3,Y=0)=\frac{1}{3^3}=\frac{1}{27}.$$

所以 (X,Y) 的联合分布列及边际分布列如表 2-4 所示.

表 2-4

X \ Y	0	1	2	3	$p_{i\cdot}$
0	$\frac{1}{27}$	$\frac{1}{9}$	$\frac{1}{9}$	$\frac{1}{27}$	$\frac{8}{27}$
1	$\frac{1}{9}$	$\frac{2}{9}$	$\frac{1}{9}$	0	$\frac{4}{9}$
2	$\frac{1}{9}$	$\frac{1}{9}$	0	0	$\frac{2}{9}$
3	$\frac{1}{27}$	0	0	0	$\frac{1}{27}$
$p_{\cdot j}$	$\frac{8}{27}$	$\frac{4}{9}$	$\frac{2}{9}$	$\frac{1}{27}$	

例 2.2.13　把 3 个白球和 3 个红球等可能地放入编号为 1, 2, 3 的三个盒子中, 记落入第 1 号盒子中的白球个数为 X, 落入第 2 号盒子中的红球个数为 Y, 求 (X,Y) 的联合分布列和边际分布列.

解　X,Y 的可能取值都为 $0,1,2,3$, 则

$$P(X=i)=P(Y=j)=C_3^i\left(\frac{1}{3}\right)^i\left(\frac{2}{3}\right)^{3-i},\quad i,j=0,1,2,3,$$

$$p_{ij}=P(X=i,Y=j)=P(X=i)\cdot P(Y=j)=C_3^iC_3^j\left(\frac{1}{3}\right)^{i+j}\left(\frac{2}{3}\right)^{6-(i+j)},\quad i,j=0,1,2,3.$$

分布列如表 2-5 所示.

表 2-5

X \ Y	0	1	2	3	$p_{i\cdot}$
0	$\frac{8}{27}\cdot\frac{8}{27}$	$\frac{4}{9}\cdot\frac{8}{27}$	$\frac{2}{9}\cdot\frac{8}{27}$	$\frac{1}{27}\cdot\frac{8}{27}$	$\frac{8}{27}$
1	$\frac{8}{27}\cdot\frac{4}{9}$	$\frac{4}{9}\cdot\frac{4}{9}$	$\frac{2}{9}\cdot\frac{4}{9}$	$\frac{1}{27}\cdot\frac{4}{9}$	$\frac{4}{9}$
2	$\frac{8}{27}\cdot\frac{2}{9}$	$\frac{4}{9}\cdot\frac{2}{9}$	$\frac{2}{9}\cdot\frac{2}{9}$	$\frac{1}{27}\cdot\frac{2}{9}$	$\frac{2}{9}$
3	$\frac{8}{27}\cdot\frac{1}{27}$	$\frac{4}{9}\cdot\frac{1}{27}$	$\frac{2}{9}\cdot\frac{1}{27}$	$\frac{1}{27}\cdot\frac{1}{27}$	$\frac{1}{27}$
$p_{\cdot j}$	$\frac{8}{27}$	$\frac{4}{9}$	$\frac{2}{9}$	$\frac{1}{27}$	

比较上面两个例子可以发现两者有完全相同的边际分布列, 而联合分布列却不同, 由此可知边际分布列不能唯一确定联合分布列, 也就是说二维随机变量的性质并不能由它的两个分量的个别性质来确定, 这时还必须考虑它们之间的联系, 由此也就说明了研究多维随机变量的作用.

2.2.3　离散型随机变量的独立性

由离散型随机变量的分布函数及多维离散型随机变量的联合分布函数的定义, 离散型随机变量的独立性也可以采用如下定义.

定义 2.2.5　设随机变量 X 的可能取值为 $a_i(i=1,2,\cdots)$, Y 的可能取值为 $b_j(j=1,2,\cdots)$, 如果对任意的 a_i,b_j 总有 $P(X=a_i,Y=b_j)=P(X=a_i)P(Y=b_i)$ 成立, 则称随机变量 X 与 Y 相互独立.

两个随机变量 X 与 Y 相互独立, 也就意味 X 与 Y 的取值之间互不影响.

定理 2.2.1　设 (X,Y) 是二维离散型随机变量, 联合分布律为 $P(X=a_i,Y=b_j)=p_{ij}$, X,Y 的边际分布分别为 $p_{i\cdot},p_{\cdot j},i,j=1,2,\cdots$, 则 X,Y 相互独立的充要条件是对任意 $i,j=1,2,\cdots$, 总有 $p_{ij}=p_{i\cdot}\cdot p_{\cdot j}$.

由上述定理可知, 要判断两个随机变量 X,Y 的独立性, 只需先求出它的分量的边际分布, 再看对 (X,Y) 的每一对可能取值点, 若边际分布列的乘积都等于联合分布列, 则 X 与 Y 相互独立. 若其中有一对值不满足这个条件, 则 X 与 Y 不独立.

例 2.2.14　袋中装有 2 个白球和 3 个黑球, 现进行有放回(无放回)摸球, 每次从中任取一只, 取两次, 令

$$X=\begin{cases}1, & \text{第一次摸出白球},\\0, & \text{第一次摸出黑球},\end{cases}\quad Y=\begin{cases}1, & \text{第二次摸出白球},\\0, & \text{第二次摸出黑球}.\end{cases}$$

求 (X,Y) 的联合分布列与边际分布列, 并判定 X,Y 的独立性.

解　无放回的情形

$$P(X=1,Y=1)=P(X=1)P(Y=1\mid X=1)=\frac{2}{5}\cdot\frac{1}{4};$$

$$P(X=1,Y=0)=P(X=1)P(Y=0\mid X=1)=\frac{2}{5}\cdot\frac{3}{4};$$

$$P(X=0,Y=1)=P(X=0)P(Y=1\mid X=0)=\frac{3}{5}\cdot\frac{2}{4};$$

$$P(X=0,Y=0)=P(X=0)P(Y=0\mid X=0)=\frac{3}{5}\cdot\frac{2}{4}.$$

(X,Y) 的联合分布列如表 2-6 所示.

表 2-6

$X \backslash Y$	1	0	$p_{i\cdot}$
1	$\frac{2}{5}\cdot\frac{1}{4}$	$\frac{2}{5}\cdot\frac{3}{4}$	$\frac{2}{5}$
0	$\frac{3}{5}\cdot\frac{2}{4}$	$\frac{3}{5}\cdot\frac{2}{4}$	$\frac{3}{5}$
$p_{\cdot j}$	$\frac{2}{5}$	$\frac{3}{5}$	

有放回的情形

$$P(X=1,Y=1)=P(X=1)P(Y=1\mid X=1)=\frac{2}{5}\cdot\frac{2}{5};$$

$$P(X=1,Y=0)=P(X=1)P(Y=0\mid X=1)=\frac{2}{5}\cdot\frac{3}{5};$$

$$P(X=0,Y=1)=P(X=0)P(Y=1\mid X=0)=\frac{3}{5}\cdot\frac{2}{5};$$

$$P(X=0,Y=0)=P(X=0)P(Y=0\mid X=0)=\frac{3}{5}\cdot\frac{3}{5}.$$

(X,Y) 的联合分布列为

$X \backslash Y$	1	0	$p_{i\cdot}$
1	$\frac{2}{5}\cdot\frac{2}{5}$	$\frac{2}{5}\cdot\frac{3}{5}$	$\frac{2}{5}$
0	$\frac{3}{5}\cdot\frac{2}{5}$	$\frac{3}{5}\cdot\frac{3}{5}$	$\frac{3}{5}$
$p_{\cdot j}$	$\frac{2}{5}$	$\frac{3}{5}$	

当采取无放回取球时, 因为 $P(X=1,Y=1)=\frac{2}{5}\cdot\frac{1}{4}$, 而 $P(X=1)\cdot P(Y=1)=\frac{2}{5}\cdot\frac{2}{5}$, 从而 $P(X=1,Y=1)\neq P(X=1)P(Y=1)$, 故 X,Y 不相互独立.

当采取有放回取球时, 因为对 X,Y 所有可能取值 $a_i,b_j\ (i,j=1,2)$, 都有

$$P(X=a_i,Y=b_j)=P(X=a_i)P(Y=b_j),$$

故 X,Y 相互独立.

例 2.2.15　已知二维随机变量 (X,Y) 的联合分布律为

$X \backslash Y$	1	2
0	0.15	0.15
1	α	β

且 X,Y 相互独立, 求 α,β 的值.

解　由联合分布律的性质: $\alpha+\beta=1-0.15-0.15=0.7$, X 的边际分布列为

X	0	1
p	0.3	0.7

Y 的边际分布列为

Y	1	2
p	$0.15+\alpha$	$0.7+\beta$

由 $P(X=1,Y=1)=P(X=1)P(Y=1)$ 得

$$\alpha=0.7\cdot(0.15+\alpha),$$

解得 $\alpha=0.35$; $\beta=0.7-0.35=0.35$.

随机变量的独立性可以推广到多个离散型随机变量的场合.

定义 2.2.6　设 $X_1,X_2,\cdots,X_n$ 是 n 个离散型随机变量, X_i 的可能取值为 $a_{ik}(i=1,2,\cdots,n;$ $k=1,2,\cdots)$, 如果对任意的一组 $(a_{1k_1},\cdots,a_{nk_n})$, 恒有

$$P(X_1=a_{1k},\cdots,X_n=a_{nk_n})=P(X_1=a_{1k_1})P(X_2=a_{2k_2})\cdots P(X_n=a_{nk_n})$$

成立, 则称 $X_1,X_2,\cdots,X_n$ 是相互独立的.

例 2.2.16　在 n 重伯努利试验中, 令

$$Y_i=\begin{cases}1, & \text{在第 } i \text{ 次试验中事件}A\text{出现},\\ 0, & \text{在第 } i \text{ 次试验中事件}A\text{不出现},\end{cases} \quad 1\leqslant i\leqslant n,$$

则 $Y_i(1\leqslant i\leqslant n)$ 的可能取值为 1 或 0.

对 $a_i=1$ 或 $0(1\leqslant i\leqslant n)$, 容易验证: 有 $P(Y_1=a_1,\cdots,Y_n=a_n)=P(Y_1=a_1)\cdots P(Y_n=a_n)$ 成立, 所以 $Y_1,Y_2,\cdots,Y_n$ 是相互独立的随机变量.

习　题　2.2

1. 设随机变量的分布律为

$$P(X=k)=\frac{k}{15},\quad k=1,2,3,4,5,$$

求: (1) $P\left(\frac{1}{2}<X<\frac{5}{2}\right)$; (2) $P(1\leqslant X\leqslant 3)$; (3) $P(X>3)$.

2. 设袋中装有编号从1～5的 5 只球. 从中任取 3 只, 求取出的 3 只球的最大号码的分布律及分布函数.

3. 设离散型随机变量 X 的分布函数为

$$F(x)=\begin{cases}0, & x<-2,\\ 0.1, & -2\leqslant x<0,\\ 0.4, & 0\leqslant x<1,\\ 1, & x\geqslant 1,\end{cases}$$

试求 X 的分布律.

4. 设随机变量 X 服从二项分布 $b(k;2,p)$；随机变量 Y 服从二项分布 $b(k;4,p)$．若 $P(X\geqslant 1)=\frac{8}{9}$，试求 $P(Y\geqslant 1)$．

5. 设随机变量 X 服从泊松分布, 且 $P(X=2)=P(X=3)$，求 $P(X=4)$．

6. 纺织厂女工照顾 800 个纺锭, 每一个纺锭在某一段时间 τ 内断头的概率为 0.005. 求在 τ 这段时间内断头的次数不大于 2 的概率.

7. 保险公司里有 2500 名同一年龄和同社会阶层的人参加了人寿保险, 在 1 年中每个人死亡的概率为 0.002, 每个参加保险的人在 1 月 1 日需交 120 元保险费, 而在死亡时家属可从保险公司里领取 20000 元赔偿金. 求:

(1) 保险公司亏本的概率;

(2) 保险公司获利分别不少于 100000 元、200000 元的概率.

8. 从发芽率为 0.999 的一大批种子里, 随机抽取 500 粒进行发芽试验, 计算 500 粒中没有发芽的比例不超过 1%的概率.

9. 设二维随机变量 (X,Y) 的联合分布律为

X \ Y	-1	0
1	$\frac{1}{4}$	$\frac{1}{4}$
2	$\frac{1}{6}$	a

求: (1) a 的值; (2) (X,Y) 的联合分布函数 $F(x,y)$；

(3) (X,Y) 关于 X,Y 的边际分布函数 $F_X(x)$ 与 $F_Y(y)$．

10. 在一箱子中装有 12 只开关, 其中 2 只是次品, 在其中取两次, 每次任取一只, 考虑两种试验: ①有放回抽样; ②不放回抽样. 定义随机变量 X,Y 如下:

$$X=\begin{cases}0, & \text{第一次取出的是正品,}\\ 1, & \text{第一次取出的是次品,}\end{cases}$$

$$Y=\begin{cases}0, & \text{第二次取出的是正品,}\\ 1, & \text{第二次取出的是次品,}\end{cases}$$

试分别就①, ②两种情况, 写出 X 与 Y 的联合分布列.

11. 掷均匀硬币 3 次, 正面出现的次数记为 X，正面出现次数与反面出现次数之差的绝对值记为 Y，求 (X,Y) 的联合分布列及边际分布列.

12. 盒子中装有 3 只黑球、2 只红球、2 只白球, 从中任取 4 只, 以 X 表示取得黑球的只数, 以 Y 表示取得红球的只数, 试求 $P(X=Y)$．

13. 设随机变量 X 与 Y 相互独立, 其联合分布列为

X \ Y	y_1	y_2	y_3
x_1	a	$\frac{1}{9}$	c
x_2	$\frac{1}{9}$	b	$\frac{1}{3}$

试求联合分布列中的常数 a,b,c．

14. 设随机变量 X 与 Y 独立同分布, 且

$$P(X=-1)=P(Y=-1)=P(X=1)=P(Y=1)=\frac{1}{2}.$$

试求 $P(X=Y)$.

15. 已知 X 与 Y 的分布列分别为

X	-1	0	1
p	$\frac{1}{4}$	$\frac{1}{2}$	$\frac{1}{4}$

Y	0	1
p	$\frac{1}{2}$	$\frac{1}{2}$

且 $P(XY=0)=1$,

(1) 求 X 与 Y 的联合分布列;　　(2) 问 X 与 Y 是否独立?

16. 设 X 与 Y 相互独立, 其分布列分别为

X	-2	-1	0	$\frac{1}{2}$
p	$\frac{1}{4}$	$\frac{1}{3}$	$\frac{1}{12}$	$\frac{1}{3}$

Y	$-\frac{1}{2}$	1	3
p	$\frac{1}{2}$	$\frac{1}{4}$	$\frac{1}{4}$

求 (X,Y) 的联合分布列及 $P(X+Y=1)$, $P(X+Y\neq 0)$.

---

17. 设在一段时间内进入某一商店的顾客人数 ξ 服从参数为 λ 的泊松分布, 每个顾客购买某种物品的概率为 p, 并且各个顾客是否购买该种物品相互独立, 求进入商店的顾客购买这种物品人数的概率.

18. 设随机变量 X 的绝对值不大于 1, $P(X=-1)=\dfrac{1}{8}$, $P(X=1)=\dfrac{1}{4}$, 在事件 $(-1<X<1)$ 出现的条件下, X 在 $(-1,1)$ 内任何子区间上取值的概率与该子区间的长度成正比. 求:

(1) X 的分布函数;　　(2) X 取负值的概率.

19. 设随机变量 $Y_i(i=1,2,3)$ 相互独立, 并且都服从参数为 p 的 0-1 分布. 令

$$X_k=\begin{cases}1, & Y_1+Y_2+Y_3=k,\\ 0, & Y_1+Y_2+Y_3\neq k,\end{cases}\quad k=1,2,$$

求随机变量 (X_1, X_2) 的联合分布列.

20. 设 A, B 为随机事件, 且 $P(A)=\dfrac{1}{4}, P(B\mid A)=\dfrac{1}{3}, P(A\mid B)=\dfrac{1}{2}$, 令 $X=\begin{cases}1, & A\text{发生},\\ 0, & A\text{不发生},\end{cases}$ $Y=\begin{cases}1, & B\text{发生},\\ 0, & B\text{不发生},\end{cases}$ 求 (X, Y) 的联合分布列.

2.3　连续型随机变量及其分布

2.3.1　一维连续型随机变量

1. 概念

定义 2.3.1　设 $X(\omega)$ 是随机变量, $F(x)$ 是它的分布函数, 如果存在可积函数 $p(x)$ 使得对任

意的实数 x，有 $F(x)=\int_{-\infty}^{x}p(y)\mathrm{d}y$，则称 $X(\omega)$ 为连续型随机变量，相应的 $F(x)$ 为连续型随机变量 $X(\omega)$ 的分布函数，同时称 $p(x)$ 是 $X(\omega)$ 的概率密度函数或简称为密度函数.

2. 密度函数的性质

由分布函数的性质，可以验证任一连续型随机变量的密度函数 $p(x)$ 必具备下列性质：

(1) **非负性**　$\forall x\in(-\infty,+\infty), p(x)\geqslant 0$；

(2) **规范性**　$\int_{-\infty}^{+\infty}p(x)\mathrm{d}x=1$.

反过来，定义在 $\mathbf{R}$ 上的函数 $p(x)$，如果具有上述两个性质，则该函数一定可以作为某连续型随机变量的概率密度函数.

密度函数除了上述两条特征性质外，还有如下一些重要性质.

由数学分析或高等数学知识可知，$F(x)=\int_{-\infty}^{x}p(y)\mathrm{d}y$ 必为连续函数，从而有下面的结论.

(3) 设 X 为连续型随机变量，则其分布函数 $F(x)$ 在 $\mathbf{R}$ 上连续，且在 $p(x)$ 的连续点处，有 $F'(x)=p(x)$.

由此可见对连续型随机变量，分布函数和密度函数可以相互确定，因此密度函数也完全刻画了连续型随机变量的分布规律.

(4) 设 X 为连续型随机变量，则对任意实数 x，有 $P(X=x)=F(x)-F(x-0)=0$.

这表明连续型随机变量取单个点的概率为 0，与离散型随机变量有本质的区别，顺便指出 $P(X=x)=0$ 并不意味着 $(X=x)$ 是不可能事件.

(5) 对任意 $x_1<x_2$，则

$$P(x_1\leqslant X<x_2)=P(x_1<X\leqslant x_2)=P(x_1\leqslant X\leqslant x_2)=P(x_1<X<x_2)$$
$$=F(x_2)-F(x_1)=\int_{x_1}^{x_2}p(x)\mathrm{d}x.$$

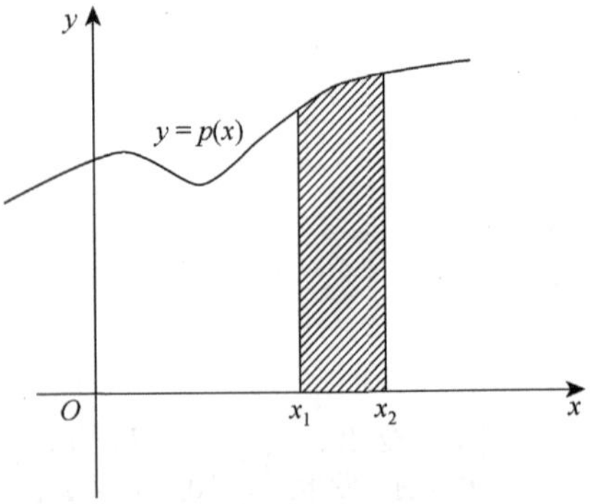

图 2-3

这一个结果从几何上来讲，ξ 落在区间 (x_1,x_2) 中的概率恰好等于曲线 $y=p(x)$ 在区间 (x_1,x_2) 上的曲边梯形的面积. 同时也可以发现，整个曲线 $y=p(x)$ 与 x 轴所围成的图形面积为 1 (图 2-3).

例 2.3.1　设随机变量 X 的密度函数为 $p(x)=\dfrac{c}{1+x^2}$，$-\infty<x<+\infty$，试求：

(1) 常数 c；

(2) X 的分布函数；

(3) $P(0\leqslant X\leqslant 1)$.

解　(1) 由密度函数的性质可知 $c\geqslant 0$, $\int_{-\infty}^{+\infty}p(x)\mathrm{d}x=1$，从而 $\int_{-\infty}^{+\infty}\dfrac{c}{1+x^2}\mathrm{d}x=1$，所以

$$c=\frac{1}{\pi},$$

于是，密度函数为

$$p(x)=\frac{1}{\pi(1+x^2)},\quad -\infty<x<+\infty；$$

(2) $F(x)=\int_{-\infty}^{x}p(t)\mathrm{d}t=\int_{-\infty}^{x}\frac{1}{\pi(1+t^2)}\mathrm{d}t=\frac{1}{\pi}\arctan t\Big|_{-\infty}^{x}=\frac{1}{\pi}\arctan x+\frac{1}{2}$;

(3) $P(0\leqslant X\leqslant 1)=F(1)-F(0)=\frac{1}{\pi}\arctan 1=\frac{1}{4}$.

例 2.3.2　设随机变量的密度函数为 $p(x)=\begin{cases}0, & x\leqslant 0,\\ ce^{-\lambda x}, & x>0,\end{cases}$ $\lambda>0$, 试求:

(1) 常数 c;　　(2) 分布函数 $F(x)$;　　(3) $P(X\geqslant 1)$.

解　(1) 由密度函数的性质可知 $c\geqslant 0$,

$$\int_{-\infty}^{+\infty}p(x)\mathrm{d}x=1,\quad \int_{0}^{+\infty}ce^{-\lambda x}\mathrm{d}x=1,\quad c\cdot\frac{1}{-\lambda}\mathrm{e}^{-\lambda x}\Big|_{0}^{+\infty}=1,$$

所以 $c=\lambda$. 于是

$$p(x)=\begin{cases}\lambda\mathrm{e}^{-\lambda x}, & x>0,\\ 0, & x\leqslant 0.\end{cases}$$

(2) 当 $x\leqslant 0, F(x)=\int_{-\infty}^{x}p(t)\mathrm{d}t=0$;

当 $x>0$ 时, $F(x)=\int_{-\infty}^{x}p(t)\mathrm{d}t=\int_{-\infty}^{0}0\mathrm{d}x+\int_{0}^{x}\lambda\mathrm{e}^{-\lambda t}\mathrm{d}t=1-\mathrm{e}^{-\lambda x}$.

于是

$$F(x)=\begin{cases}0, & x\leqslant 0,\\ 1-\mathrm{e}^{-\lambda x}, & x>0.\end{cases}$$

(3) $P(X\geqslant 1)=1-p(X<1)=1-F(1)=\mathrm{e}^{-\lambda}$.

注意　(1) 求密度函数中的待定常数往往借助于密度函数的性质;

(2) 由密度函数求分布函数需要对自变量的情形进行讨论.

例 2.3.3　设连续型随机变量 X 的分布函数为 $F(x)=\begin{cases}0, & x\leqslant a,\\ \frac{x-a}{b-a}, & a<x\leqslant b,\\ 1, & x>b,\end{cases}$ 求它的密度函数 $p(x)$.

解　因为 $F'(x)=p(x)$, 所以 $p(x)=\begin{cases}\frac{1}{b-a}, & a\leqslant x\leqslant b,\\ 0, & \text{其他}.\end{cases}$

注意　由分布函数求密度函数只需要在连续点处对分布函数进行求导.

3. 几种常用分布

1) 均匀分布

设随机变量 X 的密度函数为 $p(x)=\begin{cases}\frac{1}{b-a}, & x\in[a,b],\\ 0, & x\notin[a,b],\end{cases}$ 则称 X 服从区间 $[a,b]$ 上的均匀分布, 记作 $X\sim U[a,b]$.

向区间 $[a,b]$ 上均匀投掷随机点, 则随机点的坐标 X 服从 $[a,b]$ 上的均匀分布. 在实际问题中, 还有很多均匀分布的例子, 例如, 乘客在公共汽车站的候车时间, 近似计算中的舍入误差等都服从均匀分布.

设随机变量 $X \sim U[a,b]$, 则对任意满足 $[c,d] \subseteq [a,b]$, 有

$$P(c \leqslant X \leqslant d) = \int_c^d \frac{1}{b-a} \mathrm{d}x = \frac{d-c}{b-a}.$$

这表明, X 落在 $[a,b]$ 内任一小区间 $[c,d]$ 上取值的概率与该小区间的长度成正比, 而与小区间 $[c,d]$ 在 $[a,b]$ 的位置无关, 这就是均匀分布的概率意义, 实际上均匀分布描述了几何概型的随机试验.

2) 指数分布

若随机变量 X 的密度函数 $p(x) = \begin{cases} \lambda \mathrm{e}^{-\lambda x}, & x > 0, \\ 0, & x \leqslant 0 \end{cases} (\lambda > 0)$, 则称 X 服从参数为 λ 的指数分布, 记作 $X \sim E(\lambda)$.

指数分布是一种应用广泛的连续型分布, 它常被用来描述各种"寿命"的分布, 例如, 无线电元件的寿命、电话问题中的通话时间等都可以认为服从指数分布.

注意　指数分布也具有无记忆性, 即设随机变量 X 服从参数为 λ 的指数分布, 则对任意 $s,t > 0$, 有

$$\begin{aligned} P(X > s+t \mid X > s) &= \frac{P(X > s+t, X > s)}{P(X > s)} = \frac{P(X > s+t)}{P(X > s)} \\ &= \frac{1 - F(s+t)}{1 - F(s)} = \frac{\mathrm{e}^{-\lambda(s+t)}}{\mathrm{e}^{-\lambda s}} = \mathrm{e}^{-\lambda t} = P(X > t). \end{aligned}$$

若 X 表示某一原件的寿命, 则 $P(X > s+t \mid X > s) = P(X > t)$ 表明: 已知元件已使用了 s 小时, 它总共能使用至少 $s+t$ 小时的条件概率与从开始时算起至少能使用 t 小时的概率相等, 即元件对它已经使用过 s 小时没有记忆, 具有这一性质是指数分布具有广泛应用的重要原因.

例 2.3.4　假定打一次电话所用的时间 X (单位: 分钟) 服从参数 $\lambda = \frac{1}{10}$ 的指数分布, 试求在排队打电话的人中, 后一个人等待前一个人的时间: (1) 超过 10 分钟; (2) 10 分钟到 20 分钟之间的概率.

解　由题设知 $X \sim E\left(\frac{1}{10}\right)$, 故所求概率为

(1) $P(X > 10) = \int_{10}^{+\infty} \frac{1}{10} \mathrm{e}^{-\frac{x}{10}} \mathrm{d}x = \mathrm{e}^{-1} \approx 0.368$;

(2) $P(10 \leqslant X \leqslant 20) = \int_{10}^{20} \frac{1}{10} \mathrm{e}^{-\frac{1}{10}x} \mathrm{d}x = \mathrm{e}^{-1} - \mathrm{e}^{-2} \approx 0.233$.

3) 正态分布

若随机变量 X 的密度函数为 $p(x) = \frac{1}{\sqrt{2\pi}\sigma} \mathrm{e}^{-\frac{(x-\mu)^2}{2\sigma^2}}, -\infty < x < +\infty, -\infty < \mu < +\infty, \sigma > 0$, 称 X 服从参数为 μ, σ^2 的正态分布, 记为 $X \sim N(\mu, \sigma^2)$.

$p(x)$ 的曲线呈倒钟形, 中间高, 两边低, 左、右关于 μ 对称, 在 $x = \mu$ 附近取值的可能性大, 在两侧取值的可能性小, 且 $\mu \pm \sigma$ 是该曲线的拐点, 如图 2-4 所示.

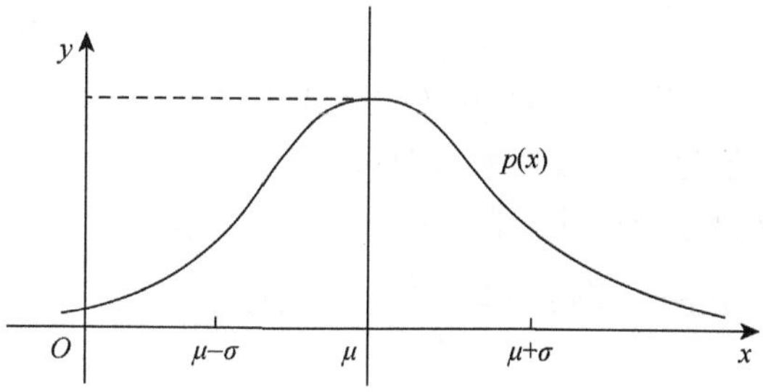

图 2-4

从图 2-5 中可以看出, 如果固定 σ, 改变 μ 的值, 则图形沿 x 轴左右平移, $p(x)$ 的形状不变, 也就是说正态密度函数的位置由参数 μ 所确定, 因此, 将 μ 看作是它的位置参数.

从图 2-6 中可以看出, 如果固定 μ, 改变 σ 的值, 若 σ 越小, 则曲线呈高而尖; 反之, 则呈扁且平. 也就是说正态密度曲线的形状由参数 σ 所确定, 因此, σ 也被称为形状参数.

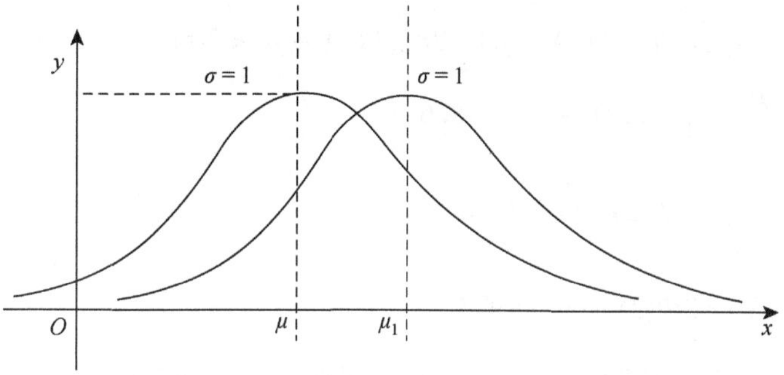

图 2-5

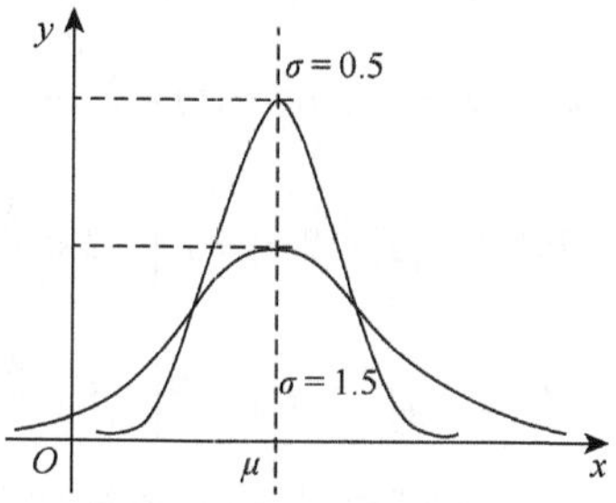

图 2-6

由数学分析或高等数学的知识可知 $\int_0^{+\infty} e^{-\frac{x^2}{2}} dx = \sqrt{\frac{\pi}{2}}$, 从而

$$\int_{-\infty}^{+\infty} \frac{1}{\sqrt{2\pi}\sigma} e^{-\frac{(x-\mu)^2}{2\sigma^2}} dx = \int_{-\infty}^{+\infty} \frac{e^{-\frac{t^2}{2}}}{\sqrt{2\pi}} dt = 1 \quad \left(\text{令} t = \frac{x-\mu}{\sigma}\right).$$

现实生活中的大部分随机变量服从或近似服从正态分布, 如人的身高、体重、测量的误差、学生的考试成绩、线路中的热噪声电压等.

当 $\mu = 0, \sigma = 1$ 时, 正态分布 $N(0,1)$ 称为标准正态分布, 其密度函数为

$$\varphi(x) = \frac{1}{\sqrt{2\pi}} e^{-\frac{x^2}{2}}.$$

它的分布函数为 $\Phi(x) = \int_{-\infty}^{x} \frac{1}{\sqrt{2\pi}} e^{-\frac{t^2}{2}} dt$.

$\Phi(x)$ 除了分布函数一般的性质外, 还可以推出 $\Phi(0) = \frac{1}{2}, \Phi(-x) = 1 - \Phi(x)$. 事实上,

$$\Phi(-x) = \int_{\infty}^{-x} \frac{1}{\sqrt{2x}} e^{-\frac{t^2}{2}} dt \overset{y=-t}{=\!=} \int_{x}^{+\infty} \frac{1}{\sqrt{2x}} e^{-\frac{y^2}{2}} dy$$

$$= \int_{-\infty}^{+\infty} \frac{1}{\sqrt{2x}} e^{-\frac{y^2}{2}} dy - \int_{-\infty}^{x} \frac{1}{\sqrt{2x}} e^{-\frac{y^2}{2}} dy = 1 - \Phi(x).$$

对于 $\Phi(x)$ 这个积分不能用初等函数表示, 人们已经编制了 $\Phi(x)$ 的函数表可供查阅(附表 2).

由分布函数的性质有, 若 $X \sim N(0,1)$, 则 $P(x_1 < X \leqslant x_2) = \Phi(x_2) - \Phi(x_1)$.

一般正态分布都可以通过一个线性变换(标准化)化为标准正态分布. 因此与正态分布有关事件的概率计算都可以通过查标准正态分布表(附表 2)获得.

定理 2.3.1　设 $X \sim N(\mu, \sigma^2)$, 则 $Y = \dfrac{X-\mu}{\sigma} \sim N(0,1)$.

证明将在下一节给出.

于是, 若 $X \sim N(\mu, \sigma^2)$, 则 $P(a < X \leqslant b) = \Phi\left(\dfrac{b-\mu}{\sigma}\right) - \Phi\left(\dfrac{a-\mu}{\sigma}\right)$.

例 2.3.5　设 $X \sim N(0,1)$, 求: (1) $P(|X| \leqslant 1)$; (2) $P(|X| \leqslant 2)$; (3) $P(X \leqslant 3)$.

解　$P(|X| \leqslant 1) = P(-1 \leqslant X \leqslant 1) = \Phi(1) - \Phi(-1) = 2\Phi(1) - 1 = 0.6826$;

$P(|X| \leqslant 2) = P(-2 \leqslant X \leqslant 2) = \Phi(2) - \Phi(-2) = 2\Phi(2) - 1 = 0.9545$;

$P(|X| \leqslant 3) = 2\Phi(3) - 1 = 0.9973$.

例 2.3.6　设 $X \sim N(\mu, \sigma^2)$, 求 $P(|X-\mu| < \sigma), P(|X-\mu| < 2\sigma), P(|X-\mu| < 3\sigma)$.

解　$P(|X-\mu| < \sigma) = P\left(-1 < \dfrac{X-\mu}{\sigma} < 1\right) = 2\Phi(1) - 1 = 0.6826$;

$$P(|X-\mu| < 2\sigma) = P\left(-2 < \frac{X-\mu}{\sigma} < 2\right) = 2\Phi(2) - 1 = 0.9545;$$

$$P(|X-\mu| < 3\sigma) = P\left(-3 < \frac{X-\mu}{\sigma} < 3\right) = 2\Phi(3) - 1 = 0.9973.$$

由此例可得, 尽管正态随机变量 X 的取值范围是 $(-\infty, +\infty)$, 但它的值几乎全部集中在 $(\mu - 3\sigma, \mu + 3\sigma)$ 内, 超出这个范围的可能性仅占不到 0.3%. 本结果称为 3σ 原则(三倍标准差原则). 在质量控制中, 常用标准值 $\pm 3\sigma$ 作两条线, 当生产过程的指标观察值落在两线之外时发出警报, 表明生产出现异常.

一般地, $P(|X-\mu| < k\sigma) = P\left(-k < \dfrac{X-\mu}{\sigma} < k\right) = 2\Phi(k) - 1$.

注意　概率 $P(|X-\mu| < k\sigma)$ 与 σ 是无关的.

例 2.3.7　设随机变量 X 服从正态分布 $N(108, 9)$, 求

(1) $P(102 < X < 117)$;

(2) 常数 a, 使得 $P(X < a) = 0.95$.

解　(1)
$$\begin{aligned} P(102 < X < 117) &= \Phi\left(\frac{117-108}{3}\right) - \Phi\left(\frac{102-108}{3}\right) \\ &= \Phi(3) - \Phi(-2) \\ &= \Phi(3) + \Phi(2) - 1 \\ &= 0.9759. \end{aligned}$$

(2) 由 $P(X < a) = \Phi\left(\dfrac{a-108}{3}\right) = 0.95$, 因为 $\Phi(1.645) = 0.95$, 所以由 $\dfrac{a-108}{3} = 1.645$, 解得 $a = 112.935$.

从上例中我们可以看出, 在有些场合下给定 $\Phi(x)$ 的值, 可以将标准正态分布表反过来查得 x 的值, 这种方法在统计中经常使用到.

事实上, 观察图 1-6 中的高尔顿挡板试验, 当小球数目足够多时, 最后落入底部各个格子中的球的数目的分布服从正态分布, 该结论将在第 4 章中由中心极限定理得到验证.

4) Γ-分布

设随机变量 X 的密度函数为 $p(x)=\begin{cases}\dfrac{\beta^\alpha}{\Gamma(\alpha)}x^{\alpha-1}\mathrm{e}^{-\beta x}, & x>0,\\ 0, & x\leqslant 0,\end{cases}$ $\alpha>0,\beta>0$ 为两个常数, 其中 $\Gamma(\alpha)=\int_0^{+\infty}x^{\alpha-1}\mathrm{e}^{-x}\mathrm{d}x$, $\alpha>0$, 称 X 服从参数为 (α,β) 的 Γ-分布.

特别地, 当 $\alpha=\dfrac{n}{2},\beta=\dfrac{1}{2}$ 时, 随机变量 X 的密度函数为

$$p(x)=\begin{cases}\dfrac{1}{2^{\frac{n}{2}}\Gamma\left(\dfrac{n}{2}\right)}x^{\frac{n}{2}-1}\mathrm{e}^{-\frac{x}{2}}, & x>0,\\ 0, & x\leqslant 0,\end{cases}$$

称之为服从自由度为 n 的 χ^2 分布, 记作 $X\sim\chi^2(n)$.

这是数理统计中的一个重要分布.

特别地, 当 $\alpha=1$ 时, $\Gamma(1,\beta)$ 就是参数为 β 的指数分布.

2.3.2　二维连续型随机变量及其密度函数

1. 概念

定义 2.3.2　设 (X,Y) 为一个二维随机变量, $F(x,y)$ 为其联合分布函数, 若存在可积函数 $p(x,y)$, 使对任意的 (x,y) 有

$$F(x,y)=\int_{-\infty}^{x}\int_{-\infty}^{y}p(u,v)\mathrm{d}u\mathrm{d}v$$

成立, 则称 (X,Y) 为二维连续型随机变量, $F(x,y)$ 是二维连续型随机变量 (X,Y) 的联合分布函数, 称 $p(x,y)$ 是 $F(x,y)$ 的联合概率密度函数或简称为联合密度.

2. 联合密度的性质

由联合分布函数的性质得联合密度的性质:

(1) **非负性**　$p(x,y)\geqslant 0$;

(2) **规范性**　$\int_{-\infty}^{+\infty}\int_{-\infty}^{+\infty}p(x,y)\mathrm{d}x\mathrm{d}y=1$.

反过来, 具有上述两个性质的二元函数必定可以作为某个二维连续型随机变量的联合密度函数.

此外, 联合密度还具有以下性质:

(3) 若 $p(x,y)$ 在点 (x,y) 连续, $F(x,y)$ 是相应的分布函数, 则有 $\dfrac{\partial^2F(x,y)}{\partial x\partial y}=p(x,y)$;

(4) 若 G 是平面上的某一区域, 则 $P((X,Y)\in G)=\iint\limits_G p(x,y)\mathrm{d}x\mathrm{d}y$.

这表明(X,Y)取值落在平面上任一区域G内的概率，可以通过密度函数$p(x,y)$在G上的二重积分求得.

3. 边缘密度函数

设二维连续型随机变量(X,Y)的联合密度函数为$p(x,y)$，则X的边际分布函数为

$$F_X(x)=F(x,+\infty)=\int_{-\infty}^{x}\int_{-\infty}^{+\infty}p(u,y)\mathrm{d}u\mathrm{d}y=\int_{-\infty}^{x}\left[\int_{-\infty}^{+\infty}p(u,y)\mathrm{d}y\right]\mathrm{d}u.$$

这表明X也是连续型随机变量，称X的密度函数为边际密度函数. 其边际密度函数为

$$p_X(x)=\int_{-\infty}^{+\infty}p(x,y)\mathrm{d}y.$$

类似地，Y也是连续型随机变量，Y的边际密度函数为$p_Y(y)=\int_{-\infty}^{+\infty}p(x,y)\mathrm{d}x$.

由此可以看出，边际密度由联合密度唯一确定，反之不一定成立.

例 2.3.8　设(X,Y)的联合密度函数为$p(x,y)=\begin{cases}ce^{-(2x+2y)}, & x>0,y>0,\\ 0, & 其他.\end{cases}$求:

(1) 常数c;

(2) 分布函数$F(x,y)$;

(3) 边际分布函数$F_X(x),F_Y(y)$及相应的边际密度$p_X(x),p_Y(y)$;

(4) $P((X,Y)\in G)$，其中$G=\{(x,y)\mid x+y\leqslant 1,x\geqslant 0,y\geqslant 0\}$.

解　(1) 由联合密度的性质可知，$c\geqslant 0$，

$$\int_{-\infty}^{+\infty}\int_{-\infty}^{+\infty}p(x,y)\mathrm{d}x\mathrm{d}y=1,\quad \int_{0}^{+\infty}\int_{0}^{+\infty}ce^{-(2x+2y)}\mathrm{d}x\mathrm{d}y=1,$$

解得$c=4$. 于是$p(x,y)=\begin{cases}4e^{-(2x+2y)}, & x>0,y>0,\\ 0, & 其他.\end{cases}$

(2) $$F(x,y)=\int_{-\infty}^{x}\int_{-\infty}^{y}p(x,y)\mathrm{d}x\mathrm{d}y$$

$$=\begin{cases}\int_{0}^{x}\int_{0}^{y}4e^{-(2u+2v)}\mathrm{d}u\mathrm{d}v=(1-e^{-2x})(1-e^{-2y}), & x>0,y>0,\\ 0, & 其他.\end{cases}$$

(3) $F_X(x)=F(x,+\infty)=\begin{cases}1-e^{-2x}, & x>0,\\ 0, & x\leqslant 0,\end{cases}$　$F_Y(y)=F(+\infty,y)=\begin{cases}1-e^{-2y}, & y>0,\\ 0, & y\leqslant 0.\end{cases}$

$$p_X(x)=F_X'(x)=\begin{cases}2e^{-2x}, & x>0,\\ 0, & x\leqslant 0,\end{cases}\quad p_Y(y)=F_Y'(y)=\begin{cases}2e^{-2y}, & y>0,\\ 0, & y\leqslant 0.\end{cases}$$

(4) $$P((X,Y)\in G)=\iint_G p(x,y)\mathrm{d}x\mathrm{d}y=\int_0^1\mathrm{d}y\int_0^{1-y}(4e^{-2x+2y})\mathrm{d}x$$

$$=\int_0^1 2e^{-2y}(1-e^{-2(1-y)})\mathrm{d}y=1-3e^{-2}.$$

4. 两种常用分布

1) 均匀分布

设G是平面上的一个有界区域，其面积为A，令$p(x,y)=\begin{cases}\dfrac{1}{A}, & (x,y)\in G,\\ 0, & 其他,\end{cases}$则$p(x,y)$是一个密度函数，以$p(x,y)$为密度函数的二维联合分布称为区域$G$上的均匀分布. 若$(X,Y)$服从区

域 G 上的均匀分布, 则对 G 中的任一(有面积的)子区域 D, 有 $P((X,Y)\in D)=\iint\limits_D p(x,y)\mathrm{d}x\mathrm{d}y=\iint\limits_D \frac{1}{A}\mathrm{d}x\mathrm{d}y=\frac{S_D}{A}$, 其中 S_D 是 D 的面积.

上式表明二维随机变量 (X,Y) 落入区域 D 的概率与区域 D 的面积成正比, 而与在 G 中的位置与形状无关, 这正是第 1 章中提过的在平面区域 G 中等可能投点试验, 由此可知"均匀"分布的含义就是"等可能"的意思.

特别地, 若 $G=\{(x,y)\mid a\leqslant x\leqslant b, c\leqslant y\leqslant d\}$, 则 (X,Y) 服从 G 上的均匀分布, 其联合密度函数为

$$p(x,y)=\begin{cases}\dfrac{1}{(b-a)(d-c)}, & a\leqslant x\leqslant b, c\leqslant y\leqslant d,\\ 0, & \text{其他}.\end{cases}$$

相应的边际密度

$$p_X(x)=\begin{cases}\dfrac{1}{b-a}, & x\in[a,b],\\ 0, & x\notin[a,b],\end{cases}\qquad p_Y(y)=\begin{cases}\dfrac{1}{d-c}, & y\in[c,d],\\ 0, & y\notin[c,d].\end{cases}$$

由此说明, 矩形区域上的均匀分布其边际密度是一维的均匀分布.

2) 二维正态分布

设二维随机变量 (X,Y) 的联合密度函数为

$$p(x,y)=\frac{1}{2\pi\sigma_1\sigma_2\sqrt{1-\rho^2}}\mathrm{e}^{-\frac{1}{2(1-\rho^2)}\left[\frac{(x-\mu_1)^2}{\sigma_1^2}-2\rho\frac{(x-\mu_1)(y-\mu_2)}{\sigma_1\sigma_2}+\frac{(y-\mu_2)^2}{\sigma_2^2}\right]},$$

则称 (X,Y) 服从二维正态分布, 记为 $(X,Y)\sim N(\mu_1,\mu_2,\sigma_1^2,\sigma_2^2,\rho)$, 其中 $-\infty<\mu_1,\mu_2<+\infty,\sigma_1>0$, $\sigma_2>0,|\rho|<1$ 为参数.

习惯上, 称 (X,Y) 为二维正态向量.

由 (X,Y) 的联合分布可以求得边际密度函数分别为

$$p_X(x)=\frac{1}{\sqrt{2\pi}\sigma_1}\mathrm{e}^{\frac{(x-\mu_1)^2}{2\sigma_1^2}},\quad -\infty<x<+\infty;$$

$$p_Y(y)=\frac{1}{\sqrt{2\pi}\sigma_2}\mathrm{e}^{-\frac{(y-\mu_2)^2}{2\sigma_2^2}},\quad -\infty<y<+\infty.$$

由此说明二维正态分布 $N(\mu_1,\mu_2,\sigma_1^2,\sigma_2^2,\rho)$ 的两个边际密度函数都是一维正态分布, 分别为 $N(\mu_1,\sigma_1^2),N(\mu_2,\sigma_2^2)$.

如果 $\rho_1\neq\rho_2$, 则两个二维正态分布 $N(\mu_1,\mu_2,\sigma_1^2,\sigma_2^2,\rho_1),N(\mu_1,\mu_2,\sigma_1^2,\sigma_2^2,\rho_2)$ 是不相同的. 但由上面可以知道它们有完全相同的边际分布, 此例也说明了边际分布不能唯一确定它们的联合分布, 此外即使两个边际分布都是正态分布的二维随机变量, 它们的联合分布还可以不是二维正态分布.

例 2.3.9 设 (X,Y) 的联合密度函数为

$$p(x,y)=\frac{1}{2\pi}\mathrm{e}^{-\frac{x^2+y^2}{2}}(1+\sin x\sin y),\quad -\infty<x<+\infty,\quad -\infty<y<+\infty,$$

求边际密度函数.

解 $$p_X(x)=\int_{-\infty}^{+\infty}p(x,y)\mathrm{d}y=\int_{-\infty}^{+\infty}\frac{1}{2\pi}\mathrm{e}^{-\frac{x^2}{2}}\mathrm{e}^{-\frac{y^2}{2}}(1+\sin x\sin y)\mathrm{d}y$$
$$=\int_{-\infty}^{+\infty}\frac{1}{2\pi}\mathrm{e}^{-\frac{x^2}{2}}\mathrm{e}^{-\frac{y^2}{2}}\mathrm{d}y+\int_{-\infty}^{+\infty}\mathrm{e}^{-\frac{x^2}{2}}\mathrm{e}^{-\frac{y^2}{2}}\sin x\sin y\mathrm{d}y=\frac{1}{\sqrt{2\pi}}\mathrm{e}^{-\frac{x^2}{2}}.$$

同理
$$p_Y(y)=\frac{1}{\sqrt{2\pi}}\mathrm{e}^{-\frac{y^2}{2}}.$$
即 X,Y 都是标准正态分布的随机变量, 但 (X,Y) 的联合分布却不是二维正态分布.

2.3.3　连续型随机变量的独立性条件

如果 (X,Y) 是二维连续型随机变量, 则 X,Y 都是连续型随机变量, 它们的密度函数分别为 $p_X(x),p_Y(y)$. 由 X 与 Y 相互独立, 可知 $F(x,y)=F_X(x)F_Y(y)$, 两边同时对 x,y 求偏导可得 $p(x,y)=p_X(x)p_Y(y)$.

定理 2.3.2　设 (X,Y) 为二维连续型随机变量, X 与 Y 相互独立的充分必要条件是 $p(x,y)=p_X(x)p_Y(y)$, 对任意的 x,y 都成立.

由此可知, 要判断连续型随机变量是否独立, 只需要验证 $p_X(x)\cdot p_Y(y)$ 是否为 (X,Y) 联合密度函数 $p(x,y)$.

例 2.3.10　设 (X,Y) 服从 $G=\{(x,y)\mid x^2+y^2\leqslant 1\}$ 上的均匀分布, 试问 X,Y 是否相互独立?

解　(X,Y) 的联合密度函数为 $p(x,y)=\begin{cases}\dfrac{1}{\pi}, & x^2+y^2\leqslant 1,\\ 0, & x^2+y^2>1,\end{cases}$ 则
$$p_X(x)=\int_{-\infty}^{+\infty}p(x,y)\mathrm{d}y=\begin{cases}\displaystyle\int_{-\sqrt{1-x^2}}^{\sqrt{1-x^2}}\frac{1}{\pi}\mathrm{d}x=\frac{2\sqrt{1-x^2}}{\pi}, & x\in[-1,1],\\ 0, & x\notin[-1,1].\end{cases}$$
同理
$$p_Y(y)=\begin{cases}\dfrac{2}{\pi}\sqrt{1-y^2}, & y\in[-1,1],\\ 0, & y\notin[-1,1].\end{cases}$$
因为 $p_X(x).p_Y(y)\neq p(x,y)$, 所以 X 与 Y 不相互独立.

例 2.3.11　若 $(X,Y)\sim N(\mu_1,\mu_2,\sigma_1^2,\sigma_2^2,\rho)$, 则 X,Y 相互独立的充分必要条件是 $\rho=0$.

证明　必要性. 若 $(X,Y)\sim N(\mu_1,\mu_2,\sigma_1^2,\sigma_2^2,\rho)$, 则 $p(x,y)=p_X(x)p_Y(y)$.
$$\frac{1}{\sqrt{2\pi}\sigma_1}\mathrm{e}^{-\frac{(x-\mu_1)^2}{2\sigma_1^2}}\cdot\frac{1}{\sqrt{2\pi}\sigma_2}\mathrm{e}^{-\frac{(y-\mu_2)^2}{2\sigma_2^2}}=\frac{1}{2\pi\sigma_1\sigma_2\sqrt{1-\rho^2}}\mathrm{e}^{-\frac{1}{2(1-\rho^2)}\left[\frac{(x-\mu_1)^2}{\sigma_1^2}-2\rho\frac{(x-\mu_1)(y-\mu_2)}{\sigma_1\sigma_2}+\frac{(y-\mu_2)^2}{\sigma_2^2}\right]}.$$
从而, $\rho=0$.

充分性. 若 $\rho=0$, 则 (X,Y) 的联合密度函数为
$$p(x,y)=\frac{1}{2\pi\sigma_1\sigma_2}\mathrm{e}^{-\frac{1}{2}\left[\frac{(x-\mu_1)^2}{\sigma_1^2}+\frac{(y-\mu_2)^2}{\sigma_2^2}\right]}.$$
由二维正态分布的性质可知:

$$p_X(x)=\frac{1}{\sqrt{2\pi}\sigma_1}e^{-\frac{(x-\mu_1)^2}{2\sigma_1^2}},\quad p_Y(y)=\frac{1}{\sqrt{2\pi}\sigma_2}e^{-\frac{(y-\mu_2)^2}{2\sigma_2^2}}.$$

这时, 有 $p(x,y)=p_X(x)p_Y(y)$ 成立, 所以 X,Y 相互独立.

二维连续型随机变量 (X,Y) 相互独立的充分必要条件可以推广到 n 维连续型随机变量的情形.

若 $(X_1,X_2,\cdots,X_n)$ 为 n 维连续型随机变量, 则 $X_1,X_2,\cdots,X_n$ 相互独立的充要条件为 $p(x_1,x_2,\cdots,x_n)=p_{X_1}(x_1)\cdots p_{X_n}(x_n)$, 其中 $p(x_1,x_2,\cdots,x_n)$ 为 $(X_1,X_2,\cdots,X_n)$ 的联合密度函数, $p_{X_i}(x_i)$ 为 $X_i(i=1,2,\cdots,n)$ 的边际密度函数.

习　题　2.3

1. 设随机变量 X 的密度函数为 $p(x)=\begin{cases}x, & 0<x\leqslant 1,\\ ax+b, & 1<x\leqslant 2,\\ 0, & \text{其他},\end{cases}$ 且 $P\left(0<X<\dfrac{3}{2}\right)=\dfrac{7}{8}$, 求:

(1) 常数 a,b;　　(2) $P\left(\dfrac{1}{2}<X<\dfrac{3}{2}\right)$;　　(3) X 的分布函数 $F(x)$.

2. 设连续型随机变量 X 的分布函数为 $F(x)=\begin{cases}A+Be^{-2x}, & x>0,\\ 0, & x\leqslant 0,\end{cases}$ 试求:

(1) A,B 的值;　　(2) $P(-1<X<1)$;　　(3) X 的概率密度 $p(x)$.

3. 设一汽车站上, 某路公共汽车每 5 分钟有一辆车到达, 设乘客在 5 分钟内任一时间到达是等可能的, 计算在车站候车的 10 位乘客中有 1 位候车时间超过 4 分钟的概率.

4. 设随机变量 X 的密度函数为 $p(x)=\begin{cases}\lambda e^{-\lambda x}, & x>0,\\ 0, & x\leqslant 0\end{cases}(\lambda>0)$, 试求 k 使得 $P(X>k)=0.5$.

5. 设随机变量 $X\sim N(\mu,\sigma^2)$, 其概率密度函数为 $p(x)=\dfrac{1}{\sqrt{6\pi}}e^{-\frac{x^2-4x+4}{6}}(-\infty<x<+\infty)$, 求 μ,σ^2; 若已知 $\int_c^{+\infty}p(x)dx=\int_{-\infty}^{c}p(x)dx$, 求 c.

6. 设 $X\sim N(4,3^2)$, 求: (1) $P(-2<X\leqslant 10)$; (2) $P(X>3)$; (3) 设 d 满足 $P(X>d)\geqslant 0.9$, 问 d 至多为多少?

7. 由某机器生产的螺栓的长度(单位: cm)服从正态分布 $N(0.5,0.06^2)$, 若规定长度在范围 10.05 ± 0.12 内为合格品, 求螺栓不合格的概率.

8. 设随机变量 X 服从正态分布 $N(u,\sigma^2)$, 试问: 随着 σ 的增大, 概率 $P(|X-u|<k\sigma),k\in\mathbf{N}^+$ 是如何变化的?

9. 设随机变量 X 与 Y 均服从正态分布, $X\sim N(\mu,4^2),Y\sim N(\mu,5^2)$, 试比较以下 p_1 和 p_2 的大小, 其中, $p_1=P(X\leqslant\mu-4)$, $p_2=P(Y\geqslant\mu+5)$.

10. 设随机变量 $X\sim N(3,2^2)$, 试求 a 使得 $P(X<a)=0.9$.

11. 设随机变量 (X,Y) 的联合密度为

$$p(x,y)=\begin{cases}k(6-x-y), & 0<x<2,0<y<4,\\ 0, & \text{其他},\end{cases}$$

试求:

(1) 常数 k;　　(2) $P(X<1,Y<3)=0.9$;　　(3) $P(X+Y)\leqslant 4$.

12. 设随机变量 (X,Y) 的联合密度为

$$p(x,y)=\begin{cases}ke^{-(3x+4y)}, & x>0,y>0,\\ 0, & \text{其他},\end{cases}$$

试求: (1) 常数 k;　(2) (X,Y) 的联合分布函数 $F(x,y)$;

(3) $P(0<X\leqslant 1,0<Y\leqslant 2)$;　(4) X 与 Y 是否相互独立? 为什么?

13. 设随机变量 (X,Y) 的联合密度为

$$p(x,y)=\begin{cases}1, & 0<x<1,|y|<x,\\ 0, & \text{其他},\end{cases}$$

试求: (1) 边际密度函数 $p_X(x)$ 和 $p_Y(y)$;　(2) $P\left(X<\frac{1}{2}\right)$及$P\left(Y>\frac{1}{2}\right)$.

14. 设 (X,Y) 服从单位圆 $G=\{(x,y)\mid x^2+y^2\leqslant 1\}$ 上的均匀分布, 试求 X,Y 的边际密度函数, 并判断 X 与 Y 是否相互独立?

15. 设 X 与 Y 是相互独立的随机变量, $X\sim U(0,1)$, $Y\sim E(1)$, 求:

(1) X 与 Y 的联合密度函数;　(2) $P(Y\leqslant X)$;　(3) $P(X+Y\leqslant 1)$.

16. 设随机变量 (X,Y) 的联合密度为

$$p(x,y)=\begin{cases}3x, & 0<x<1,0<y<x,\\ 0, & \text{其他},\end{cases}$$

试求: (1) X, Y 的边际密度函数; (2) $P\left(X<\frac{1}{4},Y<\frac{1}{2}\right)$; (3) X 与 Y 是否相互独立? 为什么?

---

17. 设电源电压 $U\sim N(220,25^2)$ (单位: V), 通常有三种状态; ①电压不超过 200V; ②电压介于 200～240V; ③电压超过 240V. 在上述三种状态下, 某电子元件损坏的概率分别为 0.1, 0.001 和 0.2, 试求:

(1) 电子元件损坏的概率;　(2) 在电子元件损坏的情况下, 分析电压所处的状态.

18. 设随机变量 X 的密度函数为 $p(x)=\begin{cases}2x, & 0<x<1,\\ 0, & \text{其他},\end{cases}$ 以 Y 表示对 X 的 3 次独立重复观察中事件 $\left(X\leqslant\frac{1}{2}\right)$ 出现的次数, 求 $P(Y=2)$.

19. 设二维随机变量 (X,Y) 在曲线 $y=x^2$ 与 $x=y^2$ 所围成的区域 D 中服从均匀分布, 求

(1) (X,Y) 的联合密度;　(2) 边际分布密度 $p_X(x)$ 和 $p_Y(y)$;　(3) $P(Y\geqslant X)$.

20. 已知随机变量 (X,Y) 的概率密度为 $p(x,y)=A\mathrm{e}^{-ax^2+bxy-cy^2}$, 问在什么条件下 X 与 Y 相互独立.

2.4　随机变量函数的分布

在实际问题中, 不仅要研究随机变量, 而且还要研究随机变量的函数. 例如, 在分子物理学中已知分子的速度 V 是一个随机变量, 这时分子的动能 $W=\frac{1}{2}mV^2$ 就是一个随机变量函数. 下面就研究如何根据随机变量的分布列(或联合分布列)或分布密度(联合密度)来求随机变量函数的分布问题.

2.4.1　一维随机变量函数的分布

1. 一维离散型随机变量函数的分布

设 $g(x)$ 是定义在随机变量 X 的一切可能取值 a 的集合上的函数, 该随机变量 Y, 当 X 取值 a 时, 它的取值为 $y=g(a)$, 称 Y 为随机变量 X 的函数, 记为 $Y=g(X)$.

设 X 为离散型随机变量, 很明显 $Y=g(X)$ 也为离散型随机变量.

若 X 的分布列为 $P(X=a_i)=p_i$，$i=1,2,3,\cdots$，现求 $Y=g(X)$ 的分布列.

(1) 若随机变量 X 取不同的值 a_i 时，随机变量函数 $Y=g(X)$ 也取不同的值 $b_i=g(a_i)$，$i=1,2,3,\cdots$，则 Y 的分布列为 $P(Y=b_i)=p_i$.

例 2.4.1　设 X 的分布列为

X	0	1	2	3	4	5
p	$\frac{1}{12}$	$\frac{1}{6}$	$\frac{1}{3}$	$\frac{1}{12}$	$\frac{2}{9}$	$\frac{1}{9}$

求 $Y=2X+1$ 的分布列.

解　Y 的可能取值为 $1,3,5,7,9,11$，它们互不相同，则 Y 的分布列为

X	1	3	5	7	9	11
p	$\frac{1}{12}$	$\frac{1}{6}$	$\frac{1}{3}$	$\frac{1}{12}$	$\frac{2}{9}$	$\frac{1}{9}$

(2) 若 X 取不同的 a_i 时，而函数 Y 的取值中有相等的，则应把那些相等的值分别合并，并根据概率的可加性把对应的概率相加，就得到 Y 的分布列. 不妨设 Y 的可能取值为 b_1，$b_2,\cdots,b_j,\cdots$，则 $P(Y=b_j)=\sum\limits_{i:g(a_i)=b_j} p_i$，$j=1,2,\cdots$，即为 Y 的分布列.

例 2.4.2　设 X 的分布列为

X	0	1	2	3	4	5
p	$\frac{1}{12}$	$\frac{1}{6}$	$\frac{1}{3}$	$\frac{1}{12}$	$\frac{2}{9}$	$\frac{1}{9}$

求 $Y=(X-2)^2$ 的分布列.

解　Y 的可能取值为 0, 1, 4, 9, 它们有相同的，相同的值合并，并将它所对应的概率相加得 Y 的分布列如下

Y	0	1	4	9
p	$\frac{1}{3}$	$\frac{1}{4}$	$\frac{11}{36}$	$\frac{1}{9}$

2. 二维离散型随机变量函数的分布列

设 (X,Y) 是一个二维离散型随机变量，$f(x,y)$ 是实变量 x 和 y 的单值函数，这时 $Z=f(X,Y)$ 仍是一个一维的离散型随机变量.

设 X,Y,Z 的可能取值为 $a_i,b_j,c_k(i,j,k=1,2,\cdots)$. 令

$$c_k=\{(a_i,b_j)\mid f(a_i,b_j)=c_k\}\quad (i,j,k=1,2,\cdots),$$

则有 $P(Z=c_k)=P((X,Y)\in c_k)=\sum\limits_{a_i,b_j\in c_k} P(X=a_i,Y=b_j)$.

例 2.4.3　设 X 与 Y 是两个相互独立的随机变量，它们分别服从参数为 λ_1 和 λ_2 的泊松分布，求 $Z=X+Y$ 的分布列.

解　由 X 与 Y 的独立性可知

$$
\begin{aligned}
P(Z=k) &= \sum_{i=0}^{k} P(X=i, Y=k-i) \\
&= \sum_{i=0}^{k} P(X=i)P(Y=k-i) \\
&= \sum_{i=0}^{k} \frac{\lambda_1^i}{i!}\mathrm{e}^{-\lambda_1} \frac{\lambda_2^{k-i}}{(k-i)!}\mathrm{e}^{-\lambda_2} \\
&= \mathrm{e}^{-(\lambda_1+\lambda_2)} \sum_{i=0}^{k} \frac{\lambda_1^i \cdot \lambda_2^{k-i}}{i!(k-i)!} = \frac{(\lambda_1+\lambda_2)^k}{k!}\mathrm{e}^{-(\lambda_1+\lambda_2)}, \quad k=0,1,2,\cdots.
\end{aligned}
$$

此例说明了泊松分布对加法具有封闭性. 通常称该分布具有可加性.

类似地可以证明二项分布也是一个具有可加性的分布, 即若 X,Y 是两个独立的随机变量, 且 $X \sim b(k;n_1,p), Y \sim b(k;n_2,p)$, 则 $X+Y \sim b(k;n_1+n_2,p)$.

例 2.4.4 设 X 与 Y 为独立分布的离散型随机变量, 其分布列为

$$
P(X=n)=P(Y=n)=\frac{1}{2^n}, \quad n=1,2,3,\cdots.
$$

求 $Z=X+Y$ 的分布列.

解
$$
\begin{aligned}
P(Z=k) &= \sum_{i=1}^{k-1} P(X=i, Y=k-i) = \sum_{i=1}^{k-1} P(X=i)P(Y=k-i) \\
&= \sum_{i=1}^{n} \frac{1}{2^i} \cdot \frac{1}{2^{k-i}} = \frac{k-1}{2^k}, \quad k=2,3,\cdots.
\end{aligned}
$$

2.4.2 连续型随机变量函数的分布

求离散型随机变量函数的分布是很简单的事. 一般地, 连续型随机变量函数不一定是连续型随机变量. 下面我们主要讨论连续型随机变量函数还是连续型随机变量的情形.

1. 一维连续型随机变量函数的分布

已知 X 的分布函数 $F_X(x)$ 或概率密度函数 $p_X(x)$, 则随机变量函数 $Y=g(X)$ 的密度函数可按如下方法求得.

先求 Y 的分布函数 $F_Y(y)$,

$$
F_Y(y)=P(Y \leqslant y)=P\{g(X) \leqslant y\}=P(X \in C_y),
$$

其中 $C_y=\{x \mid g(x) \leqslant y\}$.

而 $P(X \in C_y)$ 常常可用 X 的分布函数 $F_X(x)$ 来表达或用其概率密度函数 $p_X(x)$ 的积分表达: $F_Y(y)=P(X \in C_y)=\int_{C_y} p_X(x)\mathrm{d}x$.

再求 Y 的密度函数, 通过对 Y 的分布函数 $F_Y(y)$ 求导, 可求出 Y 的密度函数.

这种求随机变量函数分布的方法被称为分布函数法.

例 2.4.5 设随机变量 X 的密度函数为 $p_X(x)=\begin{cases} \dfrac{x}{8}, & 0<x<4, \\ 0, & 其他, \end{cases}$ 求 $Y=2X+8$ 的密度函数.

解 先求 Y 的分布函数 $F_Y(y)$,

$$F_Y(y)=P(Y\leqslant y)=P(2X+8\leqslant y)=P\left(X\leqslant\frac{y-8}{2}\right)=F_X\left(\frac{y-8}{2}\right).$$

对 Y 的分布函数 $F_Y(y)$ 求导，得到 Y 的密度函数

$$p_Y(y)=\frac{\mathrm{d}F_X\left(\dfrac{y-8}{2}\right)}{\mathrm{d}y}=p_X\left(\frac{y-8}{2}\right)\cdot\frac{1}{2}.$$

注意到 $0<x<4$，即 $8<y<16$ 时，$p_X\left(\dfrac{y-8}{2}\right)=\dfrac{y-8}{16}$．故

$$p_Y(y)=\begin{cases}\dfrac{y-8}{32}, & 8<y<16,\\ 0, & \text{其他}.\end{cases}$$

将上述例子一般化，可得如下定理.

定理 2.4.1　设 X 为连续型随机变量，其密度函数为 $p_X(x)$．$Y=g(X)$ 是随机变量 X 的函数，若 $y=g(x)$ 严格单调，其反函数 $h(y)$ 具有连续导函数，则 $Y=g(X)$ 的密度函数为

$$p_Y(y)=\begin{cases}p_X[h(y)]\,|h'(y)|, & a<y<b,\\ 0, & \text{其他},\end{cases}$$

其中，$a=\min\{g(-\infty),g(+\infty)\},b=\max\{g(-\infty),g(+\infty)\}$.

证明　不妨设 $g(x)$ 是严格单调增函数，这时它的反函数 $h(y)$ 也是严格单调增函数，且 $h'(y)>0$，记 $a=g(-\infty),b=g(+\infty)$，这也意味着 $y=g(x)$ 仅在区间 (a,b) 上取值，于是，

当 $y<a$ 时，$F_Y(y)=P(Y\leqslant y)=0$;

当 $y\geqslant b$ 时，$F_Y(y)=P(Y\leqslant y)=1$;

当 $a\leqslant y<b$ 时，$F_Y(y)=P(Y\leqslant y)=P(g(X)\leqslant y)=P(X\leqslant h(y)=F_X(h(y))$.

由此得 Y 的密度函数为

$$p_Y(y)=\begin{cases}p_X[h(y)]\,|h'(y)|, & a\leqslant y<b,\\ 0, & \text{其他}.\end{cases}$$

同理可证，当 $y-g(x)$ 是严格单调递减函数时，结论也成立．但此时要注意 $h'(y)<0$，故要加绝对值符号，这时 $a=g(+\infty),b=g(-\infty)$.

利用这个定理，容易得到下面几个有用的结论.

定理 2.4.2　设随机变量 $X\sim N(\mu,\sigma^2)$，则当 $a\neq 0$ 时，有 $Y=aX+b$ 也服从正态分布 $N(a\mu+b,a^2\sigma^2)$.

证明　当 $a>0$ 时，$g(x)=ax+b$ 是严格增函数，仍在 $(-\infty,+\infty)$ 上取值，其反函数为 $x=h(y)\dfrac{y-b}{a}$，由定理 2.4.1 可得

$$p_Y(y)=p_X\left(\frac{y-b}{a}\right)\cdot\frac{1}{a}=\frac{1}{\sqrt{2\pi}\sigma}\exp\left\{-\frac{1}{2\sigma^2}\left(\frac{y-b}{a}-\mu\right)^2\right\}\cdot\frac{1}{a}$$

$$=\frac{1}{\sqrt{2\pi}a\sigma}\exp\left\{-\frac{(y-a\mu-b)^2}{2a^2\sigma^2}\right\}.$$

这就是正态分布 $N(a\mu+b,a^2\sigma^2)$ 的密度函数.

同理可求得, 当 $a<0$ 时, 有 $p_Y(y)=\dfrac{1}{\sqrt{2\pi}\,|a|\,\sigma}\exp\left\{-\dfrac{(y-a\mu-b)^2}{2a^2\sigma^2}\right\}$, 这是正态分布 $N(a\mu+b,a^2\sigma^2)$ 的密度函数.

这个定理表明: 正态变量的线性函数仍为正态变量, 若取 $a=\dfrac{1}{\sigma},b=-\dfrac{\mu}{\sigma}$, 则 $Y=aX+b=\dfrac{X-\mu}{a}$ 服从标准正态分布, 此即定理 2.3.1.

例 2.4.6　设随机变量 X 服从正态分布 $N(0,4)$, 试求 $Y=-X$ 的分布.

解　由定理 2.4.2 可知 Y 仍是正态变量, 它的分布仍为 $N(0,4)$.

这表明 X 与 $-X$ 有相同的分布, 但这两个随机变量是不相等的, 所以我们要明确, 分布相同与随机变量相等是两个完全不同的概念.

定理 2.4.3　若 X 的分布函数 $F_X(x)$ 为严格单调增的连续函数, 其反函数 $F_X^{-1}(y)$ 存在, 则 $Y=F_X(X)$ 服从 $[0,1]$ 上的均匀分布 $U[0,1]$.

证明　由于分布函数 $F_X(x)$ 仅在区间 $[0,1]$ 上取值, 故

当 $y<0$ 时, 由于 $(F_X(X)\leqslant y)$ 是不可能事件, 所以

$$F_Y(y)=P(Y\leqslant y)=P(F_X(X)\leqslant y)=0;$$

当 $0\leqslant y<1$ 时, 有

$$F_Y(y)=P(Y\leqslant y)=P(F_X(X)\leqslant y)=P(X\leqslant F_X^{-1}(y))=y;$$

当 $y\geqslant 1$ 时, 因为 $(F_X(X)\leqslant y)$ 是必然事件, 所以

$$F_Y(y)=P(Y\leqslant y)=P(F_X(X)\leqslant y)=1.$$

于是, $Y=F_X(X)$ 的分布函数是

$$F_Y(y)=\begin{cases}0, & y<0,\\ y, & 0\leqslant y<1,\\ 1, & y\geqslant 1.\end{cases}$$

这正是 $[0,1]$ 上均匀分布的分布函数, 所以, $Y=F_X(X)$ 服从 $[0,1]$ 上的均匀分布 $U[0,1]$.

注意　本例中的结论在计算机模拟中有重要的应用.

定理 2.4.1 在使用时比较方便, 但要求的条件“ $g(x)$ 严格单调, 反函数连续可微”很强, 有些场合下无法满足这个条件, 例如, $g(x)=x^2$ 就无法满足该条件. 对于无法满足定理 2.4.1 条件的情况, 可以直接利用分布函数法.

例 2.4.7　设随机变量 $X\sim N(0,1)$, 试求 $Y=X^2$ 的密度函数.

解　先求 $Y=X^2$ 的分布函数 $F_Y(y)$, 由于 $Y=X^2\geqslant 0$, 故

当 $y\leqslant 0$ 时, 有 $F_Y(y)=0$, 从而有 $p_Y(y)=0$;

当 $y>0$ 时, 有

$$F_Y(y)=P(Y\leqslant y)=P(X^2\leqslant y)=P(-\sqrt{y}\leqslant X\leqslant\sqrt{y})=F_X(\sqrt{y})-F_X(-\sqrt{y}).$$

因此, 再用求导的方法求出密度函数为

$$p_Y(y)=\begin{cases}\dfrac{1}{\sqrt{2\pi}\sqrt{y}}\mathrm{e}^{-\frac{y^2}{2}}, & y>0\\ 0, & y\leqslant 0\end{cases}=\begin{cases}\dfrac{1}{\sqrt{2\pi}}y^{-\frac{1}{2}}\mathrm{e}^{-\frac{y}{2}}, & y>0,\\ 0, & y\leqslant 0.\end{cases}$$

例 2.4.8　设随机变量 X 服从参数为 λ 的指数分布, 求 $Y=\min\{X,2\}$ 的分布函数.

解　X 的分布函数为

$$F_X(x)=\begin{cases}1-\mathrm{e}^{-\lambda x}, & x>0,\\ 0, & x\leqslant 0.\end{cases}$$

$Y=\min\{X,2\}$ 的分布函数为

$$\begin{aligned}F_Y(y)&=P(Y\leqslant y)=P(\min\{X,2\}\leqslant y)\\&=1-P(\min\{X,2\}>y)\\&=1-P(X>y,2>y).\end{aligned}$$

当 $y\leqslant 2$ 时, $F_Y(y)=1-P(X>y)=P(X\leqslant y)=F_X(y)$;

当 $y>2$ 时, $P(X>y,2>y)=0$, 于是, $F_Y(y)=1$.

代入 X 的分布函数中可得

$$F_Y(y)=\begin{cases}0, & y\leqslant 0,\\ 1-\mathrm{e}^{-\lambda y}, & 0<y\leqslant 2,\\ 1, & y>2.\end{cases}$$

注意　在本例中, 虽然 X 为连续型随机变量, 但 Y 不是连续型随机变量, 也不是离散型随机变量, 因为 Y 的分布函数在 $y=2$ 处间断.

2. 二维连续型随机变量函数的分布

设 (X,Y) 是二维连续型随机变量, 其联合密度函数为 $p(x,y)$, 令 $g(x,y)$ 为一个二元函数, 则 $g(X,Y)$ 是 (X,Y) 的函数.

可用类似于求一维随机变量函数的分布函数法求 $Z=g(X,Y)$ 分布.

(1) 先求出 $Z=g(X,Y)$ 的分布函数 $F_Z(z)$.

$$F_Z(z)=P(Z\leqslant z)=P(g(X,Y)\leqslant z)=P((\xi,\eta)\in D_z)=\iint\limits_{D_z}p(x,y)\mathrm{d}x\mathrm{d}y,$$

其中, $D_z=\{(x,y)\,|\,g(x,y)\leqslant z\}$.

(2) 再求出 $Z=g(X,Y)$ 的概率密度函数 $p_Z(z)$, 对分布函数 $F_Z(z)$ 求导, 有 $p_Z(z)=F_Z'(z)$.

求二维随机变量 (X,Y) 的函数 $Z=g(X,Y)$ 的分布时, 关键是设法将其转化为 (X,Y) 在一定范围内取值的形式, 从而利用已知 (X,Y) 的分布求出 $Z=g(X,Y)$ 的分布.

例 2.4.9　设 X,Y 独立同分布, 均服从 $N(0,1)$, 求 $Z=\sqrt{X^2+Y^2}$ 的密度函数.

解　$Z=\sqrt{X^2+Y^2}$ 的分布函数为 $F_Z(z)=P(Z\leqslant z)$.

当 $z\leqslant 0$ 时, 显然有 $F_Z(z)=0$;

当 $z>0$ 时,

$$\begin{aligned}F_Z(z)&=P(Z\leqslant z)=P(\sqrt{X^2+Y^2}\leqslant z)=\iint\limits_{\sqrt{x^2+y^2}\leqslant z}\frac{1}{2}\mathrm{e}^{-\frac{x^2+y^2}{2}}\mathrm{d}x\mathrm{d}y\\&\xlongequal{x=r\cos\theta,\,y=r\sin\theta}\int_0^z\int_0^{2\pi}\frac{1}{2\pi}\mathrm{e}^{-\frac{r^2}{2}}\mathrm{d}\theta\mathrm{d}r=\int_0^z\mathrm{e}^{-\frac{r^2}{2}}r\mathrm{d}r,\end{aligned}$$

得

$$p_Z(z)=F_Z'(z)=z\mathrm{e}^{-\frac{z^2}{2}}.$$

于是, $Z=\sqrt{X^2+Y^2}$ 的密度函数为

$$p_Z(z)=\begin{cases} z\mathrm{e}^{-\frac{z^2}{2}}, & z>0, \\ 0, & z\leqslant 0. \end{cases}$$

下面讨论几个特殊函数的分布.

1) 和的分布

定理 2.4.4　设 (X,Y) 的联合密度为 $p(x,y)$, 则 $Z=X+Y$ 的密度为

$$p_Z(z)=\int_{-\infty}^{+\infty}p(x,z-x)\mathrm{d}x=\int_{-\infty}^{+\infty}p(z-y,y)\mathrm{d}y.$$

特别地, 若 X,Y 相互独立, 其边际密度分别为 $p_X(x),p_Y(y)$, 则上面公式可表示为

$$p_Z(z)=\int_{-\infty}^{+\infty}p_X(x)p_Y(z-x)\mathrm{d}x=\int_{-\infty}^{+\infty}p_X(z-y)p_Y(y)\mathrm{d}y.$$

这两个公式称为卷积公式.

证明　$Z=X+Y$ 的分布函数为

$$F_Z(z)=P(Z\leqslant z)=P(X+Y\leqslant z)=\iint\limits_{x+y\leqslant z}p(x,y)\mathrm{d}x\mathrm{d}y=\int_{-\infty}^{+\infty}\mathrm{d}x\int_{-\infty}^{z-x}p(x,y)\mathrm{d}y,$$

对内层积分, 令 $t=x+y$ 得

$$F_Z(z)=\int_{-\infty}^{+\infty}\mathrm{d}x\int_{-\infty}^{z-x}p(x,t-x)\mathrm{d}t=\int_{-\infty}^{z}\int_{-\infty}^{z-x}p(x,t-x)\mathrm{d}x\mathrm{d}t,$$

求导得到 $Z=X+Y$ 的密度为 $p_Z(z)=F_Z'(z)=\int_{-\infty}^{+\infty}p(x,z-x)\mathrm{d}x$.

若将积分次序换为先对 x 积分, 后对 y 积分, 同理可得

$$p_Z(z)=\int_{-\infty}^{+\infty}p(z-y,y)\mathrm{d}y.$$

例 2.4.10　设 X,Y 相互独立, 均服从 $N(0,1)$, 求 $Z=X+Y$ 的概率密度.

解　由卷积公式

$$p_Z(z)=\int_{-\infty}^{+\infty}p_X(x)p_Y(z-x)\mathrm{d}x=\frac{1}{2\pi}\int_{-\infty}^{+\infty}\mathrm{e}^{-\frac{x^2}{2}}\mathrm{e}^{-\frac{(z-x)^2}{2}}\mathrm{d}x$$
$$=\frac{1}{2\pi}\mathrm{e}^{-\frac{z^2}{4}}\int_{-\infty}^{+\infty}\mathrm{e}^{-\left(x-\frac{z}{2}\right)^2}\mathrm{d}x,$$

令 $t=x-\dfrac{z}{2}$ 得

$$p_Z(z)=\frac{1}{2\pi}\mathrm{e}^{-\frac{z^2}{4}}\int_{-\infty}^{+\infty}\mathrm{e}^{-t^2}\mathrm{d}t=\frac{1}{2\pi}\mathrm{e}^{-\frac{z^2}{4}}\sqrt{\pi}=\frac{1}{2\sqrt{\pi}}\mathrm{e}^{-\frac{z^2}{4}},$$

即 Z 服从分布 $N(0,2)$.

类似于上例, 利用卷积公式可得到下列定理.

定理 2.4.5　设 X,Y 相互独立, 且 ξ 服从分布 $N(\mu_1,\sigma_1^2)$, η 服从分布 $N(\mu_2,\sigma_2^2)$, 则 $Z=X+Y$ 仍服从正态分布, 且 $Z=X+Y$ 服从分布 $N(\mu_1+\mu_2,\sigma_1^2+\sigma_2^2)$.

上述定理表明, 两个独立的正态变量之和仍为正态变量, 其分布中的两个参数分布对应相加. 更一般地, 有限个相互独立的正态变量线性组合仍服从正态分布, 即有如下定理.

定理 2.4.6　若 $X_i \sim N(\mu_i, \sigma_i^2)(i=1,2,\cdots,n)$, 且它们相互独立, 则对任意不全为零的常数 $a_1, a_2, \cdots, a_n$, 有 $\sum_{i=1}^{n} a_i X_i \sim N\left(\sum_{i=1}^{n} a_i \mu_i, \sum_{i=1}^{n} a_i^2 \sigma_i^2\right)$.

例如, 已知 X 服从分布 $N(2, 2^2)$, Y 服从分布 $N(3, 3^2)$, 且它们相互独立, 则 $2X-Y \sim N(1, 5^2)$.

2) 商的分布

定理 2.4.7　设 (X,Y) 的联合密度为 $p(x,y)$, 则 $Z=\dfrac{X}{Y}$ 的概率密度为

$$p_Z(z)=\int_{-\infty}^{+\infty} p(zx,x)|x|\mathrm{d}x .$$

特别地, 若 X,Y 相互独立, 其边际密度分别为 $p_X(x), p_Y(y)$, 则上面的公式可表示为

$$p_Z(z)=\int_{-\infty}^{+\infty} p_X(zx)p_Y(x)|x|\mathrm{d}x .$$

证明　$Z=\dfrac{X}{Y}$ 的分布函数为

$$F_Z(z)=P(Z\leqslant z)=\iint\limits_{\frac{x}{y}\leqslant z} p(x,y)\mathrm{d}x\mathrm{d}y=\iint\limits_{y>0,x\leqslant yz} p(x,y)\mathrm{d}x\mathrm{d}y+\iint\limits_{y<0,x\geqslant yz} p(x,y)\mathrm{d}x\mathrm{d}y$$
$$=\int_0^{+\infty}\mathrm{d}y\int_{-\infty}^{yz} p(x,y)\mathrm{d}x+\int_{-\infty}^{0}\mathrm{d}y\int_{yz}^{+\infty} p(x,y)\mathrm{d}x.$$

对内层积分令 $t=\dfrac{x}{y}$, 有

$$F_Z(z)=\int_0^{+\infty}\mathrm{d}y\int_{-\infty}^{z} p(ty,y)y\mathrm{d}t+\int_{-\infty}^{0}\mathrm{d}y\int_{z}^{-\infty} p(ty,y)y\mathrm{d}t$$
$$=\int_{-\infty}^{z}\int_0^{+\infty} p(ty,y)|y|\mathrm{d}y\mathrm{d}t+\int_{-\infty}^{z}\int_{-\infty}^{0} p(ty,y)|y|\mathrm{d}y\mathrm{d}t,$$

求导得 $Z=\dfrac{X}{Y}$ 概率密度为

$$p_Z(z)=\int_{-\infty}^{+\infty} p(zy,y)|y|\mathrm{d}y=\int_{-\infty}^{+\infty} p(zx,x)|x|\mathrm{d}x .$$

例 2.4.11　设 X,Y 相互独立, 它们都服从参数为 λ 的指数分布, 求 $Z=\dfrac{X}{Y}$ 的概率密度.

解　由题意得

$$p_X(x)=\begin{cases}\lambda \mathrm{e}^{-\lambda x}, & x>0,\\ 0, & x\leqslant 0;\end{cases}\qquad p_Y(y)=\begin{cases}\lambda \mathrm{e}^{-\lambda y}, & y>0,\\ 0, & y\leqslant 0.\end{cases}$$

因 X,Y 相互独立, 故 $p(x,y)=p_X(x)p_Y(y)$, 由商的分布可知

$$p_Z(z)=\int_{-\infty}^{+\infty} p_X(yz)p_Y(y)|y|\mathrm{d}y .$$

当 $z\leqslant 0$ 时，$p_Z(z)=0$；

当 $z>0$ 时，$p_Z(z)=\lambda^2\int_0^{+\infty}\mathrm{e}^{-\lambda y(1+z)}y\mathrm{d}y=\dfrac{1}{(1+z)^2}$.

故 Z 的密度函数为 $p_Z(z)=\begin{cases}\dfrac{1}{(1+z)^2}, & z>0,\\ 0, & z\leqslant 0.\end{cases}$

用类似的方法可以导出积的分布.

3) 积的分布

定理 2.4.8　设 (X,Y) 的联合密度为 $p(x,y)$，则 $Z=X\cdot Y$ 的概率密度为

$$p_Z(z)=\int_{-\infty}^{+\infty}p\left(\frac{z}{x},x\right)\left|\frac{1}{x}\right|\mathrm{d}x=\int_{-\infty}^{+\infty}p\left(x,\frac{z}{x}\right)\left|\frac{1}{x}\right|\mathrm{d}x.$$

例 2.4.12　设 X,Y 相互独立，X 的分布密度为

$$p_X(x)=\begin{cases}\dfrac{1}{\pi\sqrt{1-x^2}}, & |x|<0,\\ 0, & |x|\geqslant 0,\end{cases}$$

Y 的分布密度为

$$p_Y(y)=\begin{cases}y\mathrm{e}^{-\frac{y^2}{2}}, & y>0,\\ 0, & y\leqslant 0.\end{cases}$$

证明 $Z=X\cdot Y\sim N(0,1)$.

证明　由公式

$$p_Z(z)=\int_{-\infty}^{+\infty}p_X\left(\frac{z}{x}\right)p_Y(x)\left|\frac{1}{x}\right|\mathrm{d}x,$$

被积函数不为零应满足 $\begin{cases}\left|\dfrac{z}{x}\right|<1,\\ x>0,\end{cases}$ 即 $\begin{cases}x>0,\\ x<|z|,\end{cases}$ 得 $x>|z|$，所以,

$$p_Z(z)=\int_{|z|}^{+\infty}\frac{1}{\pi\sqrt{1-\left(\dfrac{z}{x}\right)^2}}x\mathrm{e}^{-\frac{x^2}{2}}\frac{1}{x}\mathrm{d}x=\int_{|z|}^{+\infty}\frac{1}{\pi\sqrt{x^2-z^2}}x\mathrm{e}^{-\frac{x^2}{2}}\mathrm{d}x.$$

令 $y=x^2-z^2,\mathrm{d}t=2x\mathrm{d}x$，从而

$$p_Z(z)=\int_0^{+\infty}\frac{1}{\pi\sqrt{t}}x\mathrm{e}^{-\frac{t+z^2}{2}}\frac{1}{2}\mathrm{d}t=\frac{\mathrm{e}^{-\frac{z^2}{2}}}{\sqrt{2\pi}}\int_0^{+\infty}\frac{\left(\dfrac{1}{2}\right)^{\frac{1}{2}}}{\Gamma\left(\dfrac{1}{2}\right)}\mathrm{t}^{\frac{1}{2}-1}\mathrm{e}^{-\frac{t}{2}}\mathrm{d}t$$

$$=\frac{1}{\sqrt{2\pi}}\mathrm{e}^{-\frac{z^2}{2}},\quad -\infty<z<+\infty.$$

故 $Z=X\cdot Y\sim N(0,1)$.

4) $M=\max\{X,Y\}$ 及 $N=\min\{X,Y\}$ 的分布

设 X,Y 相互独立，它们的分布函数分别为 $F_X(x)$ 及 $F_Y(y)$，下面讨论 $M=\max\{X,Y\}$ 及 $N=\min\{X,Y\}$ 的分布函数.

$$F_M(z)=P(M\leqslant z)=P(X\leqslant z,Y\leqslant z)$$
$$=P(X\leqslant z)P(Y\leqslant z)=F_X(z)F_Y(z).$$

类似地，可得 $N=\min\{X,Y\}$ 的分布函数

$$\begin{aligned}F_N(z)&=P(N\leqslant z)=1-P(N>z)=1-P(X>z,Y>z)\\&=1-P(X>z)P(Y>z)\\&=1-[1-P(X\leqslant z)][1-P(Y\leqslant z)]\\&=1-[1-F_X(z)][1-F_Y(z)].\end{aligned}$$

注意　上述结果容易推广到 n 维情形：设 $X_1,X_2,\cdots,X_n$ 是 n 个相互独立的随机变量，它们的分布函数分别为 $F_i(x),i=1,2,\cdots,n$，则 $M=\max\{X_1,X_2,\cdots,X_n\}$ 及 $N=\min\{X_1,X_2,\cdots,X_n\}$ 的分布函数分别为 $F_M(z)=F_1(z)F_2(z)\cdots F_n(z)$ 及 $F_N(z)=1-[1-F_1(z)][1-F_2(z)]\cdots[1-F_n(z)]$．

特别地，设 $X_1,X_2,\cdots,X_n$ 独立且具有相同的分布函数 $F(x)$，则

$$F_M(z)=[F(z)]^n,\quad F_N(z)=1-[1-F(z)]^n.$$

若 $X_1,X_2,\cdots,X_n$ 独立且具有相同的密度函数 $p(x)$，则

$$p_M(z)=F_M'(z)=n[F(z)]^{n-1}p(z),\quad p_N(z)=F_N'(z)=n[1-F(z)]^{n-1}p(z).$$

例 2.4.13　设系统 L 由两个相互独立的子系统 L_1,L_2 连接而成，连接的方式分别为串联、并联、备用(当系统 L_1 损坏时，系统 L_2 开始工作)，如图 2-7 所示.

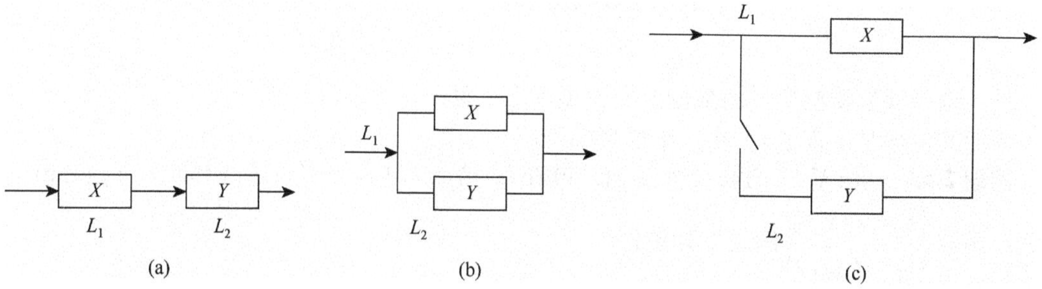

图 2-7

设 L_1,L_2 的寿命分别为 X,Y，已知它们的概率密度分别为

$$p_X(x)=\begin{cases}\alpha\mathrm{e}^{\alpha x}, & x>0,\\0, & x\leqslant 0\end{cases}\ 与\ p_Y(y)=\begin{cases}\beta\mathrm{e}^{-\beta y}, & y>0,\\0, & y\leqslant 0,\end{cases}$$

其中，$\alpha>0,\beta>0$ 且 $\alpha\neq\beta$，试分别就以上三种连接方式写出 L 的寿命 Z 的概率密度.

解　(1) 串联情况.

由于当 L_1,L_2 中有个损害时，系统 L 就停止工作，这时 L 的寿命为 $Z=\min\{X,Y\}$．由题意，X,Y 的分布函数分别为

$$F_X(x)=\begin{cases}1-\mathrm{e}^{-\alpha x}, & x>0,\\0, & x\leqslant 0\end{cases}\ 与\ F_Y(y)=\begin{cases}1-\mathrm{e}^{-\beta y}, & y>0,\\0, & y\leqslant 0.\end{cases}$$

于是，$Z=\min\{X,Y\}$ 的分布函数为

$$F_Z(z)=1-[1-F_X(z)][1-F_Y(z)]=\begin{cases}1-\mathrm{e}^{-(\alpha+\beta)z}, & z>0,\\0, & z\leqslant 0.\end{cases}$$

故 $Z=\min\{X,Y\}$ 的密度函数为 $p_Z(z)=\begin{cases}(\alpha+\beta)\mathrm{e}^{-(\alpha+\beta)z}, & z>0,\\0, & z\leqslant 0.\end{cases}$

(2) 并联情况.

由于当且仅当 L_1, L_2 都损坏时, 系统 L 才停止工作, 所以这时 L 的寿命 Z 为 $Z=\max\{X,Y\}$, 于是 Z 的分布函数为

$$F_Z(z)=F_X(z)F_Y(z)=\begin{cases}(1-\mathrm{e}^{-\alpha z})(1-\mathrm{e}^{-\beta z}), & z>0,\\ 0, & z\leqslant 0.\end{cases}$$

从而 $Z=\max\{X,Y\}$ 的概率密度为 $p_Z(z)=\begin{cases}\alpha\mathrm{e}^{-\alpha z}+\beta\mathrm{e}^{-\beta z}-(\alpha+\beta)\mathrm{e}^{-(\alpha+\beta)z}, & z>0,\\ 0, & z\leqslant 0.\end{cases}$

(3) 备用情况.

由于当系统 L_1 损坏时, 系统 L_2 才开始工作, 因此, 整个系统的寿命 Z 是 L_1, L_2 两者寿命之和, 即 $Z=X+Y$. 故当 $z>0$ 时, $Z=X+Y$ 的概率密度为

$$\begin{aligned}p_Z(z)&=\int_{-\infty}^{+\infty}p_X(z-y)p_Y(y)\mathrm{d}x=\int_0^z\alpha\mathrm{e}^{-\alpha(z-y)}\beta\mathrm{e}^{-\beta y}\mathrm{d}y\\&=\alpha\beta\mathrm{e}^{-\alpha z}\int_0^z\mathrm{e}^{-(\beta-\alpha)y}\mathrm{d}y=\frac{\alpha\beta}{\beta-\alpha}(\mathrm{e}^{-\alpha z}-\mathrm{e}^{-\beta z});\end{aligned}$$

当 $z\leqslant 0$, $p_Z(z)=0$. 于是, $Z=X+Y$ 的概率密度为

$$p_Z(z)=\begin{cases}\dfrac{\alpha\beta}{\beta-\alpha}[\mathrm{e}^{-\alpha z}-\mathrm{e}^{-\beta z}], & z>0,\\ 0, & z\leqslant 0.\end{cases}$$

5) 二维连续型随机变量函数的分布密度的公式法

下面的定理是定理 2.4.1 在二维情形的推广.

定理 2.4.9　设 (X,Y) 的联合密度 $p(x,y)$ 在 $(x,y)\in G$ 时有非零表达式(即 G 为 $p(x,y)$ 的支撑集), 函数 $\begin{cases}z_1=f_1(x,y),\\ z_2=f_2(x,y)\end{cases}$ 满足下列条件:

(1) $z_i=f_i(x,y)(i=1,2)$ 在 G 上有唯一反函数 $\begin{cases}x=h_1(z_1,z_2),\\ y=h_2(z_1,z_2);\end{cases}$

(2) $\dfrac{\partial h_i}{\partial z_j}(i,j=1,2)$ 均存在且连续, 并记 $J=\begin{vmatrix}\dfrac{\partial h_1}{\partial z_1} & \dfrac{\partial h_1}{\partial z_2}\\ \dfrac{\partial h_2}{\partial z_1} & \dfrac{\partial h_2}{\partial z_2}\end{vmatrix}$,

则 $Z_i=f_i(X,Y)(i=1,2)$ 为连续型随机变量, 且 (Z_1,Z_2) 有如下的联合密度

$$g(z_1,z_2)=\begin{cases}P(h_1(z_1,z_2),h_2(z_1,z_2))|J|, & (z_1,z_2)\in B,\\ 0, & \text{其他},\end{cases}$$

其中 B 是当 $(x,y)\in G$ 时, $\begin{cases}z_1=f_1(x,y),\\ z_2=f_2(x,y)\end{cases}$ 的值域.

注意　(1) 若 $z_i=f_i(x,y)(i=1,2)$ 在 G 上反映函数不唯一, 则将 G 分成若干两两不交的部分 $G_1, G_2, \cdots$, 使在每一部分有唯一反函数, $\begin{cases}x^{(k)}=h_1^{(k)}(z_1,z_2),\\ y^{(k)}=h_2^{(k)}(z_1,z_2),\end{cases}$ 则 (z_1,z_2) 的联合密度形如 $g(z_1,z_2)=\sum\limits_k g_k(z_1,z_2)$, 其中

$$g_k(z_1,z_2)=\begin{cases}P[h_1^{(k)}(z_1,z_2),h_2^{(k)}(z_1,z_2)]\,|J^{(k)}| & (z_1,z_2)\in B_k,\\ 0, & \text{其他}.\end{cases}$$

这里

$$B_k=\left\{(z_1,z_2)\left|\begin{matrix}z_1=f_1(x,y),\\ z_2=f_2(x,y),\end{matrix}(x,y)\in G_i\right.\right\},\quad J^{(k)}=\frac{\partial(h_1^{(k)},h_2^{(k)})}{\partial(z_1,z_2)}.$$

(2) 若只求 $Z_1=f_1(X,Y)$ 的分布, 可再设 $Z_2=Y$ (或令 Z_2 为其他形式变量), 按上述定理求出(Z_1,Z_2)的联合密度 $g(z_1,z_2)$ 后, 从而 Z_1 边际密度为

$$P_{Z_1}(z_1)=\int_{-\infty}^{\infty}g(z_1,z_2)\mathrm{d}z_2.$$

例 2.4.14　设 X,Y 相互独立, 分别服从 $\Gamma(\alpha_1,\beta)$, $\Gamma(\alpha_2,\beta)$ 分布, 试证 $Z_1=X+Y$ 与 $Z_2=\dfrac{X}{Y}$ 相互独立.

证明　由题设 (X,Y) 具有联合密度

$$p(x,y)=\begin{cases}\dfrac{\beta^{\alpha_1+\alpha_2}}{\Gamma(\alpha_1)\Gamma(\alpha_2)}x^{\alpha_1-1}y^{\alpha_2-1}\mathrm{e}^{-\beta(x+y)}, & x>0,y>0,\\ 0, & \text{其他}.\end{cases}$$

由 $\begin{cases}z_1=x+y,\\ z_2=\dfrac{x}{y}\end{cases}$ $(x>0,y>0)$, 解得反函数 $\begin{cases}x=\dfrac{z_1z_2}{1+z_2},\\ y=\dfrac{z_1}{1+z_2}\end{cases}$ $(z_1>0,z_2>0)$, 而

$$J=\frac{\partial(x,y)}{\partial(z_1,z_2)}=\begin{vmatrix}\dfrac{z_2}{1+z_2} & \dfrac{z_1}{(1+z_2)^2}\\ \dfrac{1}{1+z_2} & -\dfrac{z_1}{(1+z_2)^2}\end{vmatrix}=-\frac{z_1}{(1+z_2)^2},$$

得 (Z_1,Z_2) 具有如下密度:

$$g(z_1,z_2)=\begin{cases}0, & (z_1,z_2)\notin(0,\infty)\times(0,\infty),\\ \dfrac{\beta^{\alpha_1+\alpha_2}}{\Gamma(\alpha_1)\Gamma(\alpha_2)}\left(\dfrac{z_1z_2}{1+z_2}\right)^{\alpha_1-1}\mathrm{e}^{-\beta z_1}\dfrac{z_1}{(1+z_2)^2}, & z_1>0,z_2>0\end{cases}$$

$$=\frac{\beta^{\alpha_1+\alpha_2}}{\Gamma(\alpha_1)\Gamma(\alpha_2)}z_1^{\alpha_1+\alpha_2-1}\mathrm{e}^{-\beta z_1}\cdot\frac{z_2^{\alpha_1-1}}{(1+z_2)^{\alpha_1+\alpha_2}},\quad z_1>0,z_2>0.$$

可见, (Z_1,Z_2) 的联合密度的非零表达式是矩形区域上可分离变量的函数, Z_1,Z_2 相互独立.

习　题　2.4

1. 设 X 的分布列为

X	-2	-1	0	1	2	3
p	$2a$	$\frac{1}{10}$	$3a$	a	a	$2a$

求: (1) a; (2) $Y=X^2-1$ 的分布列.

2. 设 X 的分布列为 $P(X=k)=\frac{1}{2^k}(k=1,2,\cdots)$, 求 $Y=\sin\left(\frac{\pi}{2}X\right)$ 的分布列.

3. 设 (X,Y) 的分布列为

$Y \backslash X$	-1	1	2
-1	$\frac{1}{10}$	$\frac{2}{10}$	$\frac{3}{10}$
2	$\frac{2}{10}$	$\frac{1}{10}$	$\frac{1}{10}$

求: (1) $Z_1=X+Y$; (2) $Z_2=X\cdot Y$; (3) $Z_3=\max\{X,Y\}$ 的分布列.

4. 设随机变量 X 服从 $[-1,2]$ 上的均匀分布, 记 $Y=\begin{cases}1, & X\geqslant 0,\\ -1, & X<0,\end{cases}$ 求 Y 的分布列.

5. 设随机变量 X 服从 $[a,b]$ 上的均匀分布, 令 $Y=cX+d(c\neq 0)$, 试求随机变量 Y 的密度函数.

6. 设随机变量 $X\sim N(0,1)$, 求 $Y=|X|$ 的密度函数.

7. 设 X 的密度函数为 $p_X(x)=\begin{cases}x^3\mathrm{e}^{-x^2}, & x>0,\\ 0, & x\leqslant 0,\end{cases}$ 求 $Y=\ln X$ 的密度函数.

8. 设 X 的密度函数为 $p(x)=\begin{cases}2x, & 0<x<1,\\ 0, & \text{其他},\end{cases}$ 求 $Y=\mathrm{e}^{-X}$ 的密度函数.

9. 设 $Y=\ln X\sim N(1,2^2)$, 求: (1) X 的分布密度; (2) $P\left(\frac{1}{2}<X<2\right)$.

10. 设随机变量 X 的密度函数为 $p(x)=\begin{cases}1-|x|, & -1\leqslant x<1,\\ 0, & \text{其他},\end{cases}$ 求随机变量 $Y=X^2+1$ 的分布函数与密度函数.

11. 设二维随机变量 (X,Y) 的联合密度为

$$p(x,y)=\begin{cases}2\mathrm{e}^{-(x+2y)}, & x>0,y>0,\\ 0, & \text{其他},\end{cases}$$

求随机变量 $Z=X+2Y$ 的概率密度.

12. 设随机变量 X 与 Y 相互独立, X 服从 $N(u,\sigma^2)$, Y 在 $[-\pi,\pi]$ 上服从均匀分布, 求 $Z=X+Y$ 的密度函数$\left(\text{计算结果用}\ \Phi(x)=\frac{1}{\sqrt{2\pi}}\int_{-\infty}^{x}\mathrm{e}^{-\frac{x^2}{2}}\mathrm{d}t\ \text{表示}\right)$.

13. 设 X 与 Y 相互独立且都服从 $N(0,1)$, 求 $Z=\sqrt{X^2+Y^2}$ 的密度函数.

14. 设随机变量 (X,Y) 的联合密度为 $p(x,y)=\begin{cases}3x, & 0<x<1,0<y<x,\\ 0, & \text{其他},\end{cases}$ 求随机变量 $Z=X-Y$ 的密度函数.

15. 设随机变量 X 与 Y 相互独立, 都服从 $[0,a]$ 上的均匀分布, 求随机变量 X 与 Y 之积 $Z=X\cdot Y$ 的概率密度.

16. 设随机变量 X 与 Y 相互独立, 若 X 与 Y 分别服从区间 $[0,1]$ 与 $[0,2]$ 上的均匀分布, 求 $U=\max\{X,Y\}$ 与 $V=\min\{X,Y\}$ 的概率密度.

---

17. 假设一设备开机后无故障工作的时间 X 服从参数为 $\frac{1}{5}$ 的指数分布. 设备定时开机, 出现故障时自动关机, 而在无故障的情况下, 工作两小时便关机. 试求该设备每次开机无故障工作的时间 Y 的分布函数.

18. 设 X 服从区间 $[-1,9]$ 上的均匀分布, 随机变量 Y 是 X 的函数

$$Y=\begin{cases}-1, & X<1,\\ 1, & X=1,\\ 2, & 1<X\leqslant 6,\\ 3, & 6<X\leqslant 9,\end{cases}$$

求 Y 的概率分布.

19. 设随机变量 X 的概率密度为

$$p_X(x)=\begin{cases}\dfrac{1}{2}, & -1<x<0,\\ \dfrac{1}{4}, & 0\leqslant x<2,\\ 0, & 其他.\end{cases}$$

令 $Y=X^2$，$F(x,y)$ 为二维随机变量 (X,Y) 的分布函数, 求

(1) Y 的概率密度 $p_Y(y)$；　(2) $F\left(-\dfrac{1}{2},4\right)$.

20. 设随机变量 X 与 Y 的联合密度分布是正方形 $G=\{(x,y)\,|\,1\leqslant x\leqslant 3,1\leqslant y\leqslant 3\}$ 上的均匀分布, 试求随机变量 $U=|X-Y|$ 的概率密度.

2.5　条 件 分 布

2.5.1　条件分布的概念

在第 1 章中, 我们介绍了条件概率的概念. 然而在现实生活中, 经常要研究随机变量的条件概率分布问题. 例如，在一群人中, 随机挑选一个, 分别用 X, Y 表示他的体重和身高, 则 X, Y 都是随机变量, 它们有概率分布, 现在若限制 $1.75<Y<1.80$ (米), 在这个条件下去求 X 的分布. 这就意味着要从这群人中将身高在 1.75 米到 1.80 米之间的那些人都挑出来, 然后在挑出的人中求体重的分布. 这就是一个条件概率分布的问题.

定义 2.5.1　设 X 为一个随机变量, A 为一个随机事件, 并且 A 的发生可能会对事件 $(X\leqslant x)$ 发生的概率产生影响, 对任一给定的实数 x, 称

$$F(x|A)=P(X\leqslant x\,|\,A),\quad -\infty<x<+\infty$$

为在事件 A 发生条件下, X 的条件分布函数.

例 2.5.1　设随机变量 X 服从[0, 1]上的均匀分布, 求在已知 $X>\dfrac{1}{2}$ 的条件下, X 的条件分布函数.

解　由条件分布函数的定义, 有

$$F\left(x\,\middle|\,X>\frac{1}{2}\right)=\frac{P\left(X<x,X>\dfrac{1}{2}\right)}{P\left(X>\dfrac{1}{2}\right)}.$$

由于 X 服从[0, 1]上的均匀分布, 故 $P\left(X>\dfrac{1}{2}\right)=\dfrac{1}{2}$.

当 $x \leqslant \frac{1}{2}$ 时, $P\left(X<x,X>\frac{1}{2}\right)=0$;

当 $x>\frac{1}{2}$ 时, $P\left(X<x,X>\frac{1}{2}\right)=F(x)-F\left(\frac{1}{2}\right)=F(x)-\frac{1}{2}$, 其中 $F(x)$ 为 X 的分布函数,

$$F(x)=\begin{cases}0, & x<0,\\ x, & 0\leqslant x\leqslant 1,\\ 1, & x>1.\end{cases}$$

从而

$$P\left(X<x,X>\frac{1}{2}\right)=\begin{cases}x-\frac{1}{2}, & \frac{1}{2}<x\leqslant 1,\\ \frac{1}{2}, & x>1.\end{cases}$$

故

$$F\left(x\middle|X>\frac{1}{2}\right)=\begin{cases}0, & x\leqslant\frac{1}{2},\\ 2x-1, & \frac{1}{2}<x\leqslant 1,\\ 1, & x>1.\end{cases}$$

2.5.2 离散型随机变量的条件分布

设二维随机变量 (X,Y) 的联合分布为 $P(X=a_i,Y=b_j)=p_{ij}, i=1,2,\cdots, j=1,2,\cdots$, 仿照条件概率的定义, 我们很容易给出离散型随机变量的条件分布列.

定义 2.5.2 对一切使 $P(Y=b_j)=p_{\cdot j}=\sum_{i=1}^{\infty}p_{ij}>0$ 的 b_j, 称

$$p_{i|j}=P(X=a_i\,|\,Y=b_j)=\frac{P(X=a_i,Y=b_j)}{P(Y=b_j)}=\frac{p_{ij}}{p_{\cdot j}},\quad i=1,2,\cdots$$

为给定 $Y=b_j$ 条件下 X 的条件分布列.

同理, 对一切使 $P(X=a_j)=p_{i\cdot}=\sum_{j=1}^{\infty}p_{ij}>0$ 的 a_i, 称

$$p_{j|i}=P(Y=b_j\,|\,X=a_i)=\frac{P(X=a_i,Y=b_j)}{P(X=a_i)}=\frac{p_{ij}}{p_{i\cdot}},\quad j=1,2,\cdots$$

为给定 $X=a_i$ 条件下 Y 的条件分布列.

注意 条件分布是一种概率分布, 它具有概率分布的一切性质, 例如,

(1) $p_{i|j}\geqslant 0$, $i=1,2,\cdots$;

(2) $\sum_{i=1}^{\infty}p_{i|j}=1$;

(3) $P(X\in I\,|\,Y=b_j)=\sum_{a_i\in I}p_{i|j}=\sum_{a_i\in I}\frac{p_{ij}}{p_{\cdot j}}$, 其中 I 为开区间.

有了条件分布列,我们可以给出离散型随机变量的条件分布函数.

定义 2.5.3　给定 $Y=b_j$ 条件下 X 的条件分布函数为

$$F(x\mid b_j)=\sum_{a_i\leqslant x}P(X=a_i\mid Y=b_j)=\sum_{a_i\leqslant x}p_{i|j}.$$

给定 $X=a_i$ 条件下 Y 的条件分布函数为

$$F(y\mid a_i)=\sum_{b_j\leqslant y}P(Y=b_j\mid X=a_i)=\sum_{b_j\leqslant y}p_{j|i}.$$

由条件概率计算公式,有 $p_{ij}=p_{i\cdot}p_{j|i}$ 或 $p_{ij}=p_{\cdot j}p_{i|j}$,再由离散型随机变量独立性的充要性条件 $p_{ij}=p_{i\cdot}p_{\cdot j}$,对所有 i,j 都成立,得到随机变量相互独立性的另一个充要条件.

定理 2.5.1　设二维离散型随机变量 (X,Y) 的边际分布分别为 $p_{i\cdot},p_{\cdot j}$,条件分布分别为 $p_{i|j},p_{j|i}$,则 X 与 Y 相互独立的充分必要条件是 $p_{i|j}=p_{i\cdot}$ 及 $p_{j|i}=p_{\cdot j}$,对所有 i,j 都成立.

例 2.5.2　设二维离散型随机变量 (X,Y) 的联合分布列为

X \ Y	1	2	3
1	0.1	0.3	0.2
2	0.2	0.05	0.15

(1) 求 $X=1$ 时, Y 的条件概率分布, 以及 $Y=1$ 时, X 的条件分布;

(2) 判断 X 与 Y 是否相互独立?

解　(1) 因为 $P(X=1)=p_{1\cdot}=0.6$,所以用第一行各元素分别除以 0.6, 就可得给定 $X=1$ 下, Y 的条件概率分布列为

$Y\mid X=1$	1	2	3
p	$\frac{1}{6}$	$\frac{1}{2}$	$\frac{1}{3}$

又给定 $P(Y=1)=p_{\cdot 1}=0.3$,用第一列各元素分别除以 0.3, 就可得给定 $Y=1$ 下, X 的条件分布列为

$X\mid Y=1$	1	2
p	$\frac{1}{3}$	$\frac{2}{3}$

(2) 因为 $p_{1\cdot}=0.6\neq p_{1|j}=\dfrac{1}{3}$,所以 X 与 Y 不独立.

由这个例子可以看出, 二维联合分布列只有一个, 而条件分布列有多个, 每个条件分布都从一个侧面描述了一种状态下的特定分布, 可见条件分布的内容丰富, 其应用也更广.

例 2.5.3　设随机变量 X 与 Y 相互独立, 且 $X\sim P(\lambda_1)$, $Y\sim P(\lambda_2)$, 在已知 $X+Y=n$ 的条件下, 求 X 的条件分布.

解　因为独立泊松分布之和仍为泊松变量, 即 $X+Y\sim P(\lambda_1+\lambda_2)$, 所以,

$$
\begin{aligned}
P(X=k|X+Y=n) &= \frac{P(X=k,X+Y=n)}{P(X+Y=n)} \\
&= \frac{P(X=k)P(Y=n-k)}{P(X+Y=n)} \\
&= \frac{\dfrac{\lambda_1^k}{k!}\mathrm{e}^{-\lambda_1}\dfrac{\lambda_2^{n-k}}{(n-k)!}\mathrm{e}^{-\lambda_2}}{\dfrac{(\lambda_1+\lambda_2)^n}{n!}\mathrm{e}^{-(\lambda_1+\lambda_2)}} \\
&= \frac{n!}{k!(n-k)!}\frac{\lambda_1^k\lambda_2^{n-k}}{(\lambda_1+\lambda_2)^n} \\
&= \mathrm{C}_n^k\left(\frac{\lambda_1}{\lambda_1+\lambda_2}\right)^k\left(\frac{\lambda_2}{\lambda_1+\lambda_2}\right)^{n-k}, \quad k=0,1,2,\cdots,n,
\end{aligned}
$$

即在 $X+Y=n$ 的条件下, X 服从二项分布 $b(k;n,p)$, 其中 $p=\dfrac{\lambda_1}{\lambda_1+\lambda_2}$.

例 2.5.4 设在某段时间内进入某一商店的顾客人数 X 服从泊松分布 $P(\lambda)$, 每个顾客购买某种物品的概率为 p , 并且各个顾客是否购买该种物品相互独立, 求进入商店的顾客购买这种物品的人数 Y 的分布列.

解 由题意知

$$
P(X=m)=\frac{\lambda^m}{m!}\mathrm{e}^{-\lambda}, \quad m=0,1,2,\cdots,
$$

在进入商店的人数 $X=m$ 的条件下, 购买某种物品的人数 Y 的条件分布为二项分布 $b(k;m,p)$, 即

$$
P(Y=k|X=m)=\mathrm{C}_m^k p^k(1-p)^{m-k}, \quad k=0,1,2,\cdots,m.
$$

由全概率公式有

$$
\begin{aligned}
P(Y=k) &= \sum_{m=k}^{\infty}P(X=m)P(Y=k|X=m) \\
&= \sum_{m=k}^{\infty}\frac{\lambda^m}{m!}\mathrm{e}^{-\lambda}\frac{m!}{k!(m-k)!}p^k(1-p)^{m-k} \\
&= \mathrm{e}^{-\lambda}\sum_{m=k}^{\infty}\frac{\lambda^m}{k!(m-k)!}p^k(1-p)^{m-k} \\
&= \mathrm{e}^{-\lambda}\frac{(\lambda p)^k}{k!}\sum_{m=k}^{\infty}\frac{[(1-p)\lambda]^{m-k}}{k!(m-k)!} \\
&= \frac{(\lambda p)^k}{k!}\mathrm{e}^{-\lambda}\mathrm{e}^{\lambda(1-p)} \\
&= \frac{(\lambda p)^k}{k!}\mathrm{e}^{-\lambda p}, \quad k=0,1,2,\cdots,
\end{aligned}
$$

即 Y 服从参数为 λp 的泊松分布.

从这个例子也可以看出, 当直接求随机变量 Y 的分布有困难时, 有时可以转化为易求的条件分布.

2.5.3 连续型随机变量的条件密度

设 (X,Y) 是二维连续型随机变量, 由于对任意 x,y 有

$$P(X=x)=0,\quad P(Y=y)=0,$$

所以, 不能直接用条件概率公式引入"条件分布函数" $P(X\leqslant x\mid Y=y)$, 一个很自然的想法是: 将 $P(X\leqslant x|Y=y)$ 看成是 $h\to 0$ 时, $P(X\leqslant x|y\leqslant Y\leqslant y+h)$ 的极限, 即

$$\begin{aligned}P(X\leqslant x|Y=y)&=\lim_{h\to 0}P(X\leqslant x|y\leqslant Y\leqslant y+h)\\&=\lim_{h\to 0}\frac{P(X\leqslant x,y\leqslant Y\leqslant y+h)}{P(y\leqslant Y\leqslant y+h)}\\&=\lim_{h\to 0}\frac{\int_{-\infty}^{x}\int_{y}^{y+h}p(u,v)\mathrm{d}u\mathrm{d}v}{\int_{y}^{y+h}p_Y(v)\mathrm{d}v}\\&=\lim_{h\to 0}\frac{\int_{-\infty}^{x}\left(\frac{1}{h}\int_{y}^{y+h}p(u,v)\mathrm{d}v\right)\mathrm{d}u}{\frac{1}{h}\int_{y}^{y+h}p_Y(v)\mathrm{d}v}.\end{aligned}$$

当 $p_Y(y), p(x,y)$ 在 y 处连续时, 由积分中值定理可得

$$\lim_{h\to 0}\frac{1}{h}\int_{y}^{y+h}p_Y(v)\mathrm{d}v=p_Y(y),\qquad \lim_{h\to 0}\frac{1}{h}\int_{y}^{y+h}p_Y(u,v)\mathrm{d}v=p(u,y).$$

所以, $P(X\leqslant x|Y=y)=\int_{-\infty}^{x}\dfrac{p(u,y)}{p_Y(y)}\mathrm{d}u$.

由此, 我们可以定义连续型随机变量的条件分布.

定义 2.5.4 设二维连续型随机变量 (X,Y) 的联合分布为 $p(x,y)$, 边际密度函数为 $p_X(x)$, $p_Y(y)$, 则对一切 $p_X(x)>0$ 的 x, 定义在 $X=x$ 条件下的 Y 条件概率密度(简称条件密度)函数为

$$p_{Y|X}(y|x)=\frac{p(x,y)}{p_X(x)}.$$

类似地, 对一切 $p_Y(y)>0$ 的 y, 定义在 $Y=y$ 条件下的 X 条件概率密度函数为

$$p_{X|Y}(x|y)=\frac{p(x,y)}{p_Y(y)}.$$

由二维连续型随机变量 X 与 Y 相互独立的充分必要条件

$$p(x,y)=p_X(x)p_Y(y),\quad \forall x,y\in\mathbf{R}$$

得到 X 与 Y 相互独立的另一个充要条件.

定理 2.5.2 设 (X,Y) 为二维连续型随机变量, $p_{Y|X}(y|x), p_{X|Y}(x|y)$ 为条件密度, 则 X 与 Y 相互独立的充分必要条件是 $p_{Y|X}(y|x)=p_Y(y)$ 及 $p_{X|Y}(x|y)=p_X(x)$.

例 2.5.5 设 (X,Y) 服从二维正态分布 $N(\mu_1,\mu_2,\sigma_1{}^2,\sigma_2{}^2,\rho)$, 求 $p_{X|Y}(x|y)$ 及 $p_{Y|X}(y|x)$.

解 由边际分布知 X 服从正态分布 $N(\mu_1,\sigma_1{}^2)$, 下面求条件分布

$$p_{X|Y}(x|y)=\frac{p(x,y)}{p_Y(y)}$$

$$=\frac{\dfrac{1}{2\pi\sigma_1\sigma_2\sqrt{1-\rho^2}}\exp\left\{-\dfrac{1}{2(1-\rho^2)}\left[\dfrac{(x-\mu_1)^2}{\sigma_1^2}-2\rho\dfrac{(x-\mu_1)(y-\mu_2)}{\sigma_1\sigma_2}+\dfrac{(y-\mu_2)^2}{\sigma_2^2}\right]\right\}}{\dfrac{1}{\sqrt{2\pi}\sigma_2}\exp\left\{-\dfrac{(y-\mu_2)^2}{2\sigma_2^2}\right\}}$$

$$=\frac{1}{\sqrt{2\pi}\sigma_1\sqrt{1-\rho^2}}\exp\left\{-\frac{1}{2\sigma_1^2(1-\rho^2)}\left[x-\left(\mu_1+\rho\frac{\sigma_1}{\sigma_2}(y-\mu_2)\right)\right]^2\right\}.$$

这是正态分布密度函数, 参数分别为 $\mu_1+\rho\dfrac{\sigma_1}{\sigma_2}(y-\mu_2)$ 与 $\sigma_1^2(1-\rho^2)$, 即 X 的条件分布为正态分布

$$N\left(\mu_1+\rho\frac{\sigma_1}{\sigma_2}(y-\mu_2),\sigma_1^2(1-\rho^2)\right).$$

类似可得, 在给定 $X=x$ 的条件下, Y 的条件分布仍为正态分布

$$N\left(\mu_2+\rho\frac{\sigma_2}{\sigma_1}(x-\mu_1),\sigma_2^2(1-\rho^2)\right).$$

由此可见, 二维正态分布的条件分布是一维正态分布.

例 2.5.6　设二维随机变量 (X,Y) 的联合密度为

$$p(x,y)=\begin{cases}e^{-y}, & 0<x<y,\\ 0, & \text{其他},\end{cases}$$

(1) 求在 $Y=y$ 条件下 X 的条件概率密度, 并判断 X 与 Y 的独立性;

(2) 求概率 $P(X+2Y\leqslant 1)$, $P(0\leqslant X\leqslant 1|Y\leqslant 1)$, $P(X\geqslant 2|Y=4)$.

解　(1) 由于 $p_Y(y)=\int_{-\infty}^{+\infty}p(x,y)dx(-\infty<y<+\infty)$, 如图 2-8 所示, 当 $y\leqslant 0$ 时, $p_Y(y)=0$; 当 $y>0$ 时, $p_Y(y)=\int_0^y e^{-y}dx=ye^{-y}$.

所以

$$p_Y(y)=\begin{cases}ye^{-y}, & y>0,\\ 0, & y\leqslant 0.\end{cases}$$

类似可得

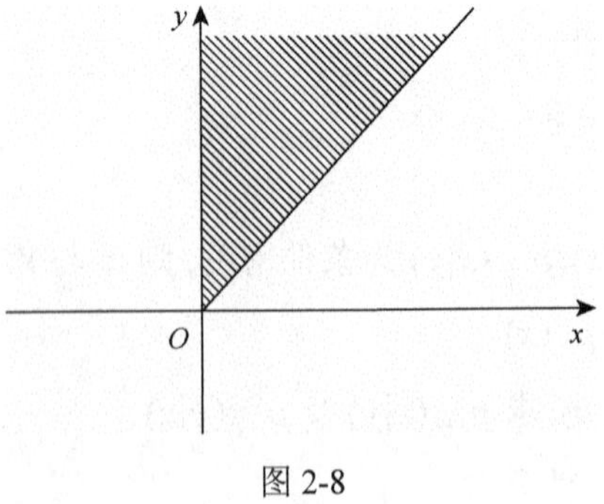

图 2-8

$$p_X(x)=\begin{cases}e^{-x}, & x>0,\\ 0, & x\leqslant 0.\end{cases}$$

又当 $y>0$ 时, $p_Y(y)>0$, 所以, 在 $Y=y$ 的条件下, X 的条件概率密度为

$$p_{X|Y}(x|y)=\frac{p(x,y)}{p_Y(y)}=\begin{cases}\dfrac{1}{y}, & 0<x<y,\\ 0, & \text{其他}.\end{cases}$$

由于 $P_{X|Y}(x|y)\neq p_X(x)$, 所以 X 与 Y 不独立.

(2) $P(X+2Y\leqslant 1)=\iint\limits_{x+2y\leqslant 1}p(x,y)\mathrm{d}x\mathrm{d}y=\int_0^{\frac{1}{3}}\mathrm{d}x\int_x^{\frac{1-x}{2}}\mathrm{e}^{-y}\mathrm{d}y=1+2\mathrm{e}^{-\frac{1}{2}}-3\mathrm{e}^{-\frac{1}{3}}$;

$$P(0\leqslant X\leqslant 1|Y\leqslant 1)=\frac{P\left(0\leqslant X\leqslant \frac{1}{2},Y\leqslant 1\right)}{P(Y\leqslant 1)}=\frac{\int_0^{\frac{1}{2}}\mathrm{d}x\int_x^1\mathrm{e}^{-y}\mathrm{d}y}{\int_0^1 y\mathrm{e}^{-y}\mathrm{d}y}=\frac{1-\frac{1}{2\mathrm{e}}-\mathrm{e}^{-\frac{1}{2}}}{1-2\mathrm{e}^{-1}}.$$

由于 $P(Y=4)=0$, 所以不能用前面的方法求 $P(X\geqslant 2|Y=4)$, 但可以先求出 $Y=4$ 条件下 X 的条件概率密度, 再利用一维连续型随机变量求概率的方法.

由于在 $Y=y$ 条件下 X 的条件概率密度为

$$p_{X|Y}(x|y)=\frac{p(x,y)}{p_Y(y)}=\begin{cases}\frac{1}{y}, & 0<x<y,\\ 0, & \text{其他},\end{cases}$$

所以, 在 $Y=4$ 条件下 X 的条件概率密度为

$$p_{X|Y}(x|4)=\frac{p(x,y)}{p_Y(y)}=\begin{cases}\frac{1}{4}, & 0<x<4,\\ 0, & \text{其他}.\end{cases}$$

因此, $P(X\geqslant 2|Y=4)=\int_2^{+\infty}p_{X|Y}(x|4)\mathrm{d}x=\int_2^{+\infty}\frac{1}{4}\mathrm{d}x=\frac{1}{2}$.

习　题　2.5

1. 设 (X,Y) 的联合分布列为

X \ Y	−1	0	2
0	0.1	0.2	0
1	0.3	0.05	0.1
2	0.15	0	0.1

(1) 求 $Y=0$ 时, X 的条件分布列, 以及 $X=0$ 时, Y 的条件分布列.

(2) 判断 X 与 Y 是否独立?

2. 设 X 的分布列为 $P(X=k)=(0.3)^k(0.7)^{1-k},k=0,1$, 且在 $X=0$ 及 $X=1$ 条件下 Y 的条件分布如下表

Y	1	2	3
$P(Y\mid X=0)$	$\frac{1}{7}$	$\frac{2}{7}$	$\frac{4}{7}$
$P(Y\mid X=1)$	$\frac{1}{2}$	$\frac{1}{3}$	$\frac{1}{6}$

求: (1) (X,Y) 的联合分布列; (2) 在 $Y\neq 3$ 的条件下 X 的条件分布列.

3. 设随机变量 X 与 Y 相互独立, 且 $X \sim P(\lambda_1), Y \sim P(\lambda_2)$, 在已知 $X+Y=n$ 的条件下, 求 X 的条件分布.

4. 设 (X,Y) 服从 $G=\{(x,y) \mid x^2+y^2 \leqslant 1\}$ 上的均匀分布, 试求给定 $Y=y$ 条件下 X 的条件密度函数 $p_{X|Y}(x|y)$, 并判断 X 与 Y 是否独立?

5. 设随机变量 X 关于随机变量 Y 的条件密度函数为 $p_{X|Y}(x|y)=\begin{cases}\dfrac{3x^2}{y^3}, & 0<y<1, \\ 0, & 其他,\end{cases}$ 而 Y 的密度函数为 $p_Y(y)=\begin{cases}5y^4, & 0<y<1, \\ 0, & 其他,\end{cases}$ 求 $P\left(X>\dfrac{1}{2}\right)$.

6. 设 (X,Y) 的联合密度函数为

$$p(x,y)=\begin{cases}A\mathrm{e}^{-(2x+y)}, & x>0, y>0, \\ 0, & 其他,\end{cases}$$

试求: (1) 常数 A; (2) $p_{X|Y}(x|y)$ 及 $p_{Y|X}(y|x)$; (3) $P(X \leqslant 2 \mid Y \leqslant 1)$.

7. 设 (X,Y) 的联合密度函数为 $p(x,y)=\begin{cases}\mathrm{e}^{-y}, & 0<x<y, \\ 0, & 其他,\end{cases}$ 求:

(1) $p_{X|Y}(x|y)$, 并问 X 与 Y 是否独立?

(2) $P(X \geqslant 2 \mid Y=4)$.

8. 设二维随机变量 (X,Y) 的联合密度函数为 $p(x,y)=\begin{cases}\dfrac{21}{4}x^2y, & x^2 \leqslant y \leqslant 1, \\ 0, & 其他,\end{cases}$ 求 $P(X \geqslant 0.75 \mid Y=0.5)$.

---

9. 一火炮对目标进行射击, 击中目标的概率为 $p(0<p<1)$, 射击进行到击中目标两次为止, 设 X 为第一次击中目标时的射击次数, Y 表示射击总次数, 求 (X,Y) 的联合分布列和条件分布列.

10. 设 (X,Y) 的联合密度函数为 $p(x,y)=\begin{cases}Axy, & 0 \leqslant y \leqslant x^2, 0 \leqslant x \leqslant 2, \\ 0, & 其他,\end{cases}$ 求: (1) 常数 A; (2) 条件密度函数.

本 章 概 要

1. 随机变量是随机事件的描述的数量化, 同时将函数的知识应用在随机变量的研究上, 使随机变量在理论研究和实际应用上都十分方便.

2. 随机变量分为离散型和非离散型, 非离散型随机变量中常用的是连续型随机变量.

3. 分布函数是随机变量的完整描述, 用分布函数来讨论随机变量对离散型随机变量和连续型随机变量都适用, 因此分布函数在理论上和实际应用中有着广泛的应用.

4. 一维随机变量主要讨论一维离散型随机变量和一维连续型随机变量, 通常用分布律和密度函数来表示.

5. 多维随机变量主要讨论二维离散型随机变量和二维连续型随机变量, 通常用联合分布律和联合密度函数来表示, 同时讨论边缘分布律和边缘密度函数.

6. 一个随机变量是另一个或一些随机变量的函数, 其分布可以通过随机变量的函数来描述.

7. 随机变量的独立性.

常 用 术 语

随机变量　分布函数　一维离散型随机变量　分布律　一维连续型随机变量　密度函数

二维离散型随机变量　联合分布律　边缘分布律　二维连续型随机变量　联合密度函数　边缘密度函数　随机变量函数的分布　分布函数法　随机变量的独立性　条件分布

常用公式

1. 分布函数

设 X 为定义在样本空间 Ω 上的随机变量, 对于任意实数 x, 称函数 $F(x)=P(X\leqslant x)$, $x\in(-\infty,+\infty)$ 是随机变量 X 的概率分布函数, 简称为分布函数或分布.

分布函数的主要性质:

(1) **非负性**　$\forall x\in(-\infty,+\infty), 0\leqslant F(x)\leqslant 1$;

(2) 若 $x_1<x_2$, 则 $P(x_1<X\leqslant x_2)=F(x_2)-F(x_1)$;

(3) **单调性**　若 $x_1<x_2$, 则 $F(x_1)\leqslant F(x_2)$;

(4) **极限性**　$\lim\limits_{x\to-\infty}F(x)=F(-\infty)=0, \lim\limits_{x\to+\infty}F(x)=F(+\infty)=1$.

(5) **右连续性**　$F(x+0)=F(x)$.

2. 联合分布函数

设 (X,Y) 为二维随机变量, 对任意实数 x,y, 称函数 $F(x,y)=P(X\leqslant x,Y\leqslant y)$ 为 (X,Y) 的联合分布函数.

联合分布函数的主要性质:

(1) $0\leqslant F(x,y)\leqslant 1$;

(2) 对 x 或 y 都是单调不减的;

(3) 对 x 和 y 都是右连续的, 即 $F(x,y)=F(x+0,y), F(x,y)=F(x,y+0)$;

(4) 对任意 x 和 y, 有

$$F(-\infty,y)=\lim_{x\to-\infty}F(x,y)=0,\quad F(x,-\infty)=\lim_{y\to-\infty}F(x,y)=0,$$
$$F(-\infty,-\infty)=\lim_{\substack{x\to-\infty\\ y\to-\infty}}F(x,y)=0,\quad F(+\infty,+\infty)=\lim_{\substack{x\to+\infty\\ y\to+\infty}}F(x,y)=1.$$

(5) 对任意 (x_1,y_1) 和 (x_2,y_2), 其中 $x_1<x_2, y_1<y_2$, 有

$$P(x_1<X\leqslant x_2, y_1<Y\leqslant y_2)=F(x_2,y_2)-F(x_2,y_1)-F(x_1,y_2)+F(x_1,y_1)$$

且

$$F(x_2,y_2)-F(x_1,y_2)-F(x_2,y_1)+F(x_1,y_1)\geqslant 0.$$

3. 一维离散型随机变量

(1) 分布律.

如果离散型随机变量 X 可能取值为 $a_i(i=1,2,\cdots)$, 相应的取值 a_i 的概率 $P(X=a_i)=p_i$, 称 $p_i=P(X=a_i)(i=1,2,\cdots)$ 为随机变量 X 的分布列, 也称为分布律.

(2) 分布律的性质.

任一离散型随机变量 X 的分布列 $\{p_i\}$ 都具有下述性质:

(a) **非负性** $p_i \geqslant 0, i=1,2,\cdots$;

(b) **规范性** $\sum\limits_i p_i = 1$.

4. 二维离散型随机变量

(1) 联合分布律.

设 (X,Y) 是二维离散型随机变量, 它们的一切可能取值为 (a_i,b_j), $i,j=1,2,\cdots$,

$$P(X=a_i,Y=b_j)=p_{ij}, \quad i,j=1,2,\cdots,$$

称 $p_{ij}=P(X=a_i,Y=b_j)$, $i,j=1,2,\cdots$ 为二维随机变量 (X,Y) 的联合分布列.

(2) 联合分布律的性质.

(a) **非负性** $\forall i,j$, $p_{ij}\geqslant 0$, $i,j=1,2,\cdots$;

(b) **规范性** $\sum\limits_i\sum\limits_j p_{ij}=1$.

(3) 边际分布(边缘分布).

若 (X,Y) 的联合分布为 $P(X=a_i,Y=b_j)=p_{ij}$, $i,j=1,2,\cdots$, 则

$$P(X=a_i)=p_{i\cdot}=\sum_{j=1}^{\infty}p_{ij}, \quad P(Y=b_j)=p_{\cdot j}=\sum_{i=1}^{\infty}p_{ij}.$$

5. 一维连续型随机变量

(1) 密度函数.

设 $X(\omega)$ 是随机变量, $F(x)$ 是它的分布函数, 如果存在可积函数 $p(x)$ 使得对任意的实数 x, 都有 $F(x)=\int_{-\infty}^{x}p(y)\mathrm{d}y$, 则称 $X(\omega)$ 为连续型随机变量, 相应的 $F(x)$ 为连续型随机变量 $X(\omega)$ 的分布函数, 同时称 $p(x)$ 是 $X(\omega)$ 的概率密度函数或简称为密度.

(2) 密度函数的性质.

(a) **非负性** $\forall x\in(-\infty,+\infty), p(x)\geqslant 0$;

(b) **规范性** $\int_{-\infty}^{+\infty}p(x)\mathrm{d}x=1$.

(c) 设 X 为连续型随机变量, 则其分布函数 $F(x)$ 在 $\mathbf{R}$ 上连续, 且在 $p(x)$ 的连续点处, 有 $F'(x)=p(x)$;

(d) 设 X 为连续型随机变量, 则对任意实数 x, 有 $P(X=x)=F(x)-F(x-0)=0$;

(e) 对任意 $x_1<x_2$, 有

$$P(x_1\leqslant X<x_2)=P(x_1<X\leqslant x_2)=P(x_1\leqslant X\leqslant x_2)=P(x_1<X<x_2)$$
$$=F(x_2)-F(x_1)=\int_{x_1}^{x_2}p(x)\mathrm{d}x.$$

6. 二维连续型随机变量

(1) 联合密度函数.

设 (X,Y) 为一个二维随机变量, $F(x,y)$ 为其联合分布函数, 若存在可积函数 $p(x,y)$, 使对任意的 (x,y) 有

$$F(x,y)=\int_{-\infty}^{x}\int_{-\infty}^{y}p(u,v)\mathrm{d}u\mathrm{d}v$$

成立, 则称 (X,Y) 为二维连续型随机变量, $F(x,y)$ 是二维连续型随机变量 (X,Y) 的联合分布函数, 称 $p(x,y)$ 是 $F(x,y)$ 的联合概率密度函数或简称为联合密度.

(2) 联合密度的性质.

(a) **非负性**　$p(x,y)\geqslant 0$;

(b) **规范性**　$\int_{-\infty}^{+\infty}\int_{-\infty}^{+\infty}p(x,y)\mathrm{d}x\mathrm{d}y=1$;

(c) 若 $p(x,y)$ 在点 (x,y) 连续, $F(x,y)$ 是相应的分布函数, 则有 $\dfrac{\partial^2 F(x,y)}{\partial x\partial y}=p(x,y)$;

(d) 若 G 是平面上的某一区域, 则 $P((X,Y)\in G)=\iint\limits_{G}p(x,y)\mathrm{d}x\mathrm{d}y$.

(3) 边缘密度函数.

设二维连续型随机变量 (X,Y) 的联合密度函数为 $p(x,y)$, 则 X 的边际密度函数为

$$p_X(x)=\int_{-\infty}^{+\infty}p(x,y)\mathrm{d}y,$$

Y 的边际密度函数为

$$p_Y(y)=\int_{-\infty}^{+\infty}p(x,y)\mathrm{d}x.$$

7. 常用分布

(1) 退化分布.

设 X 的分布列为 $P(X=a)=1$ (a 为常数), 则称 X 服从退化分布.

(2) 两点分布.

设 X 的分布列为

X	1	0
p_i	p	q

称 X 服从两点分布或 0-1 分布或伯努利分布.

(3) 二项分布.

设随机变量 X 的分布列为

$$P(X=k)=\mathrm{C}_n^k p^k q^{n-k},\quad k=0,1,2,\cdots,n,$$

称随机变量 X 服从二项分布, 记为 $X\sim b(k;n,p)$.

(4) 几何分布.

设 X 的分布列为

$$P(X=k)=pq^{k-1},\quad k=1,2,\cdots,$$

称随机变量 X 服从几何分布, 记为 $X\sim g(k;p)$.

(5) 泊松分布.

设 X 的分布列为

$$P(X=k)=\frac{\lambda^k}{k!}\mathrm{e}^{-\lambda},\quad k=0,1,2,\cdots,$$

其中 $\lambda>0$ 是某个常数, 称 X 服从参数为 λ 的泊松分布, 记为 $X\sim P(k;\lambda)$.

(6) 均匀分布.

设随机变量 X 的密度函数为 $p(x)=\begin{cases}\dfrac{1}{b-a}, & x\in[a,b],\\ 0, & x\notin[a,b],\end{cases}$ 则称 X 服从区间 $[a,b]$ 上的均匀分布, 记作 $X\sim U[a,b]$.

(7) 指数分布.

若随机变量 X 的密度函数 $p(x)=\begin{cases}\lambda\mathrm{e}^{-\lambda x}, & x>0,\\ 0, & x\leqslant 0\end{cases}$ $(\lambda>0)$, 则称 X 服从参数为 λ 的指数分布, 记作 $X\sim E(\lambda)$.

(8) 正态分布.

设随机变量 X 的密度函数为 $p(x)=\dfrac{1}{\sqrt{2\pi}\sigma}\mathrm{e}^{-\frac{(x-\mu)^2}{2\sigma^2}}, -\infty<x<+\infty, -\infty<\mu<+\infty, \sigma>0$, 称 X 服从参数为 μ,σ^2 的正态分布, 记为 $X\sim N(\mu,\sigma^2)$.

当 $\mu=0,\sigma=1$ 时, 正态分布 $N(0,1)$ 称为标准正态分布, 其密度函数为

$$\varphi(x)=\frac{1}{\sqrt{2\pi}}\mathrm{e}^{-\frac{x^2}{2}},$$

它的分布函数为 $\Phi(x)=\int_{-\infty}^{x}\dfrac{1}{\sqrt{2\pi}}\mathrm{e}^{-\frac{t^2}{2}}\mathrm{d}t$.

$\Phi(x)$ 除了分布函数一般的性质外, 还可以推出 $\Phi(0)=\dfrac{1}{2}$, $\Phi(-x)=1-\Phi(x)$.

若 $X\sim N(0,1)$, 则 $P(x_1<X\leqslant x_2)=\Phi(x_2)-\Phi(x_1)$.

(9) 二维均匀分布.

设 G 是平面上的一个有界区域, 其面积为 A, 令 $p(x,y)=\begin{cases}\dfrac{1}{A}, & (x,y)\in G,\\ 0, & \text{其他},\end{cases}$ 则 $p(x,y)$ 是一个密度函数, 以 $p(x,y)$ 为密度函数的二维联合分布称为区域 G 上的均匀分布.

(10) 二维正态分布.

设二维随机变量 (X,Y) 的联合密度函数为

$$p(x,y)=\frac{1}{2\pi\sigma_1\sigma_2\sqrt{1-\rho^2}}\mathrm{e}^{-\frac{1}{2(1-\rho^2)}\left[\frac{(x-\mu_1)^2}{\sigma_1^2}-2\rho\frac{(x-\mu_1)(y-\mu_2)}{\sigma_1\sigma_2}+\frac{(y-\mu_2)^2}{\sigma_2^2}\right]},$$

则称 (X,Y) 服从二维正态分布, 记为 $(X,Y)\sim N(\mu_1,\mu_2,\sigma_1^2,\sigma_2^2,\rho)$, 其中 $-\infty<\mu_1,\mu_2<+\infty,\sigma_1>0$, $\sigma_2>0$, $|\rho|<1$ 为参数.

设 $(X,Y)\sim N(\mu_1,\mu_2,\sigma_1^2,\sigma_2^2,\rho)$，则边际密度函数分别为

$$p_X(x)=\frac{1}{\sqrt{2\pi}\sigma_1}\mathrm{e}^{-\frac{(x-\mu_1)^2}{2\sigma_1^2}},\quad -\infty<x<+\infty;$$

$$p_Y(y)=\frac{1}{\sqrt{2\pi}\sigma_2}\mathrm{e}^{-\frac{(y-\mu_2)^2}{2\sigma_2^2}},\quad -\infty<y<+\infty.$$

由此说明二维正态分布 $N(\mu_1,\mu_2,\sigma_1^2,\sigma_2^2,\rho)$ 的两个边际分布函数都是一维正态分布，分别为 $N(\mu_1,\sigma_1^2),N(\mu_2,\sigma_2^2)$．

8. 随机变量的独立性

设 (X,Y) 的联合分布函数为 $F(x,y)$，X 与 Y 的边际分布函数为 $F_X(x)$, $F_Y(y)$，如果对任意实数 x,y，总有 $F(x,y)=F_X(x)\cdot F_Y(y)$ 成立，则称随机变量 X 与 Y 是相互独立的.

设 (X,Y) 是二维离散型随机变量，联合分布律为 $P(X=a_i,Y=b_j)=p_{ij}$，X,Y 的边际分布分别为 $p_{i\cdot},p_{\cdot j},i,j=1,2,\cdots$，则 X,Y 相互独立的充要条件是对任意 $i,j=1,2,\cdots$，总有 $p_{ij}=p_{i\cdot}\cdot p_{\cdot j}$．

设二维离散型随机变量 (X,Y) 的边际分布分别为 $p_{i\cdot},p_{\cdot j}$，条件分布分别为 $p_{i|j},p_{j|i}$，则 X 与 Y 相互独立的充分必要条件是 $p_{i|j}=p_{i\cdot}$ 及 $p_{j|i}=p_{\cdot j}$，对所有 i,j 都成立.

设 (X,Y) 为二维连续型随机变量，X 与 Y 相互独立的充分必要条件是 $p(x,y)=p_X(x)p_Y(y)$，对任意的 x,y 都成立.

设 (X,Y) 为二维连续型随机变量，$p_{Y|X}(y|x),p_{X|Y}(x|y)$ 为条件密度，则 X 与 Y 相互独立的充分必要条件是 $p_{Y|X}(y|x)=p_Y(y)$ 及 $p_{X|Y}(x|y)=p_X(x)$．

9. 条件分布

(1) 条件分布函数.

设 X 为一个随机变量，A 为一个随机事件，并且 A 的发生可能会对事件 $(X\leqslant x)$ 发生的概率产生影响，对任一给定的实数 x，称

$$F(x|A)=P(X\leqslant x|A),\quad -\infty<x<+\infty$$

为在事件 A 发生条件下，X 的条件分布函数.

(2) 离散型随机变量的条件分布.

设二维随机变量 (X,Y) 的联合分布为 $P(X=a_i,Y=b_j)=p_{ij},i=1,2,\cdots,j=1,2,\cdots$．

对一切使 $P(Y=b_j)=p_{\cdot j}=\sum\limits_{i=1}^{\infty}p_{ij}>0$ 的 b_j，称

$$p_{i|j}=P(X=a_i|Y=b_j)=\frac{P(X=a_i,Y=b_j)}{P(Y=b_j)}=\frac{p_{ij}}{p_{\cdot j}},\quad i=1,2,\cdots$$

为给定 $Y=b_j$ 条件下 X 的条件分布列.

同理，对一切使 $P(X=a_j)=p_{i\cdot}=\sum\limits_{j=1}^{\infty}p_{ij}>0$ 的 a_i，称

$$p_{j|i}=P(Y=b_j|X=a_i)=\frac{P(X=a_i,Y=b_j)}{P(X=a_i)}=\frac{p_{ij}}{p_{i\cdot}},\quad j=1,2,\cdots$$

为给定 $X=a_i$ 条件下 Y 的条件分布列.

给定 $Y=b_j$ 条件下 X 的条件分布函数为

$$F(x|b_j)=\sum_{a_i\le x}P(X=a_i|Y=b_j)=\sum_{a_i\leqslant x}p_{i|j}.$$

给定 $X=a_i$ 条件下 Y 的条件分布函数为

$$F(y|a_i)=\sum_{b_j\le y}P(Y=b_j|X=a_i)=\sum_{b_j\leqslant y}p_{j|i},$$

(3) 连续型随机变量的条件分布.

设二维连续型随机变量 (X,Y) 的联合密度函数为 $p(x,y)$, 边际密度函数为 $p_X(x),p_Y(y)$, 则对一切 $p_X(x)>0$ 的 x, 定义在 $X=x$ 条件下 Y 的条件概率密度函数为

$$p_{Y|X}(y|x)=\frac{p(x,y)}{p_X(x)}.$$

类似地, 对一切 $p_Y(y)>0$ 的 y, 定义在 $Y=y$ 条件下 X 的条件概率密度函数为

$$p_{X|Y}(x|y)=\frac{p(x,y)}{p_Y(y)}.$$

第 3 章　随机变量的数字特征

我们知道，随机变量的分布完整地描述了随机变量的统计规律性，但在许多实际问题中，并不需要去全面考察随机变量的变化情况，而只要知道它的某些数字特征．例如，在评价某地区粮食产量的平均水平时，只需要知道该地区粮食的平均产量；又如，在评价某班级的学习情况时，既要考虑学生的平均成绩，又要注意学生的两极分化情况(学生的成绩与平均成绩的偏离程度)，若该班的平均成绩较高，偏离程度较小，说明该班的教学质量比较好．

本章将讨论随机变量常用的数字特征：数学期望、方差、相关系数、矩等．

3.1　随机变量的数学期望

3.1.1　数学期望的概念

1．离散型随机变量的数学期望

我们知道离散型随机变量的分布列可以全面地描述这个随机变量的统计规律，但在许多实际问题中，这样的"全面描述"有时并不使人感到方便．例如，已知在一个同一品种的母鸡群中，一只母鸡的年产蛋量是一个随机变量，如果要比较两个品种母鸡的年产蛋量，通常只要比较两个品种母鸡的年产蛋量的平均值就可以了．平均值大就意味着这个品种母鸡的产蛋量高，当然是"较好"的品种，这时若不去比较它的平均值，而只看它的分布列，虽然"全面"，却使人不得要领，既难以掌握，又难以迅速做出判断，这样的例子可以举出很多．又如，要比较不同班级的学习成绩通常就是比较考试中的平均成绩．

例 3.1.1　某手表厂在出厂的产品中，抽查了 $N = 100$ 只手表的日走时误差，其数据如表 3-1 所示．

表 3-1

日走时误差	−2	−1	0	1	2	3	4
只数	3	10	17	28	21	16	5

这时，抽查到的这 100 只手表的平均日走时误差为

$$\frac{\sum_{k=-2}^{4} kN_k}{N} = \frac{(-2)\cdot 3 + (-1)\cdot 10 + 0\cdot 17 + 1\cdot 28 + 2\cdot 21 + 3\cdot 16 + 4\cdot 5}{100} = 1.22\ (秒/日),$$

其中 $\frac{N_k}{N}$ 是"日走时误差为 k 秒"这一事件的频率，可记为 f_k，于是

$$平均值 = \sum_{k=-2}^{4} k\cdot f_k .$$

当 N 较大时，$\frac{N_k}{N}$ 接近 p_k，于是 $\frac{\sum_{k=-2}^{4} kN_k}{N}$ 接近于 $\sum_{k=-2}^{4} k\cdot p_k$，就是说，当试验次数很大时，假设日走时误差为随机变量 X，则随机变量 X 的观察值的算术平均 $\sum_{k=-2}^{4}\frac{N_k}{N}$ 接近于 $\sum_{k=-2}^{4} k\cdot p_k$，称 $\sum_{k=-2}^{4} k\cdot p_k$ 为随机变量 X 的数学期望或均值，一般地，有如下定义.

定义 3.1.1 设离散型随机变量 X 的可能取值为 $a_i (i=1,2,\cdots)$，其分布列为 $p_i\ (i=1,2,\cdots)$，则当 $\sum_i |a_i|p_i < +\infty$ 时，称 X 存在数学期望（均值），并且数学期望为 $E(X)=\sum_i a_i p_i$．若 $\sum_i |a_i|p_i = +\infty$，则称 X 的数学期望不存在.

从定义 3.1.1 可以看出，$E(X)$ 是由随机变量的分布列所确定的一个实数，它形式上是 X 的一切可能取值与它对应的概率的乘积，当 X 独立地取较多的值时，这些值的平均值稳定在随机变量的数学期望上．X 的取值可依某种次序一一列举，同一种随机变量的列举次序可以有所不同，当改变列举次序时它的数学期望（均值）应是不变的，这意味着级数 $\sum_i a_i p_i$ 求和次序可以改变，而其和保持不变，由无穷级数的理论知道，必须有级数 $\sum_i a_i p_i$ 绝对收敛，即 $\sum_i |a_i|p_i < +\infty$，才能保证它的和不受求和次序的影响.

注意 数学期望是反映随机变量取值的平均水平（集中程度）的数量指标.

例 3.1.2 设 X 为离散型随机变量，其分布列为

$$P\left(X=(-1)^k\frac{2^k}{k}\right)=\frac{1}{2^k},\quad k=1,2,\cdots,$$

试问 X 的数学期望是否存在？

解 虽然 $\sum_{k=1}^{\infty} a_k p_k = \sum_{k=1}^{\infty}\left[(-1)^k\frac{2^k}{k}\right]\cdot\frac{1}{2^k}=\sum_{k=1}^{\infty}(-1)^k\frac{1}{k}=-\ln 2$，但是

$$\sum_{k=1}^{\infty}|a_k|\cdot p_k=\sum_{k=1}^{\infty}\frac{2^k}{k}\cdot\frac{1}{2^k}=\sum_{k=1}^{\infty}\frac{1}{k}$$

发散，故 X 的数学期望是不存在的.

注意 并非所有随机变量都存在数学期望.

例 3.1.3 设一个盒中有 5 个球，其中有 3 个黄球，2 个白球，从中任取两个球，问平均取到的白球数是多少？

解 设 X 为任取两个球中的白球数，X 的分布列为

X	0	1	2
p	0.3	0.6	0.1

则 $E(X)=0\times0.3+1\times0.6+2\times0.1=0.8$.

例 3.1.4 设射手甲与乙在同样的条件下进行射击，其命中环数分别有下面的概率分布:

X	0	5	6	7	8	9	10
p	0	0.05	0.15	0.1	0.1	0.1	0.5

Y	0	5	6	7	8	9	10
p	0	0.1	0.15	0.1	0.1	0.15	0.4

试评定他们射击水平的高低.

解　$E(X)=0\times0+5\times0.05+6\times0.15+7\times0.1+8\times0.1+9\times0.1+10\times0.5=8.55$,

$E(Y)=0\times0+5\times0.1+6\times0.15+7\times0.1+8\times0.1+9\times0.15+10\times0.4=8.25$.

由此可见,甲平均命中的环数高于乙,即可以认为甲的射击水平高于乙的射击水平.

例 3.1.5　一道选择题,应该有多少种选择答案,答对者应给多少分,答错者应罚多少分,才能使猜答案者没有收益呢?

解　设一道选择题的选择分支有 m 个,其中一个是正确答案,答对者给 a 分,答错者应罚 b 分,即得 $-b$ 分,不答者得 0 分,以 X 表示猜答案者所得分数,那么 m,a,b 的设计要以 $E(X)\leqslant0$ 为标准,简单的以无收益(即 $E(X)=0$)为标准. 我们有

X	a	$-b$
p	$\frac{1}{m}$	$\frac{m-1}{m}$

$$E(X)=a\times\frac{1}{m}+(-b)\times\frac{m-1}{m}=0,$$

即 $a=b(m-1)$. 这就是选取 m,a,b 所应满足的关系式.

从上面例子可以发现,求离散型随机变量的数学期望关键是要求它的分布列.

2. 连续型随机变量的数学期望

设 X 是连续型随机变量,其密度函数为 $p(x)$,在数轴上取很密的分点 $\cdots<x_0<x_1<x_2<x_3<\cdots$,则 X 落在小区间 $[x_i,x_{i+1})$ 的概率(图 3-1)为

$$P(X\in\Delta x_i)=\int_{x_i}^{x_{i+1}}p(x)\mathrm{d}x\approx p(x_i)\Delta x_i.$$

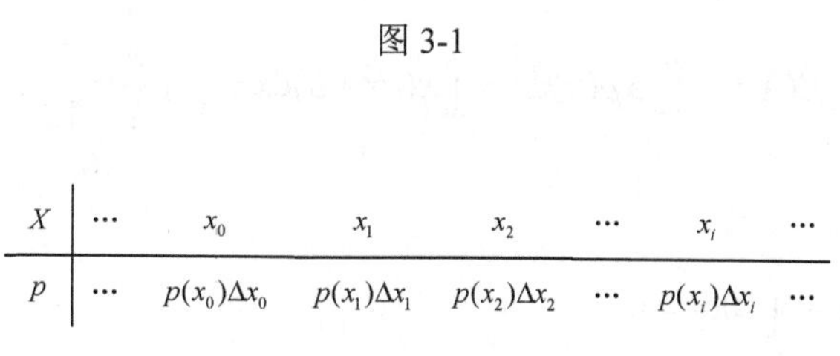

图 3-1

此时,概率分布

X	$\cdots$	x_0	x_1	x_2	$\cdots$	x_i	$\cdots$
p	$\cdots$	$p(x_0)\Delta x_0$	$p(x_1)\Delta x_1$	$p(x_2)\Delta x_2$	$\cdots$	$p(x_i)\Delta x_i$	$\cdots$

可视为 X 的离散近似,服从上述分布的离散型随机变量的数学期望 $\sum_i x_i p(x_i)\Delta x_i$ 也可以近似表示为积分 $\int_{-\infty}^{+\infty}xp(x)\mathrm{d}x$.

定义 3.1.2　设 X 为一个连续型随机变量, 密度函数为 $p(x)$, 当

$$\int_{-\infty}^{+\infty}|x|p(x)\mathrm{d}x<+\infty$$

时, 称 X 的数学期望(均值)存在, 且 $E(X)=\int_{-\infty}^{+\infty}xp(x)\mathrm{d}x$.

X 的数学期望 $E(X)$ 是 X 的可能取值(关于概率)的平均, 这里要求

$$\int_{-\infty}^{+\infty}|x|p(x)\mathrm{d}x<+\infty$$

的道理与离散型随机变量一样.

例 3.1.6　已知连续型随机变量 X 的分布函数

$$F(x)=\begin{cases}0, & x\leqslant 0,\\ \dfrac{x}{4}, & 0<x\leqslant 4,\\ 1, & x>4,\end{cases}$$

求 $E(X)$.

解　随机变量 X 的概率密度为

$$p(x)=F'(x)=\begin{cases}\dfrac{1}{4}, & 0<x\leqslant 4,\\ 0, & 其他,\end{cases}$$

故

$$E(X)=\int_{-\infty}^{+\infty}xp(x)\mathrm{d}x=\int_0^4 x\cdot\frac{1}{4}\mathrm{d}x=2.$$

例 3.1.7　设 X 的密度函数为 $p(x)=\dfrac{1}{\pi}\dfrac{1}{1+x^2},-\infty<x<+\infty$, 试问 X 的数学期望是否存在?

解　因为 $\int_{-\infty}^{+\infty}|x|\dfrac{1}{1+x^2}\mathrm{d}x=+\infty$, 所以 $E(X)$ 不存在.

例 3.1.8　设随机变量 X 密度函数为 $p(x)=\begin{cases}ax+b, & 0\leqslant x\leqslant 1,\\ 0, & 其他,\end{cases}$ 且 $E(X)=\dfrac{7}{12}$, 求 a 与 b 的值, 并求分布函数 $F(x)$.

解　由题意得

$$\int_{-\infty}^{+\infty}p(x)\mathrm{d}x=\int_0^1(ax+b)\mathrm{d}x=\frac{a}{2}+b=1,$$

$$E(X)=\int_{-\infty}^{+\infty}xp(x)\mathrm{d}x=\int_0^1 x(ax+b)\mathrm{d}x=\frac{a}{3}+\frac{b}{2}=\frac{7}{12},$$

解方程组得 $a=1,b=\dfrac{1}{2}$.

当 $x<0$ 时, 有 $F(x)=\int_{-\infty}^{x}0\mathrm{d}t=0$;

当 $0\leqslant x<1$ 时, 有

$$F(x)=\int_{-\infty}^{x}p(t)\mathrm{d}t=\int_0^x\left(t+\frac{1}{2}\right)\mathrm{d}t=\frac{x^2}{2}+\frac{x}{2};$$

当 $x \geqslant 1$ 时, $F(x)=\int_{-\infty}^{x} p(t)\mathrm{d}t=\int_{-\infty}^{0} 0\mathrm{d}t+\int_{0}^{1}\left(t+\frac{1}{2}\right)\mathrm{d}t+\int_{1}^{x} 0\mathrm{d}t=1.$

所以,

$$F(x)=\begin{cases}0, & x<0, \\ \frac{1}{2}(x^2+x), & 0 \leqslant x<1, \\ 1, & x \geqslant 1.\end{cases}$$

3.1.2　几种常用分布的期望

1. 退化分布

设 X 的分布列为 $P(X=c)=1$, 则 $E(X)=c$.

2. 两点分布

设 X 的分布列为

X	1	0
p_i	p	$1-p$

则 $E(X)=p$.

3. 二项分布

设 $X \sim b(k;n,p)$, 则 $E(X)=np$. 事实上,

$$\begin{aligned}E(X)&=\sum_{k=0}^{n} kp_k=\sum_{k=0}^{n} k\mathrm{C}_n^k p^k q^{n-k}=\sum_{k=1}^{n} n\frac{(n-1)!}{(k-1)!(n-k)!}pp^{k-1}q^{n-k} \\ &=np\sum_{k=1}^{n}\mathrm{C}_{n-1}^{k-1}p^{k-1}q^{n-k}=np(p+q)^{n-1}=np.\end{aligned}$$

上式中, $\sum_{k=1}^{n}\mathrm{C}_{n-1}^{k-1}p^{k-1}q^{n-k}=1$ 是利用了二项式的重要性质.

作变换为 $k'=k-1$, 则上式变为 $\sum_{k'=0}^{\infty}\mathrm{C}_{n-1}^{k'}p^{k'}q^{n-1-k'}=(p+q)^{n-1}=1$, 利用这一性质来计算随机变量的数学特征是以后经常使用的手段.

4. 几何分布

设 $X \sim g(k,p)$, 则 $E(X)=\frac{1}{p}$. 事实上,

$$E(X)=\sum_{k=1}^{\infty} kpq^{k-1}=p\sum_{k=1}^{\infty} kq^{k-1}=p\sum_{k=1}^{\infty}(q^k)'=p\left(\sum_{k=0}^{\infty} q^k\right)'=p\left(\frac{1}{1-q}\right)'=\frac{p}{(1-q)^2}=\frac{1}{p}.$$

这里使用了幂级数和函数的逐项可微性.

5. 泊松分布

设 $X \sim P(k,\lambda)$, 则 $E(X)=\lambda$. 事实上,

$$E(X)=\sum_{k=0}^{\infty}kp_k=\sum_{k=1}^{\infty}k\frac{\lambda^k}{k!}\mathrm{e}^{-\lambda}=\sum_{k=1}^{\infty}\lambda\mathrm{e}^{-\lambda}\frac{\lambda^{k-1}}{(k-1)!}=\lambda\mathrm{e}^{-\lambda}\sum_{k'=0}^{\infty}\frac{\lambda^{k'}}{k'!}=\lambda .$$

这里再次使用了变换 $k'=k-1$.

由此可知, 泊松分布的参数 λ 就是它的均值, 由概率分布可唯一地确定其数学期望; 反过来, 由于泊松分布是由 λ 确定的, 因此, 只要知道它的均值, 也就唯一确定了泊松分布.

6. 均匀分布

设 $X\sim U[a,b]$, 则 $E(X)=\dfrac{a+b}{2}$. 事实上, 因为 X 的密度函数为

$$p(x)=\begin{cases}\dfrac{1}{b-a}, & a\leqslant x\leqslant b,\\ 0, & \text{其他},\end{cases}$$

所以,

$$E(X)=\int_{-\infty}^{+\infty}xp(x)\mathrm{d}x=\int_a^b x\cdot\frac{1}{b-a}\mathrm{d}x=\frac{1}{b-a}\frac{x^2}{2}\bigg|_a^b=\frac{a+b}{2},$$

结果表明, 均匀分布的期望为 $[a,b]$ 的中点, 这点由概率分布的均匀性是不难理解的.

7. 指数分布

设 $X\sim E(\lambda)$, 则 $E(X)=\dfrac{1}{\lambda}$. 推导过程见 Γ-分布.

8. 正态分布

设 $X\sim N(\mu,\sigma^2)$, 则 $E(X)=\mu$. 事实上,

$$\begin{aligned}E(X)&=\int_{-\infty}^{+\infty}x\frac{1}{\sqrt{2\pi}\sigma}\mathrm{e}^{-\frac{(x-\mu)^2}{2\sigma^2}}\mathrm{d}x\quad\left(令 z=\frac{x-\mu}{\sigma}\right)\\&=\frac{1}{\sqrt{2\pi}}\int_{-\infty}^{+\infty}(\sigma z+\mu)\mathrm{e}^{-\frac{z^2}{2}}\mathrm{d}z=\frac{1}{\sqrt{2\pi}}\int_{-\infty}^{+\infty}\sigma z\mathrm{e}^{-\frac{z^2}{2}}\mathrm{d}z+\frac{\mu}{\sqrt{2\pi}}\int_{-\infty}^{+\infty}\mathrm{e}^{-\frac{z^2}{2}}\mathrm{d}z\\&=\frac{1}{\sqrt{2\pi}}\int_{-\infty}^{+\infty}\sigma z\mathrm{e}^{-\frac{z^2}{2}}\mathrm{d}z+\frac{\mu}{\sqrt{2\pi}}\int_{-\infty}^{+\infty}\mathrm{e}^{-\frac{z^2}{2}}\mathrm{d}z\\&=\mu.\end{aligned}$$

可见正态分布的参数 μ 正是它的数学期望. 我们知道正态分布的密度函数曲线是关于直线 $x=\mu$ 对称的, 因此这一结果从直观上说也很自然.

9. Γ-分布

设 $X\sim\Gamma(\alpha,\beta)$, 即 X 的密度函数为

$$p(x)=\begin{cases}\dfrac{\beta^\alpha}{\Gamma(\alpha)}x^{\alpha-1}\mathrm{e}^{-\beta x}, & x>0,\\ 0, & x\leqslant 0,\end{cases}$$

$$E(X)=\int_{-\infty}^{+\infty}xp(x)\mathrm{d}x=\int_{0}^{+\infty}x^{\alpha}\frac{\beta^{\alpha}}{\Gamma(\alpha)}\mathrm{e}^{-\beta x}\mathrm{d}x$$
$$=\frac{\beta^{\alpha}}{\Gamma(\alpha)}\int_{0}^{+\infty}x^{\alpha+1-1}\mathrm{e}^{-\beta x}\,\mathrm{d}x=\frac{\beta^{\alpha}}{\Gamma(\alpha)}\frac{\Gamma(\alpha+1)}{\beta^{\alpha+1}}=\frac{\alpha}{\beta}.$$

这里用到 $p(x)=\begin{cases}\dfrac{\beta^{\alpha+1}}{\Gamma(\alpha+1)}x^{\alpha+1-1}\mathrm{e}^{-\beta x}, & x>0,\\ 0, & x\leqslant 0\end{cases}$ 为 $\Gamma(\alpha+1,\beta)$ 的分布密度函数, 因而有

$$\int_{0}^{+\infty}x^{\alpha+1-1}\mathrm{e}^{-\beta x}\mathrm{d}x=\frac{\Gamma(\alpha+1)}{\beta^{\alpha+1}}.$$

再利用 Γ-函数的性质 $\Gamma(\alpha+1)=\alpha\Gamma(\alpha)$, 知道 $\Gamma(1,\lambda)$ 即为参数为 λ 的指数分布 $E(\lambda)$, 因而 $E(X)=\dfrac{1}{\lambda}$.

3.1.3　随机变量函数的数学期望

设 X 为随机变量, $g(x)$ 为实函数, $Y=g(x)$ 也是随机变量, 当然我们可以先求 $Y=g(X)$ 的分布函数, 然后再根据数学期望的定义求 $Y=g(X)$ 的期望, 但这种方法比较麻烦. 下面不加证明地介绍随机变量函数数学期望的计算公式.

1. 离散型随机变量函数的数学期望

定理 3.1.1　设 X 为一个离散型随机变量, 其分布列为

X	a_1	a_2	$\cdots$	a_i	$\cdots$
p	p_1	p_2	$\cdots$	p_i	$\cdots$

又 $g(x)$ 是实变量 x 的单值函数, 如果 $\sum_{i=1}^{\infty}|g(a_i)|p_i<+\infty$ (即绝对收敛), 则有

$$E[g(X)]=\sum_{i=1}^{\infty}g(a_i)p_i.$$

定理 3.1.1 的重要意义在于当我们要求随机变量 X 的函数 $Y=g(X)$ 的数学期望时, 不必求出随机变量 Y 的分布, 直接利用 X 的分布就可以解决问题了.

定理 3.1.2　若 (X,Y) 是一个二维离散型随机变量, 其联合分布列为

$$P(X=a_i,Y=b_i)=p_{ij},\quad i,j=1,2,\cdots,$$

又 $g(x,y)$ 是实变量 x,y 的单值函数, 如果

$$\sum_{i}\sum_{j}|g(a_i,b_i)|p_{ij}<+\infty,$$

则有 $E[g(X,Y)]=\sum_{i=1}^{\infty}\sum_{j=1}^{\infty}g(a_i,b_j)p_{ij}$.

例 3.1.9　设随机变量 X 的分布列为

X	−2	0	2
p	0.4	0.3	0.3

求 $E(3X^2+5)$.

解　$E(3X^2+5)=(3\times(-2)^2+5)\times 0.4+(3\times 0^2+5)\times 0.3+(3\times 2^2+5)\times 0.3=13.4$.

例 3.1.10　设随机变量 (X,Y) 的联合分布为

Y \ X	1	2	3
−1	0.2	0.1	0
0	0.1	0	0.3
1	0.1	0.1	0.1

(1) 求 $E(X)$, $E(Y)$.

(2) 设 $Z_1=Y/X$, 求 $E(Z_1)$.

(3) 设 $Z_2=(X-Y)^2$, 求 $E(Z_2)$.

解　(1) 由 X, Y 的分布律易得边缘分布为

Y \ X	1	2	3	
−1	0.2	0.1	0	0.3
0	0.1	0	0.3	0.4
1	0.1	0.1	0.1	0.3
	0.4	0.2	0.4	1

$$E(X)=1\times 0.4+2\times 0.2+3\times 0.4=0.4+0.4+1.2=2.$$
$$E(Y)=(-1)\times 0.3+0\times 0.4+1\times 0.3=0.$$

(2)

$Z_1=Y/X$	−1	−1/2	−1/3	0	1/3	1/2	1
p_i	0.2	0.1	0	0.4	0.1	0.1	0.1

$$E(Z_1)=(-1)\times 0.2+(-0.5)\times 0.1+(-1/3)\times 0+0\times 0.4+1/3\times 0.1+0.5\times 0.1+1\times 0.1$$
$$=(-1/4)+1/30+1/20+1/10=(-15/60)+11/60=-1/15.$$

(3)

$Z_2=(X-Y)^2$	$(1-1)^2$	$(1-0)^2$或$(2-1)^2$	$(2-0)^2$或$(1-(-1))^2$或$(3-1)^2$	$(3-0)^2$或$(2-(-1))^2$	$(3-(-1))^2$
	0	1	4	9	16
p	0.1	0.2	0.3	0.4	0

$$E(Z_2)=0\times 0.1+1\times 0.2+4\times 0.3+9\times 0.4+16\times 0=0.2+1.2+3.6=5.$$

2. 连续型随机变量函数的数学期望

定理 3.1.3　若 X 为连续型随机变量, 密度函数为 $p(x)$, 又 $f(x)$ 为实变量 x 的函数, 且 $\int_{-\infty}^{+\infty}|f(x)|p(x)\mathrm{d}x<+\infty$, 则 $E[f(X)]=\int_{-\infty}^{+\infty}f(x)p(x)\mathrm{d}x$.

定理 3.1.4　设 (X,Y) 是二维连续型随机变量, 联合密度函数为 $p(x,y)$, 又 $f(x,y)$ 为二元函数, 则随机变量 $Z=f(X,Y)$ 的数学期望

$$E(Z)=E[f(X,Y)]=\int_{-\infty}^{+\infty}\int_{-\infty}^{+\infty}f(x,y)p(x,y)\mathrm{d}x\mathrm{d}y.$$

当然这也要求上述积分绝对收敛.

例 3.1.11 设 $X \sim N(0,1)$，求 $E(X^2)$.

解 $E(X^2)=\int_{-\infty}^{+\infty}x^2\frac{1}{\sqrt{2\pi}}\mathrm{e}^{-\frac{x^2}{2}}\mathrm{d}x=\int_{-\infty}^{+\infty}x\mathrm{d}\left(-\frac{1}{\sqrt{2\pi}}\mathrm{e}^{-\frac{x^2}{2}}\right)$

$$=-x\frac{1}{\sqrt{2\pi}}\mathrm{e}^{-\frac{x^2}{2}}\Big|_{-\infty}^{+\infty}+\int_{-\infty}^{+\infty}\frac{1}{\sqrt{2\pi}}\mathrm{e}^{-\frac{x^2}{2}}\mathrm{d}x$$

$$=1.$$

例 3.1.12 过单位圆上一点 P 作任意弦 PA, PA 与直径 PB 的夹角 θ 服从均匀分布 $U\left[-\frac{\pi}{2},\frac{\pi}{2}\right]$，求弦 PA 的长的数学期望.

解 由题意得 θ 的密度函数为

$$p(\theta)=\begin{cases}\frac{1}{\pi}, & -\frac{\pi}{2}\leqslant\theta\leqslant\frac{\pi}{2},\\ 0, & \text{其他},\end{cases}$$

$$|PA|=Y=|PB|\cos\theta=2\cos\theta,$$

故 $E(Y)=E(2\cos\theta)=2\int_{-\frac{\pi}{2}}^{\frac{\pi}{2}}\cos\theta\frac{1}{\pi}\mathrm{d}\theta=\frac{4}{\pi}$.

例 3.1.13 设 X,Y 相互独立，且都服从 $N(0,1)$，求 $E(\sqrt{X^2+Y^2})$.

解 (X,Y) 的联合密度函数为

$$p(x,y)=\frac{1}{2\pi}\mathrm{e}^{-\frac{x^2+y^2}{2}},$$

$$E(\sqrt{X^2+Y^2})=\int_{-\infty}^{+\infty}\int_{-\infty}^{+\infty}\frac{1}{2\pi}\sqrt{x^2+y^2}\mathrm{e}^{-\frac{x^2+y^2}{2}}\mathrm{d}x\mathrm{d}y$$

$$\xlongequal[y=r\sin\theta]{x=r\cos\theta}\int_0^{2\pi}\mathrm{d}\theta\int_0^{+\infty}\frac{1}{2\pi}r^2\mathrm{e}^{-\frac{r^2}{2}}\mathrm{d}r=\int_0^{+\infty}r\mathrm{d}\left(-\mathrm{e}^{-\frac{r^2}{2}}\right)$$

$$=-r\mathrm{e}^{-\frac{r^2}{2}}\Big|_0^{+\infty}+\int_0^{+\infty}\mathrm{e}^{-\frac{r^2}{2}}\mathrm{d}r=\sqrt{2\pi}.$$

例 3.1.14 设随机变量 (X,Y) 的概率密度为

$$f(x,y)=\begin{cases}\frac{3}{2x^3y^2}, & \frac{1}{x}<y<x, x>1,\\ 0, & \text{其他},\end{cases}$$

求数学期望 $E(Y), E\left(\frac{1}{XY}\right)$.

解 $E(Y)=\int_{-\infty}^{+\infty}\int_{-\infty}^{+\infty}yf(x,y)\mathrm{d}y\mathrm{d}x=\int_1^{+\infty}\int_{\frac{1}{x}}^{x}\frac{3}{2x^3y^2}\mathrm{d}y\mathrm{d}x$

$$=\frac{3}{2}\int_1^{+\infty}\frac{1}{x^3}\ln y\Big|_{\frac{1}{x}}^{x}\mathrm{d}x=3\int_1^{+\infty}\frac{\ln x}{x^3}\mathrm{d}x$$

$$=-\frac{3}{2}\frac{\ln x}{x^2}\Big|_1^{+\infty}+\frac{3}{2}\int_1^{+\infty}\frac{1}{x^3}\mathrm{d}x=\frac{3}{4}.$$

$$E\left(\frac{1}{XY}\right)=\int_{-\infty}^{+\infty}\int_{-\infty}^{+\infty}\frac{1}{xy}f(x,y)\mathrm{d}y\mathrm{d}x=\int_{1}^{+\infty}\mathrm{d}x\int_{\frac{1}{x}}^{x}\frac{3}{2x^4y^3}\mathrm{d}y \quad \text{（积分区域如图3-2所示）}$$

$$=\int_{1}^{+\infty}\frac{3}{2x^4}\left(-\frac{1}{2y^2}\right)\Bigg|_{\frac{1}{x}}^{x}\mathrm{d}x=\frac{3}{4}\int_{1}^{+\infty}\left(-\frac{1}{x^6}+\frac{1}{x^2}\right)\mathrm{d}x=\frac{3}{4}\left(-\frac{1}{5}+1\right)=\frac{3}{5}.$$

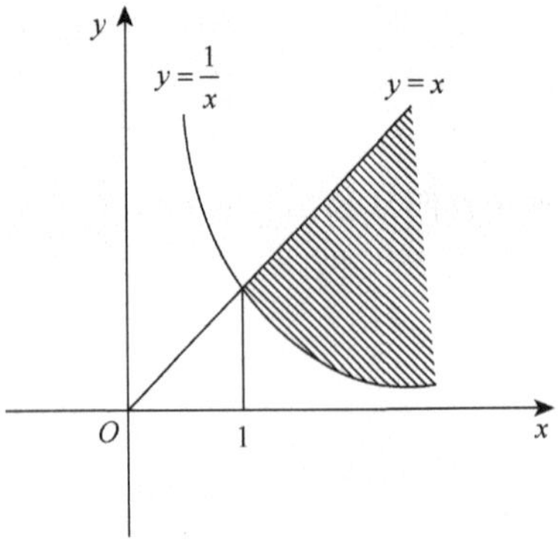

图 3-2

3.1.4 数学期望的性质

性质 1 若 $a \leqslant X \leqslant b$, 则 $E(X)$ 存在, 而且有 $a \leqslant E(X) \leqslant b$. 特别地, 若 c 为一个常数, 则 $E(c)=c$.

性质 2 对任一二维随机变量 (X,Y), 若 $E(X),E(Y)$ 都存在, 则对任意实数 k_1,k_2, $E(k_1X+k_2Y)$ 存在且 $E(k_1X+k_2Y)=k_1E(X)+k_2E(Y)$.

证明 仅对连续型进行证明, 离散型的可类似证明.

设 (X,Y) 的联合密度为 $p(x,y)$, $Z=k_1X+k_2Y$ 是 (X,Y) 的函数, 有

$$\begin{aligned}E(k_1X+k_2Y)&=\int_{-\infty}^{+\infty}\int_{-\infty}^{+\infty}(k_1x+k_2y)p(x,y)\mathrm{d}x\mathrm{d}y\\&=\int_{-\infty}^{+\infty}\int_{-\infty}^{+\infty}k_1xp(x,y)\mathrm{d}x\mathrm{d}y+\int_{-\infty}^{+\infty}\int_{-\infty}^{+\infty}k_2yp(x,y)\mathrm{d}x\mathrm{d}y\\&=k_1\int_{-\infty}^{+\infty}x\left[\int_{-\infty}^{+\infty}p(x,y)\mathrm{d}y\right]\mathrm{d}x+k_2\int_{-\infty}^{+\infty}y\left[\int_{-\infty}^{+\infty}p(x,y)\mathrm{d}x\right]\mathrm{d}y\\&=k_1\int_{-\infty}^{+\infty}xp_X(x)\,\mathrm{d}x+k_2\int_{-\infty}^{+\infty}yp_Y(y)\,\mathrm{d}y\\&=k_1E(X)+k_2E(Y).\end{aligned}$$

性质 3 若 X 与 Y 相互独立, 则 $E(XY)=E(X)\cdot E(Y)$.

证明 因为 X 与 Y 相互独立, 所以, $p(x,y)=p_X(x)p_Y(y)$,

$$\begin{aligned}E(XY)&=\int_{-\infty}^{+\infty}\int_{-\infty}^{+\infty}xyp(x,y)\,\mathrm{d}x\mathrm{d}y=\int_{-\infty}^{+\infty}\int_{-\infty}^{+\infty}xyp_X(x)p_Y(y)\,\mathrm{d}x\mathrm{d}y\\&=\int_{-\infty}^{+\infty}xp_X(x)\mathrm{d}x\int_{-\infty}^{+\infty}yp_Y(y)\mathrm{d}y\\&=E(X)E(Y).\end{aligned}$$

离散型的情形类似地证明.

性质 2 与性质 3 可以推广到任意有限个情形.

对任意 n 个常数 $c_1,\cdots,c_n$, 有

$$E(c_1X_1+c_2X_2+\cdots+c_nX_n)=c_1E(X_1)+c_2E(X_2)+\cdots+c_nE(X_n).$$

若 $X_1,X_2,\cdots,X_n$ 相互独立, 则 $E(X_1X_2\cdots X_n)=E(X_1)E(X_2)\cdots E(X_n)$.

例 3.1.15 若 $X\sim P(k;\lambda)$, $Y\sim b(k;n,p)$, 求 $E(3X-5)$, $E(2X+3Y)$.

解 $E(3X-5)=3E(X)-5=3\lambda-5$, $E(2X+3Y)=2E(X)+3E(Y)=3\lambda+3np$.

例 3.1.16 若随机变量 $X\sim b(k;n,p)$, 求 X 的数学期望.

解 令 $X_i=\begin{cases}1, & \text{在第}i\text{次试验中}A\text{出现},\\0, & \text{在第}i\text{次试验中}A\text{不出现},\end{cases}$ $i=1,2,\cdots,n$. 由于 $E(X_i)=p, 1\leqslant i\leqslant n, X=X_1+\cdots+X_n$, 于是由数学期望的性质即得

$$E(X)=E(X_1+\cdots+X_n)=E(X_1)+\cdots+E(X_n)=np.$$

例 3.1.17　将 r 个不同的球随机地放入 n 个有编号的盒子里, 求有球的盒子数 X 的数学期望.

解　直接求 X 的分布列比较烦琐, 可设

$$X_i=\begin{cases}1, & 第i个盒子中有球,\\ 0, & 第i个盒子中无球,\end{cases}\quad i=1,2,\cdots,n,$$

则

$$X=\sum_{i=1}^{n}X_i,\quad P(X_i=0)=\frac{(n-1)^r}{n^r},\quad P(X_i=1)=1-\frac{(n-1)^r}{n^r},\quad i=1,2,\cdots,n,$$

$$E(X_i)=1-\frac{(n-1)^r}{n^r},$$

从而

$$E(X)=\sum_{i=1}^{n}E(X_i)=n\left[1-\frac{(n-1)^r}{n^r}\right].$$

例 3.1.18　从甲地到乙地的客车上载有 20 位旅客, 自甲地开出, 沿途有 10 个车站, 如到达一个车站没有旅客下车, 就不停车, 以 X 表示停车次数, 求 $E(X)$.

解　X 的可能取值为 $1,2,\cdots,10$, 如果先求 X 的分布列, 再求 $E(X)$ 较复杂, 注意到经过每一站时是否停车只有两种可能, 由此设

$$X_i=\begin{cases}0, & 在第\,i\,站没有人下车,\\ 1, & 在第\,i\,站有人下车,\end{cases}\quad i=1,2,\cdots,10.$$

则

$$X=X_1+X_2+\cdots+X_{10},$$

$$P(X_i=0)=\left(\frac{9}{10}\right)^{20},\quad P(X_i=1)=1-\left(\frac{9}{10}\right)^{20},$$

$$E(X_i)=1-\left(\frac{9}{10}\right)^{20},\quad E(X)=E(X_1+X_2+\cdots+X_{10})=10\left[1-\left(\frac{9}{10}\right)^{20}\right]\approx 8.784.$$

例 3.1.19　对 N 个人验血有两种方法: ①逐个检验, 这样必须进行 N 次试验; ② k 个人为一组, 把 k 个人的血样合在一起进行检验, 若检验结果为阴性, 则这 k 个人的血只要作一次检验, 若检验结果为阳性, 则对这 k 个人的血再逐个检验, 这样共需检验 $k+1$ 次. 设每个人检验结果为阳性的概率为 p, 且这些人的检验结果是相互独立的, 试求在第二种检验方法下, 需要进行检验次数的数学期望.

解　设 X 是在第二种检验方法下进行检验的次数, X_i 是第 i 组的验血次数,

$$X=X_1+X_2+\cdots+X_{N/k},$$

$$P(X_i=1)=(1-p)^k,\quad P(X_i=k+1)=1-(1-p)^k,$$

$$E(X_i)=1\times(1-p)^k+(k+1)[1-(1-p)^k]=k+1-k(1-p)^k,$$

$$E(X)=E(X_1)+E(X_2)+\cdots+E(X_{N/k})=\frac{N}{k}[k+1-k(1-p)^k]=N\left[1+\frac{1}{k}-(1-p)^k\right].$$

当 $N\left[1+\frac{1}{k}-(1-p)^k\right]<N$ 即 $\frac{1}{k}-(1-p)^k<0$ 时可以减少验血次数, 这时可根据 N 选取适当的 k, 使 $E(X)$ 达最小.

如 $N=10000$, $K=10, p=0.001$ 时,

$$E(X)=10000\left(1+\frac{1}{10}-0.999^{10}\right)\approx 1100.$$

注意 在上面这些例子中, 是将随机变量 X 分解成若干个随机变量之和, 然后利用随机变量之和的数学期望等于它们数学期望之和这个性质求 X 的数学期望, 这是求数学期望的一种常用的方法.

例 3.1.20 设掷两颗骰子, 用 X, Y 分别表示第一、二颗骰子出现的点数, 求两颗骰子出现点数之和的数学期望.

解 令 X, Y 分别表示第一、第二颗骰子出现的点数, 则 X 与 Y 同分布, 分布列为

$$P(X=k)=P(Y=k)=\frac{1}{6},\quad k=1,2,3,4,5,6.$$

所以 $E(X)=E(Y)=(1+2+3+4+5+6)\cdot\frac{1}{6}=\frac{21}{6}=\frac{7}{2}$, 从而

$$E(X+Y)=E(X)+E(Y)=7.$$

例 3.1.21 商店经销某种产品, 每周进货量 X 与需求量 Y 是相互独立的随机变量, 且都在区间 $[10,20]$ 上均匀分布. 商店每售出一件商品可获利 1000 元, 若需求量超过进货量, 商店可以从他处调剂供应, 这时每单位商品可获利 500 元, 试计算此商店经销该种商品每周所得利润的数学期望.

解 设 Z 表示该商品每周所得利润, 则

$$Z=g(X,Y)=\begin{cases}1000Y, & Y\leqslant X,\\ 500(X+Y), & Y>X,\end{cases}$$

由于 X 与 Y 相互独立, 所以 (X,Y) 的概率密度为

$$f(x,y)=\begin{cases}1/100, & 10\leqslant x\leqslant 20, 10\leqslant y\leqslant 20,\\ 0, & \text{其他},\end{cases}$$

$$\begin{aligned}E(Z)&=\int_{-\infty}^{\infty}\int_{-\infty}^{\infty}g(x,y)f(x,y)\mathrm{d}x\mathrm{d}y\\&=\int_{10}^{20}\mathrm{d}x\int_{10}^{x}1000y\times 1/100\mathrm{d}y+\int_{10}^{20}\mathrm{d}x\int_{x}^{20}500(x+y)\times 1/100\mathrm{d}y\\&\approx 14166.7(\text{元}).\end{aligned}$$

例 3.1.22 设随机变量 X_1, X_2 的概率密度分别为

$$f_1(x)=\begin{cases}2\mathrm{e}^{-2x}, & x>0,\\ 0 & x\leqslant 0,\end{cases}\qquad f_2(x)=\begin{cases}4\mathrm{e}^{-4x}, & x>0,\\ 0, & x\leqslant 0.\end{cases}$$

求: (1) $E(X_1+X_2)$, $E(2X_1-3X_2^2)$; (2) 又设 X_1, X_2 相互独立, 求 $E(X_1X_2)$.

解 (1) $E(X_1+X_2)=E(X_1)+E(X_2)=\int_0^{\infty}x\cdot 2\mathrm{e}^{-2x}\mathrm{d}x+\int_0^{\infty}x\cdot 4\mathrm{e}^{-4x}\mathrm{d}x$

$$=\left(-xe^{-2x}-\frac{1}{2}e^{-2x}\right)\Big|_0^{\infty}+\left(-xe^{-4x}-\frac{1}{4}e^{-4x}\right)\Big|_0^{\infty}=\frac{1}{2}+\frac{1}{4}=\frac{3}{4},$$

$$E(2X_1-3X_2^2)=2E(X_1)-3E(X_2^2)=2\times\frac{1}{2}-3\int_0^{\infty}x^2\cdot 4e^{-4x}dx$$

$$=1-3\left(-x^2e^{-4x}-\frac{x}{2}e^{-4x}-\frac{1}{8}e^{-4x}\right)\Big|_0^{\infty}=1-\frac{3}{8}=\frac{5}{8};$$

(2) $E(X_1X_2)=E(X_1)\cdot E(X_2)=\frac{1}{2}\times\frac{1}{4}=\frac{1}{8}$.

例 3.1.23　假设随机变量 X_1,X_2,X_3,X_4 相互独立, $X_i\sim U(0,2i)$ $(i=1,2,3,4,)$, 求行列式 $Y=\begin{vmatrix}X_1 & X_2\\ X_3 & X_4\end{vmatrix}$ 的数学期望.

解　$E(X_i)=i,i=1,2,3,4$, $Y=X_1X_4-X_2X_3$, 由 X_1,X_2,X_3,X_4 相互独立,

$$E(Y)=E(X_1X_4)-E(X_2X_3)=E(X_1)E(X_4)-E(X_2)E(X_3)=1\times4-2\times3=-2.$$

习　题　3.1

1. 袋中有 n 张卡片, 上面记有 $1,2,\cdots,n$. 现从中有放回地抽取 k 张卡片来, 求号码之和 X 的数学期望.

2. 已知整值随机变量 X 的分布为 $P(X=k)=\frac{1}{2^k}$, $k=1,2,\cdots$, 求 $E(X)$.

3. 某产品的次品率为 0.1, 检验员每天检验 4 次. 每次随机地抽取 10 件产品进行检验, 如果发现其中的次品多于 1, 就去调整设备. 以 X 表示一天中调整设备的次数, 试求 $E(X)$ (该产品是否为次品是相互独立的).

4. 设随机变量 X 的分布列为 $P\left(X=(-1)^{k+1}\frac{3^k}{k}\right)=\frac{2}{3^k}$, $k=1,2,\cdots$, 证明 X 的数学期望不存在.

5. 已知在 15000 件产品中有 1000 件不合格品. 在该批产品中任取 150 件进行检验, 经检验后发现其中有 X 件不合格品, 求 $E(X)$.

6. 从数字 $0,1,\cdots,n$ 中任取两个不同的数字, 求这两个数字之差的绝对值的数学期望.

7. 某城市一天内发生的严重刑事案件 X 服从参数为 $\frac{1}{3}$ 的泊松分布, 记 Y 为一年内未发生刑事案件的天数, 求 Y 的数学期望.

8. 记 X 的密度函数为 $p(x)=\frac{1}{2}e^{-|x|}$, $-\infty<x<+\infty$, 试求: (1) $E(X)$; (2) $E(-2X+3)$; (3) $E(X^2)$.

9. 设随机变量 X 的密度函数为 $p(x)=\begin{cases}a+bx, & 0\leqslant x\leqslant1,\\ 0, & 其他.\end{cases}$ 已知 $E(X)=\frac{7}{12}$, 试求: (1) 常数 a,b 的值; (2) $P\left(X>\frac{1}{2}\right)$.

10. 设随机变量 X 的密度函数为 $p(x)=\begin{cases}\frac{1}{2}\cos\frac{x}{2}, & 0\leqslant x\leqslant\pi,\\ 0, & 其他.\end{cases}$ 对 X 独立重复地观察 4 次, 用 Y 表示观察值大于 $\frac{\pi}{3}$ 的次数, 求 Y^2 的数学期望.

11. 对球的直径作近似测量, 设其值均匀分布于区间 $[a,b]$ 上, 求球的体积的数学期望.

12. 设连续型随机变量 X 的分布密度为 $p(x)=\begin{cases}ax, & 0<x<2,\\ cx+b, & 2<x<4,\\ 0, & 其他.\end{cases}$ 已知 $E(X)=2$, $P(1<X<3)=\frac{3}{4}$, 求: (1) 常数 a,b,c 的值; (2) 随机变量 $Y=e^X$ 的期望.

13. 设 (X,Y) 的联合分布列为

X \ Y	0	1
0	0.1	0.15
1	0.25	0.2
2	0.15	0.15

求: (1) $E(X)$, $E(Y)$; (2) $E\left(\sin\frac{\pi}{2}(X+Y)\right)$.

14. 设随机变量 (X,Y) 的联合密度为

$$p(x,y)=\begin{cases}x(1+3y^2)/4, & 0<x<2,0<y<1,\\ 0, & \text{其他},\end{cases}$$

求 $E\left(\frac{Y}{X}\right)$.

15. 设随机变量 X 与 Y 的概率密度分别为

$$P_X(x)=\begin{cases}2\mathrm{e}^{-2x}, & x>0,\\ 0, & x\leqslant 0,\end{cases}\qquad P_Y(y)=\begin{cases}\frac{1}{4}, & y\in[-2,2],\\ 0, & \text{其他}.\end{cases}$$

(1) 求 $E(X+Y)$, $E(2X-3Y^2)$; (2) 若 X 与 Y 相互独立, 求 $E(XY)$.

16. 设 (X,Y) 的联合概率密度为

$$P(x,y)=\begin{cases}12y^2, & 0\leqslant y\leqslant x<1,\\ 0, & \text{其他},\end{cases}$$

求 $E(X)$, $E(Y)$, $E(XY)$, $E(X^2+Y^2)$.

---

17. 掷一颗骰子, 一直到出现 5 点为止, 问平均需掷多少次?

18. 设随机变量 X, Y 相互独立, 且都服从正态分布 $N\left(0,\frac{1}{2}\right)$, 求随机变量 $Z=|X-Y|$ 的数学期望.

19. 将 n 个球 (标号从 1～n) 随机地放入 n 个盒子 (标号从 1～n), 一个盒子中放一球, 若两个标号相同, 则称为一个配对, 记 X 为配对的个数, 求 $E(X)$.

20. 一商店经销某种商品, 每周进货的数量 X 和顾客对该商品的需求量 Y 是相互独立的随机变量, 且都服从区间 $[10,20]$ 上的均匀分布, 商店每售出一单位商品可得利润 1000 元; 若需求量超过了进货量, 商店可以从其他商店调剂供应. 这时每单位商品获利润为 500 元, 试计算此商店经销该种商品每周所得利润的期望值.

3.2　随机变量的方差

数学期望反映了随机变量取值的平均水平, 它是随机变量的重要数字特征. 然而, 一个随机变量的数学期望往往不能很好地反映随机变量的全部特点, 特别是随机变量取值的离散程度. 例如, 对正态分布, 即使它们的均值相同, 密度曲线的形状也可能有很大的差异. 又如, 考察两个平行班级的学习情况, 即使两个班级的平均成绩相同, 也不能说明这两个班级的学习情况是一样的, 还必须考虑这两个班级学生的两极分化情况. 为了反映随机变量的这种离散程度, 我们引入方差概念.

3.2.1　方差的概念

1. 定义

定义 3.2.1　设 X 是一个随机变量, 数学期望 $E(X)$ 存在, 如果 $E[X-E(X)]^2$ 存在, 则称 $E[X-E(X)]^2$ 为随机变量 X 的方差, 并记为 $D(X)$ 或 $\mathrm{Var}(X)$.

由定义可知 $D(X)\geqslant 0$.

方差的平方根 $\sqrt{D(X)}$ 又称为标准差或根方差, 常记为 σ_X. 它与 X 的单位一致.

注意　方差是反映随机变量取值相对于均值 $E(X)$ 偏离程度的数量指标, 为了避免正负偏差相互抵消(事实上 $E[X-E(X)]=E(X)-E(X)=0$), 这种偏差用平方项 $[X-E(X)]^2$ 描述. 但 $[X-E(X)]^2$ 也是一个随机变量, 因此取其数学期望, 反映这种偏差程度的大小.

若 X 为离散型的随机变量, 它的分布列为

X	a_1	a_2	$\cdots$	a_i	$\cdots$
$p=P(X=a_i)$	p_1	p_2	$\cdots$	p_i	$\cdots$

则

$$
\begin{aligned}
D(X)=E[X-E(X)]^2&=\sum_{i=1}^{\infty}(a_i-E(X))^2 p_i\\
&=\sum_{i=1}^{\infty}\{a_i^2-2a_iE(X)+[E(X)]^2\}p_i=E(X)^2-[E(X)]^2.
\end{aligned}
$$

若 X 为连续型的随机变量, 它的密度函数为 $p(x)$, 则

$$D(X)=\int_{-\infty}^{+\infty}[x-E(X)]^2p(x)\mathrm{d}x.$$

2. 方差的计算公式

因为

$$
\begin{aligned}
D(X)&=E\{X^2-2XE(X)+[E(X)]^2\}\\
&=E(X^2)-2E(X)E(X)+[E(X)]^2\\
&=E(X^2)-[E(X)]^2,
\end{aligned}
$$

所以得方差的计算公式

$$D(X)=E(X^2)-[E(X)]^2.$$

在通常情况下都用此公式计算方差.

注意　上式可变形为 $E(X^2)=D(X)+[E(X)]^2$, 此式在数理统计中应用相当广泛.

3.2.2　几种常用分布的方差

1. 退化分布

$P(X=c)=1$, c 为常数, $E(X)=c, E(X^2)=c^2\times 1=c^2$, 从而

$$D(X)=E(X^2)-[E(X)]^2=0,$$

即常数的方差为 0.

2. 两点分布

设 X 的分布列为

X	1	0
p_i	p	$1-p$

$$E(X)=p,\quad E(X^2)=1^2\times p=p,\quad D(X)=E(X^2)-[E(X)]^2=p-p^2=pq.$$

3. 二项分布

设 $X\sim b(k;n,p)$，即 $P(X=k)=\mathrm{C}_n^k p^k q^{n-k}(k=0,1,\cdots,n)$，其中 $0<p<1,q=1-p$，因为

$$\begin{aligned}E(X^2)&=\sum_{k=0}^{n}k^2\mathrm{C}_n^k p^k q^{n-k}=\sum_{k=0}^{n}npk\mathrm{C}_{n-1}^{k-1}p^{k-1}q^{n-k}\\&\xlongequal{k'=k-1}np\sum_{k'=0}^{n-1}(k'+1)\mathrm{C}_{n-1}^{k'}p^{k'}q^{n-1-k'}\\&=np\sum_{k'=0}^{n-1}k'\mathrm{C}_{n-1}^{k'}p^{k'}q^{n-1-k'}+np\sum_{k'=0}^{n-1}\mathrm{C}_{n-1}^{k'}p^{k'}q^{n-1-k'},\end{aligned}$$

上式右端前项和式恰是 $b(k';n-1,p)$ 的数学期望，后项和式为 $(p+q)^{n-1}=1$，故

$$E(X^2)=np(n-1)p+np=np[(n-1)p+1],$$

则

$$D(X)=E(X^2)-[E(X)]^2=n(n-1)p^2+np-(np)^2=npq.$$

4. 泊松分布

设 $X\sim P(k;\lambda)$，即 $P(X=k)=\dfrac{\lambda^k}{k!}\mathrm{e}^{-\lambda}$，$k=0,1,2,\cdots$，$\lambda>0$，已知 $E(X)=\lambda$，因为

$$\begin{aligned}E(X^2)&=\sum_{k=0}^{\infty}k^2\left(\frac{\lambda^k}{k!}\mathrm{e}^{-\lambda}\right)=\sum_{k=1}^{\infty}k\left(\frac{\lambda^{k-1}}{(k-1)!}\lambda\mathrm{e}^{-\lambda}\right)\\&\xlongequal{k'=k-1}\lambda\sum_{k'=0}^{\infty}(k'+1)\frac{\lambda^{k'}}{k'!}\mathrm{e}^{-\lambda}\\&=\lambda\sum_{k'=0}^{\infty}k'\frac{\lambda^{k'}}{k'!}\mathrm{e}^{-\lambda}+\lambda\sum_{k'=0}^{\infty}\frac{\lambda^{k'}}{k'!}\mathrm{e}^{-\lambda}\\&=\lambda^2+\lambda.\end{aligned}$$

故

$$D(X)=E(X^2)-[E(X)]^2=\lambda^2+\lambda-\lambda^2=\lambda.$$

可见，对服从泊松分布的随机变量来说，它的数学期望与方差相等，都等于 λ.

5. 几何分布

设 $X\sim g(k;p)$，即 $P(X=k)=q^{k-1}p,k=1,2,\cdots$，其中 $0<p<1,q=1-p$.

已知 $E(X)=\dfrac{1}{p}$, 因为

$$
\begin{aligned}
E(X^2)&=\sum_{k=1}^{\infty}k^2pq^{k-1}=p\left[\sum_{k=1}^{\infty}k(k-1)q^{k-1}+\sum_{k=1}^{\infty}kq^{k-1}\right]\\
&=pq\sum_{k=2}^{\infty}k(k-1)q^{k-2}+\frac{1}{p}\\
&=pq\left(\sum_{k=0}^{\infty}q^k\right)''+\frac{1}{p}\\
&=pq\left(\frac{1}{1-q}\right)''+\frac{1}{p}\\
&=\frac{2q}{p^2}+\frac{1}{p},
\end{aligned}
$$

故 $D(X)=E(X^2)-[E(X)]^2=\dfrac{2q}{p^2}+\dfrac{1}{p}-\dfrac{1}{p^2}=\dfrac{q}{p^2}$.

6. 均匀分布

设 $X\sim U[a,b]$, 即 $p(x)=\begin{cases}\dfrac{1}{b-a}, & x\in[a,b],\\ 0, & x\notin[a,b],\end{cases}$ 已知 $E(X)=\dfrac{a+b}{2}$, 因为

$$
E(X^2)=\int_a^b x^2p(x)\mathrm{d}x=\left.\frac{x^3}{3(b-a)}\right|_a^b=\frac{a^2+ab+b^2}{3},
$$

故

$$
D(X)=E(X^2)-[E(X)]^2=\frac{(b-a)^2}{12}.
$$

7. 指数分布

设 $X\sim E(\lambda)$, 已知 $E(X)=\dfrac{1}{\lambda}$, 因为

$$
\begin{aligned}
E(X^2)&=\int_{-\infty}^{+\infty}x^2p(x)\mathrm{d}x=\int_0^{+\infty}x^2\lambda\mathrm{e}^{-\lambda x}\mathrm{d}x=-\int_0^{+\infty}x^2\mathrm{d}(\mathrm{e}^{-\lambda x})\\
&=-\left[x^2\mathrm{e}^{-\lambda x}\Big|_0^{+\infty}-\int_0^{+\infty}\mathrm{e}^{-\lambda x}\mathrm{d}x^2\right]=\frac{2}{\lambda^2},
\end{aligned}
$$

故

$$
D(X)=E(X^2)-[E(X)]^2=\frac{2}{\lambda^2}-\left(\frac{1}{\lambda}\right)^2=\frac{1}{\lambda^2}.
$$

8. 正态分布

设 $X\sim N(\mu,\sigma^2)$, 已知 $E(X)=\mu$, 对正态分布, 我们直接采用定义来计算 $D(X)$.

$$
\begin{aligned}
D(X) &= \int_{-\infty}^{+\infty}(x-\mu)^2\frac{1}{\sqrt{2\pi}\sigma}\mathrm{e}^{-\frac{(x-\mu)^2}{2\sigma^2}}\mathrm{d}x \\
&\xlongequal{y=\frac{x-\mu}{\sigma}} \int_{-\infty}^{+\infty} y^2\frac{\sigma^2}{\sqrt{2\pi}}\mathrm{e}-\frac{y^2}{2}\mathrm{d}y \\
&= \frac{\sigma^2}{\sqrt{2\pi}}\left[-y\mathrm{e}-\frac{y^2}{2}\Bigg|_{-\infty}^{+\infty}+\int_{-\infty}^{+\infty}\mathrm{e}^{-\frac{y^2}{2}}\mathrm{d}y\right] \\
&= \sigma^2\int_{-\infty}^{+\infty}\frac{1}{\sqrt{2\pi}}\mathrm{e}^{-\frac{y^2}{2}}\mathrm{d}y \\
&= \sigma^2.
\end{aligned}
$$

由此可知, 正态分布的第二个参数 σ 的概率意义, 就是正态分布的标准差. 因此, 正态分布由其数学期望和标准差 σ (或方差 σ^2) 所唯一确定.

9. Γ-分布

设 $X \sim \Gamma(\alpha,\beta)$, 已知 $E(X)=\dfrac{\alpha}{\beta}$,

$$
E(X^2)=\frac{\beta^\alpha}{\Gamma(\alpha)}\int_0^{+\infty}x^{\alpha+1}\mathrm{e}^{-\beta x}\mathrm{d}x=\frac{\beta^\alpha}{\Gamma(\alpha)}\int_0^{+\infty}x^{\alpha+1-1}\mathrm{e}^{-\beta x}\mathrm{d}x=\frac{\beta^\alpha}{\Gamma(\alpha)}\frac{\Gamma(\alpha+2)}{\beta^{\alpha+2}}=\frac{\alpha(\alpha+1)}{\beta^2},
$$

从而

$$
D(X)=E(X^2)-[E(X)]^2=\frac{\alpha}{\beta^2}.
$$

几类常用分布的期望与方差见附表 1.

3.2.3　方差的性质

性质 1　若 c 为常数, 则 $D(c)=0$.

性质 2　若 c 为常数, 则 $D(cX)=c^2D(X)$.

事实上

$$
\begin{aligned}
D(cX) &= E[cX-E(cX)]^2 = E[c^2(X-EX)^2] \\
&= c^2E[(X-EX)^2] = c^2D(X).
\end{aligned}
$$

性质 3　若 X, Y 是两个相互独立的随机变量, 且 $D(X)$, $D(Y)$ 存在, 则

$$
D(X \pm Y)=D(X)+D(Y).
$$

事实上

$$
\begin{aligned}
D(X+Y) &= E(X+Y)^2-[E(X+Y)]^2 \\
&= E(X^2+2XY+Y^2)-[E(X)+E(Y)]^2 \\
&= E(X^2)+2E(XY)+E(Y^2)-[E(X)]^2-2E(X)E(Y)-[E(Y)]^2.
\end{aligned}
$$

因为 X,Y 相互独立, 所以有

$$
E(XY)=E(X)E(Y).
$$

于是

$$
D(X+Y)=E(X^2)+E(Y^2)-[E(X)]^2-[E(Y)]^2=D(X)+D(Y).
$$

一般地, 若 X,Y 相互独立, 则

$$D(k_1X \pm k_2Y) = k_1^2D(X) + k_2^2D(Y) \quad （k_1，k_2 \text{为常数}）.$$

更一般地, 若 $X_1, X_2 \cdots, X_n$ 两两相独立, 则

$$D(X_1 + \cdots + X_n) = D(X_1) + \cdots + D(X_n).$$

性质 4　对任意的常数 $C \neq E(X)$, 则有 $D(X) < E(X-C)^2$.

事实上

$$\begin{aligned} E(X-C)^2 &= E[X-E(X)+E(X)-C]^2 \\ &= E[X-E(X)]^2 + 2[E(X)-C]E[X-E(X)] + [E(X)-C]^2 \\ &= D(X) + [E(X)-C]^2. \end{aligned}$$

在理论研究和实践应用中, 为了简化证明或方便计算, 往往对随机变量进行所谓标准化, 即如随机变量 X, 存在 $E(X)$ 和 $D(X)$, 则令 $X^* = \dfrac{X-E(X)}{\sqrt{D(X)}}$, 称 X^* 为 X 的标准化随机变量, 由期望和方差的性质易验证 $E(X^*)=0$, $D(X^*)=1$.

事实上

$$E(X^*) = E\left[\frac{X-E(X)}{\sqrt{D(X)}}\right] = \frac{1}{\sqrt{D(X)}}[E(X)-E(X)] = 0,$$

$$D(X^*) = D\left[\frac{X-E(X)}{\sqrt{D(X)}}\right] = \frac{D(X-E(X))}{D(X)} = \frac{D(X)}{D(X)} = 1.$$

例 3.2.1　若 $X \sim b(k;n,p)$, 求 $D(X)$.

解　令

$$X_i = \begin{cases} 1, & \text{在第 } i \text{ 次试验中}A\text{出现}, \\ 0, & \text{在第 } i \text{ 次试验中}A\text{不出现}, \end{cases} \quad i = 1,2,\cdots,n,$$

则 $D(X_i) = pq$. 而 $X = X_1 + \cdots + X_n$, 所以

$$D(X) = D(X_1) + D(X_2) + \cdots + D(X_n) = npq.$$

例 3.2.2　设随机变量 X 服从指数分布, 其概率密度为 $f(x) = \begin{cases} \dfrac{1}{\theta}\mathrm{e}^{-\frac{x}{\theta}}, & x > 0, \\ 0, & x \leqslant 0, \end{cases}$ 其中 $\theta>0$ 是常数, 求 $E(X)$, $D(X)$.

$$\text{解} \quad \begin{aligned} E(X) &= \int_0^{+\infty} x\frac{1}{\theta}\mathrm{e}^{-\frac{x}{\theta}}\mathrm{d}x = \int_0^{+\infty} x\mathrm{d}(-\mathrm{e}^{-\frac{x}{\theta}}) \\ &= -x\mathrm{e}^{-\frac{x}{\theta}}\Big|_0^{+\infty} + \int_0^{+\infty}\mathrm{e}^{-\frac{x}{\theta}}\mathrm{d}x = 0 + (-\theta\mathrm{e}^{-\frac{x}{\theta}})\Big|_0^{+\infty} = 0, \end{aligned}$$

又 $E(X^2) = \dfrac{1}{\theta}\int_0^{\infty} x^2\mathrm{e}^{-\frac{x}{\theta}}\mathrm{d}x \overset{\text{令}t=\frac{x}{\theta}}{=\!=\!=} \theta^2\int_0^{\infty} t^2\mathrm{e}^{-t}\mathrm{d}t = 2\theta^2$, 所以,

$$D(X) = E(X^2) - E^2(X) = 2\theta^2 - \theta^2 = \theta^2.$$

例 3.2.3　设掷两颗骰子, X, Y 分别表示第一、二颗骰子出现的点数, 求两颗骰子出现点数之差的方差.

解　令 X, Y 分别表示第一、二颗骰子出现的点数, 则 X 与 Y 独立同分布, 分布列为

$$P(X=k) = P(Y=k) = \frac{1}{6}, \quad k = 1,2,3,4,5,6.$$

则

$$E(X)=E(Y)=\frac{7}{2},$$

$$E(X^2)=E(Y^2)=(1^2+2^2+3^2+4^2+5^2+6^2)\times\frac{1}{6}=\frac{91}{6},$$

$$D(X)=D(Y)=E(X^2)-[E(X)]^2=\frac{91}{6}-\left(\frac{7}{2}\right)^2=\frac{35}{12},$$

所以 $D(X-Y)=2\times\frac{35}{12}=\frac{35}{6}$.

3.2.4 切比雪夫不等式

我们知道方差反映了随机变量平均偏离数学期望的程度, 如果随机变量 X 的数学期望为 $E(X)$, 方差为 $D(X)$, 那么对任意大于零的常数 ε, 事件($|X-EX|\geqslant\varepsilon$)发生的概率 $P(|X-EX|\geqslant\varepsilon)$ 应该与 $D(X)$ 有一定的关系, 粗略地说, 若 $D(X)$ 越大, 则 $P(|X-EX|\geqslant\varepsilon)$ 也会越大, 将这个直觉严格化, 就有下面著名的切比雪夫不等式.

定理 3.2.1 对任意的随机变量 X, 若 $E(X)=a$, 又 $D(X)$ 存在, 则对任意正数 ε 有

$$P(|X-a|\geqslant\varepsilon)\leqslant\frac{D(X)}{\varepsilon^2}.$$

证明 仅对连续型情形给出证明.

设 X 是一个连续型随机变量, 密度函数为 $p(x)$, 则

$$P(|X-a|\geqslant\varepsilon)=\int_{|x-a|\geqslant\varepsilon}p(x)\mathrm{d}x\leqslant\int_{|x-a|\geqslant\varepsilon}\frac{(x-a)^2}{\varepsilon^2}p(x)\mathrm{d}x$$

$$\leqslant\frac{1}{\varepsilon^2}\int_{-\infty}^{\infty}(x-a)^2p(x)\mathrm{d}x=\frac{D(X)}{\varepsilon^2}.$$

在上述证明中, 如果把密度函数换成分布列, 把积分号换成求和号, 即得到离散型情形的证明.

切比雪夫不等式也可以表示成

$$P(|X-a|<\varepsilon)\geqslant1-\frac{D(X)}{\varepsilon^2}.$$

由切比雪夫不等式看出, $D(X)$ 越小, 事件 $\{|X-EX|\geqslant\varepsilon\}$ 发生的概率越小, X 越是集中在 $E(X)$ 的附近取值. 由此可见, 方差刻画了随机变量取值的离散程度.

注意 在切比雪夫不等式给出的估计式中, 不需要知道随机变量具体服从什么分布, 只需知道数学期望 $E(X)$ 及方差 $D(X)$ 两个数字特征就够了, 因而使用起来是比较方便的. 但因为它没有完整地用到随机变量的统计规律——分布函数或密度函数, 所以一般说来, 它给的估计往往是比较粗糙的.

利用切比雪夫不等式可以证明下列事实.

随机变量 X 的方差 $D(X)=0$ 的充要条件是 X 取某个常数值的概率为 1, 即

$$P(X=a)=1.$$

这个结论的充分性是显然的, 下面证明必要性.

$$0 \leqslant P(|X-E(X)|>0)=P\left(\bigcup_{n=1}^{\infty}|X-E(X)| \geqslant \frac{1}{n}\right)$$
$$\leqslant \sum_{n=1}^{\infty} P\left(|X-E(X)| \geqslant \frac{1}{n}\right) \leqslant \sum_{n=1}^{\infty} \frac{D(X)}{\left(\frac{1}{n}\right)^2}=0.$$

由此可知

$$P(|X-E(X)|>\varepsilon)=0.$$

从而常数 a 即为 $E(X)$.

在方差已知的条件下, 切比雪夫不等式给出了 X 与它的期望 $E(X)$ 的偏差不小于 ε 的概率估计式. 例如，取 $\varepsilon=2\sqrt{D(X)}$, 则有

$$P(|X-E(X)| \geqslant 2\sqrt{D(X)}) \leqslant \frac{D(X)}{4[D(X)]}=0.25.$$

于是, 对任意的分布, 只要期望与方差都存在, 则随机变量 X 与它的期望 $E(X)$ 的偏差不小于两倍的均方差的概率不大于 0.25.

例 3.2.4　在每一次试验中, 事件 A 发生的概率为 0.75, 试用切比雪夫不等式求: 独立性试验次数 n 取最小值时, 事件 A 出现的频率在 0.74 至 0.76 之间的概率为 0.90.

解　设 X 为 n 次试验中事件 A 发生的次数, 则 $X \sim b(k;n,0.75)$, 且

$$E(X)=0.75n,\quad D(X)=0.75\times 0.25n=0.1875n.$$

所求为满足 $P\left(0.74<\frac{X}{n}<0.76\right) \geqslant 0.90$ 的最小 n, 由

$$P\left(0.74<\frac{X}{n}<0.76\right)=P(-0.01n<X-0.75n<0.01n)=P(|X-E(X)|<0.01n).$$

在切比雪夫不等式中取 $\varepsilon=0.01n$, 则

$$P\left(0.74<\frac{X}{n}<0.76\right)=P(|X-E(X)|<0.01n) \geqslant 1-\frac{D(X)}{(0.01n)^2}=1-\frac{1875}{n},$$

依题意, 取 n 使 $1-\frac{1875}{n} \geqslant 0.9$, 解得 $n \geqslant 18750$. 即 n 取 18750 时, 可以使得在 n 次独立重复试验中, 事件 A 出现的频率在 0.74 至 0.76 之间的概率为 0.90.

习　题　3.2

1. 袋中有 5 个球, 其中 2 个红球, 3 个白球. (1) 放回抽样两次每次取一个, 求取到白球 X 的数学期望和方差; (2) 若改放回为无放回, 求 X 的数学期望与方差.

2. 设 $X \sim b(k;n,p)$, 且 $E(X)=3$, $D(X)=2$, 试求 X 的全部可能取值, 并计算 $P(X \leqslant 8)$.

3. 设对某一目标连续射击, 直到命中 m 次为止, 每次射击的命中率为 P. 求子弹消耗量 X 的数学期望与方差.

4. 设随机变量 X 的密度函数为 $p(x)=\begin{cases} ax^2+bx+c, & 0\leqslant x\leqslant 1, \\ 0, & \text{其他}. \end{cases}$ 已知 $E(X)=0.5$, $D(X)=0.15$, 试求常数 a,b,c.

5. 同时掷两颗骰子, 出现的最大总数为一个随机变量, 写出这个随机变量的分布列并计算它的期望与方差.

6. 设随机变量 X 服从正态分布 $N(\mu,\sigma^2)$，令 $Y=e^X$，求 $E(Y)$ 及 $D(Y)$.

7. 设 $X\sim N(1,2)$，Y 服从参数为 3 的泊松分布, 且 X 与 Y 相互独立, 求 $D(XY)$.

8. 设 X_1,X_2,X_3,X_4 相互独立, 且 $E(X_i)=i$，$D(X_i)=5-i$，$i=1,2,3,4$. 设

$$Y=2X_1-X_2+3X_3-\frac{1}{2}X_4,$$

求 $E(Y)$ 及 $D(Y)$.

---

9. 设随机变量 X 在区间 $[-1,2]$ 上服从均匀分布, 随机变量 $Y=\begin{cases}1, & X>0,\\ 0, & X=0,\\ -1, & X<0,\end{cases}$ 求 $D(Y)$.

10. 设随机变量 X 与 Y 相互独立, 且它们的方差均存在, 证明

$$D(XY)=D(X)D(Y)+[E(X)]^2D(Y)+D(X)[E(Y)]^2.$$

11. 某人用 n 把钥匙去开门, 只有一把能打开. 今逐个任取一把试开, 求开此门所需开门次数 X 的均值及方差. 假设: (1) 打开不放回; (2) 打不开的钥匙仍放回.

12. 设随机变量 $X_1,X_2,\cdots,X_n$ 相互独立, 且都服从数学期望为 1 的指数分布, 求

$$Y=\min\{X_1,X_2,\cdots,X_n\}$$

的数学期望与方差.

3.3 协方差、相关系数

3.3.1 协方差

对于二维随机变量 (X,Y) 来说, 若已知 (X,Y) 的联合分布, 可以唯一确定 X,Y 的边际分布, 反之, 由边际分布不能确定联合分布. 这说明对于二维随机变量, 除了每个随机变量各自的概率特性外, 相互之间还有某种联系. 各分量的数学期望和方差不能反映各分量之间的相互关系. 描述这种相关程度的一个特征数就是协方差.

1. 定义

定义 3.3.1 若 (X,Y) 为一个二维随机变量, 又 $E\left|[X-E(X)][Y-E(Y)]\right|<+\infty$，称 $E\{[X-E(X)]\times[Y-E(Y)]\}$ 为 X,Y 的协方差, 记作 $\operatorname{cov}(X,Y)$ 或 σ_{XY}. 特别地, 有

$$\operatorname{cov}(X,X)=D(X).$$

对于离散型随机变量, $\operatorname{cov}(X,Y)=\sum_i\sum_j p_{ij}[x_i-E(X)][y_j-E(Y)]$.

对于连续型随机变量, $\operatorname{cov}(X,Y)=\int_{-\infty}^{+\infty}\int_{-\infty}^{+\infty}[x-E(X)][y-E(Y)]p(x,y)\mathrm{d}x\mathrm{d}y$.

在上面两个式子中要求无穷级数(无穷积分)绝对收敛.

从协方差的定义可以看出, 协方差是 X 的偏差 $X-E(X)$ 与 Y 的偏差 $Y-E(Y)$ 乘积的数学期望, 由于偏差可正可负, 故协方差也可正可负, 也可为零.

当 $\operatorname{cov}(X,Y)>0$ 时, 称 X 与 Y 正相关, 这时两个偏差 $X-E(X)$ 与 $Y-E(Y)$ 同时增加或同时减少. 由于 $E(X)$ 与 $E(Y)$ 都是常数, 故等价于 X 与 Y 同时增加或同时减少, 这就是正相关的含义.

当 $\operatorname{cov}(X,Y)<0$ 时, 称 X 与 Y 负相关, 这时 X 增加而 Y 减少, 或 Y 增加而 X 减少, 这就是负相关的含义.

当 $\operatorname{cov}(X,Y)=0$ 时,称 X 与 Y 不相关. 不相关是指 X 与 Y 之间不存在线性关系,但 X 与 Y 之间可能存在其他的函数关系,例如,平方关系、对数关系等.

注意　协方差是反映随机变量 X, Y 之间是否存在线性关系的数量指标.

2. 计算公式

由期望的性质可推出:

$$\operatorname{cov}(X,Y)=E\{[X-E(X)][Y-E(Y)]\}=E(XY)-E(X)\cdot E(Y).$$

注意　在求协方差时经常用上述公式进行计算.

例 3.3.1　已知随机变量 (X,Y) 的联合分布为

Y \ X	1	0
1	p	0
0	0	q

其中 $p+q=1, 0<p<1$, 求 $\operatorname{cov}(X,Y)$.

解　由题意, X 的边际分布为

X	1	0
p	p	q

Y 的边际分布为

Y	1	0
p	p	q

XY 的分布为

XY	1	0
p	p	q

所以, $E(X)=p, E(Y)=p, E(XY)=p$, 故

$$\operatorname{cov}(X,Y)=E(XY)-E(X)E(Y)=p-pp=pq.$$

例 3.3.2　设二维随机变量 (X,Y) 的联合密度为

$$p(x,y)=\begin{cases}8xy, & 0\leqslant x\leqslant y\leqslant 1,\\ 0, & \text{其他},\end{cases}$$

求 $\operatorname{cov}(X,Y)$.

解　由 (X,Y) 的联合密度函数求得 X,Y 的边际密度函数分别为

$$p_X(x)=\begin{cases}4x(1-x^2), & 0\leqslant x\leqslant 1,\\ 0, & \text{其他},\end{cases}\qquad p_Y(y)=\begin{cases}4y^3, & 0\leqslant y\leqslant 1,\\ 0, & \text{其他},\end{cases}$$

于是

$$E(X)=\int_{-\infty}^{+\infty}xp_X(x)\mathrm{d}x=\int_0^1 x4x(1-x^2)\mathrm{d}x=\frac{8}{15},$$

$$E(Y)=\int_{-\infty}^{+\infty} y p_Y(y)\mathrm{d}y=\int_0^1 y4y^3\mathrm{d}y=\frac{4}{5},$$

$$E(XY)=\int_{-\infty}^{+\infty}\int_{-\infty}^{+\infty} xyp(x,y)\mathrm{d}x\mathrm{d}y=\int_0^1\mathrm{d}x\int_x^1 xy8xy\mathrm{d}y=\frac{4}{9}.$$

从而

$$\operatorname{cov}(X,Y)=E(XY)-E(X)E(Y)=\frac{4}{9}-\frac{4}{5}\times\frac{8}{15}=\frac{4}{225}.$$

注意　从上述例子可以发现, 求协方差关键是 $E(XY)$ 与 $E(X),E(Y)$.

3. 性质

由协方差的定义容易验证, 协方差具有如下性质.

性质 1　$\operatorname{cov}(X,Y)=\operatorname{cov}(Y,X)$.

性质 2　若 a,b,c,d 为常数, 则 $\operatorname{cov}(aX+c,bY+d)=ab\cdot\operatorname{cov}(X,Y)$.

性质 3　$\operatorname{cov}(X_1+X_2,Y)=\operatorname{cov}(X_1,Y)+\operatorname{cov}(X_2,Y)$.

除了上述性质外, 协方差还具有如下性质.

性质 4　若 X,Y 相互独立, 则 $\operatorname{cov}(X,Y)=0$.

证明　因为 X 与 Y 相互独立, 所以 $E(XY)=E(X)E(Y)$, 从而

$$\operatorname{cov}(X,Y)=E(XY)-E(X)E(Y)=0.$$

注意　此结论反过来不一定成立, 即不相关不一定相互独立. 由此说明不相关是比独立更弱的一个概念.

性质 5　$D(X\pm Y)=D(X)+D(Y)\pm 2\operatorname{cov}(X,Y)$.

证明　由方差的定义知

$$\begin{aligned}D(X\pm Y)&=E[(X\pm Y)-E(X\pm Y)]^2=E[(X-EX)\pm(Y-EY)]^2\\&=E\{(X-EX)^2+(Y-EY)^2\pm 2[X-E(X)][Y-E(Y)]\}\\&=D(X)+D(Y)\pm 2\operatorname{cov}(X,Y).\end{aligned}$$

注意　在 X 与 Y 相关的条件下, 和的方差不等于方差的和. 或者说在 X 与 Y 不相关的条件下, 和的方差等于方差的和. 这可将方差的性质“若 X 与 Y 相互独立, 则 $D(X\pm Y)=D(X)+D(Y)$ ”中的条件“独立性”降弱为“不相关”.

性质 5 还可以推广到多个随机变量的情形.

$$D(X_1+\cdots+X_n)=\sum_{k=1}^{n}D(X_k)+2\sum_{1\leqslant i<j\leqslant n}\operatorname{cov}(X_i,X_j).$$

性质 6(施瓦茨不等式)　$[\operatorname{cov}(X,Y)]^2\leqslant D(X)\cdot D(Y)$.

证明　对任意 $t\in\mathbf{R}$, 由期望的性质

$$\begin{aligned}0&\leqslant E\{[X-E(X)]-t[Y-E(Y)]\}^2\\&=E[X-E(X)]^2-2tE[X-E(X)][Y-E(Y)]+t^2E[Y-E(Y)]\\&=D(X)-2t\operatorname{cov}(X,Y)+t^2D(Y).\end{aligned}$$

上面关于 t 的二次三项式$\geqslant 0$的充要条件是判别式

$$\Delta=4|\operatorname{cov}(X,Y)|^2-4D(X)\cdot D(Y)\leqslant 0,$$

即

$$[\operatorname{cov}(X,Y)]^2 \leqslant D(X)\cdot D(Y).$$

例 3.3.3　设随机变量 $X \sim N(0,\sigma^2)$, 令 $Y = X^2$, 则 X 与 Y 不独立, 此时, X 与 Y 的协方差为 $\operatorname{cov}(X,Y)=\operatorname{cov}(X,X^2)=E(X\cdot X^2)-E(X)E(X^2)=0$, 这个例子说明, 独立必导致不相关, 而不相关不一定导致独立.

例 3.3.4　设二维随机变量 (X,Y) 的联合密度函数为

$$p(x,y)=\begin{cases}\dfrac{1}{3}(x+y), & 0<x<1, 0<y<2,\\ 0, & \text{其他},\end{cases}$$

求 $D(2X-3Y)$.

解　由 (X,Y) 的联合密度函数求得其边际密度函数为

$$p_X(x)=\begin{cases}\dfrac{2}{3}(x+1), & 0<x<1,\\ 0, & \text{其他},\end{cases}\qquad p_Y(y)=\begin{cases}\dfrac{1}{3}\left(y+\dfrac{1}{2}\right), & 0<y<2,\\ 0, & \text{其他},\end{cases}$$

$$E(X)=\int_{-\infty}^{+\infty} x p_X(x)\mathrm{d}x=\int_0^1 \frac{2}{3}x(x+1)\mathrm{d}x=\frac{5}{9},$$

$$E(X^2)=\int_{-\infty}^{+\infty} x^2 p_X(x)\mathrm{d}x=\int_0^1 \frac{2}{3}x^2(x+1)\mathrm{d}x=\frac{7}{18},$$

$$E(Y)=\int_{-\infty}^{+\infty} y p_Y(y)\mathrm{d}y=\int_0^2 \frac{1}{3}y\left(y+\frac{1}{2}\right)\mathrm{d}x=\frac{11}{9},$$

$$E(Y^2)=\int_{-\infty}^{+\infty} y^2 p_Y(y)\mathrm{d}y=\int_0^2 \frac{1}{3}y^2\left(y+\frac{1}{2}\right)\mathrm{d}x=\frac{16}{9}.$$

由此得

$$D(X)=E(X^2)-[E(X)]^2=\frac{7}{18}-\left(\frac{5}{9}\right)^2=\frac{13}{162},$$

$$D(Y)=E(Y^2)-[E(Y)]^2=\frac{16}{9}-\left(\frac{11}{9}\right)^2=\frac{23}{81},$$

$$E(XY)=\frac{1}{3}\int_0^1\int_0^2 xy(x+y)\mathrm{d}x\mathrm{d}y=\frac{2}{3}.$$

于是, 协方差为

$$\operatorname{cov}(X,Y)=E(XY)-E(X)E(Y)=\frac{2}{3}-\frac{5}{9}\frac{11}{9}=-\frac{1}{81}.$$

从而,

$$D(2X-3Y)=4D(X)+9D(Y)-12\operatorname{cov}(X,Y)=4\times\frac{13}{162}+9\times\frac{23}{81}-12\left(-\frac{1}{81}\right)=\frac{245}{81}.$$

3.3.2　相关系数

从上面的讨论看, 协方差在一定程度上反映了两随机变量之间的关系, 但因它要受 X,Y 本身数值大小的影响, 比如, 若令 X,Y 各自增大 k 倍, 它们之间的相互关系应该不变, 但其协方差却增大 k^2 倍, 所以, 实际中常用的是标准化协方差——相关系数.

1. 定义

定义 3.3.2　若 (X,Y) 为一个二维随机变量, 且 $E\left|\dfrac{[X-E(X)][Y-E(Y)]}{\sqrt{D(X)}\sqrt{D(Y)}}\right|<+\infty$, 称

$$\begin{aligned}\operatorname{cov}(X^*,Y^*)&=E\{[X^*-E(X^*)][Y^*-E(Y^*)]\}\\&=E\left[\frac{X-E(X)}{\sqrt{D(X)}}\cdot\frac{Y-E(Y)}{\sqrt{D(Y)}}\right]=\frac{\operatorname{cov}(X,Y)}{\sqrt{D(X)}\sqrt{D(Y)}}\end{aligned}$$

为 X,Y 的相关系数, 用 ρ_{XY} 或 ρ 表示.

X,Y 的相关系数 ρ_{XY} 就是它们各自的标准化随机变量的协方差, 即

$$\rho_{XY}=\operatorname{cov}(X^*,Y^*).$$

注意　相关系数仍是随机变量之间的线性关系强弱的一个度量, 因而说得更确切些, 应该称为线性相关系数.

当 $|\rho_{XY}|$ 的值越接近于 1 时, 说明 X 与 Y 的线性相关程度越高;

当 $|\rho_{XY}|$ 的值越接近于 0 时, 说明 X 与 Y 的线性相关程度越低;

当 $|\rho_{XY}|=1$ 时, 说明 X 与 Y 的变化可完全由 X 的线性函数给出.

当 $\rho_{XY}=0$ 时, 称 X 与 Y 为不相关. 若 X 与 Y 为不相关, 只能说明 X 与 Y 之间没有线性关系, 并不能说明 X 与 Y 之间没有其他函数关系, 从而不能推出 X 与 Y 独立.

当 $\rho=+1$ 时, 称 X 与 Y 为完全正相关.

当 $\rho=-1$ 时, 称 X 与 Y 为完全负相关.

2. 性质

由施瓦茨不等式易得到下面的性质.

性质 1　设二维随机变量 (X,Y) 的两个分量 X 与 Y 的相关系数为 ρ, 则有 $|\rho|\leqslant 1$;

这个性质表明: 相关系数介于−1 与 1 之间. 对相关系数为 ±1 时, 有另一重要性质.

性质 2　$|\rho|=1$ 的充要条件是 X,Y 以概率为 1 线性相关, 即存在常数 a,b, 使得 $P(Y=aX+b)=1$, 其中当 $\rho=+1$ 时, 有 $a>0$; 当 $\rho=-1$ 时, 有 $a<0$.

证明　充分性. 若 $Y=aX+b$ $(X=cY+d$ 也一样$)$, 则将

$$D(Y)=a^2D(X),\quad \operatorname{cov}(X,Y)=a\operatorname{cov}(X,X)=aD(X)$$

代入相关系数的定义中得

$$\rho_{XY}=\frac{\operatorname{cov}(X,Y)}{\sqrt{D(X)}\sqrt{D(Y)}}=\frac{aD(X)}{|a|D(X)}=\begin{cases}1, & a>0,\\-1, & a<0.\end{cases}$$

必要性. 因为

$$D\left(\frac{X}{\sqrt{D(X)}}\pm\frac{Y}{\sqrt{D(Y)}}\right)=\frac{D(X)}{D(X)}+\frac{D(Y)}{D(Y)}\pm 2\frac{\operatorname{cov}(X,Y)}{\sqrt{D(X)}\sqrt{D(Y)}}=2(1\pm\rho),$$

故当 $\rho=1$ 时, 有 $D\left(\frac{X}{\sqrt{D(X)}}-\frac{Y}{\sqrt{D(Y)}}\right)=0$, 由此得 $P\left(\frac{X}{\sqrt{DX}}-\frac{Y}{\sqrt{DY}}=c\right)=1$, 这就证明了当 $\rho=1$ 时, X 与 Y 几乎处处线性正相关, 类似可证明当 $\rho=-1$ 时, $P\left(\frac{X}{\sqrt{DX}}+\frac{Y}{\sqrt{DY}}=c\right)=1$, X 与 Y 几乎处处线性负相关.

性质 3 若 X,Y 相互独立, 则 $\rho_{XY}=0$ (由 $\operatorname{cov}(X,Y)=0$ 即得) (逆之不真).

例 3.3.5 设 θ 为 $[-\pi,\pi]$ 上的均匀分布, 又 $X=\sin\theta, Y=\cos\theta$, 求 X,Y 之间的相关系数.

解 因为

$$E(X)=\frac{1}{2\pi}\int_{-\pi}^{\pi}\sin x\mathrm{d}x=0,\quad E(Y)=\frac{1}{2\pi}\int_{-\pi}^{\pi}\cos x\mathrm{d}x=0,$$

$$E(X^2)=\frac{1}{2\pi}\int_{-\pi}^{\pi}\sin^2 x\mathrm{d}x=\frac{1}{2},\quad E(Y^2)=\frac{1}{2\pi}\int_{-\pi}^{\pi}\cos^2 x\mathrm{d}x=\frac{1}{2},$$

$$E(XY)=\frac{1}{2\pi}\int_{-\pi}^{\pi}\sin x\cos x\mathrm{d}x=0,$$

$$\operatorname{cov}(X,Y)=E(XY)-E(X)\cdot E(Y)=0,$$

从而

$$\rho=0.$$

在例 3.3.5 中 X,Y 不相关, 但显然有 $X^2+Y^2=1$, 也就是说, X,Y 之间显然没有线性关系, 却有另外的函数关系.

由此可知, 当 $\rho=0$ 时, X,Y 可能独立也可能不独立.

例 3.3.6 设 $(X,Y)\sim N(\mu_1,\mu_2,\sigma_1^2,\sigma_2^2,\rho)$, 证明

(1) $\operatorname{cov}(X,Y)=\rho\sigma_1\sigma_2$;

(2) X与Y相互独立的充分必要条件为X与Y不相关.

证明 (1) $\operatorname{cov}(X,Y)=E\{[X-E(X)][Y-E(Y)]\}$

$$=\frac{1}{2\pi\sigma_1\sigma_2\sqrt{1-\rho^2}}\int_{-\infty}^{+\infty}\int_{-\infty}^{+\infty}(x-\mu_1)(y-\mu_2)\mathrm{e}^{-\frac{1}{2(1-\rho^2)}\left[\frac{(x-\mu_1)^2}{\sigma_1^2}-2\rho\frac{(x-\mu_1)(y-\mu_2)}{\sigma_1\sigma_2}+\frac{(y-\mu_2)^2}{\sigma_2^2}\right]}\mathrm{d}x\mathrm{d}y$$

$$=\frac{1}{2\pi\sigma_1\sigma_2\sqrt{1-\rho^2}}\int_{-\infty}^{+\infty}\mathrm{e}^{-\frac{(x-\mu_1)^2}{\sigma_1^2}}\left(\int_{-\infty}^{+\infty}(x-\mu_1)(y-\mu_2)\mathrm{e}^{-\frac{1}{2(1-\rho^2)}\left[\frac{y-\mu_2}{\sigma_2}-\rho\frac{x-\mu_1}{\sigma_1}\right]^2}\mathrm{d}y\right)\mathrm{d}x$$

作变量代换 $u=\frac{1}{\sqrt{1-\rho^2}}\left(\frac{y-\mu_2}{\sigma_2}-\rho\frac{x-\mu_1}{\sigma_1}\right), v=\frac{x-\mu_1}{\sigma_1}$, 于是有

$$\operatorname{cov}(X,Y)=\frac{1}{2\pi}\int_{-\infty}^{+\infty}\int_{-\infty}^{+\infty}(\sigma_1\sigma_2\sqrt{1-\rho^2}uv+\rho\sigma_1\sigma_2v^2)\,\mathrm{e}^{-\frac{u^2+v^2}{2}}\mathrm{d}u\mathrm{d}v$$

$$=\frac{\sigma_1\sigma_2\sqrt{1-\rho^2}}{2\pi}\left(\int_{-\infty}^{+\infty}u\mathrm{e}^{-\frac{u^2}{2}}\mathrm{d}u\right)\left(\int_{-\infty}^{+\infty}v\mathrm{e}^{-\frac{v^2}{2}}\mathrm{d}v\right)+\frac{\rho\sigma_1\sigma_2}{2\pi}\left(\int_{-\infty}^{+\infty}\mathrm{e}^{-\frac{u^2}{2}}\mathrm{d}u\right)\left(\int_{-\infty}^{+\infty}\mathrm{e}^{-\frac{v^2}{2}}\mathrm{d}v\right)$$

$$=\frac{\rho\sigma_1\sigma_2}{\sqrt{2\pi}}\int_{-\infty}^{+\infty}v^2\mathrm{e}^{-\frac{v^2}{2}}\mathrm{d}v=\rho\sigma_1\sigma_2.$$

进一步有, $\rho_{XY}=\frac{\operatorname{cov}(X,Y)}{\sqrt{D(X)}\sqrt{D(Y)}}=\frac{\rho\sigma_1\sigma_2}{\sigma_1\sigma_2}=\rho.$

(2) 由二维正态分布的性质可知, X与Y 相互独立的充要条件为 $\rho=0$, 从而 X 与 Y 相互独立的充要条件是 X 与 Y 不相关.

就二维正态分布而言, 联合密度中的参数 ρ 就是 X 与 Y 的相关系数. 因此, 二维正态随机变量的分布完全可由 X, Y 各自的数学期望、方差以及相关系数所确定.

注意 二维正态分布不相关与独立性是两个等价的概念.

例 3.3.7 已知 $X\sim N(1,3^2), Y\sim N(0,4^2)$, 且 X 与 Y 的相关系数是 $\rho_{XY}=-\dfrac{1}{2}$, 若 $Z=\dfrac{X}{3}-\dfrac{Y}{2}$, 求 $D(Z)$ 及 ρ_{XZ}.

解 因为 $D(X)=3^2, D(Y)=4^2$ 且

$$\operatorname{cov}(X,Y)=\sqrt{D(X)}\sqrt{D(Y)}\cdot\rho_{XY}=3\cdot4\cdot\left(-\frac{1}{2}\right)=-6,$$

所以

$$\begin{aligned}D(Z)&=\frac{1}{9}D(X)+\frac{1}{4}D(Y)-2\operatorname{cov}\left(\frac{X}{3},\frac{Y}{2}\right)\\&=\frac{1}{9}D(X)+\frac{1}{4}D(Y)-2\times\frac{1}{3}\times\frac{1}{2}\operatorname{cov}(X,Y)=7.\end{aligned}$$

又因

$$\begin{aligned}\operatorname{cov}(X,Z)&=\operatorname{cov}\left(X,\frac{X}{3}-\frac{Y}{2}\right)=\operatorname{cov}\left(X,\frac{X}{3}\right)-\operatorname{cov}\left(X,\frac{Y}{2}\right)\\&=\frac{1}{3}\operatorname{cov}(X,X)-\frac{1}{2}\operatorname{cov}(X,Y)\\&=\frac{1}{3}D(X)-\frac{1}{2}\operatorname{cov}(X,Y)\\&=\frac{1}{3}\cdot3^2-\frac{1}{2}\cdot(-6)=6,\end{aligned}$$

故

$$\rho_{XZ}=\frac{\operatorname{cov}(X,Z)}{\sqrt{D(X)}\sqrt{D(Z)}}=\frac{6}{3\sqrt{7}}=\frac{2\sqrt{7}}{7}.$$

例 3.3.8 设 $X\sim N(\mu,\sigma^2), Y\sim N(\mu,\sigma^2)$, 且 X, Y 相互独立. 试求 $Z_1=\alpha X+\beta Y$ 和 $Z_2=\alpha X-\beta Y$ 的相关系数(其中 α,β 是不为零的常数).

解 由于 X, Y 相互独立

$$\begin{aligned}\operatorname{cov}(Z_1,Z_2)&=E(Z_1,Z_2)-E(Z_1)E(Z_2)=E(\alpha X+\beta Y)(\alpha X-\beta Y)-(\alpha E(X)+\beta E(Y))(\alpha E(X)-\beta E(Y))\\&=\alpha^2E(X^2)-\beta^2E(Y^2)-\alpha^2(E(X))^2+\beta(E(Y))^2=\alpha^2D(X)-\beta^2D(Y)=(\alpha^2-\beta^2)\sigma^2,\end{aligned}$$

$$D(Z_1)=\alpha^2D(X)+\beta^2D(Y)=(\alpha^2+\beta^2)\sigma^2,\quad D(Z_2)=\alpha^2D(X)+\beta^2D(Y)=(\alpha^2+\beta^2)\sigma^2,$$

(利用数学期望的性质 2, 性质 3)

故

$$\rho_{Z_1Z_2}=\frac{\operatorname{cov}(Z_1,Z_2)}{\sqrt{D(Z_1)}\sqrt{D(Z_2)}}=\frac{\alpha^2-\beta^2}{\alpha^2+\beta^2}.$$

3.3.3　矩

矩是随机变量最广泛的数字特征. 均值、方差、协方差实际上都是某种矩, 现向大家介绍最常用的几种矩——原点矩、中心矩及混合矩.

1. 原点矩

定义 3.3.3　设 X 为随机变量, k 为正整数, 若 $E(X^k)$ 存在, 记 $m_k = E(X^k)$, 称 m_k 为 X 的 k 阶原点矩.

$m_1 = E(X)$ (期望) 就是一阶原点矩.

2. 中心矩

定义 3.3.4　设 X 为随机变量, 若 $E[X-E(X)]^k$ (k 为正整数) 存在, 记 $c_k = E[X-E(X)]^k$, 称 c_k 为 X 的 k 阶中心矩.

$c_2 = D(X)$ (方差) 为二阶中心矩.

注意　原点矩和中心矩可以互相换算

$$m_k = \sum_{r=0}^{k} \mathrm{C}_k^r m_1^r c_{k-r}, \quad c_k = \sum_{r=0}^{k} \mathrm{C}_k^r (-m_1)^{k-r} m_r .$$

定理 3.3.1　若 $E(X^k)$ (k 为正整数) 存在, 则对任意 $0 \leqslant r \leqslant k$, $E(X^r)$ 也存在.

证明　仅对连续型证明. 设 X 的密度函数为 $p(x)$, 因

$$\begin{aligned} E|X|^r &= \int_{-\infty}^{\infty} |x|^r p(x)\mathrm{d}x = \int_{|x|>1} |x|^r p(x)\mathrm{d}x + \int_{|x|\leqslant 1} |x|^r p(x)\mathrm{d}x \\ &\leqslant \int_{|x|>1} |x|^k p(x)\mathrm{d}x + \int_{|x|\leqslant 1} p(x)\mathrm{d}x \leqslant \int_{-\infty}^{\infty} |x|^k p(x)\mathrm{d}x + 1. \end{aligned}$$

此定理说明, 随机变量的高阶矩存在, 则低阶矩一定存在.

关于矩, 有更一般地, 若 a 为一常数, p 为任一正数, 如果 $E(X-a)^p$ 存在, 则称 $E(X-a)^p$ 是关于点 a 的 p 阶矩.

3. 混合矩

定义 3.3.5　设 (X,Y) 为二维随机变量, 称 $E(X^k \cdot Y^l)$ 为 $k+l$ 阶混合矩, 称 $E(X-EX)^k(Y-EY)^l$ 为 $k+l$ 阶的中心混合矩. 特别地, 当 $k=l=1$ 时, 1 + 1 阶中心混合矩就是协方差.

3.3.4　协方差矩阵

对于 n 维随机变量 $X^{\mathrm{T}} = (X_1, \cdots, X_n)$, 最常用的也就是一阶原点矩 $(E(X_1), \cdots, E(X_n))$ 和二阶中心矩:

$$b_{ij} = E\{[X_i - E(X_i)][X_j - E(X_j)]\}, \quad i=1,2,\cdots,n, \ j=1,2,\cdots,n,$$

称

$$B = \begin{pmatrix} b_{11} & b_{12} & \cdots & b_{1n} \\ b_{21} & b_{22} & \cdots & b_{2n} \\ \vdots & \vdots & & \vdots \\ b_{n1} & b_{n2} & \cdots & b_{nn} \end{pmatrix}$$

为 X^{T} 的协方差矩阵, 由协方差的性质知 B 为对称的非负定矩阵.

矩阵 $B=\begin{pmatrix} D(X) & \mathrm{cov}(X,Y) \\ \mathrm{cov}(X,Y) & D(Y) \end{pmatrix}$ 为二维随机变量 (X,Y) 的协方差矩阵.

例 3.3.9 设 $(X,Y)\sim N(\mu_1,\mu_2,\sigma_1^2,\sigma_2^2,\rho)$, 求其协方差阵.

解 因为 $D(X)=\sigma_1^2$, $D(Y)=\sigma_2^2$, $\mathrm{cov}(X,Y)=\mathrm{cov}(Y,X)=\rho\sigma_1\sigma_2$, 所以协方差阵为

$$B=\begin{pmatrix} \sigma_1^2 & \rho\sigma_1\sigma_2 \\ \rho\sigma_1\sigma_2 & \sigma_2^2 \end{pmatrix}.$$

3.3.5 n 维正态分布的概率密度

记 $x^{\mathrm{T}}=(x_1,x_2,\cdots,x_n)$, $A^{\mathrm{T}}=(E(X_1),E(X_2),\cdots,E(X_n))$, 若 X 的联合密度形如:

$$p(x_1,x_2,\cdots,x_n)=\frac{1}{(2\pi)^{\frac{n}{2}}|B|^{\frac{1}{2}}}\mathrm{e}^{-\frac{1}{2}(x-A)^{\mathrm{T}}B^{-1}(x-A)},\quad x\in\mathbf{R}^n,$$

则称 X 为 n 维(元)正态变量, 简记其分布为 $N(A,B)$, 称之为 n 维正态分布. 这里 B 是 X 的协方差阵, 它是一个正定阵. $|B|$ 是它的行列式, B^{-1} 表示 B 的逆矩阵, $(x-A)^{\mathrm{T}}$ 是 $(x-A)$ 的转置.

若取数学期望向量和协方差矩阵分别为

$$A^{\mathrm{T}}=(\mu_1,\mu_2),\quad B=\begin{pmatrix} \sigma_1^2 & \rho\sigma_1\sigma_2 \\ \rho\sigma_1\sigma_2 & \sigma_2^2 \end{pmatrix},$$

代入 n 维正态分布的密度中, 则可得到二元正态分布的密度函数.

n 维正态分布是一种最重要的多维分布, 它在概率论、数理统计和随机过程中都占有重要地位.

习 题 3.3

1. 设 X 服从参数为 2 的泊松分布, $Y=3X-2$, 试求 $E(Y)$, $D(Y)$, $\mathrm{cov}(X,Y)$ 及 ρ_{XY}.

2. 设随机变量 X 的方差 $D(X)=16$, 随机变量 Y 的方差 $D(Y)=25$, 又 X 与 Y 相关系数 $\rho_{XY}=\dfrac{1}{2}$, 求 $D(X+Y)$ 及 $D(X-Y)$.

3. 设二维随机变量 (X,Y) 的联合分布列为

Y \ X	-1	0	1
0	0.07	0.18	0.15
1	0.08	0.32	0.20

求 X^2 与 Y^2 的协方差.

4. 把一颗骰子独立地掷 n 次, 求 1 点出现的次数与 6 点出现的次数的协方差及相关系数.

5. 设二维随机变量 (X,Y) 的联合密度函数为

$$p(x,y)=\begin{cases}1, & |y|<x,0<x<1,\\ 0, & \text{其他},\end{cases}$$

求 $E(X)$, $D(Y)$, $\mathrm{cov}(X,Y)$.

6. 设二维随机变量 (X,Y) 的联合密度函数为

$$p(x,y)=\begin{cases}3x, & 0<y<x<1,\\ 0, & \text{其他},\end{cases}$$

求 X 与 Y 相关系数.

7. 设二维随机变量 (X,Y) 服从区域 $D=\{(x,y)\,|\,x^2+y^2\leqslant 1\}$ 的均匀分布, 求 X 与 Y 协方差与相关系数.

8. 设随机变量 X 与 Y 相关系数为 ρ, 求 $u=aX+b$ 与 $v=cY+d$ 的相关系数, 其中 a,b,c,d 为常数.

9. 设 X 与 Y 独立分布, 其共同分布为 $N(\mu,\sigma^2)$, 试求 $Z_1=aX+bY$ 与 $Z_2=cX-bY$ 的相关系数, 其中 a与b 为常数.

10. 设随机变量 X 与 Y 的联合分布在以点 $(0,1)$, $(1,0)$, $(1,1)$ 为顶点的三角形区域上服从均匀分布, 试求随机变量 $Z=X+Y$ 的方差.

11. 设随机变量 (X,Y) 的联合分布列为

$Y \backslash X$	-1	0	1
-1	$\frac{1}{8}$	$\frac{1}{8}$	$\frac{1}{8}$
0	$\frac{1}{8}$	0	$\frac{1}{8}$
1	$\frac{1}{8}$	$\frac{1}{8}$	$\frac{1}{8}$

证明 X 与 Y 不相关, 且 X 与 Y 不相互独立.

12. 设 (X,Y) 服从二维正态分布, 且 $X\sim N(0,3)$, $Y\sim N(0,4)$, 相关系数 $\rho_{XY}=-\dfrac{1}{4}$, 试写出 X 与 Y 的联合概率密度.

13. 设 A,B 是两个随机事件, 随机变量

$$X=\begin{cases}1, & A\text{出现},\\ -1, & A\text{不出现},\end{cases}\qquad Y=\begin{cases}1, & B\text{出现},\\ -1, & B\text{不出现},\end{cases}$$

试证明随机变量 X 与 Y 不相关的充要条件是 A和B 相互独立.

14. 一颗骰子连续掷 4 次, 总数总和记为 X, 估计 $P(10<X<18)$.

15. 设随机变量 X 与 Y 的数学期望分别为 -2 和 2, 方差分别为 1 和 4, 而相关系数为 -0.5, 试用切比雪夫不等式估计 $P(|X+Y|\geqslant 6)$.

16. 设二维随机变量 (X,Y) 的联合密度函数为

(1) $p(x,y)=\begin{cases}6xy^2, & 0<x<1, 0<y<1,\\ 0, & \text{其他};\end{cases}$

(2) $p(x,y)=\begin{cases}\dfrac{1}{8}(x+y), & 0\leqslant x\leqslant 2, 0\leqslant y\leqslant 2,\\ 0, & \text{其他},\end{cases}$

求 (X,Y) 的协方差矩阵.

---

17. 设随机变量 X 的概率密度为 $p(x)=\dfrac{1}{2}\mathrm{e}^{-|x|}(-\infty<x<+\infty)$.

(1) 求 X 的数学期望 $E(X)$ 与方差 $D(X)$;

(2) 求 X 与 $|X|$ 的协方差, 并问 X 与 $|X|$ 是否不相关?

(3) 求 X 与 $|X|$ 是否相互独立? 为什么?

18. 已知随机变量 (X,Y) 服从二维正态分布, X 与 Y 分别服从正态分布 $N(0,3^2)$ 和 $N(0,4^2)$, X 与 Y 的相关系数 $\rho_{XY}=-\dfrac{1}{2}$. 设 $Z=\dfrac{X}{3}+\dfrac{Y}{2}$,

(1) 求 Z 的数学期望 $E(Z)$ 与方差 $D(Z)$;

(2) 求 Z 与 X 的相关系数 ρ_{ZX}.

(3) 问 Z 与 X 是否相互独立？为什么？

19. 设二维随机变量的密度函数为 $p(x,y)=\frac{1}{2}[\varphi_1(x,y)+\varphi_2(x,y)]$，其中 $\varphi_1(x,y)$ 与 $\varphi_2(x,y)$ 都是二维正态密度函数，且它们对应的二维随机变量的相关系数分别为 $\frac{1}{3}$ 和 $-\frac{1}{3}$，它们的边缘密度函数所对应的随机变量的数学期望都是零，方差都是 1.

(1) 求随机变量 X 与 Y 的密度函数 $p_X(x)$和$p_Y(y)$ 及 X 与 Y 的相关系数 ρ.

(2) 问 X 与 Y 是否独立？为什么？

20. 设 $X_1,X_2,\cdots,X_n$ $(n>2)$ 相互独立且都服从 $N(0,1)$，$\bar{X}=\frac{1}{n}\sum_{i=1}^{n}X_i$，记

$$Y_i=X_i-\bar{X},\quad i=1,2,\cdots,n.$$

求：(1) Y_i 的方差 $D(Y_i)$，$i=1,2,\cdots,n$；(2) Y_1 与 Y_n 的协方差 $\operatorname{cov}(Y_1,Y_n)$.

3.4　条件期望与条件方差

由于随机变量之间存在相互联系，一个随机变量的取值可能会对另一个随机变量的取值产生影响，这种影响可以在数字特征上得到反映.

由条件分布我们可以讨论条件期望与条件方差.

3.4.1　条件期望

1. 定义

由条件分布列可以定义条件数学期望.

定义 3.4.1　设(X,Y)的可能取值为 $\{(a_i,b_j),i,j=1,2,\cdots\}$，在“$Y=b_i$”的条件下，$X$ 的条件分布列为 $\{p_{i|j},i=1,2,\cdots\}$，若 $\sum_{i=1}^{\infty}|a_i|p_{i|j}<+\infty$，则称 $\sum_{i=1}^{\infty}|a_i|p_{i|j}$ 为“$Y=b_i$”条件下 X 的条件数学期望简称条件期望，记作 $E(X\mid Y=b_j)$.

类似地可以定义 $E(Y\mid X=a_i)$.

条件密度 $p_{X|Y}(x\mid y)$ 描述了 $Y=y$ 条件下 X 的统计规律，有了条件分布密度，我们也可以定义连续型随机变量的条件期望.

定义 3.4.2　设 $Y=y$ 条件下 X 的条件密度为 $p_{X|Y}(x\mid y)$，若

$$\int_{-\infty}^{\infty}|x|p_{X|Y}(x\mid y)\mathrm{d}x<+\infty,$$

则称

$$E(X\mid Y=y)=\int_{-\infty}^{\infty}xp_{X|Y}(x\mid y)\mathrm{d}x$$

为 X 在 $Y=y$ 发生的条件下的条件数学期望，简称条件期望.

同样可定义 $E(Y\mid X=x)=\int_{-\infty}^{\infty}yp_{Y|X}(y\mid x)\mathrm{d}y$.

例 3.4.1　若(X,Y)～$N(a_1,a_2,\sigma_1^2,\sigma_2^2,\rho)$，求 $E(X\mid Y=y)$.

解　由

$$X\mid Y=y\sim N\left(a_1+\rho\frac{\sigma_1}{\sigma_2}(y-a_2),\sigma_2^2(1-\rho^2)\right),$$

得

$$E(X|Y=y)=a_1+\rho\frac{\sigma_1}{\sigma_2}(y-a_2).$$

例 3.4.1 的条件期望 $E(X|Y=y)$ 是 y 的线性函数.

条件数学期望不仅在近代概率论中有着重要作用, 而且在实际问题中也有很大的用处. 例如, X 表示中国成年人的身高, 则 $E(X)$ 为中国成年人的平均身高. 若 Y 表示中国成年人的足长, 则 $E(X|Y=y)$ 表示足长为 y 的中国人的平均身高, 我国公安部门研究得到

$$E(X|Y=y)=6.876y.$$

这个公式对公安部门破案起着重要的作用. 例如, 测得疑犯的足长为 25.3cm, 则由此公式可推测出此疑犯的身高约为 174cm.

其实以上公式的得出并不复杂, 一般认为人的身高与足长 (X,Y) 近似服从二维正态分布 $N(a_1,a_2,\sigma_1^2,\sigma_2^2,\rho)$.

由例 3.4.1 可知 $E(X|Y=y)=a_1+\rho\frac{\sigma_1}{\sigma_2}(y-a_2)$. 这是 y 的线性函数. 再用统计的方法(后面讨论), 从大量统计数据中得出 $a_1,a_2,\sigma_1,\sigma_2,\rho$ 的估计后, 就可得到上述公式.

2. 性质

因为条件期望是条件分布的数学期望, 所以条件期望具有类似无条件数学期望的性质(以下设所论条件期望存在).

下面以连续型随机变量为例,

性质 1　若 $a\leqslant X\leqslant b$, 则 $a\leqslant E(X|Y=y)\leqslant b$, 特别地, $E(c|Y=y)=c$.

性质 2　线性性. $E[(k_1X_1+k_2X_2)|Y=y]=k_1E(X_1|Y=y)+k_2E(X_2|Y=y)$.

从例 3.4.1 中我们看到 $E(X|Y=y)=a_1+\rho\frac{\sigma_1}{\sigma_2}(y-a_2)$, 一般来说, $E(X|Y=y)$ 只是 y 的函数(即与 y 有关), 现以 $E(X|Y)$ 记 Y 的如下函数: 当 $Y=y$ 时, $E(X|Y)$ 取值 $E(X|Y=y)$, 这样定义的函数 $E(X|Y)$ 是随机变量 Y 的函数, 因而也是一个随机变量, 对它求期望有如下结论.

性质 3(全期望公式)　$E[E(X|Y)]=E(X)$.

证明　$$E[E(X|Y)]=\int_{-\infty}^{\infty}E(X|y)P_Y(y)\mathrm{d}y=\int_{-\infty}^{\infty}\left[\int_{-\infty}^{\infty}xP_{X|Y}(x|y)\mathrm{d}x\right]P_Y(y)\mathrm{d}y$$
$$=\int_{-\infty}^{\infty}\int_{-\infty}^{\infty}xP(x,y)\mathrm{d}x\mathrm{d}y=\int_{-\infty}^{\infty}x\left[\int_{-\infty}^{\infty}P(x,y)\mathrm{d}y\right]\mathrm{d}x=\int_{-\infty}^{\infty}xP_X(x)\mathrm{d}x=E(X).$$

全期望公式也称为重期望公式, 它是概率论中较为深刻的一个结论, 在实际中有很多的应用. 例如, 要求在一个取值于很大范围上的指标 X 的均值 $E(X)$, 这时会遇到计算上的各种困难. 为此, 我们可以转化为条件数学期望来进行计算, 先去找一个与 X 有关的量 Y, 用 Y 的不同取值把大范围划分成若干个小区域, 先在小区域上求 X 的平均, 再对比类平均求加权平均, 即可得大范围上 X 的平均 $E(X)$. 如要求某省粮食的平均产量, 可先求出每个地区的粮食平均产量, 然后再对这个地区的平均产量作加权平均, 其权重就是各地区种粮面积在全省中所占的比例.

例 3.4.2　口袋中有编号为 $1,2,\cdots,n$ 的 n 个球, 从中任取 1 球, 若取到 1 号球, 则得 1 分, 且停止摸球; 若取到 i 号球($i\geqslant 2$), 则得 i 分, 且将此球放回, 重新摸球, 如此下来, 试求得到的平均总分数.

解 记 X 为得到的总分数, Y 为第一次取到的球的号码, 则

$$P(Y=1)=P(Y=2)=\cdots=P(Y=n)=\frac{1}{n},$$

又因为 $P(X|Y=1)=1$, 而当 $i\geqslant 2$ 时, $E(X|Y=i)=i+E(X)$, 所以, 由全期望公式

$$E(X)=\sum_{i=1}^{n}E(X\mid Y=i)P(Y=i)=\frac{1}{n}[1+2+\cdots+n+(n-1)E(X)],$$

解得 $E(X)=\dfrac{n(n+1)}{2}$.

例 3.4.3 设电力公司每月供应某工厂的电力 X 服从(10, 30)(单位: 10^4kw)上的均匀分布, 而该工厂每月实际需要的电力 Y 服从(10, 20)(单位: 10^4kw)上的均匀分布, 如果工厂能从电力公司得到足够的电力, 则每10^4kw 电可以创造 30 万元利润, 若工厂从电力公司得不到足够的电力, 则不足部分由工厂通过其他途径解决, 由其他途径解决的电力每10^4kw 只有 10 万元利润, 试求该厂每个月的平均利润.

解 从题意知, 每月供应电力 $X\sim U(10,30)$, 而工厂实际需要电力 $Y\sim U(10,20)$. 若工厂每个月的利润为 Z 万元, 则按题意可得

$$Z=\begin{cases}30Y, & Y\leqslant X,\\ 30X+10(Y-X), & Y>X.\end{cases}$$

在 $X=x$ 给定时, Z 仅是 Y 的函数.

当 $10\leqslant x<20$ 时, Z 的条件期望为

$$\begin{aligned}E(Z|X=x)&=\int_{10}^{x}30yp_Y(y)\mathrm{d}y+\int_{x}^{20}(10y+20x)p_Y(y)\mathrm{d}y\\&=\int_{10}^{x}30y\cdot\frac{1}{10}\mathrm{d}y+\int_{x}^{20}(10y+20x)\cdot\frac{1}{10}\mathrm{d}y\\&=\frac{3}{2}(x^2-100)+\frac{1}{2}(20^2-x^2)+2x(20-x)\\&=50+40x-x^2;\end{aligned}$$

当 $20\leqslant x\leqslant 30$ 时, Z 的条件期望为

$$E(Z|X=x)=\int_{10}^{20}30yp_Y(y)\mathrm{d}y=\int_{10}^{20}30y\cdot\frac{1}{10}\mathrm{d}y=450.$$

然后, 用 X 的分布对条件期望 $E(Z|X=x)$ 再作一次平均, 即得

$$\begin{aligned}E(Z)=E[E(Z\mid X)]&=\int_{10}^{20}E(Z|X=x)p_X(x)\mathrm{d}x+\int_{20}^{30}E(Z|X=x)p_X(x)\mathrm{d}x\\&=\frac{1}{20}\int_{10}^{20}(50+40x-x^2)\mathrm{d}x+\frac{1}{20}\int_{20}^{30}450\mathrm{d}x\approx 433.\end{aligned}$$

所以, 该厂每月的平均利润约为 433 万元.

例 3.4.4(随机变量和的数学期望) 设 $X_1,X_2,X_3,\cdots$ 为一列独立同分布的随机变量, 随机变量 N 只取正整数值, 且 N 与 $\{X_n\}$ 独立, 证明: $E\left(\sum_{i=1}^{N}X_i\right)=E(X_1)E(N)$.

证明　由全期望公式有

$$E\left(\sum_{i=1}^{N}X_i\right)=E\left[E\left(\sum_{i=1}^{N}X_i\middle|N\right)\right]$$
$$=\sum_{i=1}^{N}E\left(\sum_{i=1}^{N}X_i\middle|N=n\right)P(N=n)$$
$$=\sum_{i=1}^{N}nE(X_1)P(N=n)$$
$$=E(X_1)E(N).$$

利用此题的结论, 我们可以解决很多实际问题, 例如:

设一天内到达某商场的顾客数 N 是任取非负整数值的随机变量, 且 $E(N)=35000$, 又设进入该商场的第 i 个顾客的购物金额为 X_i, 可以认为诸 X_i 是独立同分布的随机变量, 且 $E(X_i)=$ 82 元, 假设 N 与 X_i 相互独立是合理的, 则此商场一天的平均营业额为

$$E\left(\sum_{i=0}^{N}X_i\right)=E(X_1)E(N)=82\times 35000=287\ (\text{万元}),$$

其中 $X_0=0$.

3.4.2　条件方差

有了条件数学期望, 我们可以定义条件方差.

定义 3.4.3　设 (X,Y) 是离散型随机变量, 其概率分布为

$$P(X=a_i,Y=b_j)=p_{ij}\quad(i=1,2,\cdots,j=1,2,\cdots),$$

称 $D(Y|X=a_i)=\sum\limits_{j}[b_j-E(Y|X=a_i)]^2p_{ij}$ (绝对收敛) 为 $X=a_i$ 条件下 Y 的条件方差; 类似地, 称 $D(X\mid Y=b_j)=\sum\limits_{i}[a_i-E(X|Y=b_j)]^2p_{ij}$ (绝对收敛) 为 $Y=b_j$ 条件下 X 的条件方差.

定义 3.4.4　设 (X,Y) 为连续型随机变量, $p_{Y|X}(y|x)$ 是 $X=x$ 条件下 Y 的概率密度, $p_{X|Y}(x\mid y)$ 是 $Y=y$ 条件下 X 的概率密度, 称

$$D(Y|X=x)=\int_{-\infty}^{+\infty}[y-E(Y|X=x)]^2p_{Y|X}(y|x)\mathrm{d}y$$

(绝对收敛) 为 $X=x$ 条件下 Y 的条件方差;

类似地, 称 $D(X|Y=y)=\int_{-\infty}^{+\infty}[x-E(X|Y=y)]^2p_{X|Y}(x|y)\mathrm{d}x$ (绝对收敛) 为 $Y=y$ 条件下 X 的条件方差.

例 3.4.5　设 $(X,Y)\sim N(\mu_1,\mu_2,{\sigma_1}^2,{\sigma_2}^2,\rho)$, 求 $D(Y|X=x)$.

解　由于 $p_{Y|X}(y|x)=\dfrac{p(x,y)}{p_X(x)}$, 由例 2.5.5 可知, $X=x$ 条件下 Y 的条件分布仍为正态分布

$$N\left(\mu_2+\rho\frac{\sigma_2}{\sigma_1}(x-\mu_1),\sigma_2^2(1-\rho^2)\right),$$

于是, $D(Y|X=x)={\sigma_2}^2(1-\rho^2)$.

注意　也可以直接用条件方差的定义计算.

习　题　3.4

1. 设二维随机变量 (X,Y) 的联合分布列为

$Y \backslash X$	0	1	2	3
0	0	0.01	0.01	0.01
1	0.01	0.02	0.03	0.02
2	0.03	0.04	0.05	0.04
3	0.05	0.05	0.05	0.06
4	0.07	0.06	0.05	0.06
5	0.09	0.08	0.06	0.05

求 $E(X\,|\,Y=2)$ 和 $E(Y\,|\,X=0)$.

2. 设随机变量 X 与 Y 相互独立, 分别服从参数为 λ_1 与 λ_2 的泊松分布, 求 $E(X\,|\,X+Y=n)$.

3. 设二维随机变量 (X,Y) 的联合密度函数为

$$p(x,y)=\begin{cases} x+y, & 0<x,y<1, \\ 0, & \text{其他}, \end{cases}$$

求 $E\left(X \,\middle|\, Y=\dfrac{1}{2}\right)$.

4. 设二维随机变量 (X,Y) 的联合密度函数为

$$p(x,y)=\begin{cases} 24(1-x)y, & 0<y<x<1, \\ 0, & \text{其他}, \end{cases}$$

求 $E(X\,|\,Y=y)$, $0<y<1$.

本 章 概 要

1. 随机变量的期望与方差是了解随机变量总体数量特征的重要指标, 它们具有直观综合的优点. 这两个数字特征, 虽然不能完整地描述这个随机变量, 但对于考察随机变量的总体分布状况具有十分重要的作用.

2. 随机变量的数学期望反映随机变量取值的平均值, 数学期望用 $E(X)$ 表示.

3. 随机变量的方差反映随机变量取值偏离平均值的程度, 方差用 $D(X)$ 表示.

4. 随机变量的数学期望和方差在实际应用中十分有用. 特别地, 有些随机变量只要知道它的期望和方差, 就可以知道分布的具体情况.

5. 离散型随机变量的分布包含: 退化分布、两点分布、二项分布、泊松分布和几何分布.

6. 连续型随机变量的分布包含: 均匀分布、指数分布、正态分布和 Γ-分布.

7. 对于一个二元随机变量, 在描述两个分量的线性关系时, 引进相关系数这一概念. 相关系数满足 $|\rho|\leqslant 1$. 随着 ρ 的增大, 两个随机变量的线性关系程度越密切. 特别地, 当 $\rho=\pm 1$ 时, 表明两个随机变量完全线性相关; 当 $\rho=0$ 时, 表明两个变量不相关.

8. 在切比雪夫不等式给出的估计式中，不需要知道随机变量具体服从什么分布，只需知道数学期望 $E(X)$ 及方差 $D(X)$ 两个数字特征就够了，因而使用起来是比较方便的.

常用术语

期望　方差　退化分布　两点分布　二项分布　泊松分布　几何分布　均匀分布　指数分布　正态分布　Γ-分布　协方差　相关系数　条件期望　条件方差

常用公式

1. 期望

(1) **离散型**　$E(X)=\sum\limits_{i} a_i p_i$.

(2) **连续型**　$E(X)=\int_{-\infty}^{+\infty} xp(x)\mathrm{d}x$.

2. 期望的性质

(1) 若 $a\leqslant X\leqslant b$, 则 $E(X)$ 存在，而且有 $a\leqslant E(X)\leqslant b$. 特别地，若 c 为一个常数，则 $E(c)=c$.

(2) 对任一二维随机变量 (X,Y) , 若 $E(X),E(Y)$ 都存在，则对任意实数 $k_1,k_2,E(k_1X+k_2Y)$ 存在且 $E(k_1X+k_2Y)=k_1E(X)+k_2E(Y)$.

(3) 若 X 与 Y 相互独立，则 $E(XY)=E(X)E(Y)$.

3. 随机变量函数的数学期望

(1) 离散型随机变量函数的数学期望.

若 X 为一个离散型随机变量，$P(X=a_i)=p_i$ ，$g(x)$ 是实变量 x 的单值函数，如果 $\sum\limits_{i=1}^{\infty}|g(a_i)|p_i<+\infty$ (绝对收敛)，则有 $E[g(X)]=\sum\limits_{i=1}^{\infty}g(a_i)p_i$.

若 (X,Y) 是一个二维离散型随机变量，其联合分布列为 $P(X=a_i,Y=b_i)=p_{ij}$ ，$i,j=1,2,\cdots$ ，又 $g(x,y)$ 是实变量 x,y 的单值函数，如果 $\sum\limits_{i}\sum\limits_{j}|g(a_i,b_i)|p_{ij}<+\infty$, 则有 $E[g(X,Y)]=\sum\limits_{i=1}^{\infty}\sum\limits_{j=1}^{\infty}g(a_i,b_j)p_{ij}$.

(2) 连续型随机变量函数的数学期望.

若 X 为连续型随机变量，密度函数为 $p(x)$, 又 $f(x)$ 为实变量 x 的函数，且 $\int_{-\infty}^{+\infty}|f(x)|p(x)\mathrm{d}x<+\infty$ ，则 $E[f(X)]=\int_{-\infty}^{+\infty}f(x)p(x)\mathrm{d}x$.

设 (X,Y) 是二维连续型随机变量，联合密度函数为 $p(x,y)$, 又 $f(x,y)$ 为二元函数，则随机变量 $Z=f(X,Y)$ 的数学期望 $E(Z)=E[f(X,Y)]=\int_{-\infty}^{+\infty}\int_{-\infty}^{+\infty}f(x,y)p(x,y)\mathrm{d}x\mathrm{d}y$.

4. 方差

(1) 离散型　$D(X)=\sum_{i=1}^{\infty}(a_i-E\xi)^2p_i$.

(2) 连续型　$D(X)=\int_{-\infty}^{+\infty}[x-E(X)]^2p(x)\mathrm{d}x$.

5. 方差的计算公式

$$D(X)=E(X^2)-[E(X)]^2.$$

6. 方差的性质

(1) 若 c 为常数, 则 $D(c)=0$.

(2) 若 c 为常数, 则 $D(cX)=c^2D(X)$.

(3) 若 X, Y 是两个相互独立的随机变量, 且 $D(X)$, $D(Y)$ 存在, 则

$$D(X\pm Y)=D(X)+D(Y).$$

(4) 对任意的常数 $C\neq E(X)$, 则有 $D(X)<E(X-C)^2$.

7. 切比雪夫不等式

对任意的随机变量 X, 若 $E(X)=a$, 又 $D(X)$ 存在, 则对任意正数 ε 有

$$P(|X-a|\geqslant\varepsilon)\leqslant\frac{D(X)}{\varepsilon^2}.$$

8. 协方差计算公式

(1) 离散型　$\operatorname{cov}(X,Y)=\sum_i\sum_j p_{ij}[x_i-E(X)][y_j-E(Y)]$.

(2) 连续型　$\operatorname{cov}(X,Y)=\int_{-\infty}^{+\infty}\int_{-\infty}^{+\infty}[x-E(X)][y-E(Y)]p(x,y)\mathrm{d}x\mathrm{d}y$.

(3) $\operatorname{cov}(X,Y)=E[X-E(X)][Y-E(Y)]=E(XY)-E(X)\cdot E(Y)$.

9. 协方差性质

(1) $\operatorname{cov}(X,Y)=\operatorname{cov}(Y,X)$;

(2) 若 a,b,c,d 为常数, 则 $\operatorname{cov}(aX+c,bY+d)=ab\cdot\operatorname{cov}(X,Y)$;

(3) $\operatorname{cov}(X_1+X_2,Y)=\operatorname{cov}(X_1,Y)+\operatorname{cov}(X_2,Y)$;

(4) 若 X,Y 相互独立, 则 $\operatorname{cov}(X,Y)=0$;

(5) $D(X\pm Y)=D(X)+D(Y)\pm2\operatorname{cov}(X,Y)$;

(6) $[\operatorname{cov}(X,Y)]^2\leqslant D(X)\cdot D(Y)$.

10. 相关系数计算公式

$$\rho=\frac{\operatorname{cov}(X,Y)}{\sqrt{D(X)}\sqrt{D(Y)}}.$$

11. 相关系数性质

(1) $|\rho| \leqslant 1$;

(2) $|\rho| = 1$ 的充要条件是 X, Y 以概率为 1 线性相关, 即存在常数 a, b 使得 $P(Y = aX + b) = 1$, 其中当 $\rho = +1$ 时, 有 $a > 0$; 当 $\rho = -1$ 时, 有 $a < 0$.

(3) 若 X, Y 相互独立, 则 $\rho_{XY} = 0$ (由 $\operatorname{cov}(X, Y) = 0$ 即得) (逆之不真).

第 4 章 大数定律与中心极限定理

4.1 大 数 定 律

4.1.1 大数定律的意义

在第 1 章中引入概率的概念时曾经指出, 频率是概率的反映, 随着观测次数 n 的增加, 频率将会逐渐稳定到概率. 详细地说, 设在一次观测中事件 A 发生的概率 $P(A)=p$, 如果观测了 n 次(也就是一个 n 重伯努利试验), A 发生了 μ_n 次, 则 A 在 n 次观测中发生的频率 $\frac{\mu_n}{n}$, 当 n 充分大时, 逐渐稳定到 p. 若用随机变量的语言表述, 就是: 设 X_i 表示第 i 次观测中事件 A 发生的次数, 即

$$X_i=\begin{cases}1, & \text{第 } i \text{ 次试验中 } A \text{ 发生},\\ 0, & \text{第 } i \text{ 次试验中 } A \text{ 不发生},\end{cases} \qquad i=1,2,\cdots,n,$$

则 $X_1,X_2,\cdots,X_n$ 为一列独立随机变量, 显然 $\mu_n=\sum_{i=1}^{n}X_i$, 从而有 $\frac{\mu_n}{n}=\frac{1}{n}\sum_{i=1}^{n}X_i$. 因此“$\frac{\mu_n}{n}$ 稳定于 p”又可表述为 n 次观测结果的平均值稳定于 p.

现在的问题是:“稳定”的确切含义是什么? $\frac{\mu_n}{n}$ 稳定于 p 是否能写成

$$\lim_{n\to\infty}\frac{\mu_n}{n}=p, \tag{4.1}$$

亦即, 是否对 $\forall\varepsilon>0$, $\exists N$, 当 $n>N$ 时, 有

$$\left|\frac{\mu_n}{n}-p\right|<\varepsilon \tag{4.2}$$

对所有的样本点都成立?

实际上, 我们发现事实并非如此, 比如在 n 次观测中事件 A 发生 n 次也是有可能的, 此时 $\mu_n=n, \frac{\mu_n}{n}=1$, 从而对 $0<\varepsilon<1-p$, 不论 N 多大, 也不可能有 $\left|\frac{\mu_n}{n}-p\right|<\varepsilon$ 成立. 就是说, 在个别场合下, 事件 $\left(\left|\frac{\mu_n}{n}-p\right|\geqslant\varepsilon\right)$ 也是有可能发生的, 不过当 n 很大时, 事件 $\left(\left|\frac{\mu_n}{n}-p\right|\geqslant\varepsilon\right)$ 发生的可能性很小. 例如, 对上面的 $\mu_n=n$, 有 $P\left(\frac{\mu_n}{n}=1\right)=p^n$.

显然, 当 $n\to\infty$ 时, 这个概率趋于 0, 所以“$\frac{\mu_n}{n}$ 稳定于 p”是意味着

$$\lim_{n\to\infty}P\left(\left|\frac{\mu_n}{n}-p\right|\geqslant\varepsilon\right)=0 \tag{4.3}$$

成立.

沿用前面的记号, (4.3) 式可写成 $\lim\limits_{n\to\infty}P\left(\left|\frac{1}{n}\sum\limits_{i=1}^{n}X_i-p\right|\geqslant\varepsilon\right)=0$.

一般地, 设 $X_1,X_2,\cdots,X_n$ 为一列独立随机变量, a 为常数, 如果对任意 $\varepsilon>0$, 有

$$\lim_{n\to\infty}P\left(\left|\frac{1}{n}\sum_{i=1}^{n}X_i-a\right|\geqslant\varepsilon\right)=0\quad\left(\text{即}\lim_{n\to\infty}P\left(\left|\frac{1}{n}\sum_{i=1}^{n}X_i-a\right|<\varepsilon\right)=1\right),$$

则称 $\frac{1}{n}\sum\limits_{i=1}^{n}X_i$ 稳定于 a.

概率论中, 一切关于大量随机现象之平均结果稳定性的定理, 统称为大数定律.

若将式 $\lim\limits_{n\to\infty}P\left(\left|\frac{1}{n}\sum\limits_{i=1}^{n}X_i-a\right|\geqslant\varepsilon\right)=0$ 中的 a 换成常数列 $a_1,a_2,\cdots,a_n,\cdots$, 即得大数定律的一般定义.

定义 4.1.1　若 $X_1,X_2,\cdots,X_n,\cdots$ 为一列随机变量序列, 如果存在常数列 $a_1,a_2,\cdots,a_n,\cdots$, 使对 $\forall\varepsilon>0$, 有 $\lim\limits_{n\to\infty}P\left(\left|\frac{1}{n}\sum\limits_{i=1}^{n}X_i-a_n\right|<\varepsilon\right)=1$ 成立, 则称随机变量序列 $\{X_n\}$ 服从大数定律.

若随机变量 X_n 具有数学期望 $E(X_n),n=1,2,\cdots$, 则大数定律的经典形式是对 $\forall\varepsilon>0$, 有 $\lim\limits_{n\to\infty}P\left(\left|\frac{1}{n}\sum\limits_{i=1}^{n}X_i-\frac{1}{n}\sum\limits_{i=1}^{n}E(X_i)\right|<\varepsilon\right)=1$, 这里常数列

$$a_n=\frac{1}{n}\sum_{i=1}^{n}E(X_i),\quad n=1,2,\cdots.$$

注意　本书只讨论经典形式的大数定律.

大量经验告诉我们, 具有很接近于 1 的概率的随机事件在一次试验中是几乎一定要发生的, 我们称概率接近于 1 的事件为大概率事件; 同样, 概率很小的事件在一次试验中可以看作是实际不可能事件, 称概率接近于 0 的事件为小概率事件. 这一规律我们称之为实际推断原理.

因此在实际工作及一般理论中, 概率接近于 1 或 0 的事件具有重大意义, 概率论的基本问题之一就是要建立概率接近于 1 或 0 的规律, 特别是大量独立或相关累积结果所发生的规律, 大数定律就是这种概率论命题中最重要的一个.

4.1.2　几种常用大数定律

下面介绍一组大数定律, 设 $X_1,X_2,\cdots,X_n,\cdots$ 为一列随机变量, 我们总假定 $E(X_n),n=1,2,\cdots$ 存在.

定理 4.1.1(切比雪夫大数定律)　设 $X_1,X_2,\cdots,X_n,\cdots$ 为一列两两不相关的随机变量, 又设它们的方差有界, 即存在常数 $C>0$, 使得 $D(X_i)\leqslant C,i=1,2,\cdots$, 则随机变量序列 $\{X_n\}$ 服从大数定律, 即对 $\forall\varepsilon>0$, 有

$$\lim_{n\to\infty}P\left(\left|\frac{1}{n}\sum_{i=1}^{n}X_i-\frac{1}{n}\sum_{i=1}^{n}E(X_i)\right|<\varepsilon\right)=1.$$

证明　只需证，对任给 $\varepsilon>0$，均有

$$P\left(\left|\frac{1}{n}\sum_{i=1}^{n}X_i-\frac{1}{n}\sum_{i=1}^{n}E(X_i)\right|\geqslant\varepsilon\right)\to 0\quad(n\to\infty),$$

由切比雪夫不等式

$$P\left(\left|\frac{1}{n}\sum_{i=1}^{n}X_i-\frac{1}{n}\sum_{i=1}^{n}E(X_i)\right|\geqslant\varepsilon\right)\leqslant\frac{D\left(\frac{1}{n}\sum_{i=1}^{n}X_i\right)}{\varepsilon^2}\leqslant\frac{C}{n\varepsilon^2}\to 0\quad(n\to\infty).$$

推论（伯努利大数定律）　设 μ_n 是 n 重伯努利试验中事件 A 出现的次数，又 A 在每次试验中出现的概率为 $p(0<p<1)$，则对任意的 $\varepsilon>0$，有

$$\lim_{n\to\infty}P\left(\left|\frac{\mu_n}{n}-p\right|<\varepsilon\right)=1.$$

证明　设

$$X_i=\begin{cases}1, & \text{第}\,i\,\text{次试验中}A\text{发生},\\ 0, & \text{第}\,i\,\text{次试验中}A\text{不发生},\end{cases}\qquad i=1,2,\cdots.$$

显然 $\mu_n=\sum_{i=1}^{n}X_i$，由假定，$X_i(i=1,2,\cdots)$ 独立同分布（均服从两点分布），且 $E(X_i)=p,D(X_i)=p(1-p)$ 都是常数，从而方差有界，由切比雪夫大数定律，有

$$\lim_{n\to\infty}P\left(\left|\frac{\mu_n}{n}-p\right|<\varepsilon\right)=\lim_{n\to\infty}P\left(\left|\frac{1}{n}\sum_{i=1}^{n}X_i-p\right|<\varepsilon\right)=1.$$

此推论阐述了频率稳定性的含义，正因为这种稳定性，概率的概念才有客观意义. 伯努利大数定律还提供了通过试验来确定事件概率的方法，既然频率 $\frac{\mu_n}{n}$ 与概率 p 有较大偏差的可能性很小，我们就可以通过做试验确定某事件发生的频率，并把它作为相应概率的估计，这种方法称为参数估计，它是数理统计中的主要研究课题之一，参数估计的理论依据之一就是大数定律.

上面所述的两个大数定律，后一个是前一个的特例，从定理 4.1.1 的证明可以看出，$\{X_i\}$ 服从大数定律的一个充分条件是

$$\frac{D\left(\sum_{i=1}^{n}X_i\right)}{n^2}\to 0\quad(n\to\infty).$$

上式所示的条件常称为马尔可夫条件，由此得如下的马尔可夫大数定律.

定理 4.1.2（马尔可夫大数定律）　设 $X_1,X_2,\cdots,X_n,\cdots$ 为一列随机变量，如果 $\lim\limits_{n\to\infty}\frac{1}{n^2}D\left(\sum_{i=1}^{n}X_i\right)=0$，则它服从大数定律.

证明　因为 $\lim\limits_{n\to\infty}\frac{1}{n^2}D\left(\sum_{i=1}^{n}X_i\right)=0$，表明对充分大的 n，$\sum_{i=1}^{n}X_i$ 的方差存在，对 $\forall\varepsilon>0$，由切比雪夫不等式

$$0 \leqslant P\left(\left|\frac{1}{n}\sum_{i=1}^{n}X_i - \frac{1}{n}\sum_{i=1}^{n}E(X_i)\right| \geqslant \varepsilon\right)$$
$$= P\left(\left|\frac{1}{n}\sum_{i=1}^{n}X_i - E\left(\frac{1}{n}\sum_{i=1}^{n}X_i\right)\right| \geqslant \varepsilon\right)$$
$$\leqslant \frac{1}{\varepsilon^2}D\left(\frac{1}{n}\sum_{i=1}^{n}X_i\right) = \frac{1}{n^2\varepsilon^2}D\left(\sum_{i=1}^{n}X_i\right),$$

两边取极限得 $\lim\limits_{n\to\infty}P\left(\left|\frac{1}{n}\sum_{i=1}^{n}X_i - \frac{1}{n}\sum_{i=1}^{n}E(X_i)\right|\right) \geqslant \varepsilon = 0$, 即

$$\lim_{n\to\infty}P\left(\left|\frac{1}{n}\sum_{i=1}^{n}X_i - \frac{1}{n}\sum_{i=1}^{n}E(X_i)\right| < \varepsilon\right) = 1,$$

故 $\{X_i\}$ 服从大数定律.

我们注意到, 马尔可夫大数定律并没有附加 $\{X_i\}$ 相互独立的条件. 此外, 显然定理 4.1.1 又是它的特例. 因此, 上面所述的三个大数定律, 马尔可夫大数定律才是最基本的, 当然, 它的条件也是充分而非必要的.

我们还注意到上面的三个大数定律, 其证明都要依靠切比雪夫不等式, 所以要求随机变量的方差存在. 但进一步的研究表明, 方差存在这个条件并不一定必要. 比如在独立同分布的场合, 就可去掉这个条件. 著名的苏联数学家辛钦证明了这点.

定理 4.1.3(辛钦大数定律)　设 $X_1, X_2, \cdots, X_n, \cdots$ 是一列独立同分布的随机变量, 且数学期望存在 $E(X_i) = a, i = 1, 2, \cdots$, 则对 $\forall\varepsilon > 0$, 有 $\lim\limits_{n\to\infty}P\left(\left|\frac{1}{n}\sum_{i=1}^{n}(X_i) - a\right| < \varepsilon\right) = 1$ 成立.

前面讨论过的伯努利大数定律表明了当 n 充分大时, 事件发生的频率会接近概率. 而辛钦大数定律表明, 当 n 充分大时, 随机变量在 n 次观察中的算术平均值 $\frac{1}{n}\sum_{i=1}^{n}X_i$ 会接近它的期望值. 这为实际生活中经常采用的"算术平均值法则"提供了理论依据, 它断言: 如果 $X_1, X_2, \cdots, X_n$ 是具有数学期望、独立同分布的随机变量, 则当 n 充分大时, 算术平均值 $\frac{X_1 + X_2 + \cdots + X_n}{n}$ 一定以接近 1 的概率落在真值 a 的任意小的邻域内. 据此, 如果要测量一个物体的某指标值 a, 可以独立重复地测量 n 次, 得到一组数据: $x_1, x_2, \cdots, x_n$, 当 n 充分大时, 可以确信 $a \approx \frac{x_1 + x_2 + \cdots + x_n}{n}$, 且将 $\frac{x_1 + x_2 + \cdots + x_n}{n}$ 作为 a 的近似值比一次测量作为 a 的近似值要精确得多. 因为 $E(X_i) = a$, 所以 $E\left(\frac{1}{n}\sum_{i=1}^{n}X_i\right) = a$; 但 $D(X_i) = \sigma^2$, 以及 $D\left(\frac{1}{n}\sum_{i=1}^{n}X_i\right) = \frac{\sigma^2}{n}$, 即 $\frac{1}{n}\sum_{i=1}^{n}X_i$ 关于 a 的偏差程度是一次测量的 $\frac{1}{n}$.

例 4.1.1　设 X_i 的分布列为: $P\left(X_i = \sqrt{\ln i}\right) = \frac{1}{2}$, $P\left(X_i = -\sqrt{\ln i}\right) = \frac{1}{2}$, $i = 1, 2, \cdots$ 且 $X_1, X_2, \cdots$ 相互独立, 试证明 $\{X_i\}$ 服从大数定律.

证明　因为

$$E(X_i) = \sqrt{\ln i} \times \frac{1}{2} - \sqrt{\ln i} \times \frac{1}{2} = 0,$$

$$D(X_i)=E(X_i^2)-[E(X_i)]^2=\ln i,$$

$$\frac{1}{n^2}D\left(\sum_{i=1}^{n}X_i\right)=\frac{1}{n^2}\sum_{i=1}^{n}D(X_i)=\frac{1}{n^2}\sum_{i=1}^{n}\ln i<\frac{\ln n}{n}\to 0\quad (n\to\infty),$$

故$\{X_i\}$服从大数定律(马尔可夫大数定律).

例 4.1.2　设$\{X_i\}$独立同分布, 且共同密度函数为 $p(x)=\begin{cases}\dfrac{1+\delta}{x^{2+\delta}}, & x>1,\\ 0, & x\leqslant 1\end{cases}$ $(0<\delta\leqslant 1)$, 问

(1) X_i的数学期望及方差是否存在?

(2) $\{X_i\}$是否服从大数定律?

解　(1) 因为

$$\int_{-\infty}^{+\infty}|x|p(x)\mathrm{d}x=(1+\delta)\int_{1}^{+\infty}x\cdot\frac{1}{x^{2+\delta}}\mathrm{d}x=(1+\delta)\int_{1}^{+\infty}\frac{1}{x^{1+\delta}}\mathrm{d}x=\frac{1+\delta}{\delta}<+\infty,$$

故X_i的数学期望存在.

又因为

$$\int_{-\infty}^{+\infty}x^2p(x)\mathrm{d}x=(1+\delta)\int_{1}^{+\infty}x^2\cdot\frac{1}{x^{2+\delta}}\mathrm{d}x=(1+\delta)\int_{1}^{+\infty}\frac{1}{x^{\delta}}\mathrm{d}x=+\infty,$$

故X_i的方差不存在.

(2) 由(1)知$E(X_i)$存在, 故满足辛钦大数定律的条件, $\{X_i\}$服从辛钦大数定律.

注意　从此例可以看出, 随机变量序列$\{X_i\}$不满足切比雪夫大数定律的条件, 但服从大数定律的随机变量序列, 它们的方差可以不存在.

例 4.1.3　若$X_1,X_2,\cdots,X_n,\cdots$为一列独立同分布的随机变量序列, 且$X_n$的密度函数为

$$p(x)=\begin{cases}\left|\dfrac{1}{x}\right|^3, & |x|\geqslant 1,\\ 0, & |x|<1,\end{cases}$$

问: (1) $\{X_n\}$是否满足切比雪夫大数定律的条件?

(2) $\{X_n\}$是否满足辛钦大数定律的条件?

解　由于

$$\int_{-\infty}^{+\infty}|x|p(x)\mathrm{d}x=\int_{-\infty}^{+\infty}\frac{1}{|x|^2}\mathrm{d}x=2<+\infty,$$

$$E(X_n)=\int_{-\infty}^{+\infty}xp(x)\mathrm{d}x=\int_{-\infty}^{-1}x\frac{1}{-x^3}\mathrm{d}x+\int_{1}^{+\infty}x\frac{1}{x^3}\mathrm{d}x=0,$$

$$E(X_n^2)=\int_{-\infty}^{+\infty}x^2p(x)\mathrm{d}x=\int_{-\infty}^{-1}x^2\frac{1}{-x^3}\mathrm{d}x+\int_{1}^{+\infty}x^2\frac{1}{x^3}\mathrm{d}x=+\infty.$$

故$D(X_n)$不存在, X_n的数学期望存在, 但方差不存在. 所以$\{X_n\}$不满足切比雪夫大数定律的条件, 满足辛钦大数定律的条件.

习　题　4.1

1. 设$\{X_i\}$为独立随机变量序列, 且$P(X_i=1)=p_i, P(X_i=0)=1-p_i$, $i=1,2,\cdots$. 证明$\{X_i\}$服从大数定律.

2. 设$\{X_i\}$为独立随机变量序列, 且$P(X_i=\pm 2^i)=\dfrac{1}{2^{2i+1}}$, $P(X_i=0)=1-\dfrac{1}{2^{2i}}$, $i=1,2,\cdots$. 证明$\{X_i\}$服从大数定律.

3. 在伯努利试验中, 事件 A 发生的概率为 p, 令

$$X_i=\begin{cases}1, & \text{在第 } n \text{ 次及第 } n+1 \text{ 次试验中} A \text{ 发生}, \\ 0, & \text{其他}.\end{cases}$$

证明 $\{X_i\}$ 服从大数定律.

4. 设 $\{X_i\}$ 为独立同分布的随机变量序列, 且具有共同的分布函数为

$$F(x)=\frac{1}{2}+\frac{1}{\pi}\arctan\frac{x}{a}, \quad -\infty<x<+\infty .$$

试问: 辛钦大数定律对此随机变量序列是否适用?

5. 设 $\{X_i\}$ 为独立同分布的随机变量序列, 其共同的分布为

$$P\left(X_i=\frac{2^i}{i^2}\right)=\frac{1}{2^i}, \quad i=1,2,\cdots .$$

试问: $\{X_i\}$ 是否服从大数定律?

6. 设 $\{X_n\}$ 为独立同分布的随机变量序列, 其中 X_n 服从参数为 $\sqrt{n}$ 的泊松分布. 试问: $\{X_n\}$ 是否服从大数定律?

7. 设 $\{X_n\}$ 为一列同分布的随机变量, 它们的方差存在, 且当 $|k-i|\geqslant 2$ 时, X_k 与 X_i 相互独立, 证明 $\{X_n\}$ 服从大数定律.

8. 设 $\{X_n\}$ 为一列同分布的随机变量, 它们的数学期望为 0, 方差为 σ^2. 证明 $\{X_n\}$ 服从大数定律.

---

9. 设 $\{X_n\}$ 是方差有界的随机变量序列, 且当 $|k-l|\to+\infty$ 时, 一致地有 $\operatorname{cov}(X_k,X_l)\to 0$, 证明 $\{X_i\}$ 服从大数定律.

10. 设 $\{X_n\}$ 为独立同分布的随机变量序列, 方差存在. 又设 $\sum_{i=1}^{\infty}a_i$ 为绝对收敛级数, 令 $S_n=\sum_{i=1}^{n}X_i$, 证明 $\{a_nS_n\}$ 服从大数定律.

4.2　随机变量序列的两种收敛性

随机变量序列的收敛性有多种, 其中常用的有两种: 依概率收敛和依分布收敛. 前面讨论的大数定律涉及的是一种依概率收敛, 后面将要讨论的中心极限定理将会涉及依分布收敛. 中心极限定理不仅是概率论的中心议题, 而且在数理统计中有广泛的应用. 下面将给出这两种收敛性的定义及相关的性质.

4.2.1　依概率收敛

1. 定义

在上一节, 我们从频率的稳定性出发, 得出下面的极限关系式:

$$\lim_{n\to\infty}P(|Y_n-a|\geqslant\varepsilon)=0, \text{其中 } Y_n=\frac{1}{n}\sum_{i=1}^{n}X_i \text{ 或等价于 } \lim_{n\to\infty}P(|Y_n-a_n|<\varepsilon)=1,$$

这与数学分析中通常的数列收敛的意义不同. 在上式中以随机变量 Y 代替 a 以便得到新的收敛概念. 本节假定所得到的随机变量都是定义在同一概率空间 (Ω,F,P) 上的.

定义 4.2.1　设 $Y_1,Y_2,\cdots,Y_n\cdots$ 为一列随机变量, Y 为一随机变量, 如果 $\forall\varepsilon>0$, 有 $\lim_{n\to\infty}P(|Y_n-Y|\geqslant\varepsilon)=0$ 或 $\lim_{n\to\infty}P(|Y_n-Y|<\varepsilon)=1$, 则称随机变量序列 $\{Y_n\}$ 依概率收敛于 Y, 记作

$$\lim_{n\to\infty} Y_n \stackrel{P}{=} Y \text{ 或 } Y_n \xrightarrow{P} Y \quad (n\to\infty).$$

由定义可知, $Y_n \xrightarrow{P} Y$ 等价于 $Y_n - Y \xrightarrow{P} 0\ (n\to\infty)$.

由依概率收敛的概念, 随机变量序列 $\{X_n\}$ 服从大数定律就可以表示为

$$\frac{1}{n}\sum_{i=1}^{n} X_i \xrightarrow{P} \frac{1}{n}\sum_{i=1}^{n} E(X_i) \quad (n\to\infty).$$

特别地, 伯努利大数定律可以描述为 $\frac{\mu_n}{n} \xrightarrow{P} p\ (n\to\infty)$ 及辛钦大数定律描述为 $\frac{1}{n}\sum_{i=1}^{n} X_i \xrightarrow{P} a$ $(n\to\infty)$.

例 4.2.1　设 $\{X_i\}$ 是独立同分布的随机变量序列, 且 $E(X_i)=a, D(X_i)=\sigma^2$, 试证:

$$\frac{2}{n(n+1)}\sum_{i=1}^{n} iX_i \xrightarrow{P} a \quad (n\to\infty).$$

证明　因为

$$E\left(\frac{2}{n(n+1)}\sum_{i=1}^{n} iX_i\right) = \frac{2}{n(n+1)}\sum_{i=1}^{n} iE(X_i) = a\frac{2}{n(n+1)}\sum_{i=1}^{n} i = a,$$

$\forall \varepsilon > 0$, 由切比雪夫不等式

$$0 \leqslant P\left(\left|\frac{2}{n(n+1)}\sum_{i=1}^{n} iX_i - a\right| \geqslant \varepsilon\right) \leqslant \frac{D\left(\frac{2}{n(n+1)}\sum_{i=1}^{n} iX_i\right)}{\varepsilon^2} = \frac{1}{\varepsilon^2}\frac{4}{n^2(n+1)^2}\sum_{i=1}^{n} i^2 D(X_i)$$

$$= \frac{4}{\varepsilon^2}\frac{1}{n^2(n+1)^2}\frac{n(n+1)(2n+1)}{6}\sigma^2 = \frac{2\sigma^2}{3\varepsilon^2}\frac{2n+1}{n(n+1)} \to 0 \quad (n\to\infty),$$

故

$$\lim_{n\to\infty} P\left(\left|\frac{2}{n(n+1)}\sum_{i=1}^{n} iX_i - a\right| \geqslant \varepsilon\right) = 0,$$

即

$$\frac{2}{n(n+1)}\sum_{i=1}^{n} iX_i \xrightarrow{P} a \quad (n\to\infty).$$

2. 性质

性质 1　若 $X_n \xrightarrow{P} X, X_n \xrightarrow{P} Y$, 则 $P(X=Y)=1$.

证明　因为 $|X-Y| \leqslant |X_n - X| + |X_n - Y|$, 所以 $\forall \varepsilon > 0$, 由 $|X-Y| \geqslant \varepsilon$, 则 $|X_n - X| \geqslant \frac{\varepsilon}{2}$ 与 $|X_n - Y| \geqslant \frac{\varepsilon}{2}$ 中至少有一个成立, 即

$$\{|X-Y| \geqslant \varepsilon\} \subset \left\{|X_n - X| \geqslant \frac{\varepsilon}{2}\right\} \cup \left\{|X_n - Y| \geqslant \frac{\varepsilon}{2}\right\}.$$

于是

$$P(|X-Y|\geqslant\varepsilon)\leqslant P\left(|X_n-X|\geqslant\frac{\varepsilon}{2}\right)+P\left(|X_n-Y|\geqslant\frac{\varepsilon}{2}\right)\to 0\quad(n\to\infty).$$

即 $\forall\varepsilon>0$, 有 $P(|X-Y|<\varepsilon)=1$, 从而 $P(X=Y)=1$.

这表明, 若将两个以概率 1 相等的随机变量看作相等时, 依概率收敛的极限是唯一的.

性质 2(斯鲁茨基定理)　若 $X_n\xrightarrow{P}X, Y_n\xrightarrow{P}Y$, 则 $X_n\pm Y_n\xrightarrow{P}X\pm Y(n\to\infty)$; $X_nY_n\xrightarrow{P}XY(n\to\infty)$, $\frac{X_n}{Y_n}\xrightarrow{P}\frac{X}{Y}(n\to\infty)$.

证明　因为

$$\{|(X_n+Y_n)-(X+Y)|\geqslant\varepsilon\}\subset\left\{\left(|X_n-X|\geqslant\frac{\varepsilon}{2}\right)\cup\left(|Y_n-Y|\geqslant\frac{\varepsilon}{2}\right)\right\},$$

所以,

$$0\leqslant P(|(X_n+Y_n)-(X+Y)|\geqslant\varepsilon)\leqslant P\left(|X_n-X|\geqslant\frac{\varepsilon}{2}\right)+P\left(|Y_n-Y|\geqslant\frac{\varepsilon}{2}\right)\to 0\quad(n\to\infty).$$

即

$$P(|(X_n+Y_n)-(X+Y)|<\varepsilon)\to 1\quad(n\to\infty),$$

由此得 $X_n+Y_n\xrightarrow{P}X+Y(n\to\infty)$, 同理可得 $X_n-Y_n\xrightarrow{P}X-Y(n\to\infty)$.

为了证明 $X_nY_n\to XY(n\to\infty)$. 我们分几步进行.

(1) 若 $X_n\xrightarrow{P}0(n\to\infty)$, 则 $X_n^2\xrightarrow{P}0(n\to\infty)$, 这是因为对任意 $\varepsilon>0$, 有

$$P(|X_n|^2\geqslant\varepsilon)=P(|X_n|\geqslant\sqrt{\varepsilon})\to 0\quad(n\to\infty).$$

(2) 若 $X_n\xrightarrow{P}X$, 则有 $cX_n\xrightarrow{P}cX$, 这是因为当 $\varepsilon>0$ 时对任意 $c\neq 0$, 有

$$P(|cX_n-cX|\geqslant\varepsilon)=P\left(|X_n-X|\geqslant\frac{\sqrt{\varepsilon}}{|c|}\right)\to 0\quad(n\to\infty).$$

而当 $c=0$ 时, 结论显然成立.

(3) 若 $X_n\xrightarrow{P}X(n\to\infty)$, 则有 $X_n^2\xrightarrow{P}X^2(n\to\infty)$, 这是因为有以下一系列结论:

$$X_n-X\xrightarrow{P}0\,(n\to\infty),\quad (X_n-X)^2\xrightarrow{P}0\,(n\to\infty),\quad 2X(X_n-X)\xrightarrow{P}0\,(n\to\infty),$$

$$(X_n-X)^2+2X(X_n-X)=X_n^{\ 2}-X^2\xrightarrow{P}0\quad(n\to\infty),$$

即

$$X_n^{\ 2}\xrightarrow{P}X^2\quad(n\to\infty).$$

再由 $X_n^2\xrightarrow{P}X^2(n\to\infty)$, $Y_n^2\xrightarrow{P}Y^2(n\to\infty)$, $(X_n+Y_n)^2\xrightarrow{P}(X+Y)^2(n\to\infty)$, 从而有

$$X_nY_n=\frac{1}{2}[(X_n+Y_n)^2-X_n^2-Y_n^2]\xrightarrow{P}\frac{1}{2}[(X+Y)^2-X^2-Y^2]=XY\quad(n\to\infty).$$

为了证明 $\frac{X_n}{Y_n}\xrightarrow{P}\frac{X}{Y}(n\to\infty)$，我们先证明 $\frac{1}{Y_n}\xrightarrow{P}\frac{1}{Y}(n\to\infty)$. 这是因为对任意 $\varepsilon>0$，有

$$\begin{aligned}P\left(\left|\frac{1}{Y_n}-\frac{1}{Y}\right|\geqslant\varepsilon\right)&=P\left(\left|\frac{Y_n-Y}{Y_nY}\right|\geqslant\varepsilon\right)\\&=P\left(\left|\frac{Y_n-Y}{Y_nY}\right|\geqslant\varepsilon,|Y_n-Y|<\varepsilon\right)+P\left(\left|\frac{Y_n-Y}{Y_nY}\right|\geqslant\varepsilon,|Y_n-Y|\geqslant\varepsilon\right)\\&\leqslant P\left(\frac{|Y_n-Y|}{Y^2-\varepsilon|Y|}\geqslant\varepsilon\right)+P(|Y_n-Y|\geqslant\varepsilon)\\&=P(|Y_n-Y|\geqslant(Y^2-\varepsilon|Y|)\varepsilon)+P(|Y_n-Y|\geqslant\varepsilon)\to0\quad(n\to\infty).\end{aligned}$$

这就证明了 $\frac{1}{Y_n}\xrightarrow{P}\frac{1}{Y}(n\to\infty)$. 再与 $X_n\xrightarrow{P}X$ 结合，就有 $\frac{X_n}{Y_n}\xrightarrow{P}\frac{X}{Y}(n\to\infty)$.

由此可以看出，随机变量序列在概率意义下的极限(即依概率收敛于常数)，在四则运算下仍然成立，这与数学分析中的数列极限十分相似.

更一般地，有下面的结论.

性质 3　设 $\{X_n\},\{Y_n\}$ 是两个随机变量序列，a,b 为常数，若 $X_n\xrightarrow{P}a,Y_n\xrightarrow{P}b$ 且 $g(x,y)$ 在点 (a,b) 处连续，则 $g(X_n,Y_n)\xrightarrow{P}g(a,b)(n\to\infty)$.

证明略.

例 4.2.2　设 $\{X_i\}$ 为独立同分布随机变量序列，存在 $E(X_i)=a,D(X_i)=\sigma^2$，令

$$\bar{X}_n=\frac{1}{n}\sum_{i=1}^{n}X_i,\qquad S_n^2=\frac{1}{n}\sum_{i=1}^{n}(X_i-\bar{X}_n)^2,$$

证明 $S_n^2\xrightarrow{P}\sigma^2$.

证明　因为 $\{X_i\}$ 为独立同分布随机变量序列，则 $\{X_i^2\}$ 亦为独立同分布随机变量序列，由辛钦大数定律 $\bar{X}_n\xrightarrow{P}a$，$\frac{1}{n}\sum_{i=1}^{n}X_i^2\xrightarrow{P}(\sigma^2+a^2)$，从而 $(\bar{X}_n)^2\xrightarrow{P}a^2$. 进一步由斯鲁茨基定理有 $S_n^2=\frac{1}{n}\sum_{i=1}^{n}X_i^2-(\bar{X}_n)^2\xrightarrow{P}\sigma^2$.

注意　此例表明，要证明随机变量序列依概率收敛，可以转化为用大数定律来证明.

例 4.2.3　设随机变量 $X_1,\cdots,X_n,\cdots$ 相互独立同分布，$X_i\sim U(-1,1)$，则 $\frac{1}{n}\sum_{i=1}^{n}X_i$，$\frac{1}{n}\sum_{i=1}^{n}|X_i|$ 和 $\frac{1}{n}\sum_{i=1}^{n}X_i^2$ 分别依概率收敛吗？如果依概率收敛，分别收敛于什么？

解　由辛钦大数定律，$X_1,\cdots,X_n,\cdots$ 独立同分布，$E(X_i)$ 存在；$|X_1|,\cdots,|X_n|,\cdots$ 亦独立同分布，$E(|X_i|)$ 存在；$X_1^2,\cdots,X_n^2,\cdots$ 独立同分布且 $E(X_i^2)$ 存在. 所以，$\frac{1}{n}\sum_{i=1}^{n}X_i$，$\frac{1}{n}\sum_{i=1}^{n}|X_i|$ 和 $\frac{1}{n}\sum_{i=1}^{n}X_i^2$ 均依概率收敛.

进一步，因为 $E(X_i)=0$，故 $\frac{1}{n}\sum_{i=1}^{n}X_i\xrightarrow{P}0$. 同理，由于 $E(|X_i|)=\int_{-1}^{1}|x|\frac{1}{2}\mathrm{d}x=\frac{1}{2}$，于是 $\frac{1}{n}\sum_{i=1}^{n}|X_i|\xrightarrow{P}\frac{1}{2}$，以及由 $E(X_i^2)=\int_{-1}^{1}x^2\frac{1}{2}\mathrm{d}x=\frac{1}{3}$，有 $\frac{1}{n}\sum_{i=1}^{n}X_i^2\xrightarrow{P}\frac{1}{3}$.

4.2.2　依分布收敛

我们知道,随机变量的统计规律由它的分布函数完全刻画. 因此当 $Y_n \xrightarrow{P} Y$ 时,其相应的分布函数 $F_n(x)$ 与 $F(x)$ 之间的关系怎样呢?

例 4.2.4　设 $Y_n(n\geqslant 1)$ 及 Y 都服从退化分布,即

$$P\left(Y_n=-\frac{1}{n}\right)=1,\quad n=1,2,\cdots,\quad P(Y=0)=1.$$

对任给 $\varepsilon>0$,当 $n>\dfrac{1}{\varepsilon}$ 时,有 $P(|Y_n-Y|\geqslant\varepsilon)=P(|Y_n|\geqslant\varepsilon)=0$,所以

$$Y_n \xrightarrow{P} Y\quad (n\to\infty).$$

而 Y_n 的分布函数为 $F_n(x)=\begin{cases}0, & x<-\dfrac{1}{n},\\ 1, & x\geqslant-\dfrac{1}{n},\end{cases}$ Y 的分布函数为 $F(x)=\begin{cases}0, & x<0,\\ 1, & x\geqslant 0,\end{cases}$ 易验证,当 $x\neq 0$ 时,有 $F_n(x)\to F(x)\,(n\to\infty)$. 但 $x=0$ 时, $F_n(0)=1$ 不趋于 $F(0)=0$.

例 4.2.4 表明,一个随机变量序列依概率收敛到某随机变量,相应的分布函数不是在每一点都收敛,但如果仔细观察这个例,发现不收敛的点正是 $F(x)$ 的不连续点,类似的例子可以举出很多,使人想到要求 $F_n(x)$ 在每一点都收敛到 $F(x)$ 是太苛刻了,可以去掉 $F(x)$ 的不连续点来考虑.

因此,得到如下的定义.

1. 定义

定义 4.2.2　设 $F(x),F_1(x),F_2(x),\cdots$ 是一列分布函数,如果对 $F(x)$ 的每一个连续点 x,都有 $\lim\limits_{n\to\infty}F_n(x)=F(x)$ 成立,则称分布函数列 $\{F_n(x)\}$ 弱收敛于分布函数 $F(x)$,并记作

$$F_n(x)\xrightarrow{W}F(x)\quad (n\to\infty).$$

若随机变量序列 $Y_n(n=1,2,\cdots)$ 的分布函数 $F_n(x)$ 弱收敛于随机变量 Y 的分布函数 $F(x)$,也称 Y_n 按分布收敛于 Y,并记作 $Y_n\xrightarrow{L}Y\ (n\to\infty)$.

2. 依概率收敛与弱收敛之间的关系

定理 4.2.1　若随机变量列 $Y_1,Y_2,\cdots$ 依概率收敛于随机变量 Y,即 $Y_n\xrightarrow{P}Y(n\to\infty)$,则相对应的分布函数列 $F_1(x),F_2(x),\cdots$ 弱收敛于分布函数 $F(x)$, 即

$$F_n(x)\xrightarrow{W}F(x)\quad (n\to\infty).$$

证明　对于 $x\in\mathbf{R}$,任取 $x'<x$,因有

$$(Y\leqslant x')=(Y_n\leqslant x,Y\leqslant x')\cup(Y_n>x,Y\leqslant x')\subset(Y_n\leqslant x)\cup(Y_n>x,Y\leqslant x'),$$

故

$$P(Y\leqslant x')\leqslant P(Y_n\leqslant x)+P(Y_n>x,Y\leqslant x'),$$

即

$$F(x')\leqslant F_n(x)+P(|Y_n-Y|>x-x').$$

因 $Y_n\xrightarrow{P}Y$,故 $P(|Y_n-Y|>x-x')\to 0$, 所以有

$$F(x') \leqslant \varliminf_{n\to\infty} F_n(x).$$

同理可证, 对 $x'' > x$ 有 $F(x'') \geqslant \varlimsup_{n\to\infty} F_n(x)$, 于是对任意 $x' < x < x''$ 有

$$F(x') \leqslant \varliminf_{n\to\infty} F_n(x) \leqslant \varlimsup_{n\to\infty} F_n \leqslant F(x''),$$

令 $x' \to x, x'' \to x$, 有 $F(x-0) \leqslant \varliminf_{n\to\infty} F_n(x) \leqslant \varlimsup_{n\to\infty} F_n \leqslant F(x+0)$.

若 x 是 $F(x)$ 的连续点, 就有 $\lim_{n\to\infty} F_n(x) = F(x)$.

注意　这个定理的逆命题不一定成立, 即不能从分布函数列的弱收敛肯定相应的随机变量序列依概率收敛.

例 4.2.5　抛掷一枚均匀硬币, 记 $\omega_1 =$ "出现正面", $\omega_2 =$ "出现反面", 则 $P(\omega_1) = P(\omega_2) = \dfrac{1}{2}$. 令

$$Y_n(\omega) = \begin{cases} 1, & \omega = \omega_1, \\ 0, & \omega = \omega_2, \end{cases} \quad n = 1, 2, \cdots, \quad Y(\omega) = \begin{cases} 1, & \omega = \omega_2, \\ 0, & \omega = \omega_1, \end{cases}$$

因 $F_n(x)$ 与 $F(x)$ 完全相同, 显然有 $F_n(x) \to F(x)$ 对 $x \in \mathbf{R}$ 成立. 但

$$\begin{aligned} P\left\{|Y_n - Y| > \frac{1}{2}\right\} &= P(Y_n = 0, Y = 1) + P(Y_n = 1, Y = 0) \\ &= \frac{1}{2} \times \frac{1}{2} + \frac{1}{2} \times \frac{1}{2} = \frac{1}{2}, \quad n \geqslant 1, \end{aligned}$$

所以 $Y_n \xrightarrow{P} Y$ 不成立.

一般来说, 按分布收敛不能推出依概率收敛, 但在特殊情况下, 它却是成立的.

定理 4.2.2　随机变量序列 $Y_n \xrightarrow{P} Y \equiv c$ (c 为常数) 的充要条件为 $F_n(x) \xrightarrow{W} F(x)$. 这里 $F(x)$ 是 $Y \equiv c$ 的分布函数, 也就是退化分布 $F(x) = \begin{cases} 1, & x > c, \\ 0, & x \leqslant c. \end{cases}$

证明略.

习　题　4.2

1. 设随机变量序列 $\{X_i, i = 1, 2, \cdots\}$ 独立同分布, 数学期望、方差存在, 且 $E(X_i) = 0$, $D(X_i) = \sigma^2$. 证明 $\dfrac{1}{n}\sum_{i=1}^{n} X_i^2 \xrightarrow{P} \sigma^2$.

2. 设 $X_n \xrightarrow{P} a$, $\eta_n \xrightarrow{P} b$ (a, b 为常数). 证明

(1) $X_n + Y_n \xrightarrow{P} a + b$;

(2) $X_n \times Y_n \xrightarrow{P} a \times b$.

3. 设 $X_n \xrightarrow{P} a$, 则对任意常数 c, 有 $cX_n \xrightarrow{P} ca$.

4. 证明: $X_n \xrightarrow{P} X$ 的充要条件为当 $n \to \infty$ 时, 有 $E\left(\dfrac{|X_n - X|}{1 + |X_n - X|}\right) \to 0$.

5. 设 $D(x)$ 为退化分布的分布函数, 即

$$D(x) = \begin{cases} 1, & x > 0, \\ 0, & x \leqslant 0. \end{cases}$$

则下列分布函数的极限是否为分布函数?

(1) $D(x+n), n \geqslant 1$;　(2) $D\left(x - \dfrac{1}{n}\right), n \geqslant 1$.

6. 设随机变量 X_n 服从柯西分布, 其密度函数为 $p_n(x)=\dfrac{n}{\pi(1+n^2x^2)}$. 证明: 当 $n\to\infty$ 时, $X_n \xrightarrow{P} 0$.

7. 设 $\{X_n\}$ 为一列独立同分布的随机变量, 其共同分布是参数为 1 的指数分布. 证明: $Y_n=\min\{X_1,X_2,\cdots,X_n\}\xrightarrow{P} 0$.

8. 设分布函数列 $F_n(x)$ 弱收敛于分布函数 $F(x)$, $F(x)$ 为连续函数. 证明:

$$\sup_{-\infty<x<+\infty}|F_n(x)-F(x)|\to 0,\quad n\to\infty.$$

---

9. 设随机变量序列 $\{X_i,i=1,2,\cdots\}$ 独立同分布, 且 $D(X_i)=\sigma^2$ 存在. 令

$$\bar{X}=\frac{1}{n}\sum_{i=1}^{n}X_i,\quad S_n^2=\frac{1}{n}\sum_{i=1}^{n}(X_i-\bar{X})^2.$$

证明: $S_n^2\xrightarrow{P}\sigma^2$.

10. 设分布函数列 $\{F_n(x)\}$ 弱收敛于 $F(x)$, 且 $F_n(x)$ 与 $F(x)$ 都是连续、严格单调函数, 又设 X 服从[0,1]上的均匀分布, 证明: $F_n^{-1}(X)\xrightarrow{P}F^{-1}(x)$.

4.3　中心极限定理

正态分布在随机变量的一切分布中占有十分重要的地位. 在自然界与人们的生产实践中, 经常遇到大量随机变量是服从正态分布的. 例如, 测量误差、工件的长度、人的身长与体重等都服从正态分布. 自然就提出这样的问题: 为什么正态分布如此广泛存在, 并在概率论中占有如此重要的地位, 这一随机现象的统计规律性应如何描述呢?

这就是本节我们所要讨论的独立随机变量和的极限分布问题.

4.3.1　中心极限定理的概念

设 $\{X_i,i=1,2,\cdots\}$ 为一独立随机变量序列, 且 $E(X_i),D(X_i)$ 均存在, 记 $\mu_n=\sum\limits_{i=1}^{n}X_i$. 所谓中心极限定理是要研究独立随机变量之和 $\mu_n=\sum\limits_{i=1}^{n}X_i$ 在 n 充分大时, 近似服从什么分布的问题. 显然, 有 $E(\mu_n)=\sum\limits_{i=1}^{n}E(X_i)$, $D(\mu_n)=\sum\limits_{i=1}^{n}D(X_i)$.

为了便于在数学上深入研究, 考虑 μ_n 的标准化随机变量

$$Y_n=\frac{\sum\limits_{i=1}^{n}X_i-\sum\limits_{i=1}^{n}E(X_i)}{\sqrt{\sum\limits_{i=1}^{n}D(X_i)}},$$

并称 Y_n 为 $\{X_i,i=1,2,\cdots\}$ 的规范和.

概率论中, 一切关于随机变量序列规范和的极限分布是标准正态分布的定理统称为中心极限定理, 即设 $\{X_i,i=1,2,\cdots\}$ 的规范和 Y_n, 有

$$\lim_{n\to\infty}P(Y_n\leqslant x)=\frac{1}{\sqrt{2\pi}}\int_{-\infty}^{x}e^{-\frac{t^2}{2}}dt,$$

则称 $\{X_i,i=1,2,\cdots\}$ 服从中心极限定理.

4.3.2 独立同分布的中心极限定理

定理 4.3.1（林德伯格-列维中心极限定理） 设$\{X_i, i=1,2,\cdots\}$是一列独立同分布的随机变量，且$E(X_i)=\mu$，$D(X_i)=\sigma^2(\sigma>0)$，则对任意实数有

$$\lim_{n\to\infty}P\left(\frac{\sum_{i=1}^{n}X_i-n\mu}{\sigma\sqrt{n}}\leqslant x\right)=\lim_{n\to\infty}F_n(x)=\frac{1}{\sqrt{2\pi}}\int_{-\infty}^{x}\mathrm{e}^{-\frac{t^2}{2}}\mathrm{d}t=\Phi(x).$$

证明略.

由这一定理知道下列结论.

(1) 当n充分大时，独立同分布的随机变量之和$\mu_n=\sum_{i=1}^{n}X_i$的分布渐近服从正态分布$N(n\mu,n\sigma^2)$.

这一结果是相当深刻的. 我们已经知道n个独立的正态随机变量之和仍服从正态分布. 进一步，由中心极限定理有不管独立的随机变量$\{X_i,i=1,2,\cdots\}$服从什么分布，其和$\mu_n=\sum_{i=1}^{n}X_i$的分布在n充分大时渐近服从正态分布.

(2) 考虑$\{X_i,i=1,2,\cdots\}$的平均值$\bar{X}=\frac{1}{n}\sum_{i=1}^{n}X_i$，有

$$E(\bar{X})=\frac{1}{n}\sum_{i=1}^{n}E(X_i)=\frac{n\mu}{n}=\mu,\quad D(\bar{X})=\frac{1}{n^2}\sum_{i=1}^{n}D(X_i)=\frac{n\sigma^2}{n^2}=\frac{\sigma^2}{n},$$

它的标准化随机变量为$\frac{\bar{X}-\mu}{\sigma/\sqrt{n}}$，即为$Y_n$.

因此，$\frac{\bar{X}-\mu}{\sigma/\sqrt{n}}$的分布函数即是前述的$F_n(x)$，因此有

$$\lim_{n\to\infty}F_n(x)=\frac{1}{\sqrt{2\pi}}\int_{-\infty}^{x}\mathrm{e}^{-\frac{t^2}{2}}\mathrm{d}t=\Phi(x).$$

由此可见，此时的均值随机变量$\bar{X}=\frac{1}{n}\sum_{i=1}^{n}X_i$的分布渐近服从正态分布$N\left(\mu,\frac{\sigma^2}{n}\right)$.

结合上述分析，我们可以发现独立同分布序列的中心极限定理的另一表达形式. 这一结论在数理统计中有重要应用.

由中心极限定理，立即得到下列结论：

$$\lim_{n\to\infty}P(a<Y_n\leqslant b)=\lim_{n\to\infty}(F_n(b)-F_n(a))=\frac{1}{\sqrt{2\pi}}\int_{a}^{b}\mathrm{e}^{-\frac{t^2}{2}}\mathrm{d}t=\Phi(b)-\Phi(a),$$

其中$\Phi(x)$是标准正态分布函数.

林德伯格-列维中心极限定理有广泛的应用，它只假设$X_1,X_2,\cdots,X_n$独立同分布，方差存在，不管原来的分布是什么，只要n充分大，就可以用正态分布去逼近.

观察图 4-1 的高尔顿挡板试验，服从各种不同分布相互独立的随机变量序列，只有满足定理 4.3.1 中的矩条件，其他标准化的部分和的分布在$n\to\infty$时都有共同的极限性状，如图所示.

下面给出一些应用林德伯格-列维中心极限定理解决实际问题的例子.

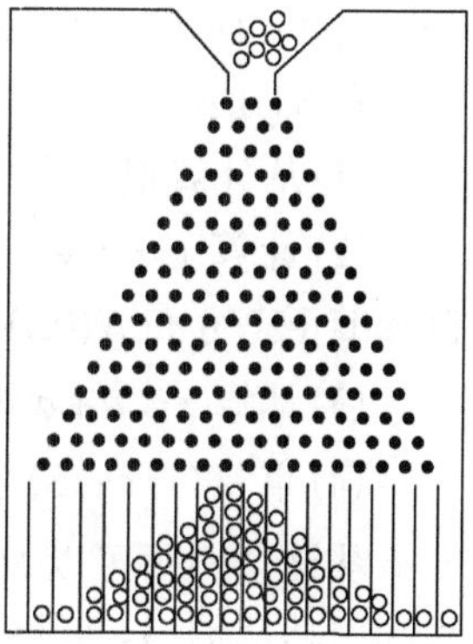

图 4-1

例 4.3.1　计算机进行加法计算时,把每个加数取为最接近于它的整数来计算. 设所有整数误差是相互独立的随机变量,且服从均匀分布 $U[-0.5,0.5]$.

(1) 300 个数相加时,求误差总和的绝对值小于 10 的概率;

(2) 问最多几个数加在一起,使得误差总和的绝对值小于 10 的概率小于 90%.

解　(1) 设 X_i 为第 i 个加数的取整误差,则 $X_i \sim U[-0.5,0.5]$,且

$$E(X_i)=0,\quad D(X_i)=\frac{1}{12}\quad (i=1,2,\cdots,300),$$

有

$$P\left(\left|\sum_{i=1}^{300}X_i\right|\leqslant 10\right)=P\left(\frac{\left|\sum_{i=1}^{300}X_i\right|}{\sqrt{300\times\frac{1}{12}}}\leqslant 2\right)\approx \Phi(2)-\Phi(-2)=0.9544.$$

(2) 若将 k 个数相加,则误差总和为 $\sum\limits_{i=1}^{k}X_i$,于是有

$$\begin{aligned}P\left(\left|\sum_{i=1}^{k}X_i\right|\leqslant 10\right)&=P\left(-10\leqslant\sum_{i=1}^{k}X_i\leqslant 10\right)\\&\approx\Phi\left(\frac{10-k\times 0}{\sqrt{k\times\frac{1}{12}}}\right)-\Phi\left(\frac{-10-k\times 0}{\sqrt{k\times\frac{1}{12}}}\right)\\&=2\Phi\left(\sqrt{\frac{1200}{k}}\right)-1\geqslant 0.90,\end{aligned}$$

即

$$\Phi\left(\sqrt{\frac{1200}{k}}\right)\geqslant 0.95=\Phi(1.645),$$

于是

$$\Phi\left(\sqrt{\frac{1200}{k}}\right)\geqslant\Phi(1.645).$$

解得 $k\leqslant 443.5$. 所以,最多 443 个数加在一起,使得误差总和的绝对值小于 10 的概率不小于 90%.

从上述例题可以看出,利用中心极限定理不但可以求概率,还可以求随机变量和中的待定常数.

例 4.3.2 (正态随机数的产生)　在蒙特卡罗随机模拟中经常需要产生正态分布 $N(\mu,\sigma^2)$ 的随机数,但一般计算软件只具备产生区间 [0,1] 上的均匀分布随机数的功能,现在用中心极限定理通过 [0,1] 上均匀分布的随机数来产生 $N(\mu,\sigma^2)$ 的随机数.

设 X 服从 [0,1] 上的均匀分布,则其数学期望与方差分别为 $\frac{1}{2}$ 与 $\frac{1}{12}$,所以,12 个相互独立

的[0,1]上的均匀分布随机变量和的数学期望和方差分别为 6 和 1, 因此, 我们可以产生如下正态分布 $N(\mu,\sigma^2)$ 的随机数.

(1) 从计算机中产生 12 个[0,1]上均匀分布的随机数, 记为 $x_1,x_2,x_3,\cdots,x_{12}$.

(2) 计算 $y=x_1+x_2+x_3+\cdots+x_{12}-6$, 则由林德伯格-列维中心极限定理知, 可将 y 看成来自标准正态分布 $N(0,1)$ 的一个随机数.

(3) 计算 $z=\mu+\sigma y$, 则可将 z 看成来自正态分布 $N(\mu,\sigma^2)$ 的一个随机数.

(4) 重复(1)～(3)步骤 n 次, 就可得到 $N(\mu,\sigma^2)$ 的 n 个随机数.

从这个例子可以看出, 由 12 个均匀分布的随机数得到 1 个指定正态分布的随机数的原理是利用林德伯格-列维中心极限定理.

例 4.3.3 某种电子元件的寿命服从均值为 100 小时的指数分布, 现随机抽取 16 只, 设它的寿命是相互独立的, 求这 16 只元件的寿命总和大于 1920 小时的概率.

解 设第 i 只电子元件的寿命为 $X_i(i=1,2,\cdots,16)$, 则

$$E(X_i)=100,\quad D(X_i)=100^2=10000,$$

对 $Y=\sum_{i=1}^{16}X_i$, 则 $E(Y)=100\times 16=1600, D(Y)=160000$, 由中心极限定理, 所求概率为

$$P(Y>1920)\approx 1-\Phi\left(\frac{1920-1600}{400}\right)=1-\Phi(0.8)\approx 0.2119.$$

4.3.3 棣莫弗-拉普拉斯中心极限定理

定理 4.3.2(棣莫弗-拉普拉斯中心极限定理) 在 n 重伯努利试验中, 事件 A 在每次试验中出现的概率为 $p\ (0<p<1)$, μ_n 为 n 次试验中 A 事件发生的次数, 则

$$\lim_{n\to\infty}P\left(\frac{\mu_n-np}{\sqrt{npq}}\leqslant x\right)=\frac{1}{\sqrt{2\pi}}\int_{-\infty}^{x}\mathrm{e}^{-\frac{t^2}{2}}\mathrm{d}t.$$

证明 这一定理是独立同分布序列的中心极限定理的特殊情形. 定义随机变量:

$$X_i=\begin{cases}1, & 第i次试验中A发生,\\ 0, & 第i次试验中A不发生,\end{cases}$$

则 $\mu_n=\sum_{i=1}^{n}X_i$, 其中 $X_i(i=1,2,\cdots,n)$ 服从两点分布

$$P(X_i=0)=q,\quad P(X_i=1)=p\quad (i=1,2,\cdots,n),$$

从而 $E(\mu_n)=np, D(\mu_n)=npq$.

由独立同分布序列的中心极限定理得

$$\lim_{n\to\infty}P\left(\frac{\mu_n-np}{\sqrt{npq}}\leqslant x\right)=\frac{1}{\sqrt{2\pi}}\int_{-\infty}^{x}\mathrm{e}^{-\frac{t^2}{2}}\mathrm{d}t=\Phi(x).$$

由这一定理, 立即得到

$$\lim_{n\to\infty}P\left(a<\frac{\mu_n-np}{\sqrt{npq}}\leqslant b\right)=\Phi(b)-\Phi(a).$$

由棣莫弗-拉普拉斯中心极限定理得到下列结论:

(1) 在伯努利试验中, 若事件 A 发生的概率为 p, μ_n 为 n 次试验中 A 事件发生的次数, 则当 n 充分大时, μ_n 近似服从正态分布 $N(np,npq)$.

(2) 在伯努利试验中, 若事件 A 发生的概率为 p, $\frac{\mu_n}{n}$ 为 n 次试验中 A 事件发生的频率, 则当 n 充分大时, $\frac{\mu_n}{n}$ 近似服从正态分布 $N\left(p,\frac{pq}{n}\right)$.

棣莫弗-拉普拉斯中心极限定理是概率论历史上的第一个中心极限定理, 它有许多重要的应用. 下面介绍它在数值计算方面的一些具体应用.

1) 二项概率的近似计算

设 μ_n 是 n 重伯努利试验中事件 A 发生的次数, 则 $\mu_n \sim b(k;n,p)$. 对任意 $a<b$, 有

$$P(a<\mu_n \leqslant b)=\sum_{a<k\leqslant b} \mathrm{C}_n^k p^k(1-p)^{n-k}.$$

当 n 很大时, 直接计算很困难. 这时如果 np 不大(即 p 较小时接近于 0)或 $n(1-p)$ 不大(即 p 接近于 1), 则用泊松近似公式来计算.

当 p 不太接近于 0 或 1 时, 可用正态分布来近似计算

$$P(a<\mu_n \leqslant b)=P\left(\frac{a-np}{\sqrt{npq}}<\frac{\mu_n-np}{\sqrt{npq}} \leqslant \frac{b-np}{\sqrt{npq}}\right) \approx \Phi\left(\frac{b-np}{\sqrt{npq}}\right)-\Phi\left(\frac{a-np}{\sqrt{npq}}\right).$$

例 4.3.4　已知红黄两种番茄杂交的第二代结红果的植株与结黄果的植株的比率为 3:1, 现种植杂交种 400 株, 求结黄果植株介于 83 和 117 之间的概率.

解　由题意, 任意一株杂交种或结红果或结黄果, 只有两种可能性, 且结黄果的概率 $p=\frac{1}{4}$; 种植杂交种 400 株, 相当于做了 400 次伯努利试验.

若记 μ_{400} 为 400 株杂交种结黄果的株数, 则 $\mu_{400} \sim b\left(400;\frac{1}{4}\right)$.

由于 $n=400$ 较大, 故由中心极限定理所求的概率为

$$P(83 \leqslant \mu_{400} \leqslant 117) \approx \Phi\left(\frac{117-400\times\frac{1}{4}}{\sqrt{400\times\frac{1}{4}\times\frac{3}{4}}}\right)-\Phi\left(\frac{83-400\times\frac{1}{4}}{\sqrt{400\times\frac{1}{4}\times\frac{3}{4}}}\right)$$

$$=\Phi(1.96)-\Phi(-1.96)=2\Phi(1.96)-1=0.975\times 2-1=0.95,$$

故结黄果植株介于 83 和 117 之间的概率为 0.95.

例 4.3.5 (近似数定点运算的误差分析)　数值计算时, 任何数 x 都只能用一定数位的有限小数 y 来近似, 这就产生了一个误差 $X=x-y$, 在下面讨论中, 我们假定参加运算的数都用十进制定点表示, 每个数都用四舍五入的方法取到小数点后五位, 这时相应的四舍五入误差可以看作是 $[-0.5\times 10^{-5}, 0.5\times 10^{-5}]$ 上的均匀分布.

如果要求 n 个数 $x_i(i=1,2,\cdots,n)$ 的和 S, 在数值计算中就只能求出相应的有限位小数 $y_i(i=1,2,\cdots,n)$ 的和 T, 并用 T 作 S 的近似值, 现在问, 这样做造成的误差 $Y=S-T$ 是多少?

因为 $S=\sum_{i=1}^{n} x_i=\sum_{i=1}^{n}(y_i+X_i)=\sum_{i=1}^{n} y_i+\sum_{i=1}^{n} X_i$, 故 $Y=\sum_{i=1}^{n} X_i$.

传统的估计方法是, 根据 $|X_i| \leqslant 0.5\times 10^{-5}$, 得 $|Y| \leqslant \sum_{i=1}^{n}|X_i| \leqslant n\times 0.5\times 10^{-5}$.

以 $n=10000$ 为例, 所得误差估计为 $|Y| \leqslant 0.05$.

下面用棣莫弗-拉普拉斯中心极限定理估计.

如果假定四舍五入误差 X_i 是相互独立的, 这里,

$$a=E(X_i)=0,\quad \sigma=\sqrt{D(X_i)}=\frac{0.5\times10^{-5}}{\sqrt{3}},$$

进一步有

$$P\left(\left|\sum_{i=1}^{n}X_i\right|\leqslant K\sqrt{n}\sigma\right)\approx\Phi(k)-\Phi(-k).$$

若取 $k=3$, 则上面的概率约为 0.997, 即能以 99.7%的概率断言

$$|Y|\leqslant 3\times100\times\frac{0.5\times10^{-5}}{\sqrt{3}}=0.866\times10^{-3},$$

这只及传统估计上限的 1/60.

2) 用频率估计概率的误差估计

由伯努利大数定律有 $\lim\limits_{n\to\infty}P\left(\left|\frac{\mu_n}{n}-p\right|\geqslant\varepsilon\right)=0$, 则对给定的 ε 和较大的 n,

$$P\left(\left|\frac{\mu_n}{n}-p\right|\geqslant\varepsilon\right)$$

究竟有多大?

伯努利大数定律没有给出回答, 但利用棣莫弗-拉普拉斯中心极限定理可以给出近似的回答. 即对充分大的 n,

$$P\left(\left|\frac{\mu_n}{n}-p\right|\leqslant\varepsilon\right)=P\left(\left|\frac{\mu_n-np}{\sqrt{npq}}\right|\leqslant\varepsilon\sqrt{\frac{n}{pq}}\right)$$

$$\approx\Phi\left(\varepsilon\sqrt{\frac{n}{pq}}\right)-\Phi\left(-\varepsilon\sqrt{\frac{n}{pq}}\right)=2\Phi\left(\varepsilon\sqrt{\frac{n}{pq}}\right)-1.$$

故

$$P\left(\left|\frac{\mu_n}{n}-p\right|\geqslant\varepsilon\right)=1-P\left(\left|\frac{\mu_n}{n}-p\right|<\varepsilon\right)\approx2\Phi\left(\varepsilon\sqrt{\frac{n}{pq}}\right)-1.$$

由此可知, 棣莫弗-拉普拉斯中心极限定理比伯努利大数定律更强, 也更有用. 利用上面的关系式可以解决许多计算问题. 下面我们分三种情况给出一些具体例子.

(1) 已知 n,p,ε, 求概率 $P\left(\left|\frac{\mu_n}{n}-p\right|\leqslant\varepsilon\right)$, 这时只要利用关系式, 并查正态分布表(附表 2)就可以解决. 这类问题在二项分布计算中经常会遇到.

例 4.3.6　一复杂系统由 100 个相互独立工作的部件组成, 每个部件正常工作的概率为 0.9, 已知整个系统中至少有 85 个部件正常工作, 系统才正常, 试求系统正常工作的概率.

解　记 $n=100$, Y_n 为 100 个部件中正常工作的部件数, 则

$$Y_n\sim b(k;100,0.9),\quad E(Y_n)=90,\quad D(Y_n)=9,$$

所求的概率为

$$P(Y_n\geqslant85)\approx1-\Phi\left(\frac{85-90}{3}\right)=1-\Phi\left(-\frac{5}{3}\right)\approx\Phi(1.67)\approx0.953.$$

(2) 要使 $P\left(\left|\frac{\mu_n}{n}-p\right|\leqslant\varepsilon\right)$ 不小于预先给定的正数 β，问最少做多少次试验？这时只需要求满足下式的最小 n，$2\Phi\left(\varepsilon\sqrt{\frac{n}{pq}}\right)-1\geqslant\beta$．这也可通过查正态分布表（附表 2）求得．

例 4.3.7　重复掷一枚有偏的硬币，设在每次试验中出现正面的概率 p 未知．试问要掷多少次才能使出现正面的频率与 p 相差不超过 $\frac{1}{100}$ 的概率达 95%以上？

解　依题意，欲求 n，使

$$P\left(\left|\frac{\mu_n}{n}-p\right|\leqslant\frac{1}{100}\right)\geqslant 0.95,$$

$$P\left(\left|\frac{\mu_n}{n}-p\right|\leqslant\frac{1}{100}\right)=2\Phi\left(0.01\sqrt{\frac{n}{pq}}\right)-1\geqslant 0.95,$$

$$\Phi\left(0.01\sqrt{\frac{n}{pq}}\right)\geqslant 0.975,$$

$$0.01\sqrt{\frac{n}{pq}}\geqslant 1.96,$$

$$n^2\geqslant 196^2pq,$$

因为 $pq\leqslant\frac{1}{4}$，所以 $n\geqslant 196^2\times\frac{1}{4}=9604$．所以，要掷硬币 9604 次以上就能保证出现正面的频率与概率之差不超过 $\frac{1}{100}$．

(3) 已知 n,β，求 ε，这类问题是在进行误差估计时提出来的．这时可以先找 x_β 使 $2\Phi(x_\beta)-1=\beta$，从而 $\varepsilon=x_\beta\sqrt{\frac{pq}{n}}$ 即为所求．

若 p 不知道，则利用 $pq\leqslant\frac{1}{4}$，有下列估计式 $\varepsilon\leqslant\frac{x_\beta}{2\sqrt{n}}$．

这类估计在蒙特卡罗方法中应用较多．

例 4.3.8　某单位内部有 260 架电话分机，每个分机有 4%的时间要用外线通话．可以认为各个电话分机用不同外线是相互独立的．问：总机需备多少条外线才能以 95%的把握保证各个分机在使用外线时不必等候？

解　由题意，任意一个分机或使用外线或不使用外线只有两种可能结果，且使用外线的概率 $p=0.04$，260 个分机中同时使用外线的分机数 $\mu_{260}\sim b(260;0.04)$．设总机确定的最少外线条数为 x，则有 $P(\mu_{260}\leqslant x)\geqslant 0.95$．

由于 $n=260$ 较大，故由棣莫弗-拉普拉斯定理，有

$$P(\mu_{260}\leqslant x)\approx\Phi\left(\frac{x-260p}{\sqrt{260pq}}\right)\geqslant 0.95,$$

查正态分布表(附表 2) 可知 $\frac{x-260p}{\sqrt{260pq}}\geqslant 1.65$．解得 $x\geqslant 16$．所以，总机至少备有 16 条外线，才能以 95%的把握保证各个分机使用外线时不必等候．

习　题　4.3

1. 设 $X_i(i=1,2,\cdots,50)$ 是相互独立的随机变量, 且都服从泊松分布 $P(0.03)$. 令 $Y=\sum_{i=1}^{50}X_i$. 试用中心极限定理计算 $P(Y\geqslant 3)$.

2. 已知一本 300 页的书中每页印刷错误的个数服从泊松分布 $P(0.2)$, 求这本书印刷错误不多于 70 的概率.

3. 一部件包含 10 部分, 每部分的长度是一个随机变量, 它们相互独立且服从同一分布, 期望是 2mm, 标准差 0.05mm. 规定总长度为 20 ±0.1 mm 时产品合格. 求产品合格的概率.

4. 100 台车床彼此独立地工作着, 每台车床的实际工作时间占全部工作时间的 80%, 求任一时刻有 70 至 86 台车床在工作的概率.

5. 据以往经验, 某种电器元件的寿命服从均值为 100 小时的指数分布. 现随机地取 16 只, 设它们的寿命是相互独立的, 求这 16 只元件的寿命的总和大于 1920 小时的概率.

6. 检验员逐个检查某种产品, 每次花 10 秒钟查一个, 但也有可能有的产品需要重复检查一次再用去 10 秒钟, 假定每个产品需要重新检查的概率为 0.5. 求在 8 小时内检查员检查的产品多于 1900 个的概率.

7. 某单位设置一部电话总机, 共有 200 架电话分机. 设每个电话分机使用外线通话是相互独立的. 设每时刻每个分机有 5% 的概率要使用外线通话. 问总机需要多少外线才能以不低于 90% 的概率保证每个分机要使用外线时间可供使用?

8. 现有一大批种子, 其中良种占 1/6, 今在其中任选 6000 粒, 试问在这些种子中, 良种所占的比例与 1/6 之差小于 1%的概率是多少?

9. 一生产线生产的产品成箱包装, 每箱的重量是随机的, 假设每箱的平均重量为 50 千克, 标准差为 5 千克, 若用最大载重量为 5000 千克的汽车承运, 试利用中心极限定理说明每辆车最多可以装多少箱才能保障不超载的概率大于 0.977.

10. 一个复杂系统, 由 n 个相互独立起作用的部件所组成. 每个部件的可靠性为 0.90, 且必须至少有 80% 的部件工作才能使整个系统工作. 问 n 至少为多少时才能使系统的可靠性为 95%?

11. 进行独立重复试验, 每次试验中事件 A 发生的概率为 0.25. 试问能以 95% 的把握保证 1000 次试验中事件 A 发生的频率与概率相差多少? 此时 A 发生的次数在什么范围内?

12. 一家有 800 间客房的大旅馆的每间客房装有一台 2 千瓦的空调机. 若开房率为 70%, 需要多少千瓦的电力才能以 99%的可能性保证有足够的电力使用空调机.

---

13. 设某单位为了解人们对某一决议的态度进行抽样调查. 设该单位每个人赞成该决议的概率为 p, 人与人之间赞成与否相互独立, p 未知, $0<p<1$. 试问要调查多少人, 才能使赞成该决议的人数的频率与 p 相差不超过 0.01 的概率达 0.95 以上.

14. 试用棣莫弗-拉普拉斯中心极限定理证明: 在 n 重伯努利试验中, 当试验次数 n 充分大时, $P\left(\left|\frac{\mu_n}{n}-p\right|<\varepsilon\right)\approx 2\Phi\left(\varepsilon\sqrt{\frac{n}{pq}}\right)-1$ 成立, 其中 μ_n 是 n 次独立重复事件中事件 A 发生的次数, p 是事件 A 在每次试验中发生的概率 $q=1-p$, ε 是任给的正数.

15. 设随机变量 $X_1,X_2,\cdots,X_n$ 独立同分布, 且 $E(X^k)=\alpha_k(k=1,2,3,4)$. 证明当 n 充分大时, 随机变量 $Y_n=\frac{1}{n}\sum_{i=1}^{n}X_i^2$ 近似服从正态分布, 并指出其分布参数.

本 章 概 要

1. 大数定律说明大量随机现象频率的稳定性, 指出大量随机现象的平均结果实际上与每一个随机现象特征无关, 且几乎不再是随机的. 并通过数学公式把这一规律表示出来.

2. 中心极限定理说明如果随机现象由众多的随机因素引起, 每一因素在总的变化里起着不显著的作用, 就可以推断, 描述这个随机现象的随机变量近似服从正态分布.

3. 大量独立的偶然因素总和的随机变量近似地服从正态分布, 这是数理统计中大样本推断的理论基础.

常用术语

大数定律　切比雪夫大数定律　伯努利大数定律　马尔可夫大数定律　辛钦大数定律　依概率收敛　依分布收敛　中心极限定理　林德伯格-列维中心极限定理　棣莫弗-拉普拉斯中心极限定理

常用公式

1. 大数定律

若 $X_1,X_2,\cdots,X_n,\cdots$ 为一列随机变量序列, 如果存在常数列 $a_1,a_2,\cdots,a_n,\cdots$, 使对 $\forall\varepsilon>0$, 有 $\lim\limits_{n\to\infty}P\left(\left|\dfrac{1}{n}\sum\limits_{i=1}^{n}X_i-a_n\right|<\varepsilon\right)=1$ 成立, 则称随机变量序列 $\{X_n\}$ 服从大数定律.

2. 切比雪夫大数定律

设 $X_1,X_2,\cdots,X_n,\cdots$ 为一列两两不相关的随机变量, 又设它们的方差有界, 即存在常数 $C>0$, 使得 $D(X_i)\leqslant C,i=1,2,\cdots$, 则随机变量序列 $\{X_n\}$ 服从大数定律, 即有

$$\text{对 }\forall\varepsilon>0\text{, 有 }\lim_{n\to\infty}P\left(\left|\frac{1}{n}\sum_{i=1}^{n}X_i-\frac{1}{n}\sum_{i=1}^{n}E(X_i)\right|<\varepsilon\right)=1.$$

3. 伯努利大数定律

设 μ_n 是 n 重伯努利试验中事件 A 出现的次数, 又 A 在每次试验中出现的概率为 p $(0<p<1)$, 则对任意的 $\varepsilon>0$, 有

$$\lim_{n\to\infty}P\left(\left|\frac{\mu_n}{n}-p\right|<\varepsilon\right)=1.$$

4. 马尔可夫大数定律

设 $X_1,X_2,\cdots,X_n,\cdots$ 为一列随机变量, 如果 $\lim\limits_{n\to\infty}\dfrac{1}{n^2}D\left(\sum\limits_{i=1}^{n}X_i\right)=0$, 则它服从大数定律.

5. 辛钦大数定律

设 $X_1,X_2,\cdots,X_n,\cdots$ 是一列独立同分布的随机变量, 且数学期望存在 $E(X_i)=a,i=1,2,\cdots$, 则对 $\forall\varepsilon>0$, 有 $\lim\limits_{n\to\infty}P\left(\left|\dfrac{1}{n}\sum\limits_{i=1}^{n}X_i-a\right|<\varepsilon\right)=1$ 成立.

6. 中心极限定理

设$\{X_i\}$为一独立随机变量序列, 且$E(X_i),D(X_i)$, $i=1,2,\cdots$均存在, 记

$$Y_n=\frac{\sum_{i=1}^{n}X_i-\sum_{k=1}^{n}E(X_i)}{\sqrt{\sum_{i=1}^{n}D(X_i)}},$$

且$\mu_n=\sum_{i=1}^{n}X_i$, 有

$$\lim_{n\to\infty}P(Y_n\leqslant x)=\frac{1}{\sqrt{2\pi}}\int_{-\infty}^{x}\mathrm{e}^{-\frac{t^2}{2}}\mathrm{d}t,$$

则称$\{X_i\}$服从中心极限定理.

7. 林德伯格-列维中心极限定理

设$X_1,X_2,\cdots$是一列独立同分布的随机变量, 且$E(X_i)=\mu$, $D(X_i)=\sigma^2(\sigma>0)$, $i=1,2,\cdots$, 则对任意实数, 有

$$\lim_{n\to\infty}P\left(\frac{\sum_{i=1}^{n}X_i-n\mu}{\sigma\sqrt{n}}\leqslant x\right)=\lim_{n\to\infty}F_n(x)=\frac{1}{\sqrt{2\pi}}\int_{-\infty}^{x}\mathrm{e}^{-\frac{t^2}{2}}\mathrm{d}t=\Phi(x).$$

8. 棣莫弗-拉普拉斯中心极限定理

在n重伯努利试验中, 事件A在每次试验中出现的概率为$p\,(0<p<1)$, μ_n为n次试验中A事件发生的次数, 则

$$\lim_{n\to\infty}P\left(\frac{\mu_n-np}{\sqrt{npq}}\leqslant x\right)=\frac{1}{\sqrt{2\pi}}\int_{-\infty}^{x}\mathrm{e}^{-\frac{t^2}{2}}\mathrm{d}t.$$

第 5 章　数理统计的基本概念

在概率论的讨论中，概率分布通常总是已知的，而一切计算和推理就是基于此得出的. 但在实际问题中，情况就并非如此，一个随机现象所遵循的分布是什么情形可能完全不知道；或者我们根据随机现象所反映的某些事实能断定其分布形式，但却不能知道其分布函数中所含的参数. 例如，

(1) 在一段时间内某段公路上行驶的车辆的速度服从什么概率分布是完全不知道的.

(2) 某工厂生产的一批电视机的寿命遵循何种分布也可能是不知道的.

(3) 某仪器厂购买了一批三极管，尽管已知从中任抽一件是次品或正品时遵循的是两点分布(分布概型已知)，但分布中的参数 p(即次品率)往往是未知的.

探究随机现象所联系的随机变量的分布或分布中的未知参数，这就是数理统计所要解决的首要问题. 办法有哪些呢？以前述例子来说，我们要掌握车辆速度的分布、电视机寿命的分布、次品率 p 的值，可以对这一公路上行驶的车辆的速度、电视机的寿命及三极管中的次品作一段时间的观察或测试一部分，从而对所关心的问题作出推断. 即在数理统计学中，我们总是从研究对象的全体中抽取一部分进行观测或试验，以取得信息，从而对我们所关心的问题(整体)作出推断和估计. 于是，如何抽取样本、如何合理地获取数据和怎样合理地利用采集的数据资料对问题作出推断等就成为数理统计所要研究的问题. 概括起来，数理统计研究的内容可分为两大类：①试验的设计和研究，即研究如何更合理有效地获得观察资料；②统计推断，即研究如何更合理地利用收集到的资料对所关心的问题进行统计推断.

当然这两部分是密切联系，相互兼顾的. 本书主要对统计推断的有关基本概念、基本理论和方法作介绍.

5.1　总体与样本

5.1.1　总体与个体

在数理统计学中，把研究对象的全体所构成的集合称为总体或母体，而组成总体的每一单位成员称为个体.

在实际中，我们所研究的往往是总体中个体的各种数值指标. 例如，研究某灯泡厂生产的一批灯泡的质量. 则这批灯泡就构成了一个总体，其中每一只灯泡就是一个个体. 而我们关心的是灯泡的平均寿命，它是一个随机变量 X. 假设 X 的分布函数是 $F(x)$. 如果我们主要关心的只是这个数值指标 X，为了方便起见，可以把这个数值指标 X 的可能取值的全体看作总体，并且称这一总体为具有分布函数 $F(x)$ 的总体. 这样就把总体和随机变量联系起来了，并且这种联系也可以推广到 n 维 $(n\geqslant 2)$ 的情形. 例如，要研究电视机的质量，可以考虑显像管的寿命和亮度等，可以把这两个指标所构成的二维随机向量 (X,Y) 可能取值的全体看成一个总体，简称二维总体. 若二维随机变量 (X,Y) 的联合分布函数为 $F(X,Y)$，称这一总体为具有分布函数 $F(x,y)$ 的总体.

数理统计的研究对象是受随机性影响的数据，这些通过观察或试验得到的数据称为样本或子样，这些观察或试验的过程称为抽样. 例如，用同一架天平称某重物 n 次，得到一组数据 $X_1,X_2,\cdots,X_n$，称它们是一个样本，其中 n 称为样本容量. 在一次抽样以后，观测到 $(X_1,X_2,\cdots,X_n)$ 的一组确定的值 $(x_1,x_2,\cdots,x_n)$，称为容量为 n 的样本的观测值或数据.

注意“数据”一词在这里是广义的. 它可以是实数值，例如，X_i 表示称得某重物的重量；也可以是事物的属性，例如 $X_i=$“正品”（或“废品”）；等等. 通常为了方便研究，也常将这些属性数量化，例如，用“1”表示“废品”，“0”表示“正品”，当然这不是本质的问题.

在随机抽样中，总体 X 是一个随机变量，从而我们可以把容量为 n 的样本 $(X_1,X_2,\cdots,X_n)$ 看成一个 n 维随机向量. 实质上，每个容量为 n 的样本都可称为 n 维空间的一个点，容量为 n 的样本的观测值 $(x_1,x_2,\cdots,x_n)$ 可以看成一个随机试验的结果. 它的一切可能结果构成了 n 维空间的一个子集，称为样本空间. 它可以是 n 维空间，也可以是其中的一个子空间，而样本的一组观测值 $(x_1,x_2,\cdots,x_n)$ 是样本空间的一个点.

有时，数据也可以是一组向量，例如，武器试验中给出一组弹着点的坐标

$$(X_1,Y_1),(X_2,Y_2),\cdots,(X_n,Y_n),$$

即为二维总体的一组样本. 在多元统计分析中，将专门研究这种情形.

关于样本，需要强调的是样本并非一堆杂乱无章无规律可循的数据，它是受随机性影响的一组数据. 因此，用概率论的话说，就是每个样本既可以视为一组数据，又可视为一组随机变量，这就是所谓样本的二重性. 当通过一次具体的试验，得到一组观测值时，这时样本表现为一组数据；但这组数据的出现并非是必然的，它只能以一定的概率（或概率密度）出现. 这就是说，当考察一个统计方法是否具有某种普遍意义下的效果时，又需要将其样本视为随机变量，而一次具体试验得到的数据，则可视为随机变量的一个实现值. 今后为方便计，我们常交替使用上述两种观点来看待样本，而不再每次声明此处样本是指随机变量或是其观测值.

5.1.2 简单随机样本

实际上，从总体中抽取样本可以有各种不同的方法. 例如，设一组抽奖券共 10000 张，其中有 5 张有奖. 问连续抽取 3 张均有奖的概率为多少？

对于这个问题，我们可以采取“有放回”或“无放回”方式进行连续抽取.

显然，无放回的抽样方式不是独立的，每次抽样的结果都将影响下一次抽样的分布，这种抽样不是我们所希望的. 而有放回的抽样，则是多次独立的抽样，它们具有共同的分布，也是我们通常所采用的抽样，称之为简单随机抽样.

为了使抽到的样本能够对总体作出较可靠的推断，就希望它能很好地代表总体. 这就对抽样方法提出一些要求. 因此，最简单的抽取的样本必须具有如下特点：①样本能代表总体；②每个个体都是随机地抽出的. 这就是简单随机样本的概念.

定义 5.1.1 若 $(X_1,X_2,\cdots,X_n)$ 为来自总体 X 的一组样本，且满足

(1) $X_1,X_2,\cdots,X_n$ 与总体具有相同的分布；

(2) $X_1,X_2,\cdots,X_n$ 是相互独立的随机变量，

称 $(X_1,X_2,\cdots,X_n)$ 为一组简单随机样本，简称为样本.

注意　样本 $X_1,X_2,\cdots,X_n$ 不是任意一组随机变量,我们要求它是一组独立同分布的随机变量. 同分布就要求样本能够很好地代表总体,即样本与总体具有相同的分布函数. 独立则要求样本中各数据的出现互不影响,即抽取样本时,应该是在相同条件下独立重复地进行. 下面讨论的样本一般都是指简单随机样本.

设总体具有分布函数 $F(x)$, $(X_1,X_2,\cdots,X_n)$ 为取自这一总体的容量为 n 的样本,则 $(X_1,X_2,\cdots,X_n)$ 的联合分布函数为

$$F^*(x_1,x_2,\cdots,x_n)=\prod_{i=1}^{n}F(x_i).$$

设总体具有密度函数 $p(x)$, $(X_1,X_2,\cdots,X_n)$ 为取自这一总体的容量为 n 的样本,则 $(X_1,X_2,\cdots,X_n)$ 的联合密度函数为

$$p^*(x_1,x_2,\cdots,x_n)=\prod_{i=1}^{n}p(x_i).$$

为统一起见,引入概率函数的概念.

若 X 为离散型随机变量,其分布列为 $P(X=x)$,则令 $f(x)=P(X=x)$;若 X 为连续型随机变量,其密度函数为 $p(x)$,则令 $f(x)=p(x)$,称 $f(x)$ 为总体 X 的概率函数.

设总体 X 的概率函数为 $f(x)$, $(X_1,X_2,\cdots,X_n)$ 为取自总体 X 的一组样本,则 $(X_1,X_2,\cdots,X_n)$ 的联合概率函数为 $f^*(x_1,x_2,\cdots,x_n)=\prod\limits_{i=1}^{n}f(x_i)$.

例 5.1.1　设总体 X 服从参数为 λ 的泊松分布, $(X_1,X_2,\cdots,X_n)$ 为取自总体 X 的一组样本,求 $(X_1,X_2,\cdots,X_n)$ 的联合概率函数.

解　因为 $X\sim P(\lambda)$,所以 $f(x)=\dfrac{\lambda^x}{x!}\mathrm{e}^{-\lambda},x=0,1,2,\cdots$,从而 $(X_1,X_2,\cdots,X_n)$ 的联合概率函数为

$$f^*(x_1,x_2,\cdots,x_n)=\prod_{i=1}^{n}f(x_i)=\prod_{i=1}^{n}\frac{\lambda^{x_i}}{x_i!}\mathrm{e}^{-\lambda}=\frac{\lambda^{\sum\limits_{i=1}^{n}x_i}}{x_1!x_2!\cdots x_n!}\mathrm{e}^{-n\lambda}.$$

例 5.1.2　设总体 X 服从 $N(\mu,\sigma^2)$, $(X_1,X_2,\cdots,X_n)$ 为取自总体 X 的一组样本,求 $(X_1,X_2,\cdots,X_n)$ 的联合概率函数.

解　因为 $X\sim N(\mu,\sigma^2)$,所以 $f(x)=\dfrac{1}{\sqrt{2\pi}\sigma}\mathrm{e}^{-\frac{(x-\mu)^2}{2\sigma^2}}$,从而 $(X_1,X_2,\cdots,X_n)$ 的联合概率函数为

$$f^*(x_1,x_2,\cdots,x_n)=\prod_{i=1}^{n}f(x_i)=\prod_{i=1}^{n}\frac{1}{\sqrt{2\pi}\sigma}\mathrm{e}^{-\frac{(x_i-\mu)^2}{2\sigma^2}}=\frac{1}{(\sqrt{2\pi}\sigma)^n}\mathrm{e}^{-\frac{1}{2\sigma^2}\sum\limits_{i=1}^{n}(x_i-\mu)^2}.$$

5.1.3　参数与参数空间

如前所述,数理统计问题的分布一般来说是未知的,需要通过样本来推断. 但如果对总体绝对地一无所知,那么,所能做出的推断的可信度一般也极为有限. 在很多情况下,往往知道总体所具有的分布形式,而不知道的仅仅是分布中的参数. 这在实际中是大量能见到的,因为分布的总体形式往往可以通过具体的应用背景或以往的经验加以确定.

例 5.1.3　考虑如何由样本 $X_1,X_2,\cdots,X_n$ 的实际背景确定统计模型,即总体 X 的分布.

(1) 样本记录随机抽取的 n 件产品的正品、废品情况;

(2) 样本表示同一批 n 个电子元件的寿命(单位: h);

(3) 样本表示同一批 n 件产品的某一尺寸(单位: mm).

解　通过分析或经验, 容易知道

(1) X 服从两点分布, 其概率分布为 $p^x(1-p)^{1-x}, x=0,1$, 需确定的是参数 $p\in[0,1]$.

(2) X 通常服从指数分布, 其密度函数

$$f(x;\lambda)=\begin{cases}\lambda e^{-\lambda x}, & x>0,\\ 0, & x\leqslant 0,\end{cases}$$

所需确定的是参数 $\lambda(\lambda>0)$.

(3) X 通常服从正态分布 $N(\mu,\sigma^2)$, 其密度函数

$$f(x;\mu,\sigma^2)=\frac{1}{\sqrt{2\pi}\sigma}e^{-\frac{(x-\mu)^2}{2\sigma^2}}, \quad x\in\mathbf{R},$$

所需确定的是参数 (μ,σ^2), 其中 $\mu\in\mathbf{R}$, $\sigma^2>0$, 对于每个总体, 我们称其分布中参数的一切可能取值的集合为参数空间, 记为 Θ. 特别地, 如在例 5.1.3 中, (1) $\Theta=[0,1]$; (2) $\Theta=\mathbf{R}^+$; (3) $\Theta=\mathbf{R}\times\mathbf{R}^+$, 其中 $\mathbf{R}=(-\infty,+\infty),\mathbf{R}^+=(0,+\infty)$.

今后对于统计推断, 如果总体的分布为形式已知, 仅对参数进行推断, 我们就称之为参数推断(估计, 检验); 否则, 称为非参数推断.

习　题　5.1

1. 设某厂大量生产某种产品, 其次品率 p 未知. 每 m 件产品包装为一盒, 为了检查产品的质量, 任意抽取 n 盒, 检查其中的次品数. 试在这个统计问题中说明什么是总体、样本以及它们的分布.

2. 某厂生产的电容器的使用寿命服从指数分布, 但其参数 λ 未知. 为此, 任意抽查 n 只电容器, 测其实际使用寿命. 试在这个问题中说明什么是总体、样本以及它们的分布.

3. 设总体 X 服从两点分布 $b(k;1,p)$, 其中 p 为未知参数, $X_1,X_2,\cdots,X_5$ 是来自 X 的简单随机样本, 求 $(X_1,X_2,\cdots,X_5)$ 的联合概率函数.

4. 设总体 X 服从正态分布 $N(\mu,\sigma^2)$, 其中 μ 已知, σ^2 未知, X_1,X_2,X_3 为来自总体 X 的一个样本, 求 (X_1,X_2,X_3) 的联合概率函数.

5. 设总体 X 的分布函数为 $F(x)$, 密度函数为 $p(x)$, $X_1,X_2,\cdots,X_n$ 为来自总体 X 的一个样本, 记 $X_{(1)}=\min\limits_{1\leqslant i\leqslant n}X_i$, $X_{(n)}=\max\limits_{1\leqslant i\leqslant n}X_i$. 试求 $X_{(1)}$ 和 $X_{(n)}$ 各自的分布与密度函数.

5.2　直方图与经验分布函数

5.2.1　直方图

设 $X_1,X_2,\cdots,X_n$ 是总体 X 的一个样本, 又设总体具有概率函数 $f(x)$, 如何用样本来推断 $f(x)$?注意到现在的样本是一组实数, 因此, 一个直观的办法是将实轴划分为若干小区间, 记下各个观察值 X_i 落在每个小区间中的个数, 根据大数定律中频率近似概率的原理, 从这些个数来推断总体在每一小区间上的密度. 具体做法如下.

(1) 找出 $X_{(1)}=\min\limits_{1\leqslant i\leqslant n}X_i$, $X_{(n)}=\max\limits_{1\leqslant i\leqslant n}X_i$ (详细定义见 5.3 节). 取 a 略小于 $X_{(1)}$, b 略大于 $X_{(n)}$;

(2) 将 $[a,b]$ 分成 m 个小区间, $m<n$, 小区间长度可以不等, 设分点为

$$a=t_0<t_1<\cdots<t_m=b.$$

在分小区间时, 注意每个小区间中都要有若干观察值, 而且观察值不要落在分点上;

(3) 记“ n_j =落在小区间 $(t_{j-1},t_j]$ 中观察值的个数(频数)”, 计算频率 $f_j=\dfrac{n_j}{n}$, 列表分别记下各小区间的频数、频率;

(4) 在直角坐标系的横轴上, 标出 $t_0,t_1,\cdots,t_m$ 各点, 分别以 $(t_{j-1},t_j]$ 为底边, 作高为 $\dfrac{f_j}{\Delta t_j}$ 的矩形, $\Delta t_j=t_j-t_{j-1}, j=1,2,\cdots,m$, 即得直方图, 如图 5-1 所示.

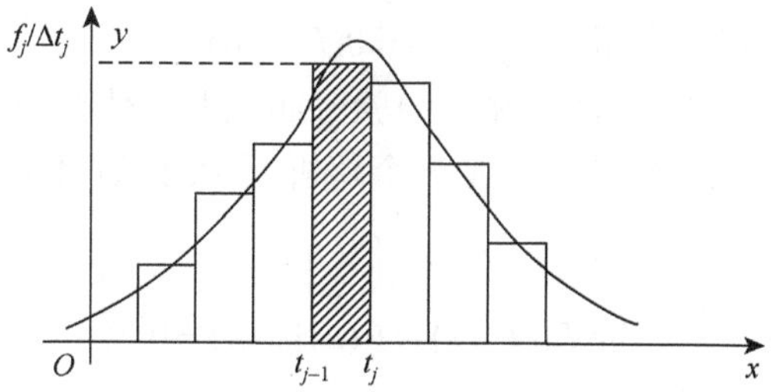

图 5-1

实际上, 我们就是用直方图对应的分段函数

$$\Phi_n(x)=\frac{f_j}{\Delta t_j},\quad x\in(t_{j-1},t_j],\quad j=1,2,\cdots,m$$

来近似总体的概率函数 $f(x)$. 这样做为什么合理? 我们引进“唱票随机变量”, 对每个小区间 $(t_{j-1},t_j]$, 定义

$$Y_i=\begin{cases}1, & X_i\in(t_{j-1},t_j],\\ 0, & X_i\notin(t_{j-1},t_j],\end{cases}\quad i=1,2,\cdots,n,$$

则 Y_i 独立同分布于两点:

$$P\{Y_i=x\}=p^x(1-p)^{1-x},\quad x=0 \text{ 或 } 1,$$

其中 $p=P(X_i\in(t_{j-1},t_j])$, 由大数定律, 有

$$f_j=\frac{n_j}{n}=\frac{1}{n}\sum_{j=1}^{n}\eta_i\to E\eta_i=p=P(X_i\in(t_{j-1},t_j])=\int_{t_{j-1}}^{t_j}f(x)\mathrm{d}x\quad(n\to\infty),$$

以概率为 1 成立. 于是, 当 n 充分大时, 可用 f_j 来近似代替上式右边以 $f(x)$ ($x\in(t_{j-1},t_j]$)为曲边的曲边梯形的面积, 而且若 m 充分大, Δt_j 较小时, 我们就可用小矩形的高度 $\Phi_n(x)=f_j/\Delta t_j$ 来近似取代 $f(x), x\in(t_{j-1},t_j]$.

5.2.2　经验分布函数

对于总体 X 的分布函数 $F(x)$ (未知), 设有它的样本 $X_1,X_2,\cdots,X_n$, 我们同样可以从样本

出发，找到一个已知函数来近似它，这就是经验分布函数 $F_n(x)$.

它的构造方法是这样的. 设 $(x_1,x_2,\cdots,x_n)$ 是取自分布 $F(x)$ 的总体中一个简单随机样本的观测值，若把样本观测值由小到大进行排列得 $x_{(1)}\leqslant x_{(2)}\leqslant\cdots\leqslant x_{(n)}$.

这里 $x_{(1)}$ 是样本观测值 $(x_1,x_2,\cdots,x_n)$ 中最小的一个，$x_{(i)}$ 是样本观测值 $(x_1,x_2,\cdots,x_n)$ 中第 i 小的数，$x_{(n)}$ 是样本观测值 $(x_1,x_2,\cdots,x_n)$ 中最大的一个，则定义

$$F_n(x)=\begin{cases}0, & x<x_{(1)},\\ \dfrac{k}{n}, & x_{(k)}\leqslant x<x_{(k+1)},\\ 1, & x\geqslant x_{(n)},\end{cases}$$

显然，$F_n(x)$ 是非减右连续函数，且满足 $F_n(-\infty)=0, F_n(+\infty)=1$.

由此可见，$F_n(x)$ 是一个分布函数，称作经验分布函数. 对于每一个固定的 x，$F_n(x)$ 是事件“$X\leqslant x$”发生的概率，当 n 固定时，它是一个随机变量，据伯努利大数定律，则 $F_n(x)$ 依概率收敛于 $F(x)$，即 $\forall\varepsilon>0$，有

$$\lim_{n\to\infty}P(|F_n(x)-F(x)|\geqslant\varepsilon)=0.$$

$F_n(x)$ 只在 $x=x_{(k)}$，$k=1,2,\cdots,n$ 处有跃度为 $\dfrac{1}{n}$ 的间断点，若有 l 个观察值相同，则 $F_n(x)$ 在此观察值处的跃度为 $\dfrac{l}{n}$. 对于固定的 x，$F_n(x)$ 即表示事件 $(X\leqslant x)$ 在 n 次试验中出现的频率，即 $F_n(x)=\dfrac{1}{n}\times\{$落在 $(-\infty,x]$ 中 X_i 的个数$\}$. 用与直方图分析相同的方法可以论证 $F_n(x)\to F(x)$，$n\to\infty$ 以概率为 1 成立. 经验分布函数的图形如图 5-2 所示.

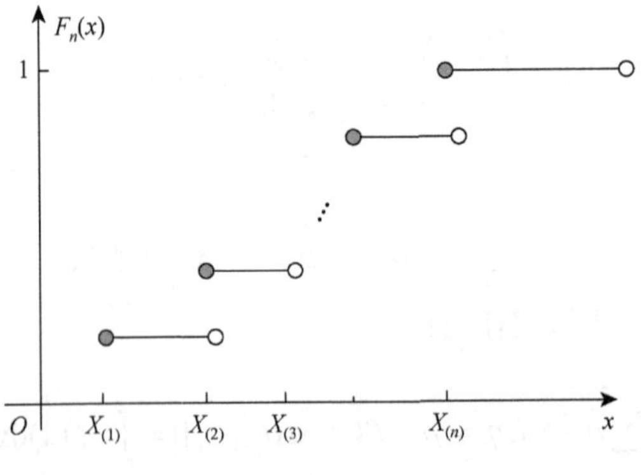

图 5-2

实际上，$F_n(x)$ 还一致地收敛于 $F(x)$，即 $P\left(\lim\limits_{n\to\infty}D_n=0\right)=1$，其中 $D_n=\sup\limits_{-\infty<x<\infty}|F_n(x)-F(x)|$. 由此可见，当 n 相当大时，经验分布函数 $F_n(x)$ 是总体分布函数 $F(x)$ 的一个良好的近似.

例 5.2.1　随机观察总体 X 得到样本值 2.5, 1, 2.5, 3, 2, 2.5, 2，试求样本的分布函数 $F_7(x)$.

解　将样本的观察值由小到大排列为 $1<2=2<2.5=2.5=2.5<3$，因此经验分布函数 $F_7(x)$ 为

$$F_7(x)=\begin{cases}0, & x<1,\\ \dfrac{1}{7}, & 1\leqslant x<2,\\ \dfrac{3}{7}, & 2\leqslant x<2.5,\\ \dfrac{6}{7}, & 2.5\leqslant x<3,\\ 1, & x\geqslant 3.\end{cases}$$

习　题　5.2

1. 以下是某工厂通过抽样调查得到的 10 名工人一周内生产的产品数

149　156　160　138　149　153　153　169　156　156

试由这批数据构造经验分布函数并作图.

2. 表 5-1 是经过整理后得到的分布样本.

表 5-1

组序	1	2	3	4	5
分组区	(38, 48]	(48, 58]	(58, 68]	(68, 78]	(78, 88]
间频数	3	4	8	3	2

试写出此分组样本的经验分布函数.

3. 设容量 $n=12$ 的样本观察值为

$$(-5,4,-1,6,2,4,-3,2,4,-1,1,3).$$

求经验分布函数的观察值.

4. 设总体 X 的分布函数为 $F(x)$，经验分布函数为 $F_n(x)$. 证明:

(1) $E(F_n(x))=F(x), D(F_n(x))=\dfrac{1}{n}F(x)(1-F(x))$；

(2) 任意给定 $\varepsilon>0$，对任意固定的 x，有 $\lim\limits_{n\to\infty}P(|F_n(x)-F(x)|<\varepsilon)=1$.

5. 假如某市 30 名 2005 年某专业毕业生实习期满月薪数据如下:

1909	2086	2120	1999	2320	2091
2071	2081	2130	2336	1967	2572
1825	1914	1992	2232	1950	1775
2203	2025	2096	2808	2224	2044
1871	2164	1971	1950	1866	1738

(1) 构造该批数据的频率分布表(分 6 组)；

(2) 画出直方图.

5.3　统计量及其分布

样本是总体的反映. 在利用样本推断总体时，往往不能直接利用样本，而需要对它进行一定的加工，这样才能有效地利用其中的信息，否则，样本只是呈现为一堆“杂乱无章”的数据.

例 5.3.1　从某地区随机抽取 50 户农民，调查年收入情况，得到下列数据(每户人均元):

924	800	916	704	870	1040	824	690	574	490
972	988	1266	684	764	940	408	804	610	852
602	754	788	962	704	712	854	888	768	848
882	1192	820	878	614	846	746	828	792	872
696	644	926	808	1010	728	742	850	864	738

试对该地区农民收入的水平和贫富悬殊程度作大致分析.

显然, 如果不进行加工, 面对这大堆大小参差不齐的数据, 你很难得出什么印象. 但是只要对这些数据稍微加工, 便能作出大致分析: 如记各农户的年收入数为 $X_1,X_2,\cdots,X_{50}$, 则考虑

$$\bar{X}=\frac{1}{50}\sum_{i=1}^{50}X_i=809.52,$$

$$S_{50}=\sqrt{\frac{1}{50}\sum_{i=1}^{50}(X_i-\bar{X})^2}=154.28.$$

这样, 我们可以从 $\bar{X}$ 得出该地区农民平均人均收入水平属中等, 从 S_{50} 可以得出该地区农民贫富悬殊不大的结论(当然还需要一些参照资料). 由此可见, 对样本的加工是十分重要的.

对样本加工, 这在数理统计学中往往通过构造一个合适的依赖于样本的函数——统计量来达到.

5.3.1　统计量的概念

1. 定义

定义 5.3.1　样本 $X_1,X_2,\cdots,X_n$ 的一个函数 T, 且不含未知参数, 则称之为统计量, 常记为

$$T=T(X_1,X_2,\cdots,X_n).$$

如果样本容量为 n, 它也就是 n 个随机变量的函数, 并且要求这个函数是不依赖于任何未知参数的随机变量.

例如, 总体 $X\sim N(\mu,\sigma^2)$, 其中 σ^2 为未知参数, $X_1,X_2,\cdots,X_n$ 为取自总体的样本, 则 $\sum_{i=1}^{n}X_i$, $\max_{1\leqslant i\leqslant n}X_i$, $\frac{1}{n}\sum_{i=1}^{n}X_i-\mu$ 均为统计量, 但 $\frac{X_1}{\sigma}$ 不是统计量(因为 σ 为未知参数).

2. 常用统计量

定义 5.3.2　若 $X_1,X_2,\cdots,X_n$ 是从总体 X 中取出的容量为 n 的样本, 则

称统计量 $\bar{X}=\frac{1}{n}\sum_{i=1}^{n}X_i$ 为样本均值;

称统计量 $S_n^2=\frac{1}{n}\sum_{i=1}^{n}(X_i-\bar{X})^2=\frac{1}{n}\sum_{i=1}^{n}X_i^2-\bar{X}^2$ 为样本方差;

称统计量 $A_k=\frac{1}{n}\sum_{i=1}^{n}X_i^k$ 为样本的 k 阶原点矩;

称统计量 $B_k=\frac{1}{n}\sum_{i=1}^{n}(X_i-\bar{X})^k$ 为样本的 k 阶中心矩, 其中 $k\in\mathbf{N}^+$.

若 $(x_1,x_2,\cdots,x_n)$ 是样本 $(X_1,X_2,\cdots,X_n)$ 的一组观测值, 称

$$\bar{x}=\frac{1}{n}\sum_{i=1}^{n}x_i,\quad s_n^2=\frac{1}{n}\sum_{i=1}^{n}(x_i-\bar{x})^2=\frac{1}{n}\sum_{i=1}^{n}x_i^2-\bar{x}^2$$

分别为样本均值 $\bar{X}$ 和样本方差 S_n^2 的观测值.

定义 5.3.3　设 $(X_1,Y_1),(X_2,Y_2),\cdots,(X_n,Y_n)$ 为二维总体 (X,Y) 的样本, 则称统计量

$$S_{12}=\frac{1}{n}\sum_{i=1}^{n}(X_i-\bar{X})(Y_i-\bar{Y})$$

为样本协方差; 称统计量 $\hat{\rho}=\dfrac{S_{12}}{S_XS_Y}$ 为样本相关系数, 其中

$$S_X^2=\frac{1}{n}\sum_{i=1}^{n}(X_i-\bar{X})^2,\quad S_Y^2=\frac{1}{n}\sum_{i=1}^{n}(Y_i-\bar{Y})^2 .$$

定义 5.3.4　将样本 $X_1,X_2,\cdots,X_n$ 的观测值 $(x_1,x_2,\cdots,x_n)$ 从小到大排列成 $x_{(1)}\leqslant x_{(2)}\leqslant\cdots\leqslant x_{(n)}$ (若 $x_i=x_j$, 则其先、后次序可任意排). 规定: $X_{(i)}$ 为样本的这样一个函数, 即当样本 $X_1,X_2,\cdots,X_n$ 无论取得怎样一组观测值, $X_{(i)}$ 总取其中 $x_{(i)}$ 为观测值, 并称这样定义的 $X_{(i)}$ 为第 i 个次序(顺序)统计量. 特别地, 称 $X_{(1)}=\min\limits_{1\leqslant i\leqslant n}X_i$ 为最小顺序统计量和 $X_{(n)}=\max\limits_{1\leqslant i\leqslant n}X_i$ 为最大顺序统计量.

定义 5.3.5　若 $X_1,X_2,\cdots,X_n$ 是从总体 X 中取出的容量为 n 的样本, 称统计量

$$M^*=\begin{cases}X_{\left(\frac{n+1}{2}\right)}, & n\text{为奇数},\\ \dfrac{1}{2}\left(X_{\left(\frac{n}{2}\right)}+X_{\left(\frac{n}{2}+1\right)}\right), & n\text{为偶数}\end{cases}$$

为样本中位数.

5.3.2　统计量的分布

统计量是随机变量, 统计量的分布称为抽样分布. 下面讨论统计量的分布.

1. 样本均值与样本方差的分布

定理 5.3.1　设总体 X 的分布函数 $F(x)$ 具有二阶矩, 即

$$E(X)=\mu<+\infty,\quad D(X)=\sigma^2<+\infty$$

都存在. 若 $X_1,X_2,\cdots,X_n$ 是取自总体的一个样本, 则样本均值 $\bar{X}$ 的数学期望和方差分别为 $E(\bar{X})=\mu,D(\bar{X})=\dfrac{\sigma^2}{n}$.

利用期望和方差的性质很容易证明.

定理 5.3.2　设总体 X 的原点矩 $\gamma_k=EX^k$ 和中心矩 $\mu_k=E(X-\gamma_1)^k,k=1,2,3,4$ 都存在, 则样本方差的数学期望和方差依次为

$$E(S_n^2)=\frac{n-1}{n}\mu_2,\quad D(S_n^2)=\frac{\mu_4-\mu_2^2}{n}-\frac{2(\mu_4-2\mu_2^2)}{n^2}+\frac{\mu_4-3\mu_2^2}{n^3},$$

并且样本均值与样本方差的协方差为 $\mathrm{cov}(\bar{X},S_n^2)=\dfrac{n-1}{n^2}\mu_3$.

证明略.

2. χ^2 分布

定义 5.3.6　设 $X_1, X_2, \cdots, X_n$ 为来自标准正态分布总体的一组样本, 则称统计量

$$Y = \sum_{i=1}^{n} X_i^2$$

服从自由度为 n 的 χ^2 分布, 记作 $Y \sim \chi^2(n)$.

特别地, 若 $X \sim N(0,1)$, 则 $X^2 \sim \chi^2(1)$.

我们知道 χ^2 分布具有可加性, 即若 $Y_1, Y_2, \cdots, Y_k$ 是 k 个相互独立的随机变量, 且 $Y_j \sim \chi^2(n_j)$, $j = 1, 2, \cdots, k$, 则

$$Y = \sum_{j=1}^{k} Y_j \sim \chi^2\left(\sum_{j=1}^{k} n_j\right).$$

χ^2 分布有下列基本性质: 设 $X \sim \chi^2(n)$, 则

(1) $E(X) = n$, $D(X) = 2n$;

(2) X 的密度函数为

$$p(x) = \begin{cases} \dfrac{1}{2^{\frac{n}{2}}\Gamma\left(\dfrac{n}{2}\right)} x^{\frac{n}{2}-1} e^{-\frac{x}{2}}, & x > 0, \\ 0, & x \leqslant 0, \end{cases}$$

其中 $\Gamma(\alpha)$ 称为伽马(Gamma)函数, 定义为 $\Gamma(\alpha) = \int_0^{+\infty} x^{\alpha-1} e^{-x} dx,\ \alpha > 0$.

图 5-3 描绘了 $\chi^2(n)$ 分布密度函数在 $n = 1, 4, 10, 20$ 时的图形. 可以看出, 随着 n 的增大, $p(x)$ 的图形趋于"平缓", 其图形下面积的重心也逐步往右下移动.

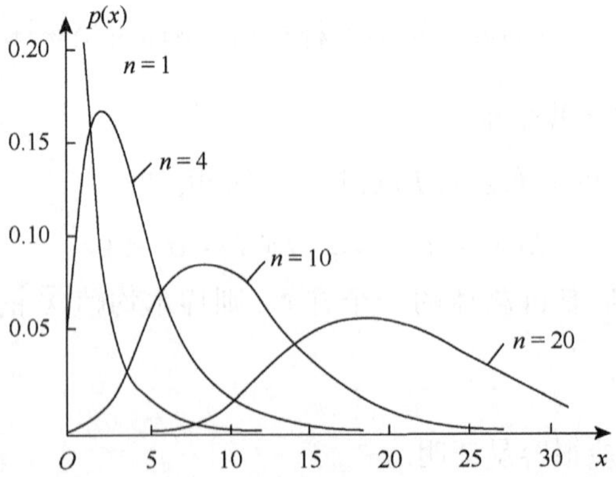

图 5-3

另外, 费希尔(R. A. Fisher)还证明了当 n 较大时, $\sqrt{2\chi^2(n)}$ 近似服从 $N(\sqrt{2n-1}, 1)$.

例 5.3.2　设总体 X 服从正态分布 $N(0,1)$, $(X_1, X_2, \cdots, X_6)$ 为来自总体 X 的一个样本, 令 $Y = \frac{1}{3}(X_1 + X_2 + X_3)^2 + \frac{1}{3}(X_4 + X_5 + X_6)^2$, 求统计量 Y 的分布.

解　由于 $X_1, X_2, \cdots, X_6$ 独立同分布, 且均服从 $N(0,1)$, 由正态分布的可加性知,

$$X_1+X_2+X_3\sim N(0,3),\quad X_4+X_5+X_6\sim N(0,3),$$

即

$$Y_1=\frac{X_1+X_2+X_3}{\sqrt{3}}\sim N(0,1),\quad Y_2=\frac{X_4+X_5+X_6}{\sqrt{3}}\sim N(0,1),$$

从而 Y_1,Y_2 独立, 且 $Y_1^2\sim\chi^2(1), Y_2^2\sim\chi^2(1)$, 再由 χ^2 分布的可加性知, 统计量

$$Y=Y_1^2+Y_2^2\sim\chi^2(2).$$

3. *t* 分布和 *F* 分布

定义 5.3.7　设 $X\sim N(0,1)$, $Y\sim\chi^2(n)$, X 与 Y 独立, 则称随机变量

$$T=\frac{X}{\sqrt{Y/n}}$$

服从自由度为 n 的 t 分布, 又称学生氏分布, 记成 $T\sim t(n)$.

利用独立随机变量商的密度公式, 不难由已知的 $N(0,1)$, $\chi^2(n)$ 的密度公式得到 $t(n)$ 的密度:

$$p(x)=\frac{\Gamma\left(\frac{n+1}{2}\right)}{\sqrt{n\pi}\,\Gamma\left(\frac{n}{2}\right)}\left(1+\frac{x^2}{n}\right)^{-\frac{n+1}{2}},\quad -\infty<x<+\infty.$$

显然它是 x 的偶函数, 图 5-4 描绘了 $n=2,5$ 时 $t(n)$ 的概率密度曲线, 作为比较, 还描绘了 $N(0,1)$ 的密度曲线.

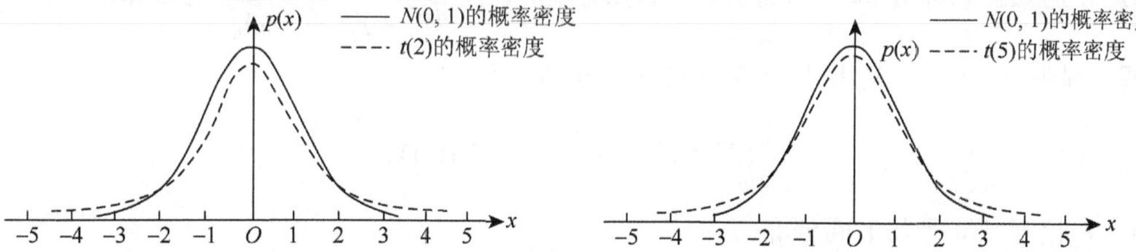

图 5-4

利用伽马函数的斯特林 (Stirling) 公式可以证明

$$p(x)\to\frac{1}{\sqrt{2\pi}}\mathrm{e}^{-\frac{x^2}{2}},\quad n\to\infty.$$

从图形我们也可看出, 随着 n 的增大, $t(n)$ 的密度曲线与 $N(0,1)$ 的密度曲线越来越接近, 一般若 $n>30$, 就可认为它基本与 $N(0,1)$ 相差无几了.

定义 5.3.8　设 $X\sim\chi^2(n_1)$, $Y\sim\chi^2(n_2)$, 且 X 与 Y 独立, 则称随机变量

$$F=\frac{\frac{X}{n_1}}{\frac{Y}{n_2}}$$

服从自由度为 (n_1,n_2) 的 F 分布, 记成 $F\sim F(n_1,n_2)$.

类似可得, $F(n_1,n_2)$ 的密度函数为

$$p(x)=\begin{cases}\dfrac{\Gamma\left(\dfrac{n_1+n_2}{2}\right)}{\Gamma\left(\dfrac{n_1}{2}\right)\Gamma\left(\dfrac{n_2}{2}\right)}n_1^{\frac{n_1}{2}}n_2^{\frac{n_2}{2}}\dfrac{x^{\frac{n_1}{2}-1}}{(n_1x+n_2)^{\frac{n_1+n_2}{2}}}, & x>0,\\ 0, & x\leqslant 0,\end{cases}$$

图 5-5 描绘了几种 F 分布的密度曲线.

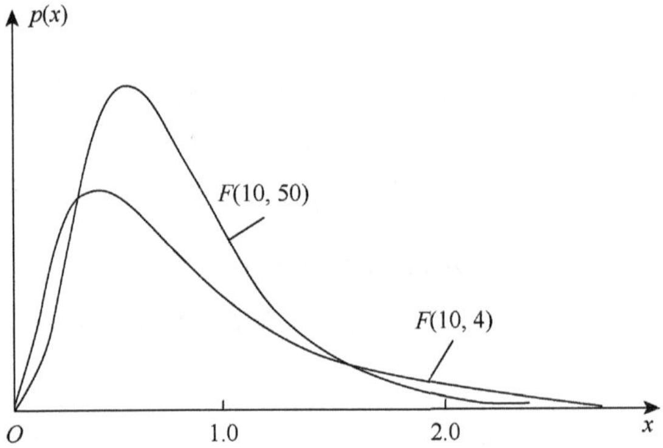

图 5-5

由 F 分布的定义容易看出, 若 $F\sim F(n_1,n_2)$, 则 $\dfrac{1}{F}\sim F(n_2,n_1)$.

例 5.3.3 设随机变量 X 和 Y 相互独立且都服从正态分布 $N(0,9)$, 而 $X_1,X_2,\cdots,X_9$ 和 $Y_1,Y_2,\cdots,Y_9$ 分别来自总体 X 和 Y 的随机样本, 求统计量 $U=\dfrac{X_1+X_2+\cdots+X_9}{\sqrt{Y_1^2+Y_2^2+\cdots+Y_9^2}}$ 的分布.

解 显然 $X_1,X_2,\cdots,X_9$ 相互独立且与 X 同分布, 故

$$\frac{1}{9}(X_1+X_2+\cdots+X_9)\sim N(0,1).$$

$Y_1,Y_2,\cdots,Y_9$ 相互独立且与 Y 同分布, 故

$$\frac{1}{9}(Y_1^2+Y_2^2+\cdots+Y_9^2)\sim\chi^2(9).$$

由于 $\dfrac{1}{9}(X_1+X_2+\cdots+X_9)$ 与 $\dfrac{1}{9}(Y_1^2+Y_2^2+\cdots+Y_9^2)$ 相互独立, 因此

$$U=\frac{X_1+X_2+\cdots+X_9}{\sqrt{Y_1^2+Y_2^2+\cdots+Y_9^2}}=\frac{\frac{1}{9}(X_1+X_2+\cdots+X_9)}{\sqrt{\frac{1}{81}(Y_1^2+Y_2^2+\cdots+Y_9^2)}}\sim t(9).$$

例 5.3.4 设总体 X 服从正态分布 $N(0,9)$, $(X_1,X_2,\cdots,X_{12})$ 为来自总体 X 的一个样本, 令 $Y=\dfrac{X_1^2+X_2^2+\cdots+X_8^2}{2(X_9^2+X_{10}^2+\cdots+X_{12}^2)}$, 求统计量 Y 的分布.

解 由于 $\dfrac{X_i}{3}\sim N(0,1), i=1,\cdots,12$, $X_1,X_2,\cdots,X_{12}$ 独立同分布, 则由 χ^2 分布的定义知,

$$\frac{1}{9}(X_1^2+X_2^2+\cdots+X_8^2)\sim\chi^2(8),\quad \frac{1}{9}(X_9^2+X_{10}^2+\cdots+X_{12}^2)\sim\chi^2(4),$$

由两者独立, 再由 F 分布的定义可知

$$Y=\frac{\frac{1}{9}(X_1^2+X_2^2+\cdots+X_8^2)/8}{\frac{1}{9}(X_9^2+X_{10}^2+\cdots+X_{12}^2)/4}\sim F(8,4).$$

5.3.3　分位数

设 X 为一随机变量, $F(x)$ 为其分布函数, 我们知道对于给定的实数 x, $F(x)=P(X\leqslant x)$ 给出事件 $(X\leqslant x)$ 的概率. 在统计中, 我们常常需要考虑上述问题的逆问题: 就是若已给定分布函数 $F(x)$ 的值, 即给定事件 $(X\leqslant x)$ 的概率, 要确定 x 取什么值. 易知, 对通常连续型随机变量, 实际上就是求 $F(x)$ 的反函数. 准确地说, 有如下定义.

定义 5.3.9　设 X 的分布函数为 $F(x)$, x_α 满足

$$F(x_\alpha)=P(X\leqslant x_\alpha)=\alpha,\quad 0<\alpha<1,$$

则称 x_α 为 $F(x)$ 的 α 分位数(点).

若 X 有密度 $p(x)$, 则分位数 x_α 表示 x_α 以左的一块阴影面积(图 5-6)为 α.

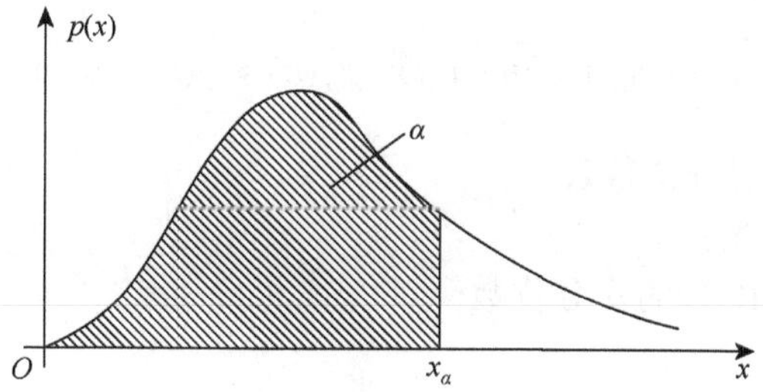

图 5-6

几种常用分布, 如 $N(0,1), t(n), \chi^2(n)$ 和 $F(n_1,n_2)$, 分位点都在书后附表 2～附表 5 中可以查到. 其中 $N(0,1)$ 是分布函数表 $\varPhi(x)$ 反过来查, 而其他几个分布, 则是分别对给出的几个 α 的常用值, 如 $\alpha=0$, 0.25, 0.05, 0.1, 0.9, 0.95, 0.975, $\cdots$, 列出相应分布对应 α 值的分位点. 图 5-7 给出了四种常用分布的分位点表示方法, 其中 $N(0,1)$ 的 α 分位点通常记成 u_α.

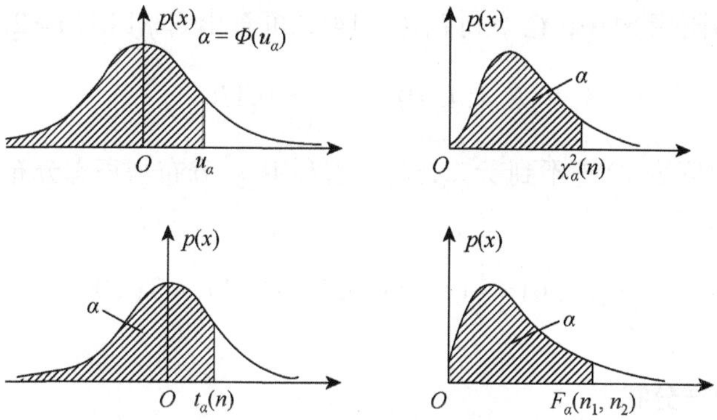

图 5-7

这里要注意到如下几个有用的事实.

(1) 若 $X \sim N(\mu,\sigma^2)$，要求 X 的分位数 x_α 可化成求 $N(0,1)$ 的分位数:

$$\alpha = P(X \leqslant x_\alpha) = P\left(\frac{X-\mu}{\sigma} \leqslant \frac{x_\alpha-\mu}{\sigma}\right),$$

此时 $\frac{X-\mu}{\sigma} \sim N(0,1)$，故 $\frac{x_\alpha-\mu}{\sigma} = u_\alpha$，即 $x_\alpha = \sigma u_\alpha + \mu$.

(2) 对于 $T \sim t(n)$，由密度函数的对称性可知

$$P(T \leqslant -t_\alpha(n)) = P(T \geqslant t_\alpha(n)) = 1 - P(T \leqslant t_\alpha(n)) = 1-\alpha,$$

即 $-t_\alpha(n) = t_{1-\alpha}(n)$.

(3) 对于 $F \sim F(n_1,n_2)$，有 $\frac{1}{F} \sim F(n_2,n_1)$. 因此，对于

$$P\left(F \leqslant \frac{1}{F_\alpha(n_2,n_1)}\right) = P\left(\frac{1}{F} \geqslant F_\alpha(n_2,n_1)\right) = 1 - P\left(\frac{1}{F} \leqslant F_\alpha(n_2,n_1)\right) = 1-\alpha,$$

有 $F_{1-\alpha}(n_1,n_2) = \frac{1}{F_\alpha(n_2,n_1)}$.

(4) 对于较大的 n，由 $t(n)$，$\chi^2(n)$ 的渐近性质，可得

$$t_\alpha(n) \approx u_\alpha,$$

$$\sqrt{2\chi_\alpha^2(n)} \approx u_\alpha + \sqrt{2n-1} \text{ 或 } \chi_\alpha^2(n) \approx \frac{1}{2}(u_\alpha + \sqrt{2n-1})^2 .$$

利用这些事实可以扩展分位数表.

例 5.3.5　求下列分位数:

(1) $u_{0.9}$，其中 u_α 为 $N(0,1)$ 的 α 分位数;

(2) $t_{0.25}(4)$;

(3) $F_{0.9}(14,10)$;

(4) $\chi_{0.025}^2(50)$.

解　(1) 从正态分布表(附表 2)中，查不到 $\alpha = 0.9$，取表中接近的数应在 0.8997 与 0.9015 之间，从表头查出相应的 u_α 为 1.28 与 1.29，故取 $u_{0.9} \approx 1.285$.

(2) t 分布表(附表 3)没有 $\alpha = 0.25$. 但利用对称性，可查出 $t_{0.75}(4) = 0.7407$ ，故 $t_{0.25}(4) = -0.7407$.

(3) 从 F 分布表(附表 5)中，查不到 $F_{0.1}(10,14)$，可查出 $F_{0.9}(14,10) = 2.10$，故

$$F_{0.1}(14,10) = \frac{1}{2.10} \approx 0.476.$$

(4) 从 χ^2 分布表(附表 4)查不到 $\chi_{0.025}^2(50)$，需利用 χ^2 分布与正态分布的关系. 查出 $u_{0.025} = -1.96$，于是

$$\chi_{0.025}^2(50) \approx \frac{1}{2}(-1.96 + \sqrt{2\times 50-1})^2 \approx 31.29 .$$

5.3.4　正态总体的抽样分布

在概率统计问题中，正态分布占据着十分重要的位置. 这是因为在应用中，许多量的概

率分布或者是正态分布，或者接近于正态分布；再则正态分布有许多优良性质，便于进行较深入的理论研究. 因此，我们着重来讨论一下正态总体下的抽样分布，其中最重要的统计量自然是样本均值 $\bar{X}$ 和样本方差 S_n^2.

定理 5.3.3(费希尔定理)　设总体 X 服从 $N(\mu,\sigma^2)$，$(X_1,X_2,\cdots,X_n)$ 是取自这个总体的一组样本，则 $\bar{X}$ 服从正态分布 $N\left(\mu,\dfrac{\sigma^2}{n}\right)$.

定理 5.3.3 由正态分布的性质容易证得.

定理 5.3.4　设 $X_1,X_2,\cdots,X_n$ 是正态总体 $N(\mu,\sigma^2)$ 的一组样本，其样本均值与样本方差分别为 $\bar{X}=\dfrac{1}{n}\sum\limits_{i=1}^{n}X_i$，$S_n^2=\dfrac{1}{n}\sum\limits_{i=1}^{n}(X_i-\bar{X})^2=\dfrac{1}{n}\sum\limits_{i=1}^{n}X_i^2-\bar{X}^2$，则

(1) $\bar{X},S_n^2$ 相互独立；

(2) $\dfrac{n}{\sigma^2}S_n^2$ 服从自由度为 $n-1$ 的 χ^2 分布.

证明略.

利用这一基本的抽样分布定理，可以得出一些常用统计量的分布，下面的结果以后经常用到.

推论 1　设 $X_1,X_2,\cdots,X_n$ 为取自正态总体 $N(\mu,\sigma^2)$ 的一个样本，$\bar{X},S_n^2$ 分别为样本均值与样本方差，则 $\dfrac{\bar{X}-\mu}{S_n}\sqrt{n-1}$ 是自由度为 $n-1$ 的 t 分布，即它服从 $t(n-1)$ 分布.

这是因为由定理 5.3.2，$\bar{X}\sim N\left(\mu,\dfrac{\sigma^2}{n}\right)$，则 $\dfrac{\bar{X}-\mu}{\sigma/\sqrt{n}}\sim N(0,1)$，又 $\dfrac{nS_n^2}{\sigma^2}\sim\chi^2(n-1)$ 及 $\bar{X}$ 与 S_n^2 独立知

$$\frac{\dfrac{\bar{X}-\mu}{\dfrac{\sigma}{\sqrt{n}}}}{\dfrac{\sqrt{n}S_n}{\sigma\sqrt{n-1}}}=\frac{\bar{X}-\mu}{\dfrac{S_n}{\sqrt{n-1}}}=T\sim t(n-1).$$

推论 2　设 $X_1,X_2,\cdots,X_{n_1}$ 与 $Y_1,Y_2,\cdots,Y_{n_2}$ 分别是从正态总体 $N(\mu_1,\sigma_1^2),N(\mu_2,\sigma_2^2)$ 抽取的两个样本且 $X_1,X_2,\cdots,X_{n_1}$ 与 $Y_1,Y_2,\cdots,Y_{n_2}$ 相互独立，并设

$$S_{1n_1}^2=\frac{1}{n_1}\sum_{i=1}^{n_1}(X_i-\bar{X})^2,\quad S_{2n_2}^2=\frac{1}{n_2}\sum_{i=1}^{n_2}(Y_i-\bar{Y})^2$$

分别为这两个样本方差，$\bar{X}=\dfrac{1}{n}\sum\limits_{i=1}^{n_1}X_i,\bar{Y}=\dfrac{1}{n_2}\sum\limits_{i=1}^{n_2}Y_i$ 分别为这两个样本均值，则

$$F=\frac{n_1S_{1n_1}^2(n_2-1)\sigma_2^2}{n_2S_{2n_2}^2(n_1-1)\sigma_1^2}\sim F(n_1-1,n_2-1).$$

特别地，当 $\sigma_1^2=\sigma_2^2$ 时，则 $F=\dfrac{n_1S_{1n_1}^2(n_2-1)}{n_2S_{2n_2}^2(n_1-1)}\sim F(n_1-1,n_2-1)$.

事实上，

$$\frac{n_1S_{1n_1}^2}{\sigma^2}\sim\chi^2(n_1-1),\quad \frac{nS_{2n_2}^2}{\sigma^2}\sim\chi^2(n_2-1).$$

又已知出自两个总体的样本是独立的, 因此,

$$\frac{\dfrac{\dfrac{n_1S_{1n_1}^2}{\sigma_1^2}}{n_1-1}}{\dfrac{\dfrac{n_2S_{2n_2}^2}{\sigma_2^2}}{n_2-1}}=\frac{n_1S_{1n_1}^2(n_2-1)\sigma_2^2}{n_2S_{2n_2}^2(n_1-1)\sigma_1^2}\sim F(n_1-1,n_2-1).$$

推论 3　设 $X_1,X_2,\cdots,X_{n_1}$ 与 $Y_1,Y_2,\cdots,Y_{n_2}$ 分别是从正态总体 $N(\mu_1,\sigma_1^2),N(\mu_2,\sigma_2^2)$ 抽取的两个样本, 且 $X_1,X_2,\cdots,X_{n_1}$ 与 $Y_1,Y_2,\cdots,Y_{n_2}$ 相互独立, 则随机变量

$$\frac{(\bar{X}-\bar{Y})-(\mu_1-\mu_2)}{S_w\sqrt{\dfrac{1}{n_1}+\dfrac{1}{n_2}}}$$

服从自由度为 n_1+n_2-2 的 t 分布, 其中 $\bar{X},\bar{Y}$ 分别为这两个样本的样本均值, $S_{1n_1}^2,S_{2n_2}^2$ 分别为这两个样本的样本方差, 且 $S_w^2=\dfrac{n_1S_{1n_1}^2+n_2S_{2n_2}^2}{n_1+n_2-2}$.

因为 $\bar{X}\sim N\left(\mu_1,\dfrac{\sigma^2}{n_1}\right)$, $\bar{Y}\sim N\left(\mu_2,\dfrac{\sigma^2}{n_2}\right)$, 又 $\bar{X}$, $\bar{Y}$ 相互独立, 故

$$\bar{X}-\bar{Y}\sim N\left(\mu_1-\mu_2,\frac{\sigma^2}{n_1}+\frac{\sigma^2}{n_2}\right),$$

又 $\dfrac{n_1S_{1n_1}^2}{\sigma^2}\sim\chi^2(n_1-1),\dfrac{n_2S_{2n_2}^2}{\sigma^2}\sim\chi^2(n_2-1)$, $S_{1n_1}^2$与$S_{2n_2}^2$独立, 由 χ^2 的可加性知

$$\frac{n_1S_{1n_1}^2}{\sigma^2}+\frac{n_2S_{2n_2}^2}{\sigma^2}\sim\chi^2(n_1+n_2-2),$$

再类似地利用定理 5.3.4 及两总体样本的独立性知, $\bar{X}-\bar{Y}$ 与 $n_1S_{1n_1}^2+n_2S_{2n_2}^2$ 独立, 因而

$$\frac{\dfrac{(\bar{X}-\bar{Y})-(\mu_1-\mu_2)}{\sigma\sqrt{\dfrac{1}{n_1}+\dfrac{1}{n_2}}}}{\sqrt{\dfrac{n_1S_{1n_1}^2+n_2S_{2n_2}^2}{\sigma^2(n_1+n_2-2)}}}=\sqrt{\frac{n_1n_2(n_1+n_2-2)}{n_1+n}}\frac{(\bar{X}-\bar{Y})-(\mu_1-\mu_2)}{\sqrt{n_1S_{1n_1}^2}+\sqrt{n_2S_{2n_2}^2}}\sim t(n_1+n_2-2),$$

即

$$\frac{(\bar{X}-\bar{Y})-(\mu_1-\mu_2)}{S_w\sqrt{\dfrac{1}{n_1}+\dfrac{1}{n_2}}}\sim t(n_1+n_2-2).$$

习　题　5.3

1. 设总体 X 服从两点分布 $b(k;1,p)$, 其中 p 为未知参数. $X_1,X_2,\cdots,X_5$ 为来自总体 X 的一组样本. 试指出 X_1+X_2, $\max\limits_{1\leqslant i\leqslant 5}X_i$, X_5+2p, $(X_1-X_2)^2$ 之中哪些是统计量, 哪些不是统计量, 为什么?

2. 在一本书上随机检查了 10 页，发现每页上的错误数为

4　5　6　0　3　1　4　2　1　4

试计算样本均值、样本方差和样本标准差.

3. 设总体 $X \sim N(8,4)$，$X_1, X_2, \cdots, X_5$ 为其样本，求：(1) $\bar{X}$ 的分布；(2) $P(\bar{X} > 9)$.

4. 设总体 $X \sim N(\mu, 4)$，从中抽取容量为 n 的样本，$\bar{X} = \frac{1}{n}\sum_{i=1}^{n} X_i$，试问容量 n 为多少时，才能使 $P(|\bar{X} - \mu| < 0.1) \geqslant 0.95$.

5. 设总体 X 服从均匀分布 $U[-1,1]$，$\bar{X}$ 为容量为 n 的样本的均值，求 $E(\bar{X})$，$D(\bar{X})$.

6. 由正态总体 $N(100,4)$ 抽取两个独立样本，样本均值分别为 $\bar{X}, \bar{Y}$，样本容量分别为 15，20. 试求 $P(|\bar{X} - \bar{Y}| > 0.2)$.

7. 设总体 $X \sim N(\mu, \sigma^2)$，抽取容量为 20 的样本 $X_1, X_2, \cdots, X_{20}$，求：

(1) $P\left(1.9 \leqslant \frac{1}{\sigma^2}\sum_{i=1}^{20}(X_i - \mu)^2 \leqslant 37.6\right)$；

(2) $P\left(11.7 \leqslant \frac{1}{\sigma^2}\sum_{i=1}^{20}(X_i - \mu)^2 \leqslant 38.6\right)$.

8. 设总体 $X \sim N(0,1)$，$X_1, X_2, \cdots, X_n$ 为其一组样本，试问下列各统计量服从什么分布？

(1) $\frac{X_1 - X_2}{\sqrt{X_3^2 + X_4^2}}$；　(2) $\frac{\sqrt{n-1}X_1}{\sqrt{X_2^2 + X_3^2 + \cdots + X_n^2}}$；　(3) $\left(\frac{n}{3} - 1\right)\sum_{i=1}^{3} X_i^2 \Big/ \sum_{i=4}^{n} X_i^2$.

9. 设 X_1, X_2, X_3, X_4 是取自正态总体 $N(0, 2^2)$ 的一组样本，且

$$Y = a(X_1 - 2X_2)^2 + b(3X_3 - 4X_4)^2,$$

则 a, b 为何值时，统计量 Y 服从 χ^2 分布，其自由度是多少？

10. 设随机变量 X 和 Y 相互独立且都服从正态分布 $N(0, 3^2)$，$X_1, X_2, \cdots, X_9$ 和 $Y_1, Y_2, \cdots, Y_9$ 是分别取自总体 X 和 Y 的样本. 证明统计量 $T = \frac{X_1 + X_2 + \cdots + X_9}{\sqrt{Y_1^2 + Y_2^2 + \cdots + Y_9^2}}$ 服从自由度为 9 的 t 分布.

11. 设总体 X 服从正态分布 $N(\mu, \sigma^2)$，样本 $X_1, X_2, \cdots, X_n$ 来自总体 X，S_n^2 是样本方差. 问样本容量 n 应取多大，就能使 $P\left(\frac{S_n^2}{\sigma^2} \leqslant 1.5\right) \geqslant 0.95$？

12. 设总体 X 服从正态分布 $N(0,1)$，样本 $X_1, X_2, \cdots, X_6$ 来自总体 X，令 $Y = (X_1 + X_2 + X_3)^2 + (X_4 + X_5 + X_6)^2$. 求常数 c，使 cY 服从 χ^2 分布.

13. 设随机变量 $X \sim F(1, n)$，证明 $X^2 \sim F(1, n)$.

14. 分别从方差为 20 和 35 的正态总体中抽取容量为 8 和 10 的两个样本，求第一个样本方差不小于第二个样本方差两倍的概率的范围.

15. 设 $X_1, X_2, \cdots, X_9$ 为来自正态总体 X 的一组样本.

$$Y_1 = (X_1 + X_2 + \cdots + X_6)/6, \quad Y_2 = (X_7 + X_8 + X_9)/3.$$

$$S^2 = \frac{1}{2}\sum_{i=7}^{9}(X_i - Y_2)^2, \quad Z = \frac{\sqrt{2}(Y_1 - Y_2)}{S}.$$

证明统计量 Z 服从自由度为 2 的 t 分布.

16. 设总体 $X \sim N(\mu_1, \sigma^2)$，$Y \sim N(\mu_2, \sigma^2)$，$X$ 与 Y 相互独立，$X_1, X_2, \cdots, X_n$；$Y_1, Y_2, \cdots, Y_n$ 分别为来自 X 与 Y 的一个样本. $\bar{X}, \bar{Y}, S_1^2, S_2^2$ 分别为两个样本均值与样本方差. 试求统计量 $T = \frac{\bar{X} - \bar{Y} - (\mu_1 - \mu_2)}{\sqrt{(S_1^2 - S_2^2)/n}}$ 的分布.

17. 设 $X \sim N(\mu_1,\sigma_1^2)$，$Y \sim N(\mu_2,\sigma_2^2)$，$X_1,X_2,\cdots,X_{n_1}$ 是来自总体 X 的样本，$Y_1,Y_2,\cdots,Y_{n_2}$ 为来自总体 Y 的样本. 设两组样本独立，$\bar{X},\bar{Y}$ 分别为两组样本的样本均值，S_1^2，S_2^2 分别为两组样本的样本方差，c,d 为常数. 证明

$$T=\frac{c(\bar{X}-\mu_1)-(\bar{Y}-\mu_2)}{S_w\sqrt{\dfrac{c^2}{n_1}+\dfrac{d^2}{n_2}}}\sim t(n_1+n_2-2),$$

其中 $S_w=\dfrac{(n_1-1)S_1^2+(n_2-1)S_2^2}{n_1+n_2-2}$.

18. 设 $X_1,X_2,\cdots,X_n$ 和 $Y_1,Y_2,\cdots,Y_n$ 分别取自正态总体 $X \sim N(\mu_1,\sigma_1^2)$ 和 $Y \sim N(\mu_2,\sigma_2^2)$ 的两组样本，且它们相互独立. 试求统计量 $\dfrac{n[(\bar{X}-\bar{Y})-(\mu_1-\mu_2)]}{S_1+S_2}$ 的分布.

19. 假设 X_1,X_2 为正态总体 $X \sim N(0,\sigma_1^2)$ 的一组样本，试求概率 $P\left(\dfrac{(X_1+X_2)^2}{(X_1-X_2)^2}\leqslant 4\right)$.

20. 设 $X_1,X_2,\cdots,X_n$ 是来自正态总体 $N(0,1)$ 的一组样本. $\bar{X},S_n^2$ 分别为样本均值和样本方差. 求 $(\bar{X},S_n^2)$ 的数学期望.

本 章 概 要

1. 研究对象的全体称为总体. 它是未知的, 在统计推断中, 总体被看成是一个随机变量.

2. 统计推断是利用从总体中抽出的样本信息来描述或推断总体的分布或数量特征等.

3. 容量为 n 的样本有两重意义, 一方面把样本看成为 n 维随机变量, 每一个分量都是独立且与总体同分布, 另一方面把样本看成为一个 n 维数组(观测值).

4. 数据的处理可以通过分布表、图等形式, 常用的图有直方图. 通过表与图, 可以比较直观地看出数据的分布状况从而推断总体.

5. 常用的统计量有 χ^2 统计量、T 统计量、F 统计量.

常 用 术 语

总体　样本　样本容量　简单随机样本　统计量　样本均值　样本方差　直方图　统计量的分布　χ^2 统计量　T 统计量　F 统计量

常 用 公 式

样本均值　$\bar{X}=\dfrac{1}{n}\sum\limits_{i=1}^{n}X_i$.

样本方差　$S_n^2=\dfrac{1}{n}\sum\limits_{i=1}^{n}(X_i-\bar{X})^2=\dfrac{1}{n}\sum\limits_{i=1}^{n}X_i^2-\bar{X}^2$.

设 $X_1,X_2,\cdots,X_n$ 是取自正态总体 $N(\mu,\sigma^2)$ 的样本, 样本均值与样本方差分别为 $\bar{X},S_n^2$, 则有: (1) $\bar{X}\sim N\left(\mu,\dfrac{\sigma^2}{n}\right)$; (2) $\bar{X}$ 与 S_n^2 相互独立; (3) $\dfrac{n}{\sigma^2}S_n^2\sim\chi^2(n-1)$ 分布.

设 $X_1,X_2,\cdots,X_n$ 是取自正态总体 $N(\mu,\sigma^2)$ 的样本，μ,σ^2 已知，样本均值与样本方差分别为 $\bar{X},S_n^2$，则有

(1) **χ^2 统计量**　$\chi^2=\dfrac{n}{\sigma^2}S_n^2\sim\chi^2(n-1)$；

(2) **T 统计量**　$T=\dfrac{\bar{X}-\mu}{S_n}\sqrt{n-1}\sim t(n-1)$.

设 $X_1,X_2,\cdots,X_{n_1}$ 取自正态总体 $N(\mu_1,\sigma_1^2)$，$Y_1,Y_2,\cdots,Y_{n_2}$ 取自正态总体 $N(\mu_2,\sigma_2^2)$，若 μ_1,σ_1^2，μ_2,σ_2^2 已知，则有

(3) **F 统计量**　$F=\dfrac{S_{1n_1}^2/\sigma_1^2}{S_{2n_2}^2/\sigma_2^2}\sim F(n_1-1,n_2-1)$.

第6章　参数估计

在用数理统计方法解决实际问题时，常会碰到这类问题：由所得资料的分析，我们能推断出总体的分布类型，比如概率函数为 $f(x,\theta)$，但其中参数 θ（一维或多维）却未知，且只知道 θ 的可能取值范围是 Θ，需对 θ 作进一步的推断．这类问题被称为参数估计问题，称 Θ 为参数空间，称 $\{f(x,\theta),\theta\in\Theta\}$ 为总体 X 的概率函数族．例如，

(1) 据已有资料，某灯泡厂生产的灯泡的使用寿命 X 服从分布 $N(\mu,\sigma^2)$，但 $\theta=(\mu,\sigma^2)$ 的具体值未知，只知取值范围为$(0,+\infty)\times(0,+\infty)$，需对 θ 作估计．

这里，参数空间 $\Theta=\{(\mu,\sigma^2),0<\mu<+\infty,\sigma^2>0\}$，$X$ 的概率函数族为

$$\{f(x,\mu,\sigma^2),(\mu,\sigma^2)\in\Theta\},$$

其中 $f(x,\mu,\sigma^2)=\dfrac{1}{\sqrt{2\pi}\sigma}\mathrm{e}^{-\frac{(x-\mu)^2}{2\sigma^2}}$，$-\infty<x<+\infty$．

(2) 某纺织厂细纱机上的断头次数可用泊松分布 $P(\lambda)$ 描述，但只知 $\lambda>0$，而不知其值，为掌握每只纱锭在某一时间间隔内断头数 k 次的概率，需对 λ 作出推断．

这里参数空间 $\Theta=\{\lambda,\lambda>0\}$，$X$ 的概率函数族为 $\{f(x,\lambda),\lambda\in\Theta\}$，其中

$$f(x,\lambda)=P(X=x)=\frac{\lambda^x}{x!}\mathrm{e}^{-\lambda},\quad x=0,1,2,\cdots.$$

参数估计问题就是通过样本估计出总体分布中的未知参数 θ 或 θ 的函数的问题．参数估计根据估计的形式，又分为点估计和区间估计．

6.1　参数的点估计

6.1.1　点估计的概念

设总体 X 具有概率函数族 $\{f(x,\theta),\theta\in\Theta\}$，$\theta$ 未知待估计，$X_1,X_2,\cdots,X_n$ 是取自总体 X 的样本，如果我们构造一个统计量 $T(X_1,X_2,\cdots,X_n)$ 来估计 θ（要求 T 的维数与 θ 的维数相同），则称该统计量 T 为 θ 的估计量，并记为 $\hat{\theta}=T(X_1,X_2,\cdots,X_n)$．将一组样本观测值 $(x_1,x_2,\cdots,x_n)$ 代入估计量，得 $\hat{\theta}=T(x_1,x_2,\cdots,x_n)$，且称之为 θ 的估计值．估计值和估计量统称为 θ 的估计．但估计是估计值（一个具体值）或是估计量（一个随机变量），需根据具体要求作判断．

用一个统计量来估计未知参数的问题，称为参数的点估计问题．

如何求估计量呢？方法很多，下面介绍最常用的两种方法．

6.1.2　矩法估计

对于随机变量来说，矩是其最广泛、最常用的数字特征．总体 X 的各阶矩一般与 X 分布中所含的未知参数有关，有的甚至就等于未知参数．由辛钦大数定律，简单随机样本构成的

样本矩依概率收敛到相应的总体矩. 自然会想到用样本矩来替换总体的相应矩, 进而找出未知参数的估计. 基于这种思想求估计量的方法称为矩法. 用矩法求得的估计称为矩法估计, 简称矩估计.

具体作法如下.

设总体 X 的概率函数为 $f(x,\theta_1,\cdots,\theta_m)$, 其中 $(\theta_1,\cdots,\theta_m)\in\Theta$ 未知待估计. 设 $E(X^m)=\alpha_m$ 存在, 则当 $k\leqslant m$ 时, $E(X^k)=\alpha_k$ 必存在. 显然, 总体的 k 阶矩 ($k\leqslant m$) a_k 必依赖于这些参数, 即

$$a_k=a_k(\theta_1,\theta_2,\cdots,\theta_m),\quad k=1,2,\cdots,m.$$

按用样本矩近似真实矩的原则, 可得方程组

$$\begin{cases}A_1=a_1(\theta_1,\theta_2,\cdots,\theta_m),\\ \qquad\cdots\cdots\\ A_m=a_m(\theta_1,\theta_2,\cdots,\theta_m).\end{cases}$$

若上述关于 $\theta_1,\theta_2,\cdots,\theta_m$ 的方程组有唯一的解

$$\hat{\theta}=(\hat{\theta}_1,\hat{\theta}_2,\cdots,\hat{\theta}_m),$$

则称 $\hat{\theta}_i$ 是 θ_i 的矩估计量或矩估计.

上面关系式中也可用样本中心矩代替总体中心矩.

例 6.1.1 无论总体是什么分布, 只要二阶矩存在, 则样本均值 $\bar{X}$ 和样本方差 S_n^2 分别是总体期望 μ 和方差 σ^2 的矩估计量.

证明 设 $X_1,X_2,\cdots,X_n$ 为来自总体的一组样本, 由矩法估计的思想有

$$\begin{cases}\alpha_1=\dfrac{1}{n}\sum\limits_{i=1}^{n}X_i=\bar{X},\\ \alpha_2=\dfrac{1}{n}\sum\limits_{i=1}^{n}X_i^2,\end{cases}$$

故

$$\mu=\bar{X},\quad \sigma^2=\alpha_2-\alpha_1^2=\frac{1}{n}\sum_{i=1}^{n}X_i^2-\bar{X}^2=\frac{1}{n}\sum_{i=1}^{n}(X_i-\bar{X})^2=S_n^2,$$

记为 $\begin{cases}\hat{\mu}=\bar{X},\\ \hat{\sigma}^2=S_n^2.\end{cases}$

注意 无论什么总体, 只要它的二阶矩存在, 总体均值与方差的矩估计量就分别为样本均值与样本方差.

例 6.1.2 某灯泡厂某天生产了一批灯泡, 从中抽取 10 个进行寿命试验, 灯泡寿命(单位: h)数据如下:

1050　1100　1080　1120　1200　1250　1040　1130　1300　1200

问该天生产的灯泡平均寿命大约是多少小时? 灯泡寿命的方差估计是多少?

解 样本均值 $\bar{x}=\dfrac{1}{10}(x_1+x_2+\cdots+x_{10})=1147$, 由矩法估计知其可作为总体期望值 μ 的点估计值, 即 $\hat{\mu}=1147$.

样本方差$S_n^2=\dfrac{1}{10}\sum_{i=1}^{10}(x_i-1147)^2=6821$，用来作为总体方差$\sigma^2$的点估计值，即$\hat{\sigma}^2=6821$.

因此，该天生产的灯泡平均寿命大约是1147小时，灯泡寿命的方差估计是6821小时.当然需要估计的参数也可以不是总体的数字特征.

例 6.1.3 设总体X为$[\theta_1,\theta_2]$上的均匀分布，$X_1,X_2,\cdots,X_n$为样本，求θ_1,θ_2的矩估计.

解

$$\alpha_1=\int_{\theta_1}^{\theta_2}\frac{x\mathrm{d}x}{\theta_2-\theta_1}=\frac{\theta_2^2-\theta_1^2}{2(\theta_2-\theta_1)}=\frac{1}{2}(\theta_1+\theta_2),$$

$$\sigma^2=\frac{1}{\theta_2-\theta_1}\int_{\theta_1}^{\theta_2}\left(x-\frac{\theta_1+\theta_2}{2}\right)^2\mathrm{d}x=\frac{1}{12}(\theta_2-\theta_1)^2,$$

由矩法估计的思想

$$\begin{cases}\bar{X}=\dfrac{1}{2}(\theta_1+\theta_2),\\ S_n^2=\dfrac{1}{12}(\theta_2-\theta_1)^2,\end{cases}$$

解上述关于θ_1,θ_2的方程得

$$\begin{cases}\hat{\theta}_1=\bar{X}-\sqrt{3}S_n,\\ \hat{\theta}_2=\bar{X}+\sqrt{3}S_n.\end{cases}$$

特别地，当总体X服从$[0,\theta]$上的均匀分布时，θ的矩估计量$\hat{\theta}=2\bar{X}$.

例 6.1.4 证明：在伯努利试验中，事件A发生的频率是该事件发生概率的矩法估计.

分析 此处，实际上我们视总体X为"唱票随机变量"，即X服从两点分布

$$X=\begin{cases}1, & A\text{发生},\\ 0, & A\text{不发生},\end{cases}$$

且$P(A)=p$，求参数p的矩法估计.

证明 设$X_1,X_2,\cdots,X_n$为X的一个样本，若其中有n_1个X_i等于1，则$\bar{X}=\dfrac{1}{n}\sum_{i=1}^{n}X_i=\dfrac{n_1}{n}$即为事件$A$发生的频率，此外，显然

$$EX=P(A)=p,$$

故$\hat{p}=\bar{X}$.

应用中许多问题可归结为例6.1.4，如废品率的估计问题等.特别地，对固定的x，经验分布函数$F_n(x)$也可在某种意义下看成是$F(x)$的矩估计.因为我们在前面已经讲过，$F_n(x)$是n次试验中事件$(X\leqslant x)$发生的频率，而$F(x)$已知是$(X\leqslant x)$的概率.当然这一矩估计所涉及的总体已不是原来的总体X，而是相应的"唱票随机变量".

注意 并非所有建立了方程组的矩估计问题都能得到$\hat{\theta}$的解析表达式.

例 6.1.5 设总体的密度函数为

$$f(x,\theta_1,\theta_2)=\begin{cases}\dfrac{\theta_2}{\Gamma\left(\dfrac{1+\theta_1}{\theta_2}\right)}x^{\theta_1}\mathrm{e}^{-x^{\theta_2}}, & x>0,\\ 0, & x\leqslant 0,\end{cases}$$

$-1<\theta_1<+\infty,\theta_2>0$, $X_1,X_2,\cdots,X_n$为此总体的样本，则可以算出

$$\alpha_1=\frac{\Gamma\left(\dfrac{2+\theta_1}{\theta_2}\right)}{\Gamma\left(\dfrac{1+\theta_1}{\theta_2}\right)},\quad \alpha_2=\frac{\Gamma\left(\dfrac{3+\theta_1}{\theta_2}\right)}{\Gamma\left(\dfrac{1+\theta_1}{\theta_2}\right)},$$

其中$\Gamma(z)$为伽马函数. 按矩估计原理, 分别用$\bar{X},A_2$取代α_1,α_2, 得到方程组

$$\begin{cases}\bar{X}=\alpha_1,\\ A_2=\alpha_2,\end{cases}$$

但θ_1,θ_2无法得到简单的解析表达式, 只能求$\hat{\theta}_1,\hat{\theta}_2$的数值解.

使用矩估计法的一个前提是总体存在适当阶的矩, 阶数应不小于待估参数的个数(或者说参数空间的维数), 但这不总是可以做到的.

例 6.1.6(柯西(Cauchy)分布) 设总体具有密度函数

$$f(x,\theta)=\frac{1}{\pi(1+(x-\theta)^2)},\quad -\infty<x<+\infty .$$

显然, 它的各阶矩皆不存在, 因此, 不能用矩估计法来估计参数θ. 另外, 尽管矩估计法简便易行, 且只要n充分大, 估计的精确度也很高, 但它只用到总体的数字特征的形式, 而未用到总体的具体分布形式, 损失了一部分很有用的信息. 因此, 在很多场合下显得粗糙和过于一般.

6.1.3 极大似然估计

矩法估计具有直观、简便等优点. 特别在求总体均值和方差的矩估计时, 并不要求了解总体的分布. 但它有缺点: 对原点矩不存在的分布如柯西分布不能用, 另一方面它也没有充分利用总体分布$F(x,\theta)$对θ提供的信息. 下面再介绍另一种求点估计的方法——最大(极大)似然法.

极大似然法最早是由高斯提出的, 后来费希尔在 1912 年的一篇文章中重新提出, 并证明了这个方法的一些性质, 极大似然估计这一名称也是由费希尔给出的. 这是目前仍得到广泛应用的一种求估计的方法. 它建立在极大似然原理的基础上, 即一个随机试验下有若干个可能的结果$A,B,C,\cdots$, 如在一次试验中, 结果A出现了, 那么可以认为$P(A)$较大.

再看下面的例子.

例 6.1.7 罐中放有若干黑、白球, 仅知两色球的数目之比为 1∶3, 但不知何色球多, 试估计抽到黑球的概率p是$\frac{1}{4}$或$\frac{3}{4}$.

解 以有放回抽样的方式抽球n个进行观察, 以X表示抽得的黑球数, 则

$$P(X=x)=f(x;p)=\mathrm{C}_n^x p^x q^{n-x},\quad x=0,1,2,\cdots,n,$$

其中$q=1-p$. 现以$n=3$为例, 讨论如何根据x的值来估计参数p(表 6-1).

表 6-1

x	0	1	2	3
$f\left(x;\frac{3}{4}\right)$	1/64	9/64	27/64	27/64
$f\left(x;\frac{1}{4}\right)$	27/64	27/64	9/64	1/64

通过分析可定义 p 的估计量 $\hat{p}$ 如下:

$$\hat{p}(x)=\begin{cases}\dfrac{1}{4}, & x=0,1.\\ \dfrac{3}{4}, & x=2,3.\end{cases}$$

由上面的分析看出，这里选取 $\hat{p}(x)$ 的原理是根据 $f(x;\hat{p}(x))\geqslant f(x;p')$，其中 p' 是异于 $\hat{p}(x)$ 的另一估计值. 这就是极大似然估计方法的基本思想.

一般地，设总体 X 的概率函数族为 $\{f(x;\theta),\theta\in\Theta\}$，其中 $\theta=(\theta_1,\theta_2,\cdots,\theta_m)$ 是 m 维待估计参数向量. 又设 $(x_1,x_2,\cdots,x_n)=x'$ 是样本 $(X_1,X_2,\cdots,X_n)=X'$ 的一个观察值，则样本 X' 落在点 x' 的邻域内的概率是 $\prod_{i=1}^{n}f(x_i,\theta)\Delta x_i$，可见这个概率会受 θ 变化的影响(是 θ 的函数). 最大似然法原理就是要选取使得样本落在观察值 $(x_1,x_2,\cdots,x_n)$ 邻域里的概率 $\prod_{i=1}^{n}f(x_i;\theta)\Delta x_i$ 达最大的参数值 $\hat{\theta}$ 作为 θ 的估计，即对固定的 $(x_1,x_2,\cdots,x_n)$，选取 $\hat{\theta}$ 使得

$$\prod_{i=1}^{n}f(x_i;\hat{\theta})=\sup_{\theta\in\Theta}\prod_{i=1}^{n}f(x_i;\theta)\quad 或\quad \prod_{i=1}^{n}f(x_i;\hat{\theta})=\max_{\theta\in\Theta}\prod_{i=1}^{n}f(x_i;\theta).$$

定义 6.1.1 设总体 X 具有概率函数族 $\{f(x;\theta),\theta\in\Theta\}$，$X'=(X_1,X_2,\cdots,X_n)$ 为抽取的一个样本，记

$$L(x_1,x_2,\cdots,x_n;\theta)=\prod_{i=1}^{n}f(x_i;\theta),$$

其中 θ 可为向量. $L(x_1,x_2,\cdots,x_n;\theta)$ 作为 θ 的函数，被称为 θ 的似然函数. 若选取 $\hat{\theta}$ 使得

$$L(x_1,x_2,\cdots,x_n;\hat{\theta})=\sup_{\theta\in\Theta}L(x_1,x_2,\cdots,x_n;\theta)$$

或

$$L(x_1,x_2,\cdots,x_n;\hat{\theta})=\max_{\theta\in\Theta}\prod_{i=1}^{n}f(x_i;\theta)$$

成立，则称 $\hat{\theta}=(\hat{\theta}_1(x_1,\cdots,x_n),\cdots,\hat{\theta}_m(x_1,\cdots,x_n))$ 为 θ 的极大(最大)似然估计，且将 $\hat{\theta}_j(x_1,\cdots,x_n)$ 中 x_i 换成 X_i，即 $\hat{\theta}_j(X_1,\cdots,X_n)$ 称为 θ_j 的极大似然估计量. 极大似然估计简记为 MLE 或 $\hat{\theta}_L$.

注意 (1) 当总体 X 是连续型随机变量时，谈所谓样本 $X_1,X_2,\cdots,X_n$ 出现的概率是没有什么意义的，因为任何一个具体样本的出现都是零概率事件. 这时，我们就考虑样本在它任意小的邻域中出现的概率，这个概率越大，就等价于此样本处的概率密度越大. 因此，在连续型总体的情况下，我们用样本的密度函数作为似然函数

$$L(\theta)=\prod_{i=1}^{n}f(x_i;\theta).$$

(2) 为了计算方便，我们常对似然函数 $L(\theta)$ 取对数，并称 $\ln L(\theta)$ 为对数似然函数. 易知，$L(\theta)$ 与 $\ln L(\theta)$ 在同一 $\hat{\theta}$ 处达到极大，因此，这样做不会改变极大点.

求极大似然估计常用如下方法.

对似然函数取对数

$$\ln L(\theta)=\sum_{i=1}^{n}\ln f(x_i;\theta).$$

因 $\ln L(\theta)$ 是 $L(\theta)$ 的增函数，故 $\ln L(\theta)$ 与 $L(\theta)$ 有相同的极大值点.

因此，必须采用求极值的办法，即对对数似然函数关于 θ_i 求导，再令之为 0，即得

$$\frac{\partial \ln L(\theta_1,\theta_2,\cdots,\theta_m)}{\partial\theta_j}=0,\quad j=1,2,\cdots,m,$$

称上式为似然方程(组). 解之并验证是否为最大值点，可得 $\hat{\theta}=(\hat{\theta}_1,\hat{\theta}_2,\cdots,\hat{\theta}_m)$ 为 $\theta=(\theta_1,\theta_2,\cdots,\theta_m)$ 的极(最)大似然估计.

例 6.1.8　设总体 X 服从泊松分布 $P(k;\lambda)$，其中 $\lambda>0$ 是一未知参数，求 λ 的极(最)大似然估计量.

解　X 的概率函数为

$$f(x;\lambda)=\frac{\lambda^x}{x!}\mathrm{e}^{-\lambda},\quad x=0,1,2,\cdots.$$

设样本 $X_1,X_2,\cdots,X_n$ 的观测值为 $x_1,x_2,\cdots,x_n$，则似然函数

$$L(x_1,x_2,\cdots,x_n;\lambda)=\prod_{i=1}^{n}f(x_i;\lambda)=\prod_{i=1}^{n}\frac{\lambda^{x_i}}{x_i!}\mathrm{e}^{-\lambda}=\frac{\lambda^{\sum\limits_{i=1}^{n}x_i}}{x_1!x_2!\cdots x_n!}\mathrm{e}^{-n\lambda},$$

上式两边取对数

$$\ln L=-n\lambda+\sum_{i=1}^{n}x_i\ln\lambda-\sum_{i=1}^{n}\ln(x_i!).$$

令

$$\frac{\mathrm{d}\ln L}{\mathrm{d}\lambda}=-n+\frac{\sum\limits_{i=1}^{n}x_i}{\lambda}=0,$$

解上面的似然方程得 $\lambda=\bar{x}$.

经验证，解出 $\lambda=\bar{x}$ 是 $\ln L$，从而也是 $L(\lambda)$ 的最大值点. 所以，$\hat{\lambda}_L=\bar{X}$ 是 λ 的极(最)大似然估计量.

例 6.1.9　设总体 $X\sim N(\mu,\sigma^2)$，$\theta=(\mu,\sigma^2)\in(-\infty,+\infty)\times(0,+\infty)=\Theta$ 是未知参数，从 X 中抽取样本 $X_1,X_2,\cdots,X_n$，试求 θ 的极大似然估计.

解　由题设 X 的密度为 $f(x;\theta)=\frac{1}{\sqrt{2\pi}\sigma}\mathrm{e}^{-\frac{1}{2\sigma^2}(x-\mu)^2}$，$-\infty<x<+\infty$，因此，

$$L(x_1,\cdots,x_n;\theta)=\prod_{i=1}^{n}f(x_i;\theta)=\frac{1}{(2\sqrt{2\pi}\sigma)^n}\mathrm{e}^{-\frac{1}{2\sigma^2}\sum\limits_{i=1}^{n}(x_i-\mu^2)},$$

$$\ln L(x_1,\cdots,x_n;\theta)=-n(\ln\sqrt{2\pi}+\ln\sigma)-\frac{1}{2\sigma^2}\sum_{i=1}^{n}(x_i-\mu^2),$$

故似然方程组为

$$\frac{\partial\ln L}{\partial\mu}=\frac{1}{\sigma^2}\sum_{i=1}^{n}(x_i-\mu)=0,\quad \frac{\partial\ln L}{\partial\sigma^2}=\frac{1}{2\sigma^4}\sum_{i=1}^{n}(x_i-\mu)^2-\frac{n}{2\sigma^2}=0,$$

解之并验证得

$$\hat{\mu}_L=\frac{1}{n}\sum_{i=1}^{n}x_i=\bar{x},\quad \hat{\sigma}_L^2=\frac{1}{n}\sum_{i=1}^{n}(x_i-\bar{x})^2=S_n^2,$$

即 $\bar{X}$ 和 S_n^2 是 μ 和 σ^2 的最大似然估计.

由例 6.1.9 可以看出，对于正态分布总体来说，μ，σ^2 的矩估计与极大似然估计是相同的. 矩估计与极大似然估计相同的情形还有很多，如例 6.1.4 的问题中容易验证，事件 A 发生的频率也是其概率 $P(A)$ 的极大似然估计. 我们有更进一步的例子.

例 6.1.10　设有 k 个事件 $A_1,A_2,\cdots,A_k$ 两两互斥，其概率 $p_1,p_2,\cdots,p_k$ 之和为 1. 做 n 次重复独立试验，则各事件发生的频率为各相应概率的极大似然估计.

解　设样本 $X_1,X_2,\cdots,X_n$ 记录了每次试验中所发生的事件，以 n_i 表示 n 次试验中事件 $A_i(i=1,2,\cdots,k)$ 发生的次数，则此样本出现的概率(似然函数)为

$$L(p)=\left(\prod_{i=1}^{k-1}p_i^{n_i}\right)\left(1-\sum_{i=1}^{k-1}p_i\right)^{n_k},$$

于是

$$\ln L(p)=\sum_{i=1}^{k-1}n_i\ln p_i+n_k\ln\left(1-\sum_{i=1}^{k-1}p_i\right),$$

得似然方程

$$\frac{\partial\ln L(p)}{\partial p_j}=\frac{n_j}{p_j}-\frac{n_k}{1-\sum_{i=1}^{k-1}p_i}=\frac{n_j}{p_j}-\frac{n_k}{p_k}=0,$$

即

$$n_jp_k=p_jn_k,\quad j=1,2,\cdots,k-1.$$

将上述 $k-1$ 个等式相加，注意到 $\sum_{i=1}^{k}n_i=n,\sum_{i=1}^{k}p_i=1$ 及

$$(n-n_k)p_k=n_k(1-p_k),$$

得到

$$\hat{p}_k=\frac{n_k}{n}.$$

右边即为事件 A_k 发生的频率，显然事件 A_k 与其他事件 A_j 地位是相同的，故类似可得到

$$\hat{p}_j=\frac{n_j}{n},\quad j=1,2,\cdots,k-1.$$

注意　在求解 $L(\theta)$ 的最大值点时，并非每次存在易解的似然方程. 见例 6.1.11.

例 6.1.11　设总体 X 服从 $[0,\theta]$ 上的均匀分布，$\theta>0$ 是未知参数，求 θ 的极(最)大似然估计量.

解　由已知，X 概率函数为

$$f(x;\theta)=\begin{cases}\dfrac{1}{\theta}, & 0<x\leqslant\theta,\\ 0, & \text{其他}\end{cases}\quad(\theta>0).$$

设 $X_1,X_2,\cdots,X_n$ 为取自总体 X 的样本，则

$$L(x_1,x_2,\cdots,x_n;\theta)=\prod_{i=1}^{n}f(x_i;\theta)=\begin{cases}\dfrac{1}{\theta^n}, & 0<x_i\leqslant\theta,\\ 0, & \text{其他}\end{cases}$$

$$=\begin{cases}\dfrac{1}{\theta^n}, & 0<\min\limits_{1\leqslant i\leqslant n}\{x_i\}\leqslant\max\limits_{1\leqslant i\leqslant n}\{x_i\}\leqslant\theta,\\ 0, & \text{其他}.\end{cases}$$

由于 $f(x;\theta)$ 的支撑与 θ 有关，不存在易解的似然方程. 我们由定义 6.1.1，找 $L(x_1,x_2,\cdots,x_n;\theta)$ 的最大值点，由 $L(x_1,x_2,\cdots,x_n;\theta)$ 的表达式，θ 越小 $L(x_1,x_2,\cdots,x_n;\theta)=\dfrac{1}{\theta^n}$ 就越大. 因为 $\theta_L\geqslant\max\limits_{1\leqslant i\leqslant n}\{x_i\}=x_{(n)}$，所以当 $\theta=x_{(n)}$ 时 $L(x_1,x_2,\cdots,x_n;\theta)$ 达极大. 故 $\hat{\theta}_L=\xi_{(n)}$ 是 θ 的极(最)大似然估计量，这与 θ 的矩估计 $\hat{\theta}=2\bar{X}$ 不一样. 和矩估计的情形一样，有时虽能给出似然方程，也可以证明它有解，但得不到解的解析表达式.

例 6.1.12　同例 6.1.6, 求柯西分布中 θ 的极大似然估计量.

我们可得似然方程为

$$\frac{\partial\ln L(\theta)}{\partial\theta}=-\sum_{i=1}^{n}\frac{2(x_i-\theta)}{1+(x_i-\theta)^2}=0,$$

这个方程只能求数值解.

极大似然估计有一个简单而有用的性质.

性质　设 $\hat{\theta}_L$ 是总体概率函数 $f(x;\theta)$ 中未知参数 θ 的极(最)大似然估计量，可估计函数 $g(\theta)=u$，$\theta\in\Theta$ 具有单值反函数 $\theta=g^{-1}(u)$，$u\in U$（U 为 $g(\theta)$ 的值域)，则 $\hat{u}=g(\hat{\theta}_L)$ 是 $g(\theta)$ 的极(最)大似然估计量.

证明略.

例 6.1.13　设 $X_1,X_2,\cdots,X_n$ 取自正态总体 $N(\mu,\sigma^2)$，μ 与 σ^2 未知，$\Theta=\{(\mu,\sigma^2),0<\mu<+\infty,\sigma^2>0\}$，求标准差 σ 的极大似然估计量.

解　由例 6.1.9，$\hat{\sigma}_L^2=S_n^2$，所以，

$$\hat{\sigma}_L=\sqrt{S_n^2}=S_n=\sqrt{\frac{1}{n}\sum_{i=1}^{n}(X_i-\bar{X})^2}.$$

例 6.1.14　设总体 X 的概率分布为

X	0	1	2	3
p	θ^2	$2\theta(1-\theta)$	θ^2	$1-2\theta$

其中 $\theta\left(0<\theta<\dfrac{1}{2}\right)$ 是未知参数，利用总体 X 的样本值 3, 1, 3, 0, 3, 1, 2, 3，求

(1) θ 的矩估计值;

(2) θ 的极大似然估计值.

解　(1)

$$EX=0\times\theta^2+1\times2\theta(1-\theta)+2\times\theta^2+3\times(1-2\theta)=3-4\theta,$$

根据给定的样本观测值

$$\bar{x}=\frac{1}{8}(3+1+3+0+3+1+2+3)=2,$$

根据矩估计法$3-4\theta=2$，所以θ的矩估计值$\hat{\theta}=\dfrac{1}{4}$.

(2) θ的极大似然函数为$L(\theta)=4\theta^6(1-\theta)^2(1-2\theta)^4$，两边取对数

$$\ln L(\theta)=\ln 4+6\ln\theta+2\ln(1-\theta)+4\ln(1-2\theta),$$

对θ求导数并令其等于零，

$$\frac{\mathrm{d}\ln L(\theta)}{\mathrm{d}\theta}=\frac{6}{\theta}-\frac{2}{1-\theta}-\frac{8}{1-2\theta}=0,$$

得方程$12\theta^2-14\theta+3=0$，解得

$$\theta=\frac{7-\sqrt{13}}{12},\quad \theta=\frac{7+\sqrt{13}}{12}>\frac{1}{2}\text{（舍去）}.$$

故θ的极大似然估计值为$\hat{\theta}=\dfrac{7-\sqrt{13}}{12}$.

习　题　6.1

1. 设总体X以等概率$\dfrac{1}{\theta}$取值$1,2,\cdots,\theta$，求未知参数θ的矩估量.

2. 一批产品中含有废品，从中随机抽取60件，发现废品4件，试用矩估计法估计这批产品的废品率.

3. 设总体$X\sim b(k;n,p)$，k是正整数，$0<p<1$，k,p都未知，$X_1,X_2,\cdots,X_n$是一样本，试求k和p的矩估计量.

4. 设总体X服从区间$[a,b]$上的均匀分布，a,b未知，$X_1,X_2,\cdots,X_n$是来自总体X的一组样本，试求a,b的矩估计量.

5. 设$X_1,X_2,\cdots,X_n$为总体的一个样本，$x,x_2,\cdots,x_n$为相应的样本值，求下述各总体的密度函数或分布列中的未知参数的矩估计量和估计值.

(1) $f(x;\theta)=\dfrac{2}{\theta^2}(\theta-x),0<x<\theta,\theta>0$；

(2) $f(x;\theta)=\sqrt{\theta}\cdot x^{\sqrt{\theta}-1},0<x<1,\theta>0$；

(3) $f(X=k)=(k-1)\theta^2(1-\theta)^{k-2},k=2,3,\cdots,0<\theta<1$.

6. 设总体概率函数如下，$X_1,X_2,\cdots,X_n$为样本，试求未知参数的最大似然估计.

(1) $f(x;\theta)=\sqrt{\theta}x^{\sqrt{\theta}-1},0<x<1,\theta>0$，$\theta$为未知参数；

(2) $f(x;\theta)=\theta\cdot c^{\theta}x^{-(\theta+1)},x>c,c>0$，已知$\theta>0$，$\theta$为未知参数；

(3) $f(x;\theta)=\dfrac{1}{\theta}\mathrm{e}^{-\frac{x-\mu}{\theta}},x>\mu,\theta>0,\mu,\theta$为未知参数.

7. 设总体X具有分布规律

X	1	2	3
p	θ^2	$2\theta(1-\theta)$	$(1-\theta)^2$

其中$\theta(0<\theta<1)$为未知参数，已知取得了样本值$x_1=1,x_2=2,x_3=1$，试求θ的矩估计值和最大似然估计值.

8. 设总体X的概率密度为

$$p(x)=\begin{cases}(\theta+1)x^{\theta}, & 0<x<1,\\ 0, & \text{其他},\end{cases}$$

其中$\theta>-1$是未知参数，$X_1,X_2,\cdots,X_n$为样本，试求参数θ的矩估计量和最大似然估计量.

9. 设总体 X 的概率密度为

$$p(x)=\begin{cases}\dfrac{6x(\theta-x)}{\theta^3}, & 0<x<\theta,\\ 0, & \text{其他},\end{cases}$$

$X_1,X_2,\cdots,X_n$ 为取自总体 X 的一组样本, 求

(1) θ 的矩估计量 $\hat{\theta}$;

(2) $\hat{\theta}$ 的方差 $D(\hat{\theta})$.

10. 设 X 具有概率密度

$$p(x)=\begin{cases}\dfrac{\theta^x \mathrm{e}^{-\theta}}{x!}, & x=0,1,2,\cdots,0<\theta<+\infty,\\ 0, & \text{其他},\end{cases}$$

$X_1,X_2,\cdots,X_n$ 是总体 X 的一组样本, 求 θ 的最大似然估计量.

11. 设总体 X 的分布函数为

$$F(x;\beta)=\begin{cases}1-\dfrac{1}{x^\beta}, & x>1,\\ 0, & x\leqslant 1,\end{cases}$$

其中未知参数 $\beta>1$, $X_1,X_2,\cdots,X_n$ 为来自总体 X 的一组样本, 求

(1) β 的矩估计量;

(2) β 的最大似然估计量.

12. 设总体 X 的密度函数为

$$p(x;\theta)=\begin{cases}\theta, & 0<x<1,\\ 1-\theta, & 1\leqslant x<2,\\ 0, & \text{其他},\end{cases}$$

其中 θ 为未知参数 $(0<\theta<1)$, $X_1,X_2,\cdots,X_n$ 为来自总体 X 的一组样本, 记 N 为样本值 $x_1,x_2,\cdots,x_n$ 中小于 1 的个数, 求 θ 的最大似然估计.

6.2　估计量的评价准则

从 6.1 节中可以发现, 对于同一参数, 用不同方法来估计, 估计的结果可能是不一样的. 如对于均匀分布 $U[0,\theta]$, 参数 θ 的矩估计与极大似然估计是不一样的, 甚至用同一方法也可能得到不同的统计量.

例 6.2.1　设总体 X 服从参数为 λ 的泊松分布, 即

$$P(\xi=k)=\mathrm{e}^{-\lambda}\frac{\lambda^k}{k!},\quad k=0,1,2,\cdots,$$

则易知 $E(X)=\lambda$, $D(X)=\lambda$ 分别用样本均值和样本方差取代 $E(X)$ 和 $D(X)$, 于是, 得到 λ 的两个矩估计量 $\hat{\lambda}_1=\bar{X}$, $\hat{\lambda}_2=S_n^2$.

既然估计的结果往往不是唯一的, 那么究竟谁优谁劣? 这里首先就有一个标准的问题.

6.2.1　无偏性

定义 6.2.1　设 $\hat{\theta}=\hat{\theta}(X_1,X_2,\cdots,X_n)$ 是 θ 的一个估计量, 若对任意的 $\theta\in\Theta$, 都有 $E_\theta(\hat{\theta})=\theta$, 则称 $\hat{\theta}$ 是 θ 的无偏估计量; 如果 $E_\theta(\hat{\theta})\neq\theta$, 则称 $\hat{\theta}$ 是 θ 的有偏估计量.

当 $\hat{\theta}$ 是 θ 的有偏估计量时, 称 $E_\theta(\hat{\theta})-\theta$ 为估计量 $\hat{\theta}$ 的偏差, 记为 $b_n(\theta)$.

如果 $\lim_{n\to\infty}\{E_\theta[\hat{\theta}(X_1,X_2,\cdots,X_n)]-\theta\}=\lim_{n\to\infty}b_n(\theta)=0$，则称 $\hat{\theta}$ 是 θ 的渐近无偏估计量.

无偏性反映了估计量的取值在真值 θ 周围摆动，是对估计量常见而重要的要求，其实际意义是指估计量没有系统偏差，只有随机偏差.

例 6.2.2　证明样本均值 $\bar{X}$ 是总体期望值 $E(X)=\mu$ 的无偏估计，样本方差 S_n^2 不是总体方差 $D(X)=\sigma^2$ 的无偏估计.

证明　因为

$$E(\bar{X})=E\left(\frac{1}{n}\sum_{i=1}^{n}X_i\right)=\frac{1}{n}\sum_{i=1}^{n}E(X_i)=\frac{1}{n}n\mu=\mu,$$

又

$$D(\bar{X})=D\left(\frac{1}{n}\sum_{i=1}^{n}X_i\right)=\frac{1}{n^2}\sum_{i=1}^{n}D(X_i)=\frac{1}{n^2}n\sigma^2=\frac{\sigma^2}{n},$$

故

$$\begin{aligned}E(S_n^2)&=E\left[\frac{1}{n}\sum_{i=1}^{n}(X_i-\bar{X})^2\right]=E\left[\frac{1}{n}\sum_{i=1}^{n}(X_i-\mu)^2-(\bar{X}-\mu)^2\right]\\&=\frac{1}{n}\sum_{i=1}^{n}D(X_i)-D(\overline{X})=\frac{1}{n}\cdot n\sigma^2-\frac{\sigma^2}{n}=\frac{n-1}{n}\sigma^2.\end{aligned}$$

但

$$\lim_{n\to\infty}\frac{n-1}{n}\sigma^2=\sigma^2.$$

因此，样本方差 S_n^2 是总体方差的渐近无偏估计. 在 S_n^2 的基础上，我们适当加以修正可以得到一个 σ^2 的无偏估计，这个估计量也和样本方差一样是经常被采用的:

$$S_{n-1}^2=\frac{n}{n-1}S_n^2=\frac{1}{n-1}\sum_{i=1}^{n}(X_i-\overline{X})^2.$$

由此例也可以看出，例 6.2.1 中关于 λ 的两个矩估计量中，$\hat{\lambda}_1$ 是无偏的，$E(\hat{\lambda}_1)=\lambda$；而 $E(\hat{\lambda}_2)=\frac{n-1}{n}\lambda$，从而 $\hat{\lambda}_2$ 是有偏的.

对估计量的优劣的评价，一般是站在概率论的观点上. 在实际应用问题中，含有多次反复使用此方法效果如何的意思. 对于无偏性，同样也是这样，即在实际应用问题中若使用这一估计量算出多个估计值，则它们的平均值可以接近于被估参数的真值. 这一点有时是有实际意义的，如某一厂商长期向某一销售商提供一种产品，在对产品的检验方法上，双方同意采用抽样以后对次品进行估计的办法. 如果这种估计是无偏的，那么双方都理应能够接受. 比如这一次估计次品率偏高，厂商吃亏了，但下一次估计可能偏低，厂商的损失可以补回来，由于双方的交往是长期多次的，采用无偏估计，总的来说是互不吃亏. 然而不幸的是，无偏性有时并无多大的实际意义. 这里有两种情况，一种情况是在一类实际问题中没有多次抽样，比如前面的例子中，厂商和销售商没有长期合作关系，纯属一次性的商业行为，双方谁也吃亏不起，这就没有什么“平均”可言. 另一种情况是被估计的量实际上是不能相互补偿的，因此“平均”没有实际意义，例如，通过试验对某型号几批导弹的系统误差分别做出估计，即使这一估计是无偏的，但如果这一批导弹的系统误差实际估计偏左，下一批导弹则估计偏右，结果两批导弹在使用时都不能命中预定目标，这里不存在“偏左”与“偏右”相互抵消或“平均命中”的问题.

例 6.2.3　设 $X_1,X_2,\cdots,X_n$ 来自参数为 n,p 的二项分布，试求 p^2 的无偏估计量.

解　因 $X\sim b(k;n,p)$，故 $E(X)=np$，

$$\begin{aligned}E(X^2)&=D(X)+[E(X)]^2=np(1-p)+n^2p^2\\&=np+n(n-1)p^2\\&=E(X)+n(n-1)p^2.\end{aligned}$$

因此，

$$\frac{E(X^2)-E(X)}{n(n-1)}=E\left[\frac{1}{n(n-1)}(X^2-X)\right]=p^2.$$

于是，用样本矩 A_2,A_1 分别代替相应的总体矩 $E(X^2),E(X)$，便得 p^2 的无偏估计量

$$\hat{p}^2=\frac{A_2-A_1}{n(n-1)}=\frac{1}{n^2(n-1)}\sum_{i=1}^{n}(X_i^2-X_i).$$

注意　如果 $\hat{\theta}$ 是 θ 的无偏估计量，$g(\theta)$ 是 θ 的函数，不一定能推出 $g(\hat{\theta})$ 是 $g(\theta)$ 的无偏估计量.

例如，总体 $X\sim N(\mu,\sigma^2)$，$\bar{X}$ 是 μ 的无偏估计，但 $\bar{X}^2$ 却不是 μ^2 的无偏估计. 因为

$$E(\bar{X}^2)=D(\bar{X})+(E\bar{X})^2=\frac{\sigma^2}{n}+\mu^2,$$

而 $\sigma^2>0$，所以 $E(\bar{X}^2)\neq\mu^2$.

我们还可以举出数理统计本身的例子来说明无偏性的局限.

例 6.2.4　设总体 X 服从参数为 λ 的泊松分布，$X_1,X_2,\cdots,X_n$ 为 X 的样本，用 $(-2)^{X_1}$ 作为 $\mathrm{e}^{-3\lambda}$ 的估计，则此估计是无偏的.

因为

$$E[(-2)^{X_1}]=\mathrm{e}^{-\lambda}\sum_{k=0}^{\infty}(-2)^k\frac{\lambda^k}{k!}=\mathrm{e}^{-\lambda}\mathrm{e}^{-2\lambda}=\mathrm{e}^{-3\lambda}.$$

但当 X_1 取奇数时，$(-2)^{X_1}<0$，显然用它作为 $\mathrm{e}^{-3\lambda}>0$ 的估计是不能令人接受的. 为此，我们还需要有别的标准.

例 6.2.5　设总体服从正态分布 $N(\mu,\sigma^2)$，X_1,X_2 是一个样本，总体均值 μ 的 3 个估计量分别为 $\hat{\mu}_1=\frac{1}{2}X_1+\frac{1}{2}X_2,\hat{\mu}_2=\frac{1}{3}X_1+\frac{2}{3}X_2,\hat{\mu}_3=\frac{2}{5}X_1+\frac{1}{5}X_2$，判别它们是否为总体均值 μ 的无偏估计.

解　$$E(\hat{\mu}_1)=E\left(\frac{1}{2}X_1+\frac{1}{2}X_2\right)=\frac{1}{2}(E(X_1)+E(X_2))=\frac{1}{2}(\mu+\mu)=\mu;$$

$$E(\hat{\mu}_2)=E\left(\frac{1}{3}X_1+\frac{2}{3}X_2\right)=\frac{1}{3}E(X_1)+\frac{2}{3}E(X_2)=\frac{1}{3}\mu+\frac{2}{3}\mu=\mu;$$

$$E(\hat{\mu}_3)=E\left(\frac{2}{5}X_1+\frac{1}{5}X_2\right)=\frac{2}{5}E(X_1)+\frac{1}{5}E(X_2)=\frac{2}{5}\mu+\frac{1}{5}\mu=\frac{3}{5}\mu.$$

由此可见，$\hat{\mu}_1,\hat{\mu}_2$ 是总体均值 μ 的无偏估计量，$\hat{\mu}_3$ 不是总体均值 μ 的无偏估计量.

6.2.2　最小方差性和有效性

前面已经说过，无偏估计量只说明估计量的取值在真值周围摆动，但这个“周围”究竟有多大？我们自然希望摆动范围越小越好，即估计量的取值的集中程度要尽可能的高，这在统计上就引出最小方差无偏估计的概念.

定义 6.2.2　对于固定的样本容量n，设$T=T(X_1,X_2,\cdots,X_n)$是参数函数$g(\theta)$的无偏估计量，若对$g(\theta)$的任一个无偏估计量$T'=T'(X_1,X_2,\cdots,X_n)$，有

$$D_\theta(T)\leqslant D_\theta(T'),\quad 对一切\theta\in\Theta .$$

则称$T(X_1,X_2,\cdots,X_n)$为$g(\theta)$的(一致)最小方差无偏估计量，简记为 UMVUE 或者称为最优无偏估计量.

从定义 6.2.2 上看，要直接验证某个估计量是参数函数$g(\theta)$的最优无偏估计是有困难的. 但对于很大一类分布和估计，我们可以从另一个角度来研究这一问题. 考虑$g(\theta)$的一切无偏估计U，如果能求出这一类里无偏估计中方差的一个下界(下界显然存在的，至少可以取 0，而又能证明某个估计$T\in U$能达到这一下界，则T当然就是 UMVUE). 我们来求一下这个下界. 下面不妨考虑总体为连续型的(对于离散型的，只需做一点相应的改动即可)，简记统计量$T(T=T(X_1,X_2,\cdots,X_n))$为$T(X)$，样本$X_1,X_2,\cdots,X_n$的分布密度$\prod_{i=1}^{n}f(x_i;\theta)$为$f(x;\theta)$；积分$\int\cdots\int \mathrm{d}x_1\cdots\mathrm{d}x_n$为$\int\mathrm{d}x$. 又假设在以下计算中，所有需要求导和在积分号下求导的场合都具有相应的可行性. 今考虑$g(\theta)$的一个无偏估计$T(X)$，有

$$\int T(x)f(x;\theta)\mathrm{d}x=E_\theta T=g(\theta),$$

两边对θ求导

$$\int T(x)\frac{\partial f(x;\theta)}{\partial\theta}\mathrm{d}x=g'(\theta),$$

又

$$\int f(x;\theta)\mathrm{d}x=1,$$

上式两边对θ求导

$$\int\frac{\partial f(x;\theta)\mathrm{d}x}{\partial\theta}=0,$$

$$\int[T(x)-g(\theta)]\frac{\partial f(x;\theta)}{\partial\theta}\mathrm{d}x=g'(\theta),$$

上式改写成

$$g'(\theta)=\int\{[T(x)-g(\theta)]\sqrt{f(x;\theta)}\}\left\{\frac{\sqrt{f(x;\theta)}}{f(x;\theta)}\frac{\partial f(x;\theta)}{\partial\theta}\right\}\mathrm{d}x,$$

用柯西-施瓦茨(Cauchy-Schwarz)不等式，即得

$$[g'(\theta)]^2\leqslant\int[T(x)-g(\theta)]^2f(x;\theta)\mathrm{d}x\int\left(\frac{\partial f(x;\theta)}{\partial\theta}\cdot\frac{1}{f(x;\theta)}\right)^2f(x;\theta)\mathrm{d}x,$$

其中

$$\int [T(x)-g(\theta)]^2 f(x;\theta)\mathrm{d}x = D_\theta(T),$$

$$\int \left(\frac{\partial f(x;\theta)}{\partial\theta}\frac{1}{f(x;\theta)}\right)^2 f(x;\theta)\mathrm{d}x = E_\theta\left(\frac{\partial \ln f(x;\theta)}{\partial\theta}\right)^2 .$$

由上面几个不等式, 得著名的克拉默-拉奥不等式(简称 C-R 不等式)

$$D_\theta(T(X)) \geqslant \frac{[g'(\theta)]^2}{E_\theta\left(\dfrac{\partial \ln f(X;\theta)}{\partial\theta}\right)^2}.$$

注意到 $X_1, X_2, \cdots, X_n$ 独立同分布, 则由

$$\frac{\partial \ln f(x;\theta)}{\partial\theta} = \sum_{i=1}^{n} \frac{\partial \ln f(x_i;\theta)}{\partial\theta},$$

以及当 $i \neq j$ 时, 有

$$\begin{aligned}
&E_\theta\left(\frac{\partial \ln f(X_i;\theta)}{\partial\theta}\right)\left(\frac{\partial \ln f(X_j;\theta)}{\partial\theta}\right)\\
&= E_\theta\left(\frac{\partial \ln f(X_i;\theta)}{\partial\theta}\right)\cdot E_\theta\left(\frac{\partial \ln f(X_j;\theta)}{\partial\theta}\right)\\
&= E_\theta\left(\frac{\partial \ln f(X_i;\theta)}{\partial\theta}\right)\int \frac{\partial \ln f(x_j;\theta)}{\partial\theta} f(x_j;\theta)\mathrm{d}x_j\\
&= E_\theta\left(\frac{\partial \ln f(X_i;\theta)}{\partial\theta}\right)\int \frac{\partial f(x_j;\theta)}{\partial\theta}\mathrm{d}x_j = 0,
\end{aligned}$$

可得

$$E_\theta\left(\frac{\partial \ln f(X;\theta)}{\partial\theta}\right)^2 = \sum_{i=1}^{n} E_\theta\left(\frac{\partial \ln f(X_i;\theta)}{\partial\theta}\right)^2 = nE_\theta\left(\frac{\partial \ln f(X_1;\theta)}{\partial\theta}\right)^2 = nI(\theta).$$

其中 $I(\theta) = E_\theta\left(\dfrac{\partial \ln f(X_1;\theta)}{\partial\theta}\right)^2$ 称为费希尔信息量. 于是, C-R 不等式可简写成

$$D_\theta(T(X)) \geqslant [g'(\theta)]^2 / nI(\theta).$$

上式的右边称为参数函数 $g(\theta)$ 估计量方差的 C-R 下界. 还可以证明 $I(\theta)$ 的另一表达式, 它有时用起来更方便

$$I(\theta) = -E_\theta\left(\frac{\partial^2 \ln f(X_1;\theta)}{\partial\theta^2}\right).$$

定义 6.2.3 称 $e_n = \dfrac{[g'(\theta)]^2}{D_\theta(T(X))nI(\theta)}$ 为 $g(\theta)$ 的无偏估计量 T 的效率(显然由 C-R 不等式, $e_n \leqslant 1$). 又当 T 的效率等于 1 时, 称 T 是有效的; 若 $\lim\limits_{n\to\infty} e_n = 1$, 则称 T 是渐近有效的.

显然, 有效估计量必是最小方差无偏估计量; 反过来, 则不一定正确, 因为可能在某参数函数的一切无偏估计中, 找不到达到 C-R 下界的估计量. 我们常用到的几种分布的参数估计量多是有效或渐近有效的. 从下面的例子, 我们可以体会验证有效性的一般步骤.

例 6.2.6 设总体 $X \sim N(\mu, \sigma^2)$, $X_1, X_2, \cdots, X_n$ 为 X 的样本, 则 μ 的无偏估计 $\bar{X}$ 是有效的, σ^2 的无偏估计 S_{n-1}^2 是渐近有效的.

证明 (1) 由例 6.2.2 知, $\bar{X}, S_{n-1}^2$ 分别是 μ 和 σ^2 的无偏估计.

(2) 计算 $D(\bar{X})$，$D(S_{n-1}^2)$．易知

$$D(\bar{X})=\frac{\sigma^2}{n},$$

又由费希尔定理的推论有 $\frac{nS_n^2}{\sigma^2}\sim\chi^2(n-1), D\left(\frac{nS_n^2}{\sigma^2}\right)=2(n-1)$, 从而

$$D(S_{n-1}^2)=D\left[\frac{\sigma^2}{n-1}\left(\frac{nS_n^2}{\sigma^2}\right)\right]=\frac{\sigma^4}{(n-1)^2}\cdot 2(n-1)=\frac{2\sigma^4}{n-1}.$$

(3) 计算 $I(\mu), I(\sigma^2)$．因为

$$\frac{\partial \ln f(X_1;\mu,\sigma^2)}{\partial\mu}=\frac{X_1-\mu}{\sigma^2},$$

故

$$I(\mu)=E\left[\frac{\partial \ln f(X_1;\mu,\sigma^2)}{\partial\mu}\right]^2=\frac{1}{\sigma^4}D(X_1)=\frac{1}{\sigma^2},$$

又

$$\frac{\partial \ln f(X_1;\mu,\sigma^2)}{\partial\sigma^2}=-\frac{1}{2\sigma^2}+\frac{1}{2\sigma^4}(X_1-\mu)^2,$$

$$\frac{\partial^2 \ln f(X_1;\mu,\sigma^2)}{(\partial\sigma^2)^2}=\frac{1}{2\sigma^4}-\frac{1}{\sigma^6}(X_1-\mu)^2,$$

故

$$I(\sigma^2)=-E\left[\frac{\partial^2 \ln f(X_1;\mu,\sigma^2)}{(\partial\sigma^2)^2}\right]=-\frac{1}{2\sigma^4}+\frac{1}{\sigma^4}=\frac{1}{2\sigma^4}.$$

(4) 计算效率 $e_n(\bar{X}), e_n(S_{n-1}^2)$.

$$e_n(\bar{\xi})=\frac{1}{D(\bar{X})nI(\mu)}=\frac{1}{\dfrac{\sigma^2}{n}\cdot n\dfrac{1}{\sigma^2}}=1,$$

$$e_n(S_{n-1}^2)=\frac{1}{D(S_{n-1}^2)nI(\sigma^2)}=\frac{1}{\dfrac{2\sigma^4}{n-1}\cdot n\dfrac{1}{2\sigma^4}}=\frac{n-1}{n}\to 1,\quad n\to\infty.$$

(5) 故 $\bar{X}$ 是 μ 的有效估计，S_{n-1}^2 是 σ^2 的渐近有效估计.

例 6.2.7　设 X_1, X_2 来自正态总体 $X\sim N(\mu,\sigma^2)$，是一个样本，对于均值 μ 的两个估计量 $\hat{\mu}_1=\frac{1}{2}X_1+\frac{1}{2}X_2$ 与 $\hat{\mu}_2=\frac{1}{3}X_1+\frac{2}{3}X_2$，试比较它们的有效性.

解　通过例 6.2.5 验证可知，$\hat{\mu}_1, \hat{\mu}_2$ 是总体均值 μ 的无偏估计量，其方差为

$$D(\hat{\mu}_1)=D\left(\frac{1}{2}X_1+\frac{1}{2}X_2\right)=\frac{1}{4}D(X_1)+\frac{1}{4}D(X_2)=\frac{1}{2}\sigma^2;$$

$$D(\hat{\mu}_2)=D\left(\frac{1}{3}X_1+\frac{2}{3}X_2\right)=\frac{1}{9}D(X_1)+\frac{4}{9}D(X_2)=\frac{5}{9}\sigma^2.$$

因为 $D(\hat{\mu}_1)<D(\hat{\mu}_2)$，所以，由估计量的有效性定义可知 $\hat{\mu}_1$ 比 $\hat{\mu}_2$ 有效.

可以验证，若 $\sum_{i=1}^{n}a_i=1$，则 $\hat{\mu}=\sum_{i=1}^{n}a_iX_i$ 是总体均值 μ 的无偏估计量. 在这些线性组合的无偏估计量中，当 $a_1=a_2=\cdots=a_n=\dfrac{1}{n}$ 时方差最小，即 $\hat{\mu}_1=X$ 是总体均值 μ 所有线性组合无偏估计量中最有效的估计量.

例 6.2.8　设总体 X 服从参数为 λ 的泊松分布，$X_1,X_2,\cdots,X_n$ 为样本，试验证参数 λ 的矩估计量 $\hat{\lambda}_1=\bar{X}$ 的有效性(由于 $\hat{\lambda}_2=S_n^2$ 不是无偏估计，不考虑其有效性). 注意，对离散型总体，在考虑费希尔信息量时用概率分布来取代概率密度，故有

$$\ln p(X_1;\lambda)=\ln \mathrm{e}^{-\lambda}\frac{\lambda^{X_1}}{X_1!}=-\lambda+X_1\ln\lambda-\ln X_1!,$$

$$\frac{\partial \ln p(X_1;\lambda)}{\partial\lambda}=-1+\frac{X_1}{\lambda},\quad \frac{\partial^2 \ln p(X_1;\lambda)}{\partial\lambda^2}=-\frac{X_1}{\lambda^2},$$

故

$$I(\lambda)=-E\left(\frac{\partial^2\ln p(X_1;\lambda)}{\partial\lambda^2}\right)=\frac{\lambda}{\lambda^2}=\frac{1}{\lambda},$$

从而效率

$$e_n=\frac{1}{D(\bar{X})nI(\lambda)}=\frac{1}{\frac{\lambda}{n}n\frac{1}{\lambda}}=1.$$

它是有效的，从而也是最小方差无偏估计量.

6.2.3　一致性(相合性)

定义 6.2.4　设总体 X 具有概率函数 $f(x;\theta)$，$\theta\in\Theta$ 为未知参数，$X_1,X_2,\cdots,X_n$ 为样本，$\hat{\theta}_n=\hat{\theta}_n(X_1,\cdots,X_n)$ 为 θ 的一个估计量，若对任给 $\varepsilon>0$，有

$$\lim_{n\to\infty}P(|\hat{\theta}_n-\theta|<\varepsilon)=1,$$

则称 $\hat{\theta}_n$ 为 θ 的一致估计(相合估计).

按定义 6.2.4，$\hat{\theta}_n$ 是 θ 的一致估计，即 $\hat{\theta}_n\xrightarrow{P}\theta$. 显然，矩估计量都是一致估计.

习　题　6.2

1. 设总体 X 的数学期望为 μ，$X_1,X_2,\cdots,X_n$ 为来自总体 X 的样本，$a_1,a_2,\cdots,a_n$ 是任意常数，证明：$\dfrac{\sum_{i=1}^{n}a_iX_i}{\sum_{i=1}^{n}a_i}\left(\sum_{i=1}^{n}a_i\neq 0\right)$ 是 μ 的无偏估计.

2. 设 $X_1,X_2,\cdots,X_n$ 是来自总体 X 的一个样本，$E(X)=\mu,D(X)=\sigma^2$.

(1) 确定常数 c，使 $c\sum_{i=1}^{n-1}(X_{i+1}-X_i)^2$ 为 σ^2 的无偏估计；

(2) 确定常数 c，使 $(\bar{X})^2-cS_n^2$ 是 μ^2 的无偏估计，$\bar{X},S_n^2$ 分别是样本均值和样本方差.

3. 设$\hat{\theta}$是参数θ的无偏估计, 且有$D(\hat{\theta})>0$, 证明: $\hat{\theta}^2=(\hat{\theta})^2$不是$\theta^2$的无偏估计.

4. 设$X_1,X_2,\cdots,X_n$是来自参数为λ的泊松分布的样本, 求λ^2的无偏估计.

5. 设总体X服从参数为θ的指数分布, 其概率密度为

$$p(x;\theta)=\begin{cases}\dfrac{1}{\theta}\mathrm{e}^{-\frac{x}{\theta}}, & x>0,\\ 0, & x\leqslant 0,\end{cases}$$

其中参数$\theta>0$未知, 又设$X_1,X_2,\cdots,X_n$是来自总体X的样本, 试证: $\bar{X}$是θ的无偏估计量.

6. 设总体$X\sim U[\theta,2\theta]$, 其中$\theta>0$是未知参数, 又$X_1,X_2,\cdots,X_n$为取自总体X的样本, $\bar{X}$为样本均值.

(1) 证明$\hat{\theta}=\dfrac{2}{3}\bar{X}$是参数$\theta$的无偏估计和一致估计;

(2) 求θ的最大似然估计, 它是无偏估计吗? 是一致估计吗?

7. 设X_1,X_2,X_3是取自某总体容量为 3 的样本, 试证下列统计量都是该总体均值μ的无偏估计, 在方差存在时指出哪一个估计的有效性最差?

(1) $\hat{\mu}_1=\dfrac{1}{2}X_1+\dfrac{1}{3}X_2+\dfrac{1}{6}X_3$;　(2) $\hat{\mu}_2=\dfrac{1}{3}X_1+\dfrac{1}{3}X_2+\dfrac{1}{3}X_3$;　(3) $\hat{\mu}_3=\dfrac{1}{6}X_1+\dfrac{1}{6}X_2+\dfrac{2}{3}X_3$.

8. 设以均值为μ, 方差为$\sigma^2>0$的总体中, 分别抽取容量为n_1和n_2的两独立样本, $\bar{X}_1$和$\bar{X}_2$分别是这两个样本的均值.试证: 对于任意常数$a,b(a+b=1), Y=a\bar{X}_1+b\bar{X}_2$都是$\mu$的无偏估计, 并确定常数$a,b$, 使$D(Y)$达到最小.

9. 设$X_1,X_2,\cdots,X_n$是来自均匀总体$U[\theta,\theta+1]$的一个样本,

(1) 验证$\hat{\theta}_1=\bar{X}-\dfrac{1}{2},\hat{\theta}_2=X_{(1)}-\dfrac{1}{n+1},\hat{\theta}_3=X_{(n)}-\dfrac{n}{n+1}$都是$\theta$的无偏估计;

(2) 比较上述三个估计的有效性.

10. 设有一批产品, 为估计其废品率p, 随机取一样本$X_1,X_2,\cdots,X_n$, 其中

$$X_1=\begin{cases}1, & 第i次取得废品,\\ 0, & 第i次取得合格品,\end{cases}\quad i=1,2,\cdots,n,$$

证明: $\hat{p}=\bar{X}=\dfrac{1}{n}\sum\limits_{i=1}^{n}X_i$是$p$的一致无偏估计量.

11. 设总体X服从指数分布, 其密度函数为

$$p(x;\theta)=\begin{cases}\dfrac{1}{\theta}\mathrm{e}^{-\frac{x}{\theta}}, & x>0,\\ 0, & x\leqslant 0,\end{cases}$$

其中$\theta>0$为未知参数, $X_1,X_2,\cdots,X_n$为来自总体的一组样本, 证明: $\bar{X}=\dfrac{1}{n}\sum\limits_{i=1}^{n}X_i$是$\theta$的有效估计.

12. 设总体X服从正态分布$N(\mu,\sigma^2)$, 其中μ已知, σ^2为未知参数, 样本$X_1,X_2,\cdots,X_n$来自总体X, 证明: $\hat{\sigma}^2=\dfrac{1}{n}\sum\limits_{i=1}^{n}(X_i-\mu)^2$是$\sigma^2$的有效估计.

---

13. 设总体X的密度函数为

$$p(x)=\frac{1}{2\sigma}\mathrm{e}^{-\frac{|x|}{\sigma}}\quad(-\infty<x<+\infty)\quad(\sigma>0未知),$$

$X_1,X_2,\cdots,X_n$是总体X的容量为n的样本, 试求σ的极大似然估计, 并讨论它的无偏性、有效性和一致性.

14. 设总体 X 服从参数为 (N,p) 的二项分布, 其中 N 已知, $p\in(0,1)$ 为未知参数, $X_1,X_2,\cdots,X_n$ 为来自总体的样本, 证明: $\frac{1}{nN}\sum_{i=1}^{n}X_i$ 是未知参数 p 的最小方差无偏估计.

6.3　参数的区间估计

6.2.1　区间估计的一般步骤

在讨论抽样分布时, 我们曾提到过区间估计. 与点估计不同的是, 它给出的不是参数空间的某一个点, 而是一个区间(域). 按照一般的观念, 似乎我们总是希望能得到参数的一个具体值, 也就是说用点估计就够了, 为什么还要引入区间估计呢？这是因为在使用点估计时, 我们对估计量 $\hat{\theta}$ 是否能“接近”真正的参数 θ 的考察是通过建立种种评价标准, 然后依照这些标准进行评价的, 这些标准一般都是由数学特征来描绘大量重复试验时的平均效果, 而对于估值的可靠度与精度却没有回答. 即对于类似的问题: “估计量 $\hat{\theta}$ 落在参数 θ 的邻域的概率是多大”？点估计并没有给出明确结论, 但在某些应用问题中, 这恰恰是人们所感兴趣的.

例 6.3.1　某工厂欲对出厂的一批电子器件的平均寿命进行评估. 随机地抽取 n 件产品进行试验, 通过对试验数据的加工得出该批产品是否合格的结论, 并要求此结论的可信程度为 95%, 应该如何来加工这些数据？

对于“可信程度”如何定义, 我们下面再说, 但从常识可以知道, 通常电子元器件的寿命指标往往是一个范围, 而不必是一个很准确的数. 因此, 在对这批电子元器件的平均寿命估计时, 寿命的准确值并不是最重要的, 重要的是所估计的寿命是否能以很高的可信程度处在合格产品的指标范围内. 这里可信程度是很重要的, 它涉及使用这些电子元器件的可靠性. 因此, 采用点估计不一定能达到应用的目的. 这就需要引入区间估计.

区间估计粗略地说是用两个统计量 $\hat{\theta}_1,\hat{\theta}_2$ ($\hat{\theta}_1\leqslant\hat{\theta}_2$) 所决定的区间 $[\hat{\theta}_1,\hat{\theta}_2]$ 作为参数 θ 取值范围的估计. 显然, 一般地这样说是没有多大意义的. 首先, 这个估计必须有一定的精度, $\hat{\theta}_2-\hat{\theta}_1$ 不能太大, 太大不能说明任何问题; 第二, 估计必须有一定的可信程度, 因此, $\hat{\theta}_2-\hat{\theta}_1$ 又不能太小, 太小难以保证这一要求. 例如, 从区间[1,100]去估计某人的岁数, 虽然绝对可信, 却不能带来任何有用的信息; 反之, 若用区间[30,31]去估计某人的岁数, 虽然提供了关于此人年龄的信息, 却很难使人相信这一结果的正确性. 我们希望既能得到较高的精度, 又能得到较高的可信程度. 但是, 在获得的信息一定(如样本容量固定)的情况下, 这两者显然是不可能同时达到最理想的状态. 通常采取将可信程度固定在某一需要的水平上, 求使得精度尽可能高的估计区间. 下面给出区间估计的定义.

定义 6.3.1　对于参数 θ, 如果有两个统计量

$$\hat{\theta}_1=\hat{\theta}_1(X_1,X_2,\cdots,X_n),\quad \hat{\theta}_2=\hat{\theta}_2(X_1,X_2,\cdots,X_n),$$

满足对给定的 $\alpha\in(0,1)$, 有 $P(\hat{\theta}_1\leqslant\theta\leqslant\hat{\theta}_2)=1-\alpha$, 则称区间 $[\hat{\theta}_1,\hat{\theta}_2]$ 是 θ 的一个区间估计或置信区间, $\hat{\theta}_1,\hat{\theta}_2$ 分别称作置信下限、置信上限, $1-\alpha$ 称为置信水平.

对于该定义, 我们应注意以下几点:

(1) 置信区间 $[\hat{\theta}_1,\hat{\theta}_2]$ 是一个随机区间;

(2) 置信区间端点和区间长度都是样本的函数, 都是统计量;

(3) $[\hat{\theta}_1, \hat{\theta}_2]$是$\theta$的置信度为$1-\alpha$的置信区间的含义是：大量重复抽样下，将样本观测值代入$\hat{\theta}_1$，$\hat{\theta}_2$可求得许多确定的区间，其中大约 100$(1-\alpha)$%的区间包含θ在内，而观察得到的一个具体区间$[\hat{\theta}_1, \hat{\theta}_2]$则可能包含$\theta$，也可能不包含$\theta$.

这里的置信水平，就是对可信程度的度量. 置信水平为$1-\alpha$，在实际上可以这样来理解：如取$1-\alpha=95\%$，就是说若对某一参数θ取 100 个容量为n的样本，用相同方法做 100 个置信区间$[\hat{\theta}_1^{(k)}, \hat{\theta}_2^{(k)}]$，$k=1,2,\cdots,100$. 那么，其中大约有 95 个区间包含了真参数$\theta$. 因此，当我们实际上只做一次区间估计时，有理由认为它包含了真参数. 这样判断当然也可能犯错误，但犯错误的概率只有 5%.

下面来讨论区间估计的一般步骤.

(1) 设待估计参数为θ，先取θ的一个点估计$\hat{\theta}$. 它满足两点：一是它较前面提出的标准应该是一个“好的”估计量；二是它的分布形式应该已知，只依赖未知参数θ.

(2) 所求的区间考虑为$\hat{\theta}$的一个邻域$[\hat{\theta}-a, \hat{\theta}+b]$，$a,b>0$（或者$[c\hat{\theta}, d\hat{\theta}], 0<c<1, d>1$），使得

$$P(\hat{\theta}-a \leqslant \theta \leqslant \hat{\theta}+b)=1-\alpha,$$

且一般要求$a+b$尽可能小.为确定a,b(或c,d)，需用解不等式的方法将随机事件变成类似于下述等价形式：

$$(\hat{\theta}-a \leqslant \theta \leqslant \hat{\theta}+b)=(-g(a) \leqslant T(X_1, X_2, \cdots, X_n; \hat{\theta}) \leqslant g(b)),$$

其中$g(x)$为可逆的x的已知函数，$T=T(X_1, X_2, \cdots, X_n; \hat{\theta})$的分布与$\theta$无关且已知. 一般地，其分位点应有表可查，这是关键的一步. 于是就可得出$g(a), g(b)$为某个分位点，如$g(a)=c$，$g(b)=d$.

(3) 从$g(a), g(b)$的表达式中解出a,b即可. 区间估计涉及抽样分布，对于一般分布的总体，其抽样分布的计算通常有些困难，因此，我们将主要研究正态总体参数的区间估计问题.

6.3.2　单个正态总体参数的区间估计

设$X_1, X_2, \cdots, X_n$为$N(\mu, \sigma^2)$的样本，对给定的置信水平$1-\alpha$，$0<\alpha<1$，我们分别研究参数μ与σ^2的区间估计.

1. 总体均值μ的置信水平为$1-\alpha$的区间估计

考虑μ的点估计为$\bar{X}$，且$\bar{X} \sim N\left(\mu, \dfrac{\sigma^2}{n}\right)$，确定$a>0, b>0$使

$$P(A)=P(\bar{X}-a \leqslant \mu \leqslant \bar{X}+b)=1-\alpha,$$

且使区间长$a+b$尽可能小.下面分两种情况.

(1) σ^2已知，变换事件A，使A表示成如下的形式：

$$A=\left\{-\frac{a}{\sigma/\sqrt{n}} \leqslant \frac{\mu-\bar{X}}{\sigma/\sqrt{n}} \leqslant \frac{b}{\sigma/\sqrt{n}}\right\},$$

这里$T(\mu)=\dfrac{\mu-\bar{X}}{\sigma/\sqrt{n}} \sim N(0,1)$. 为使$P(A)=1-\alpha$，又要尽量使$a+b$最小，亦使$\dfrac{a+b}{\sigma/\sqrt{n}}$最小. 如

图 6-1 所示，从 $N(0,1)$ 密度函数的特点来看(对称、原点附近密度最大，往两边密度减小)，只有取 $\frac{a}{\sigma/\sqrt{n}}=\frac{b}{\sigma/\sqrt{n}}=u_{1-\frac{\alpha}{2}}$，即 $a=b=u_{1-\frac{\alpha}{2}}\sigma/\sqrt{n}$，从而所求的区间是

$$\left[\bar{X}-u_{1-\frac{\alpha}{2}}\sigma/\sqrt{n},\quad \bar{X}+u_{1-\frac{\alpha}{2}}\sigma/\sqrt{n}\right].$$

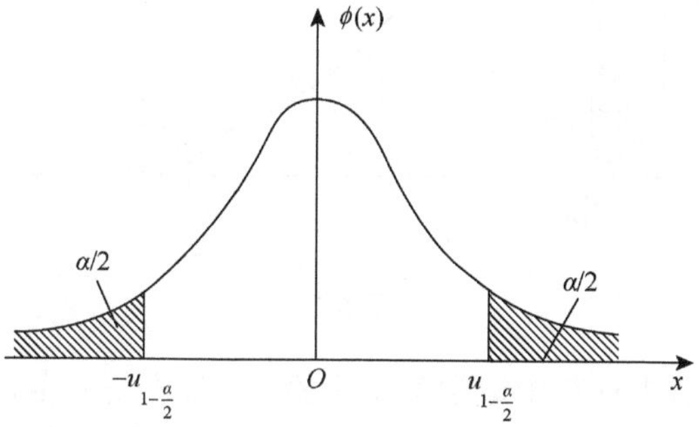

图 6-1

(2) σ^2 未知，将事件 A 变换成如下的形式：

$$A=\left\{\frac{-a}{S_n/\sqrt{n-1}}\leqslant\frac{\mu-\bar{X}}{S_n/\sqrt{n-1}}\leqslant\frac{b}{S_n/\sqrt{n-1}}\right\},$$

已知 $T(\mu)=\frac{\mu-\bar{X}}{S_n/\sqrt{n-1}}\sim t(n-1)$，为使 $P(A)=1-\alpha$，且区间尽量短，与 $N(0,1)$ 情形一样，只有取 $\frac{a}{S_n/\sqrt{n-1}}=\frac{b}{S_n/\sqrt{n-1}}=t_{1-\frac{\alpha}{2}}(n-1)$. 因此，所求区间为

$$\left[\bar{X}-t_{1-\frac{\alpha}{2}}(n-1)S_n/\sqrt{n-1},\ \bar{X}+t_{1-\frac{\alpha}{2}}(n-1)S_n/\sqrt{n-1}\right].$$

2. 总体方差 σ^2 的置信水平为 $1-\alpha$ 的区间估计

我们知道 σ^2 的点估计量为 S_n^2，注意到 $\sigma^2>0$，考虑 $0<c<1<d$, 以及 S_n^2 的邻域 $[cS_n^2, dS_n^2]$，使

$$P(A)=P(cS_n^2\leqslant\sigma^2\leqslant dS_n^2)=1-\alpha,$$

变换事件 A

$$A=\left\{\frac{1}{cS_n^2}\geqslant\frac{1}{\sigma^2}\geqslant\frac{1}{dS_n^2}\right\}=\left\{\frac{n}{c}\geqslant\frac{nS_n^2}{\sigma^2}\geqslant\frac{n}{d}\right\}.$$

由费希尔定理知，$T(\sigma^2)=\frac{nS_n^2}{\sigma^2}\sim\chi^2(n-1)$，故为使 $P(A)=1-\alpha$，通常取

$$\frac{n}{c}=\chi^2_{1-\frac{\alpha}{2}}(n-1),\qquad \frac{n}{d}=\chi^2_{\frac{\alpha}{2}}(n-1),$$

于是，所求区间为

$$\left[\frac{nS_n^2}{\chi^2_{1-\frac{\alpha}{2}}(n-1)},\frac{nS_n^2}{\chi^2_{\frac{\alpha}{2}}(n-1)}\right].$$

这里要使区间最短，计算太麻烦，因此，在取分位点时采用类似主对称型分布的取法，使密度函数图形两端的尾部面积均为 $\frac{\alpha}{2}$ (图 6-2).

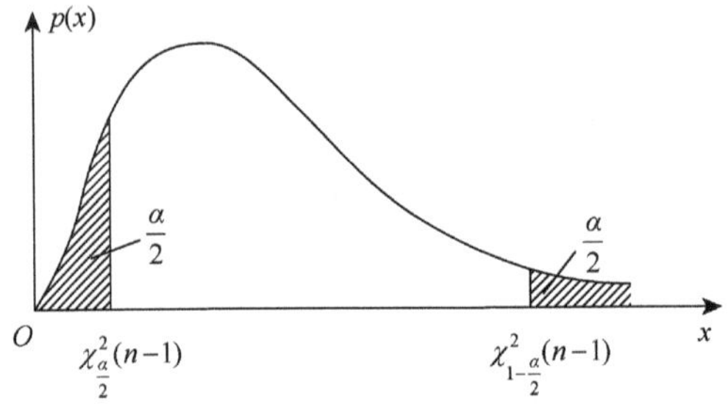

图 6-2

例 6.3.2　某市教科所进行初中数学教学实验，实验班是从全市初一新生中抽取的一个 $n=50$ 的随机样本. 初中毕业时该班参加全省毕业会考的平均分为 84.3，标准差为 10.78，如果全市都进行这种教学实验，并实验后全市毕业生的会考成绩服从正态分布，那么，全市初中毕业会考成绩的平均分不会低于多少(置信度为 0.95)？并将其与现在全市初中毕业会考成绩的平均分 71.9 进行比较.

解　已知总体服从正态分布，且 σ^2 未知，查 t 分布表得 $t_{0.975}(49)=2.0141$①，于是 μ 的 0.95 的置信区间下限、上限分别为

$$\hat{\theta}_1 = 84.3 - 2.0141\frac{10.78}{\sqrt{49}} = 84.3 - 2.0141\times 1.54 \approx 84.3 - 3.10 = 81.2,$$

$$\hat{\theta}_2 = 84.3 + 2.0141\frac{10.78}{\sqrt{49}} \approx 84.3 + 3.10 = 87.4.$$

所以，μ 的置信度为 0.95 的置信区间为[81.2,87.4]，即当全市都进行这项教学实验时，全市初中毕业会考成绩有 95%的把握其最低平均成绩为 81.2，比现在的 71.9 高 9.3 分.

注意　由于例 6.3.2 可知，由于 $n>30$，若总体不服从正态分布，也可用正态分布的情形处理；若 $n<30$，就只能用 t 分布的置信区间处理了.

需要指出的是，置信区间并不唯一，如例 6.3.2，我们由

$$P\left(\lambda_1 < \frac{\bar{X}-\mu}{S_n}\sqrt{n-1} < \lambda_2\right) = 0.95$$

来确定置信区间，只要选择 λ_1, λ_2 适合上式即可，显然这样的 λ_1, λ_2 有无穷多个，相应的置信区间 $\left[\bar{X}+\lambda_1\frac{S_n}{\sqrt{n-1}}, \bar{X}+\lambda_2\frac{S_n}{\sqrt{n-1}}\right]$ 也就有无穷多个. 例如，由 $\alpha=\alpha_1+\alpha_2$ 取 $\alpha_1=0.01$，$\alpha_2=0.04$，则

$$\lambda_1 = t_{0.04}^{(49)} = u_{0.04} = -1.75,\quad \lambda_2 = t_{1-0.01}^{(49)} = u_{0.99} = 2.33.$$

则算得 $\left[\bar{X}+\lambda_1\frac{S_n}{\sqrt{n-1}}, \bar{X}+\lambda_2\frac{S_n}{\sqrt{n-1}}\right]$ 的观察值为[81.6,87.9] (区间长度为 6.3，前面长为 6.0).

我们总希望在同一置信度下，置信区间的长度越短越好，因为区间越短，估计的精确度越高. 可以证明像正态分布、t 分布这类密度曲线为单峰对称的分布，对称的置信区间最

① 用完全的 t 分布表可以查得.

短. 也就是像我们原来那样, 取 $\alpha_1=\alpha_2=\dfrac{\alpha}{2}=0.025$, $\lambda_1=t_{\frac{\alpha}{2}}=-t_{1-\frac{\alpha}{2}}, \lambda_2=t_{1-\frac{\alpha}{2}}$, 这样构造的精度最高.

置信区间的长度也与样本容量 n 有关, 一般来说, n 越大, 区间长度越短, 但 n 大, 又要增多试验的次数.

此外, 置信区间长度与置信度也有密切的关系, 置信度越高, 区间的可靠性越大, 但样本容量一定时, 提高了置信度, 置信区间的长度又往往变大, 即精确度又降低了, 所以必须具体问题具体对待.

例 6.3.3　一批零件尺寸服从 $N(\mu,\sigma^2)$, 对 μ 进行区间估计 (σ^2 未知), 要求估计精度不低于 2δ, 置信水平保持为 $1-\alpha$, 问至少要抽取多少件产品作为样本?

解　要求

$$P\{\bar{X}-\delta\leqslant\mu\leqslant\bar{X}+\delta\}=1-\alpha,$$

由上面可知 $\delta=t_{1-\frac{\alpha}{2}}(n-1)S_n/\sqrt{n-1}$, 故

$$n=\left(\frac{t_{1-\frac{\alpha}{2}}(n-1)S_n}{\delta}\right)^2+1.$$

上式不是 n 的显式, 但对于具体数值, 可采取"试算法"来确定 n. 一般是先对 S_n^2 作大致估计 (可以由以往的经验确定), 然后用试算的方式确定适合方程的 n. 例如, 若估计出 $S_n^2\approx 200$, 又已知 $\delta=10,\alpha=0.05$, 试算 n, 取 $n=11$, $t_{0.975}(10)=2.2281$, $t_{0.975}^2(10)\times 2+1\approx 10.93$, 取 $n=10$, $t_{0.975}(9)=2.2622, t_{0.975}^2(9)\times 2+1\approx 11.24$.

显然, 如果任何正整数不能严格满足方程的话, 则应取使方程左边大于右边的最小的 n, 因此应该取 $n=11$.

6.3.3　双正态总体参数的区间估计

实际中常有类似于下列情形的问题.

例 6.3.4　有 A,B 两种牌号的灯泡各一批, 希望抽样试验并进行区间估计, 考察

(1) 两种灯泡的寿命是否有明显差异; 或者考察

(2) 两种灯泡的质量稳定性是否有明显差异.

我们补充一些合理假设, 将上述应用问题变为数理统计问题. 设 A,B 种灯泡的寿命分别服从分布 $N(\mu_1,\sigma_1^2)$, $N(\mu_2,\sigma_2^2)$, 并设两种灯泡的寿命是独立的. 这就是两正态总体的参数区间估计问题, (1) 是求 $\mu_1-\mu_2$ 的置信区间; (2) 是求 $\dfrac{\sigma_1^2}{\sigma_2^2}$ 的置信区间. 在 (1) 中, 如果区间估计的置信下限大于 0, 则认为 μ_1 明显大于 μ_2; 若它的置信上限小于 0, 则认为 μ_1 明显小于 μ_2; 若 0 含在置信区间内, 则认为两者无明显差别. 对于 (2) 也可做类似的讨论, 只需将 0 相应地改为 1 即可. 下面来给出这两个区间估计. 不妨设这两种灯泡的样本分别为 $X_1,X_2,\cdots,X_{n_1}$ 及 $Y_1,Y_2,\cdots,Y_{n_2}$, 置信水平为 $1-\alpha$.

对于 (1), 显然可用 $\mu_1-\mu_2$ 的点估计量 $\bar{X}-\bar{Y}$ 来构造置信区间 $[\bar{X}-\bar{Y}-a,\ \bar{X}-\bar{Y}+b]$, 其中 a,b 满足

$$P(A)=P(\bar{X}-\bar{Y}-a\leqslant \mu_1-\mu_2\leqslant \bar{X}-\bar{Y}+b)=1-\alpha .$$

下面分两种情况进行讨论.

(a)若 σ_1^2,σ_2^2 已知，则变换事件 A

$$A=\left\{\frac{-a}{\sqrt{\frac{\sigma_1^2}{n_1}+\frac{\sigma_2^2}{n_2}}}\leqslant\frac{(\mu_1-\mu_2)-(\bar{X}-\bar{Y})}{\sqrt{\frac{\sigma_1^2}{n_1}+\frac{\sigma_2^2}{n_2}}}\leqslant\frac{b}{\sqrt{\frac{\sigma_1^2}{n_1}+\frac{\sigma_2^2}{n_2}}}\right\},$$

注意到 $T(\mu_1,\mu_2)=\dfrac{(\mu_1-\mu_2)-(\bar{X}-\bar{Y})}{\sqrt{\frac{\sigma_1^2}{n_1}+\frac{\sigma_2^2}{n_2}}}\sim N(0,1)$，欲使 $P(A)=1-\alpha$，取

$$\frac{a}{\sqrt{\frac{\sigma_1^2}{n_1}+\frac{\sigma_2^2}{n_2}}}=\frac{b}{\sqrt{\frac{\sigma_1^2}{n_1}+\frac{\sigma_2^2}{n_2}}}=u_{1-\frac{\alpha}{2}},$$

此时，估计区间是

$$\left[\bar{X}-\bar{Y}-u_{1-\frac{\alpha}{2}}\sqrt{\frac{\sigma_1^2}{n_1}+\frac{\sigma_2^2}{n_2}},\quad \bar{X}-\bar{Y}+u_{1-\frac{\alpha}{2}}\sqrt{\frac{\sigma_1^2}{n_1}+\frac{\sigma_2^2}{n_2}}\right].$$

(b)若 σ_1^2,σ_2^2 未知，只研究 $\sigma_1^2=\sigma_2^2=\sigma^2$ 的情形，变换事件

$$A=\left\{M\frac{-a}{\sqrt{n_1S_1^2+n_2S_2^2}}\leqslant M\frac{(\mu_1-\mu_2)-(\bar{X}-\bar{Y})}{\sqrt{n_1S_1^2+n_2S_2^2}}\leqslant M\frac{b}{\sqrt{n_1S_1^2+n_2S_2^2}}\right\},$$

其中 $M=\sqrt{\dfrac{n_1n_2(n_1+n_2-2)}{n_1+n_2}},S_1^2=\dfrac{1}{n_1}\sum\limits_{i=1}^{n_1}(X_i-\bar{X})^2,S_2^2=\dfrac{1}{n_2}\sum\limits_{i=1}^{n_2}(Y_i-\bar{Y})^2$,

$$T(\mu_1,\mu_2)=M\frac{(\mu_1-\mu_2)-(\bar{X}-\bar{Y})}{\sqrt{n_1S_1^2+n_2S_2^2}}\sim t(n_1+n_2-2),$$

因此，为使 $P(A)=1-\alpha$，取

$$\frac{Ma}{\sqrt{n_1S_1^2+n_2S_2^2}}=\frac{Mb}{\sqrt{n_1S_1^2+n_2S_2^2}}=t_{1-\frac{\alpha}{2}}(n_1+n_2-2),$$

故，所求区间估计是

$$\left[\bar{X}-\bar{Y}-\frac{t_{1-\frac{\alpha}{2}}(n_1+n_2-2)}{M}\sqrt{n_1S_1^2+n_2S_2^2},\quad \bar{X}-\bar{Y}+\frac{t_{1-\frac{\alpha}{2}}(n_1+n_2-2)}{M}\sqrt{n_1S_1^2+n_2S_2^2}\right].$$

对于(2)取 S_1^2/S_2^2 估计 σ_1^2/σ_2^2，考虑

$$A=\left\{\frac{cS_1^2}{S_2^2}\leqslant\frac{\sigma_1^2}{\sigma_2^2}\leqslant\frac{dS_1^2}{S_2^2}\right\}$$

$$=\left\{\frac{cn_2(n_1-1)}{n_1(n_2-1)}\leqslant\frac{n_2(n_1-1)S_2^2\sigma_1^2}{n_1(n_2-1)S_1^2\sigma_2^2}\leqslant\frac{dn_2(n_1-1)}{n_1(n_2-1)}\right\},$$

其中 $T(\sigma_1^2,\sigma_1^2)=\dfrac{n_2(n_1-1)S_2^2\sigma_1^2}{n_1(n_2-1)S_1^2\sigma_2^2}\sim F(n_2-1,n_1-1)$. 为使 $P(A)=1-\alpha$，类似于 χ^2 分布，取分位点

$$\frac{cn_2(n_1-1)}{n_1(n_2-1)}=F_{\frac{\alpha}{2}}(n_2-1,n_1-1),\quad \frac{dn_2(n_1-1)}{n_1(n_2-1)}=F_{1-\frac{\alpha}{2}}(n_2-1,n_1-1),$$

故所求区间估计为

$$\left[F_{\frac{\alpha}{2}}(n_2-1,n_1-1)\frac{n_1(n_2-1)S_1^2}{n_2(n_1-1)S_2^2},F_{1-\frac{\alpha}{2}}(n_2-1,n_1-1)\frac{n_1(n_2-1)S_1^2}{n_2(n_1-1)S_2^2}\right].$$

例 6.3.5 随机选取 A 种灯泡 5 只，B 种灯泡 7 只，做灯泡寿命试验，算得两种牌号的平均寿命分别为 $\bar{X}_A=1000(\mathrm{h})$，$\bar{Y}_B=980(\mathrm{h})$；样本方差 $S_A^2=784(\mathrm{h}^2)$，$S_B^2=1024(\mathrm{h}^2)$．取置信度为 0.99，试求 $\mu_1-\mu_2$ 的区间估计，其中假设 $\sigma_1^2=\sigma_2^2$.

解 此题中，置信度 $1-\alpha=0.99$，即 $\alpha=0.01$；$n_1=5,n_2=7$．查得

$$t_{1-\frac{\alpha}{2}}(n_1+n_2-2)=t_{0.995}(10)=3.1693,$$

$$M=\sqrt{\frac{n_1n_2(n_1+n_2-2)}{n_1+n_2}}=\sqrt{\frac{5\times7\times(5+7-2)}{5+7}}\approx5.4,$$

$$\sqrt{n_1S_A^2+n_2S_B^2}=\sqrt{5\times784+7\times1024}\approx105.3,$$

代入得 $\mu_1-\mu_2$ 的 0.99 的置信区间为

$$\left[1000-980-\frac{3.1693}{5.4}\times105.3,\quad 1000-980+\frac{3.1693}{5.4}\times105.3\right]\approx[-41.8,81.8],$$

因 0 含在此置信区间内，故认为 μ_1 与 μ_2 无明显差异.

习 题 6.3

1. 某工厂生产滚珠，从某日生产的产品中随机抽取 9 个，测得直径(单位: mm)如下:

14.6　14.7　15.1　14.9　14.8　15.1　15.1　15.2　14.8

设滚珠直径服从正态分布，若

(1) 已知直径的标准差 $\sigma=0.15$ mm;

(2) 未知标准差 σ，

求直径均值 μ 的置信度 0.95 的置信区间.

2. 某厂生产一批金属材料，其抗弯强度服从正态分布．今从这批金属材料中随机抽取 11 个试件，测得它们的抗弯强度(单位: kg)为

42.5　42.7　43.0　42.3　43.4　44.5　44.0　43.8　44.1　43.9　43.7

求: (1) 平均抗弯度 μ 的置信度 0.95 的置信区间; (2) 抗弯强度标准差 σ 的置信度 0.90 的置信区间.

3. 一个随机样本来自正态总体 X，总体标准差 $\sigma=1.5$，抽样前希望有 95%的置信水平使得 μ 的估计的置信区间长度为 $L=1.7$，试问应抽取多大一个样本?

4. 设某种电子管的使用寿命服从正态分布，从中随机抽取 15 个进行检验，得平均使用寿命为 1950h，标准差为 $S=300$ h，以 95%的可靠性估计整批电子管平均使用寿命的置信上、下限.

5. 设某批铝材料比重 X 服从正态分布 $N(\mu,\sigma^2)$，现测量它的比重 16 次，算得 $\bar{x}=2.705$，$s=0.029$，分别求 μ 和 σ^2 的置信度为 0.95 的置信区间.

6. 设从两个正态总体 $N(\mu_1,\sigma^2)$，$N(\mu_2,\sigma^2)$ 中分别取容量为 10 和 12 的样本，两样本相互独立，经计算得 $\bar{x}=20$，$\bar{y}=24$，又两样本的标准差 $s_1=5$，$s_2=6$，求 $\mu_1-\mu_2$ 的置信度为 0.95 的置信区间.

7. 设来自总体 $N(\mu_1,16)$ 的一容量为 15 的样本，其样本均值 $\bar{x}_1=14.6$，来自总体 $N(\mu_2,9)$ 的一容量为 20 的样本，其样本均值 $\bar{x}_2=13.2$，并且两样本相互独立，试求 $\mu_1-\mu_2$ 的 90%的置信区间.

8. 为了研究施肥与不施肥对某种农作物产量的影响，选了 13 个小区在其他条件相同的情况下进行对比试验，收获量如表 6-2 所示.

表 6-2

施肥	34	35	30	32	33	34	
未施肥	29	27	32	31	28	32	31

求施肥与未施肥平均产量之差的置信度为 0.95 的置信区间.

9. 两家电影公司出品的影片放映时间如表 6-3 所示，假设放映时间均服从正态分布，求两家电影公司的影片放映时间方差比的置信度为 90%的置信区间.

表 6-3　　（单位：min）

公司 I	103	94	110	87	98		
公司 II	97	82	123	92	175	88	118

10. 设两位化验员 A,B 独立地对某种聚合物含氯量相同的方法各作 10 次测定，其测定值的样本方差依次为 $S_A^2=0.5419$，$S_B^2=0.6065$．设 σ_A^2，σ_B^2 分别为 A,B 所测定的测定值的总体方差，总体均值为正态的，两样本独立，求方差比 σ_A^2/σ_B^2 的置信度为 0.95 的置信区间.

---

11. 对某事件 A 作 120 次观察，A 发生了 36 次．试给出事件 A 发生的概率的置信度为 0.95 的置信区间.

12. 为了在正常条件下检验一种杂交作物的两种新处理方案，在同一地区随机挑选 8 块地段，在各个试验地段按两种方案种植作物，这 8 块的单位面积产量如下.

一号方案产量: 86　87　56　93　84　93　75　79

二号方案产量: 80　79　58　91　77　82　74　66

假设这两种方案都服从正态分布，试求这两种方案下平均产量之差的置信度为 90%的置信区间.

本章概要

1. 对一个总体的统计推断主要有两个方面：总体分布类型的统计推断与总体参数的估计.

2. 根据样本估计总体的参数，这类问题称为参数估计.

3. 总体参数估计有两种方法：一种是点估计，就是以样本的某一函数值作为总体未知参数的估计值；另一种是区间估计，就是以一定的概率确定总体参数被涵盖在某一范围内，这一区间被称为置信区间，这个概率被称为置信度.

4. 矩法估计与极大似然估计是点估计.

5. 均值与方差的参数区间估计要根据不同的情况进行讨论.

6. 常见的参数估计形式是针对正态总体的均值与方差的参数估计.

常用术语

估计量　点估计　矩法估计　极大似然估计　无偏性　最小方差性　有效性　一致性　区间估计　置信区间　置信度　置信上限　置信下限

常用公式

正态总体均值μ的区间估计

(1) 已知方差σ^2，正态总体均值.

μ的置信度为$1-\alpha$置信区间为$\left[\bar{X}-u_{1-\frac{\alpha}{2}}\frac{\sigma}{\sqrt{n}},\bar{X}+u_{1-\frac{\alpha}{2}}\frac{\sigma}{\sqrt{n}}\right]$，

(2) 未知方差σ^2，正态总体均值.

μ的置信度为$1-\alpha$置信区间为$\left[\bar{X}-t_{1-\frac{\alpha}{2}}(n-1)\frac{S_n}{\sqrt{n-1}},\bar{X}+t_{1-\frac{\alpha}{2}}(n-1)\frac{S_n}{\sqrt{n-1}}\right]$.

正态总体方差σ^2的区间估计

σ^2的置信度为$1-\alpha$置信区间为$\left[\frac{nS_n^2}{\chi^2_{1-\frac{\alpha}{2}}(n-1)},\frac{nS_n^2}{\chi^2_{\frac{\alpha}{2}}(n-1)}\right]$.

双正态总体均值之差$\mu_1-\mu_2$的区间估计

(1) 已知方差σ_1^2,σ_2^2，双正态总体均值之差$\mu_1-\mu_2$的置信度为$1-\alpha$的置信区间为

$$\left[\bar{X}-\bar{Y}-\mu_{1-\frac{\alpha}{2}}\sqrt{\frac{\sigma_1^2}{n_1}+\frac{\sigma_2^2}{n_2}},\bar{X}-\bar{Y}+\mu_{1-\frac{\alpha}{2}}\sqrt{\frac{\sigma_1^2}{n_1}+\frac{\sigma_2^2}{n_2}}\right].$$

(2) 未知方差σ_1^2,σ_2^2，双正态总体均值之差$\mu_1-\mu_2$的置信度为$1-\alpha$的置信区间为

$$\left[\bar{X}-\bar{Y}-\frac{t_{1-\frac{\alpha}{2}}(n_1+n_2-2)}{M}\sqrt{n_1S_1^2+n_2S_2^2},\bar{X}-\bar{Y}+\frac{t_{1-\frac{\alpha}{2}}(n_1+n_2-2)}{M}\sqrt{n_1S_1^2+n_2S_2^2}\right],$$

其中$M=\sqrt{\frac{n_1n_2(n_1+n_2-2)}{n_1+n_2}}$，$S_1^2=\frac{1}{n_1}\sum_{i=1}^{n_1}(X_i-\bar{X})^2,S_2^2=\frac{1}{n_2}\sum_{i=1}^{n_2}(Y_i-\bar{Y})^2$.

双正态总体方差之比$\frac{\sigma_1^2}{\sigma_2^2}$的置信度为$1-\alpha$的置信区间为

$$\left[F_{\frac{\alpha}{2}}(n_2-1,n_1-1)\frac{n_1(n_2-1)S_1^2}{n_2(n_1-1)S_2^2},F_{1-\frac{\alpha}{2}}(n_2-1,n_1-1)\frac{n_1(n_2-1)S_1^2}{n_2(n_1-1)S_2^2}\right].$$

第 7 章 假 设 检 验

7.1 假设检验的基本思想和程序

7.1.1 假设检验的基本思想

前一章我们讨论了对总体参数的估计问题, 就是对样本进行适当的加工, 以推断出参数的值(或置信区间). 本章介绍的假设检验, 是另一大类统计推断问题. 它是先假设总体具有某种特征(例如总体的参数为多少), 然后再通过对样本的加工, 即构造统计量, 推断出假设的结论是否合理. 从纯粹逻辑上考虑, 似乎对参数的估计与对参数的检验不应有实质性的差别, 犹如说: "求某方程的根"与"验证某数是否是某方程的根"这两个问题不会得出矛盾的结论一样. 但从统计的角度看估计和检验, 这两种统计推断是不同的, 它们不是简单的"计算"和"验算"的关系. 假设检验有它独特的统计思想, 也就是说引入假设检验是完全必要的. 我们来考虑下面的例子.

例 7.1.1 某厂家向一百货商店长期供应某种货物, 双方根据厂家的传统生产水平, 定出质量标准, 即若次品率超过 3%, 则百货商店拒收该批货物. 今有一批货物, 随机抽 43 件检验, 发现有次品 2 件, 问应如何处理这批货物?

如果双方商定用点估计方法作为验收方法, 显然 $\frac{2}{43}>3\%$, 这批货物是要被拒收的. 但是厂家有理由反对用这种方法验收. 他们认为, 由于抽样是随机的, 在这次抽样中, 次品的频率超过 3%, 不等于说这批产品的次品率 p (概率)超过了 3%. 就如同说掷一枚均匀钱币, 正反两面出现的概率各为 $\frac{1}{2}$, 但若掷两次钱币, 不见得正、反面正好各出现一次一样. 就是说, 即使该批货的次品率为 3%, 仍有很大的概率使得在抽检 43 件货物时出现 2 个以上的次品, 因此需要用别的方法. 如果百货商店也希望在维护自己利益的前提下, 不轻易地失去一个有信誉的货源, 也会同意采用别的更合理的方法. 事实上, 对于这类问题, 通常就是采用假设检验的方法. 具体来说就是先假设次品率 $p\leqslant 3\%$, 然后从抽样的结果来说明 $p\leqslant 3\%$ 这一假设是否合理. 注意, 这里用的是"合理"一词, 而不是"正确", 粗略地说就是"认为 $p\leqslant 3\%$"能否说得过去.

还有一类问题实际上很难用参数估计的方法去解决. 见如下例题.

例 7.1.2 某研究所推出一种感冒特效新药, 为证明其疗效, 选择 200 名患者为志愿者. 将他们均分为两组, 分别不服药或服药, 观察三日后痊愈的情况, 得出下列数据(表 7-1).

表 7-1

服药情况	是否痊愈		合计
	痊愈者	未痊愈者	
未服药者	48	52	100
服药者	56	44	100
合计	104	96	200

问新药是否确有明显疗效?

这个问题就不存在估计什么的问题. 从数据来看, 新药似乎有一定疗效, 但效果不明显, 服药者在这次试验中的情况比未服药者好, 完全可能是随机因素造成的. 对于新药上市这样关系到千万人健康的事, 一定要采取慎重的态度. 这就需要用一种统计方法来检验药效, 假设检验就是在这种场合下的常用手段. 具体来说, 我们先不轻易地相信新药的作用, 因此可以提出假设"新药无效", 除非抽样结果显著地说明这假设不合理, 否则, 将不能认为新药有明显的疗效. 这种提出假设, 然后做出否定或不否定的判断通常称为显著性检验.

假设检验也可分为参数检验和非参数检验. 当总体分布形式已知时, 只对某些参数做出假设, 进而做出的检验为参数检验; 对其他假设做出的检验为非参数检验. 如例 7.1.1 中, 总体是两点分布, 只需对参数 p 做出假设检验, 这是参数检验问题, 而例 7.1.2 则是非参数检验的问题.

无论是参数检验还是非参数检验, 其原理和步骤都有共同的地方, 我们将通过下面的例子来阐述假设检验的基本概念.

例 7.1.3 在进行一项教学方法改革试验之前, 我们可以在同一年级随机抽取 30 人的样本进行短期(如只讲一章)的微型试验. 试验之后对全年级进行统一测验, 取得全年级的平均成绩 μ_0, 标准差 σ 和 30 人样本的平均分 $\bar{x}$. 根据这些资料, 如何决断是否应进行这项教改试验.

我们可以把 30 人的试验组看成来自广泛进行试验的总体中的一个样本, 这个假定的总体在统一测验中的平均成绩是 μ, 是一个未知数, 而标准差与全年级的实测标准差视为一样, 均为 σ. 我们的目的是要判断试验总体的平均分 μ 与全年级实际总体的平均分 μ_0 是否不同. 出于数学模式的考虑, 可先假设 $\mu=\mu_0$, 这个假设称为待检验假设, 通常又称为零假设或原假设, 记为 H_0. 当 H_0 为真时, 表明试验总体与实际总体无区别, 也就没有进行这项教改试验的必要, 当 H_0 不真($\mu\neq\mu_0$)且 $\mu>\mu_0$ 时, 表示这项教改有成效, 试验可进行下去; 而 $\mu<\mu_0$ 时, 则表明试验是失败的.

上面例子所代表的问题是非常广泛的, 它们有如下共同特点.

第一, 总体分布的类型为已知, 对分布的一个或几个未知参数的值作出假设, 或者对总体分布函数的类型或某些特征提出假设. 这种假设称为原假设或零假设, 通常用 H_0 表示. 当某个问题提出了零假设 H_0 时, 事实上也同时给出了另一个假设, 称为备选(择)假设或对立假设, 用 H_1 表示. H_0 和 H_1 称为统计假设, 简称假设. 要回答上述例中提出的问题, 其结论就是在原假设 H_0 与备选假设 H_1 两者之间作出选择或判断.

第二, 希望通过已经获得的一个样本 $X_1,X_2,\cdots,X_n$, 能对原假设 H_0 作出成立还是不成立的判断或决策.

我们将具有上述两个特点的问题称为假设检验问题.

在假设检验中, 希望通过研究来加以证实的假设, 常作为备择假设 H_1. 原假设 H_0 能完全确定总体分布的假设称为简单统计假设或简单假设, 否则称为复合统计假设或复合假设, 如例 7.1.1. 由于直接检验 H_1 的真实性一般是比较困难的, 因此我们总是通过检验 H_0 的不真实性来证明 H_1 的真实. 当我们推断出 H_0 不真时, 就认为 H_1 是真实的, 从而拒绝 H_0, 接受 H_1, 而认为 H_0 为真时就接受 H_0, 认为 H_1 不真. 像例 7.1.1 和例 7.1.3 这类只对总体分布中未知参数或数字特征作假设检验称为参数的假设检验. 这类问题一般对总体分布的类型有一定了解. 有时候, 我们对总体分布的情况了解不多, 需对其分布类型进行假设检验, 称为拟合检验, 这类检验属于非参数检验.

下面我们从具体例子出发，来讨论假设检验的基本思想及程序逻辑.

例 7.1.4　设某厂生产的一种灯管的寿命 $X \sim N(\mu, 40000)$，从过去较长一段时间的生产情况来看，灯管的平均寿命 $\mu_0 = 1500$ 小时，现在采用新工艺后，在所生产的灯管中抽取 25 只，测得平均寿命 $\bar{x} = 1675$ 小时，问采用新工艺后，灯管寿命是否有显著提高？

这里的问题，也只需检验是否有 $\mu > \mu_0$，我们先作出待检假设:

$H_0 : \mu = \mu_0$ ($\mu_0 = 1500$) 并称 $H_1 : \mu > \mu_0$ (为备选假设).

我们是想根据抽取的样本(这里抽取的是容量为 25 的样本)来检验 H_0 是否为真，如不真，则接受备择假设 H_1.

直接利用所取的样本来推断 H_0 是否为真当然较困难，必须对样本进行加工，把样本中包含未知参数 μ 的信息集中起来，即构造一个适用于检验 H_0 的统计量. 此处自然地想到选用 μ 的无偏估计量 $\bar{X}$ 比较合适，据已知 $\bar{X}$ 的观察值为 $\bar{x} = 1675 > 1500 = \mu_0$，造成这种差异有两种可能: 一种可能是采用新工艺后，确实有 $\mu > \mu_0$；另一种可能是纯粹由随机抽样引起，属随机误差. 若是后者，$\bar{x} - \mu_0$ 不应太大. 如 $\bar{x} - \mu_0$ 大到一定程度，就应怀疑 H_0 不真. 也就是说，根据 $\bar{x} - \mu_0$ 的大小就能对 H_0 作检验. 在数理统计中，就是要按一定的原则找一个常数 k 作为界，当 $\bar{x} - \mu_0 > k$ 时就认为 H_0 不真，而接受 H_1，反之若 $\bar{x} - \mu_0 \leqslant k$，则接受 H_0，这就是假设检验的基本思想. 那么又如何确定 k 呢？由于 $\bar{x}$ 是 $\bar{X}$ 的观察值，自然想到应由 $\bar{X}$ 的分布来确定 k，若 H_0 为真，则 $\bar{X} \sim N\left(\mu_0, \dfrac{\sigma^2}{n}\right)$，将其标准化，所得的统计量记为

$$U = \frac{\bar{X} - \mu_0}{\sigma}\sqrt{n} = \frac{\bar{X} - 1500}{200}\sqrt{25} \sim N(0,1). \tag{7.1}$$

U 统计量可用来检验 H_0，常称它为检验统计量. 当 H_0 为真时 U 偏大的可能性应很小，我们就取一个较小的正数 α，按 $P(U > k) = \alpha$ 来确定 k 值，对于确定的 k 值，样本观察值算出检验统计量 U 的观察值 u，只要“$u > k$”，则认为“小概率事件在一次观察下就发生了”，违背了一般的实际推理原理，而违背常理的原因是假设 H_0 成立，从而从反面认为应否定 H_0，接受 H_1，反之若 $u \leqslant k$，则接受 H_0. 由此可见，假设检验的基本原理是小概率原则，它是一种概率意义上的反证法.

再回到上例中，取 $\alpha = 0.05$，由 $P\{u \geqslant u_{1-\alpha}\} = \alpha$，查正态分布表(附表 2)得 $u_{1-\alpha} = 1.65$.

我们称 $u_{1-\alpha}$ 为该处临界值(它相当于上面的 k 值)，将观察值代入(7.1)中算得 U 的观察值为 $u = 4.357 > 1.65 = u_{1-\alpha}$.

按“小概率原则”应否定 H_0，接受 H_1. 即认为采用新工艺后，灯泡平均寿命有显著提高.

像上面那样，只对 H_0 作接受或否定的检验，称作显著性假设检验. α 称作显著性水平，简称水平，它是判断零假设 H_0 真伪的依据，一般取 α 为 0.01,0.05,0.1 等(较规范). 按上面的讨论，由水平 α 确定出临界值 $u_{1-\alpha}$ 后，实际上把检验统计量 U 的可能取的观察值划分成两个部分:

$$C = (u_{1-\alpha}, +\infty), \quad C^* = (0, u_{1-\alpha}].$$

显然当 U 的观察值 u 落入 C，则拒绝 H_0，所以我们称 C 为拒绝域或临界域.

在应用上，假设检验解决的问题要比参数估计解决的问题广泛得多. 根据具体问题设立不同的零假设，随之采用的检验统计量也不同，从而产生各种具体的检验方法，其中常用的方法将在本章逐一介绍.

7.1.2　假设检验的程序

上面例子中讨论的检验法具有普遍意义，可用在各种各样的假设检验问题上，从中可以概括出一般情况下的检验法则. 我们将它的检验程序概括如下.

第一，根据实际问题提出原假设 H_0 及备择假设 H_1.

H_0 与 H_1 在假设检验问题中是两个对立的假设：H_0 成立，则 H_1 不成立，反之亦然. 需要指出的是，若零假设(如对总体均值 μ)定为

$$H_0: \mu = \mu_0,$$

则备择假设 H_1 按实际问题的具体情况，可在下列三个中选定一个：

$$H_1: (1)\mu \neq \mu_0; (2)\mu < \mu_0; (3)\mu > \mu_0.$$

也就是说对 μ 可以提出三种假设检验：

(1) $H_0: \mu = \mu_0$, 对 $H_1: \mu \neq \mu_0$；

(2) $H_0: \mu = \mu_0$, 对 $H_1: \mu < \mu_0$；

(3) $H_0: \mu = \mu_0$, 对 $H_1: \mu > \mu_0$.

(1)称为双尾或双侧检验，(2)，(3)称为单尾或单侧检验.

第二，构造一个合适的检验统计量 T.

如何构造出一个合适的统计量？首先它必须与统计假设有关；其次在 H_0 成立的情况下，统计量的分布或渐近分布是知道的. 如例 7.1.4 中的统计量 U，当原假设成立时，它的分布是已知的，即 U 服从正态分布 $N(0,1)$.

第三，给定显著性水平 α，并在 H_0 为真的假定下，由统计量的分布，通过查相关分布的临界值表，确定出临界值 λ. 从而将样本空间划分为两个不相交的区域，其中一个是接受原假设的样本值全体组成的，称为接受域；反之为拒绝域.

第四，由样本观测值 $x_1, x_2, \cdots, x_n$，计算出检验统计量 T 的观测值 t.

第五，作出判断：若统计量 T 的观测值 t 落在拒绝域，则拒绝原假设 H_0 而接受备选假设 H_1；反之，若统计量 T 的观测值 t 落在接受域，则接受原假设 H_0 而拒绝备选假设 H_1. 因此，从这个意义上可以说设计一个检验，本质上就是找到一个恰当的拒绝域 C，使得在 H_0 下，它的概率

$$P(C \mid H_0) = (\text{或} \leqslant) a.$$

今后我们总是把假设检验中提到的“小概率事件”视为与拒绝域 C 是等价的概念.

习　题　7.1

1. 如何理解假设检验所作出的“拒绝原假设 H_0”和“接受原假设 H_0”的判断？

2. 在假设检验中，如何理解指定的显著性水平 α？

3. 假设检验的基本步骤有哪些？

4. 假设检验与区间估计有何异同？

5. 请回答：

(1)在假设检验中，做出是否拒绝原假设 H_0 的结论时使用了一种什么推理方法？

(2)在假设检验中，当做出不拒绝原假设 H_0 的决定时，是否意味着原假设一定对？

6. 有一位医学教授声称“吃鸡蛋不会引起胆固醇过多症”. 他的理由是，因为他每天吃一个鸡蛋，而今血压不高，血中的胆固醇正常. 这一论证可信吗？为什么？

7. 某天开工时，需检验自动装包机工作是否正常，根据以往经验，其装包的重量为正常情况下服从正态分布 $N(100,1.5^2)$（单位：千克），现抽测了九包其重量为

99.3　98.7　100.5　101.2　98.3　99.7　99.5　102.0　100.5

问这天包装机工作是否正常？

将这一问题化为一个假设检验问题，写出假设检验的步骤，设 $\alpha=0.05$.

7.2　正态总体参数的假设检验

对于单个正态总体，其参数无非是两个：期望 μ 和方差 σ^2，如果加上两总体的参数比较，概括起来，对参数的假设一般只有如下四种情形：①对 μ；②对 σ^2；③对 $\mu_1-\mu_2$；④对 σ_1^2/σ_2^2. 其中情形①和情形③又分为 σ^2（或 σ_1^2,σ_2^2）已知和未知的两种情况. 下面我们将分别予以讨论.

如前所提到的，对于设计一个检验，关键是构造一个统计量 $T=T(\theta_0)$，它需满足的一个必要条件是在 H_0 成立时，分布为已知（有表可查），同时它对于需要检验的参数来说应该是"较好"的，这一点与参数的区间估计很相似. 在正态总体参数的区间估计中，我们正好也是讨论了上述四种情形的置信区间. 在区间估计中，我们曾提到过，构造参数 θ 的置信区间的关键一步是从 θ 的点估计出发，构造一个分布已知的含未知参数 θ 的随机变量 $T(\theta)$，针对四种情况，当时我们构造的 $T(\theta)$ 分别是

对 μ：

$$T(\mu)=\frac{\bar{X}-\mu}{\sigma/\sqrt{n}}\quad(\sigma\text{已知}),\quad T(\mu)=\frac{\bar{X}-\mu}{S/\sqrt{n-1}}\quad(\sigma\text{未知}).$$

对 σ^2：

$$T(\sigma^2)=\frac{nS^2}{\sigma^2}.$$

对 $\mu_1-\mu_2$：

$$T(\mu_1,\mu_2)=\frac{(\bar{X}-\bar{Y})-(\mu_1-\mu_2)}{\sqrt{\dfrac{\sigma_1^2}{n_1}+\dfrac{\sigma_2^2}{n_2}}}\quad(\sigma_1,\sigma_2\text{已知}),$$

$$T(\mu_1,\mu_2)=\sqrt{\frac{n_1n_2(n_1+n_2-2)}{n_1+n_2}}\frac{(\bar{X}-\bar{Y})-(\mu_1-\mu_2)}{\sqrt{n_1S_1^2+n_2S_2^2}}\quad(\sigma_1=\sigma_2\text{未知}).$$

对 $\dfrac{\sigma_1^2}{\sigma_2^2}$：

$$T(\sigma_1^2,\sigma_2^2)=\frac{n_2(n_1-1)S_2^2\sigma_1^2}{n_1(n_2-1)S_1^2\sigma_2^2}.$$

对于正态参数检验，我们也将针对不同情况，采用形式与上述随机变量 $T(\theta)$ 完全一样的统计量 $T(\theta_0)$，来作为检验统计量. 但这里需要说明的是，作为区间估计中的 $T(\theta)$ 与检验中的 $T(\theta_0)$ 是有所不同的. 第一，$T(\theta)$ 中含有待估的未知参数 θ，因此，它不是统计量，只是一般的随机变量；而 $T(\theta_0)$ 中的参数 θ_0 为一已知数，因此它是统计量. 第二，$T(\theta)$ 的分布是已知的，这是因为其中的 θ 与总体中的参数 θ 是相一致的；而 $T(\theta_0)$ 的分布则需在假设总体参数 θ 明确时分布才已知. 除此之外，它们的分布形式是完全一样的.

下面将分别讨论这几种正态参数检验问题.

7.2.1　U 检验

U 检验适用于在方差已知的情况下，对期望的检验(单总体或双总体情形).

1. 单总体情形

例 7.2.1　一台包装机装洗衣粉，额定标准重量为 500g，根据以往经验，包装机的实际装袋重量服从正态 $N(\mu,\sigma_0^2)$，其中 $\sigma_0=15$g，为检验包装机工作是否正常，随机抽取 9 袋，称得洗衣粉净重(单位: g)数据如下

497　506　518　524　488　517　510　515　516

若取显著性水平 $\alpha=0.01$，问该包装机工作是否正常？

分析　所谓包装机工作正常，即是包装机包装洗衣粉的分量的期望值应为额定分量 500g，多装了厂家要亏损，少装了损害消费者利益. 因此要检验包装机工作是否正常，用参数表示就是 $\mu=500$ 是否成立.

首先，我们根据以往的经验认为，在没有特殊情况下，包装机工作应该是正常的，由此提出原假设和备选假设:

$$H_0:\ \mu=500;\quad H_1:\ \mu\neq 500,$$

然后对给定的显著性水平 $\alpha=0.01$，构造统计量和小概率事件来进行检验.

一般地，可将例 7.2.1 表述如下: 设总体 $X\sim N(\mu,\sigma_0^2)$，σ_0^2 已知，$X_1,X_2,\cdots,X_n$ 为总体 X 的一样本，求对问题

$$H_0:\ \mu=\mu_0;\quad H_1:\ \mu\neq\mu_0$$

的显著水平为 α $(0<\alpha<1)$ 的检验.

这个问题就归结为，总体服从 $N(\mu,\sigma_0^2)$，σ_0^2 已知，需检验 $\mu=\mu_0$，我们仿照假设检验的程序来解这个问题.

解　(1) 提出假设 H_0: $\mu=500$; H_1: $\mu\neq 500$.

(2) 构造统计量. 由于总体方差 σ^2 已知，所以构造统计量

$$U=\frac{\bar{X}-\mu_0}{\sigma_0/\sqrt{n}},$$

在 H_0 成立的条件下，U 服从正态分布 $N(0,1)$；

(3) 给定显著性水平，$\alpha=0.01$，查正态分布表(附表 2)得临界值 $u_{\frac{\alpha}{2}}=-2.58$，$u_{1-\frac{\alpha}{2}}=-u_{\frac{\alpha}{2}}=2.58$.

根据正态分布的特点易知，在 H_0 成立的条件下，U 的值应以较大的概率出现在 0 的附近，因此对 H_0 不利的小概率事件是 U 的值出现在远离 0 的地方. 即 U 大于某个较大的数，或小于某个较小的数. 这一小概率事件对应的拒绝域为

$$C=\left\{U<u_{\frac{\alpha}{2}}\right\}\cup\left\{U>u_{1-\frac{\alpha}{2}}\right\}=\left\{|U|>u_{1-\frac{\alpha}{2}}\right\},$$

满足 $P(C\,|\,H_0)=\alpha$. 构造这一拒绝域利用了 u 的概率密度曲线两侧尾部面积(图 7-1)，故称具有这种形式的拒绝域的检验为双侧检验.

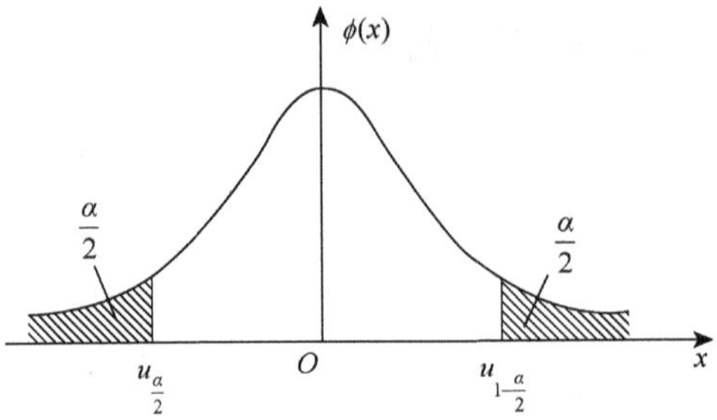

图 7-1

(4) 由样本观测值，计算出统计量 U 的观测值 u .

$$u=\frac{\frac{1}{9}(497+506+518+524+488+517+510+515+516)-500}{15/\sqrt{9}}$$
$$\approx 2.02.$$

(5) 作出判断. 因为统计量 U 的观测值 u 绝对值小于 2.575, 即样本点落在拒绝域 C 之外, 故接受 H_0，亦即认为包装机工作正常.

由上例可得到, 对于单个正态总体 $X \sim N(\mu,\sigma^2)$，在总体方差 $\sigma^2=\sigma_0^2$（σ_0^2 为常数）情形下, 检验总体期望 $\mu=\mu_0$（μ_0 为常数）的一般步骤:

(1) 提出原假设 H_0： $\mu=\mu_0$，备择假设 $H_1:\mu\neq\mu_0$或$H_1:\mu>\mu_0$或$H_1:\mu<\mu_0$.

(2) 在 H_0 成立的条件下, 构造统计量

$$U=\frac{\bar{X}-\mu_0}{\sigma_0/\sqrt{n}},$$

确定统计量 U 的分布, $U \sim N(0,1)$.

(3) 对于给定显著性水平 α，查正态分布表(附表 2), 确定临界值. 分别查 $1-\frac{\alpha}{2}, 1-\alpha$, $1-\alpha$, 得临界值 $u_{1-\frac{\alpha}{2}}, u_{1-\alpha}, -u_{1-\alpha}$（对应不同的备择假设).

(4) 计算统计量 $U=\frac{\bar{X}-\mu_0}{\sigma_0/\sqrt{n}}$ 的观测值 $u=\frac{\bar{x}-\mu_0}{\sigma_0/\sqrt{n}}$.

(5) 下结论. 若 $|u|\geqslant u_{1-\frac{\alpha}{2}}$, 则拒绝 H_0： $\mu=\mu_0$，即接受 $H_1:\mu\neq\mu_0$，否则接受 H_0： $\mu=\mu_0$，即拒绝 $H_1:\mu\neq\mu_0$；

或若 $u>u_{1-\alpha}$, 则拒绝 H_0： $\mu=\mu_0$，即接受 $H_1:\mu>\mu_0$，否则接受 H_0： $\mu=\mu_0$，即拒绝 $H_1:\mu>\mu_0$；

或若 $u<-u_{1-\alpha}$, 则拒绝 H_0： $\mu=\mu_0$，即接受 $H_1:\mu<\mu_0$，否则接受 H_0： $\mu=\mu_0$，即拒绝 $H_1:\mu<\mu_0$.

单总体情形 U 检验可以用 Matlab 程序来实现, 具体操作如下:

函数　ztest

格式　h=ztest(x,m,sigma,alpha) %x 为正态总体的样本,m 为均值,sigma 为标准差,alpha 为显著性水平,可省略(此时 alpha 即为默认值 0.05)

[h,sig,ci,zval]=ztest(x,m,sigma,alpha,tail) %sig 为观察值的概率,

当 sig 为小概率时则对原假设提出质疑,ci 为真正均值的 1-alpha 置信区间,zval 为统计量的值

注意 Matlab 默认 tail = 0, 即表示双侧检验; 若为右侧检验, 则令 tail = 1; 若为左侧检验, 则令 tail = −1. 输出结果若 $h=0$, 表明在显著性水平 alpha 下, 不能拒绝原假设; 若 $h=1$, 表明在显著性水平 alpha 下, 可以拒绝原假设.

例 7.2.1 Matlab 程序实现

```
>>x=[497  506  518  524  488  517  510  515  516];
>>[h,sig,ci,zval]=ztest(x,500,15,0.01,0)
```

输出结果为

```
h=
    0
sig=
    0.0432  %样本观察值概率
ci=
  497.2320  522.9903       %置信区间, 均值 500 在此区间内
zval=
    2.0222              %统计量的值
```

结果表明: $h=0$, 说明在显著性水平 $\alpha=0.01$ 下, 不能拒绝原假设, 即认为包装机工作正常.

例 7.2.2 据统计某地区居民家庭食品支出服从正态分布 $N(\mu,40^2)$, 随机抽取 9 个家庭计算得出家庭平均支出为 780 元. 能否据此认为居民家庭食品月支出为 800 元($\alpha=0.05$).

解 这是总体方差已知的条件下, 检验期望为常数的问题. 由假设检验的一般步骤得,

(1) 提出原假设 $H_0:\mu=800$, 备择假设 $H_1:\mu\neq 800$;

(2) 构造统计量

$$U=\frac{\bar{X}-800}{40/\sqrt{9}}\sim N(0,1);$$

(3) 对于给定的 $\alpha=0.05$, 查正态分布表(附表 2), 查 $1-\dfrac{\alpha}{2}=0.975$, 得到临界值为 $u_{0.975}=1.96$;

(4) 根据观察值 $\bar{x}=780$, 计算得到统计量的值为 $|u|=\dfrac{780-800}{40/\sqrt{9}}\approx 0.167$;

(5) 下结论. 因为 $|u|=0.167<1.96=u_{0.975}$, 所以, 接受原假设 $H_0:\mu=800$, 即居民家庭食品月支出为 800 元.

Matlab 程序实现

由于例题中没有给出原始数据, 我们利用 Matlab 生成了一组符合题目要求的随机数据, 以便演示.

```
>>x=normrnd(800,40,1,9);
>>r=780+(x-mean(x));
>>[h,sig,ci]=ztest(r,800,40,0.05,0)
```

输出结果为

```
h=
      0
sig=
    0.1336
ci=
    753.8671  806.1329
```

结果表明: $h=0$, 说明在显著性水平 $\alpha=0.05$ 下, 不能拒绝原假设, 即认为居民家庭食品月支出为 800 元.

2. 双总体情形

双总体 U 检验适应的问题的一般提法如下: 设 $X_1,X_2,\cdots,X_{n_1}$ 为出自 $N(\mu_1,\sigma_1^2)$ 的样本, $Y_1,Y_2,\cdots,Y_{n_2}$ 为出自 $N(\mu_2,\sigma_2^2)$ 的样本, σ_1, σ_2 已知, 两个总体的样本之间独立, 求对于 $\mu_1-\mu_2$ 的显著水平为 α 的检验. 例如, 假设具有下列形式:

$$H_0:\mu_1-\mu_2\leqslant 0;\quad H_1:\mu_1-\mu_2>0.$$

此时构造统计量

$$U=\frac{(\bar{X}-\bar{Y})-(\mu_1-\mu_2)}{\sqrt{\dfrac{\sigma_1^2}{n_1}+\dfrac{\sigma_2^2}{n_2}}}.$$

当 H_0 成立时, 总体所服从的是一族分布, 因此 U 的分布也无法确定, 通常先取 H_0 成立时的边界值 $\mu_1-\mu_2=0$, 这时 $U\sim N(0,1)$, 据此来确定拒绝域. 易知, 此时若 H_1: $\mu_1-\mu_2>0$ 成立, 则 u 的值应有变大的趋势. 于是对 H_0 不利的小概率事件应为

$$C=\{u>u_{1-\alpha}\}.$$

显然当 $\mu_1-\mu_2=0$ 时, $P(C\mid\mu_1-\mu_2=0)=\alpha$; 而当 $\mu_1-\mu_2=a<0$ 时, $u-a\sim N(0,1)$, 此时

$$P(C\mid\mu_1-\mu_2=a)=P\{u>u_{1-\alpha}\}=P\{u-a>u_{1-\alpha}-a\}<\alpha.$$

如图 7-2 所示.

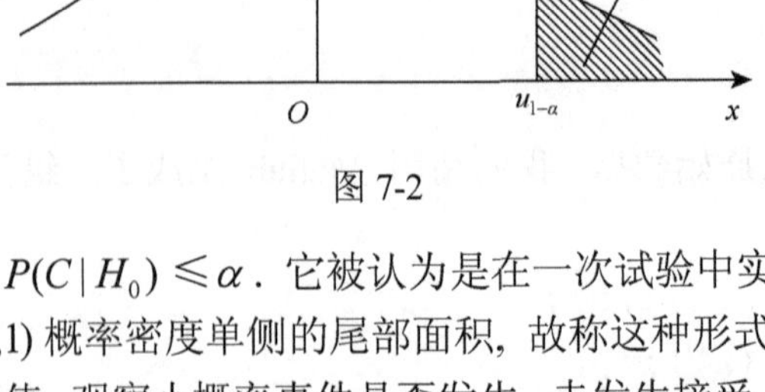

图 7-2

总之, 当 H_0 成立时, $P(C\mid H_0)\leqslant\alpha$. 它被认为是在一次试验中实际上不出现的事件. 这一拒绝域的构造利用了 $N(0,1)$ 概率密度单侧的尾部面积, 故称这种形式的检验为单侧检验. 最后通过计算统计量 U 的观测值, 观察小概率事件是否发生, 未发生接受 H_0, 发生了则拒绝 H_0.

一般地, 检验统计量若为正态或 t 分布, 采用双侧或单侧检验仅与假设的形式有关, 当备

选假设中的参数区域在原假设的参数区域的两侧时，用双侧检验，在一侧时，用对应于该侧的单侧检验.

3. 大样本的 U 检验

例 7.2.3　某区进行数学统考，初二年级平均成绩为 75.6 分，标准差为 7.4 分，从该区某中学中抽取 50 位初二学生，测得平均数学统考成绩为 78 分，试问该中学初二的数学成绩与全区数学成绩有无显著差异？

解　该例中总体为全区初二的数学统考成绩，但是否服从正态分布我们并不知道，但由中心极限定理，构造的统计量的极限分布为 $N(0,1)$ 分布，因此当样本容量较大时(一般是 $n\geqslant 30$)，无论总体是什么分布，仍可用 U 检验，为此，当取 $\alpha=0.05$ 时，采用 U 检验的一般步骤:

(1) 提出原假设 $H_0:\mu=75.6$, 备择假设 $H_1:\mu\neq 75.6$;

(2) 构造统计量

$$U=\frac{\overline{X}-75.6}{7.4/\sqrt{50}}\sim N(0,1);$$

(3) 对于给定的 $\alpha=0.05$，查正态分布表(附表 2)，查 $1-\dfrac{\alpha}{2}=0.975$, 得到临界值为 $u_{0.975}=1.96$;

(4) 根据观察值 $\bar{x}=78$, 计算得到统计量的值为 $u=\dfrac{78-75.6}{7.4}\sqrt{50}\approx 2.29$;

(5) 下结论. 因为 $|u|=2.29>1.96=u_{0.975}$，所以，拒绝原假设 $H_0:\mu=75.6$，即认为该中学初二数学成绩与全区成绩有显著差异.

Matlab 程序实现

由于例题中没有给出原始数据，我们利用 Matlab 生成了一组符合题目要求的随机数据，以便演示.

```
>>x=normrnd(75.6,7.4,1,50);
>>r=78+(x-mean(x));
>>[h,sig,ci,zval]=ztest(r,75.6,7.4,0.05,0)
```

输出结果为

```
h=
    1
sig=
   0.0218
ci=
  75.9489   80.0511
zval=
    2.2933    %统计量的值
```

结果表明: $h=1$，说明在显著性水平 $\alpha=0.05$ 下，可以拒绝原假设，即认为该中学初二数学成绩与全区成绩有显著差异.

在实际应用中，如果样本容量较大时(一般是 $n\geqslant 30$)，无论总体是什么分布，由中心极限定理都可采用 U 检验. 对于两个独立样本的容量都较大(均超过 30)，这时可不管独立样

本的分布是否为正态的，也可用U检验作近似(依据是中心极限定理)，此时选用检验统计量为

$$U=\frac{(\bar{X}-\bar{Y})}{\sqrt{\frac{S_1^2}{n_1}+\frac{S_2^2}{n_2}}}.$$

在H_0成立的条件下，统计量U近似服从$N(0,1)$，其中S_1^2可以是$S_{1n_1}^2$或$S_{1n_1-1}^2$，S_2^2可以是$S_{2n_2}^2$或$S_{2n_2-1}^2$.

例 7.2.4 对 7 岁儿童作身高调查结果如表 7-2 所示，能否说明性别对 7 岁儿童的身高有显著影响？

表 7-2

性别	人数(n)	平均身高($\bar{x}$)/cm	标准差
男	384	118.64	4.53
女	377	117.86	4.86

解 这是一个双样本的均值检验问题，由于两个独立样本的容量都较大(均超过 30)，这时可不管独立样本的分布是否为正态的，可采用U检验，由U检验的一般步骤得，

(1) 提出原假设$H_0:\mu_1=\mu_2$，备择假设$H_1:\mu_1\neq\mu_2$(μ_1和μ_2分别表示男女儿童的平均身高)；

(2) 构造统计量

$$U=\frac{(\bar{X}-\bar{Y})-(\mu_1-\mu_2)}{\sqrt{\frac{S_1^2}{n_1}+\frac{S_2^2}{n_2}}},$$

在H_0成立的条件下，统计量U近似服从$N(0,1)$；

(3) 对于给定的$\alpha=0.05$，查正态分布表(附表2)，查$1-\frac{\alpha}{2}=0.975$，得到临界值为$u_{0.975}=1.96$；

(4) 根据观察值，计算得到统计量的值为$u=\dfrac{118.64-117.86}{\sqrt{\frac{4.53^2}{384}+\frac{4.86^2}{377}}}=2.33$；

(5) 下结论. 因为$|u|=2.33>1.96=u_{0.975}$，所以，在$\alpha=0.05$下，拒绝H_0，接受H_1，即认为性别对 7 岁儿童的身高有显著影响.

由于 Matlab 中没有对大样本情况下，对两总体均值之差的U检验的函数，这里自编了一个 M 文件 ztest2 函数供参考

```
function ztest2(x,y,alpha)
x=input('请输入正态总体 X 的样本值:\n');
y=input('请输入正态总体 Y 的样本值:\n');
S1=var(x);              %求样本 x 的方差%
S2=var(y);               %求样本 y 的方差%
n11=size(x);
n22=size(y);
n1=n11(:,2);
```

```
n2=n22(:,2);        %计算样本 x,y 的个数%
S=sqrt(S1/n1+S2/n2);     %求 S%
a=mean(x);              %求样本 X 的均值%
b=mean(y);             %求样本 Y 的均值%
alpha=input('请输入显著性水平:\n');
u=norminv(1-alpha/2,0,1);    %临界值%
if(abs(a-b)>S.*u)   %双侧检验,u1=u2%
%% if((a-b)>S.*u)      %单侧检验,u1-u2<=0%
%% if((a-b)< -(S.*u))    %单侧检验,u1-u2>=0%
disp('拒绝原假设')
else disp('不能拒绝原假设')
end
```

将以上 M 文件保存在 Matlab 的工作空间所在的文件夹, 在命令窗口输入 ztest2, 按提示输入以下内容:

请输入正态总体 X 的样本值:

```
normrnd(118.64,4.53,1,384);        %生成男性儿童的一组随机数
```

请输入正态总体 Y 的样本值:

```
normrnd(117.86,4.86,1,377);        %生成女性儿童的一组随机数
```

请输入置信度:

```
0.95                               %输入置信度 1-alpha
```

拒绝假设

结果表明: 在 $\alpha=0.05$ 下, 拒绝 H_0, 即认为性别对 7 岁儿童的身高有显著影响.

对于两个来自非正态总体的独立样本, 其中至少一个的容量小于 30 时, 则其均值差的检验只能采用非参数检验的秩和检验或符号检验(后面将作介绍).

7.2.2 *T* 检验

T 检验用于当方差未知时对期望的检验, 可以是单总体, 也可以是双总体. 当然对于双总体, 它们的样本之间应该是独立的.

1. 单总体情形

例 7.2.5 假定新生儿体重服从正态分布, 从 1975 年的新生儿中随机抽取了 20 个, 测得平均体重为 3160 克, 样本的标准差为 300 克, 而根据过去的统计资料, 新生儿平均体重为 3140 克, 问现在与过去的新生儿体重有无显著差异($\alpha=0.01$).

分析 由于正态总体的方差未知, 所以不能用 U 统计量, 此时在 U 统计量中用样本方差代替总体方差, 构造 T 统计量 $T=\dfrac{\bar{X}-\mu_0}{S/\sqrt{n-1}}$, 然后按照假设检验的一般步骤来做.

解 (1)提出原假设 $H_0:\mu=3140$, 备择假设 $H_1:\mu\neq 3140$;

(2)构造统计量

$$T=\frac{\bar{X}-3140}{S/\sqrt{n-1}}\sim t(n-1);$$

(3) 对于给定的 $\alpha=0.005$，查 t 分布表(附表 3)，自由度为 19，得到临界值为 $t_{1-\frac{\alpha}{2}}(19)=t_{0.995}(19)=2.861$；

(4) 根据观察值 $\bar{x}=3160, s=300$，计算得到统计量的值为 $t=\dfrac{3160-3140}{300/\sqrt{19}}\approx 0.291$；

(5) 下结论. 因为 $|t|=0.291<2.861=t_{0.995}(19)$，所以，接受原假设 $H_0:\mu=3160$，即现在与过去的新生儿体重无显著差异.

由上例可得到，对于单个正态总体 $X\sim N(\mu,\sigma^2)$，在总体方差 σ^2 未知的情形下，检验总体期望 $\mu=\mu_0$（μ_0 为常数)的一般步骤:

(1) 提出原假设 H_0：$\mu=\mu_0$，备择假设 $H_1:\mu\neq\mu_0$ 或 $H_1:\mu>\mu_0$ 或 $H_1:\mu<\mu_0$.

(2) 在 H_0 成立的条件下，构造统计量

$$T=\frac{\bar{X}-\mu_0}{S/\sqrt{n-1}},$$

确定统计量 T 的分布，$T\sim t(n-1)$ (可由上一章得出).

(3) 对于给定显著性水平 α，查 t 分布表(附表 3)，确定临界值. 分别查 $\frac{\alpha}{2},\alpha,\alpha$ 得临界值 $t_{1-\frac{\alpha}{2}}, t_{1-\alpha}, -t_{1-\alpha}$ (对应不同的备择假设).

(4) 计算统计量 $T=\dfrac{\bar{X}-\mu_0}{S/\sqrt{n-1}}$ 的观测值 $t=\dfrac{\bar{x}-\mu_0}{s/\sqrt{n-1}}$.

(5) 下结论. 若 $|t|\geqslant t_{1-\frac{\alpha}{2}}$，则拒绝 H_0：$\mu=\mu_0$，即接受 $H_1:\mu\neq\mu_0$，否则接受 H_0：$\mu=\mu_0$，即拒绝 $H_1:\mu\neq\mu_0$；

或若 $t>t_{1-\alpha}$，则拒绝 H_0：$\mu=\mu_0$，即接受 $H_1:\mu>\mu_0$，否则接受 H_0：$\mu=\mu_0$，即拒绝 $H_1:\mu>\mu_0$；

或若 $t<-t_{1-\alpha}$，则拒绝 H_0：$\mu=\mu_0$，即接受 $H_1:\mu<\mu_0$，否则接受 H_0：$\mu=\mu_0$，即拒绝 $H_1:\mu<\mu_0$.

对于单总体的 T 检验可以用以下方法实施程序实现:

函数　ttest

格式　h=ttest(x,m,alpha)%x 为正态总体的样本,m 为均值,alpha 为显著性水平,可省略(此时 alpha 即为默认值 0.05)

[h,sig,ci,stats]=ttest(x,m,alpha,tail)%sig 为观察值的概率,当 sig 为小概率时则对原假设提出质疑,ci 为真正均值的 1-alpha 置信区间,stats 表示返回 T 检验统计量的值,自由度和标准差的估计值

注意　Matlab 默认 tail = 0, 即表示双侧检验; 若为右侧检验, 则令 tail = 1; 若为左侧检验, 则令 tail = −1.

输出结果: 若 $h=0$，表明在显著性水平 alpha 下，不能拒绝原假设; 若 $h=1$，表明在显著性水平 alpha 下，可以拒绝原假设.

例 7.2.5Matlab 程序实现

由于例题中未给出原始数据，且正态总体的方差未知，用样本方差代替总体方差生成一组样本均值为 3160，样本标准差为 300 的正态随机数，以便演示.

```
>>x=normrnd(3140,300,1,20);
>>r=3160+(x-mean(x)).*(300/std(x));
>>[h,sig,ci,stats]=ttest(r,3140,0.01,0)
```

输出结果为

```
h=
    0
sig=
   0.7688
ci=
  1.0e+03*
 2.9681   3.3519
stats=
    tstat: 0.2981
       df: 19
       sd: 300.0000
```

结果表明: $h=0$, 说明在显著性水平 $\alpha=0.01$ 下, 不能拒绝原假设, 即现在与过去的新生儿体重无显著差异.

例 7.2.6 某部门对当前市场的价格情况进行调查. 以鸡蛋为例, 所抽查的全省 20 个集市上, 售价(单位: 元/500 克)分别为

3.05 3.31 3.34 3.82 3.30 3.16 3.84 3.10 3.90 3.18

3.88 3.22 3.28 3.34 3.62 3.28 3.30 3.22 3.54 3.30

已知往年的平均售价一直稳定在 3.25 元/500 克左右, 能否认为全省当前的鸡蛋售价明显高于往年(假设全省鸡蛋价格 X 服从正态分布 $N(\mu,\sigma^2)$, $\alpha=0.05$)?

解 这是总体方差 σ^2 未知的条件下, 检验均值 $\mu=3.25$ 的问题, 采用 T 检验.

(1) 提出原假设 H_0: $\mu=3.25$, 备择假设 H_1: $\mu>3.25$;

(2) 在 H_0 成立的条件下, 构造统计量

$$T=\frac{\bar{X}-3.25}{S/\sqrt{n-1}},$$

确定统计量 T 的分布, $T\sim t(19)$;

(3) 对于给定显著性水平 $\alpha=0.05$, 查 t 分布表(附表 3), 查 $\alpha=0.05$, 自由度为 19, 得临界值 $t_{1-\alpha}(n-1)=t_{0.95}(19)=1.729$;

(4) 由 $n=20, \bar{x}=3.399$, $s=0.2622$, 计算出统计量 $T=\dfrac{\bar{X}-\mu_0}{S/\sqrt{n-1}}$ 的观测值 $t=2.477$;

(5) 下结论. 因为 $t=2.477>t_{1-\alpha}(n-1)=t_{0.95}(19)=1.729$, 所以拒绝 H_0, 即鸡蛋的价格较往年明显上涨.

Matlab 程序实现

```
>>x=[3.05 3.31 3.34 3.82 3.30 3.16 3.84 3.10 3.90 3.18...
3.88 3.22 3.28 3.34 3.62 3.28 3.30 3.22 3.54 3.30];
>>[h,sig,ci]=ttest(x,3.25,0.05,1)
```

输出结果为

```
h=
      1
sig=
    0.0114
ci=
    3.2950    Inf    %均值3.25不在该置信区间内
```

结果表明: $h=1$, 说明在显著性水平 $\alpha=0.05$ 下, 可以拒绝原假设, 即认为鸡蛋的价格较往年明显上涨.

2. 双总体的情形

对于双总体, 一般情况讨论比较麻烦, 通常考虑两种特殊情况. 一种是 $\sigma_1=\sigma_2=\sigma$ (未知) 的情形, 这一情形问题的一般提法是: 设 $X_1,X_2,\cdots,X_{n_1}$ 为出自 $N(\mu_1,\sigma^2)$ 的样本, $Y_1,Y_2,\cdots,Y_{n_2}$ 为出自 $N(\mu_2,\sigma^2)$ 的样本, 两个总体的样本之间独立, 求问题

$$H_0:\mu_1-\mu_2=0;\quad H_1:\mu_1-\mu_2\neq 0 \ (\text{或}>0\text{或}<0)$$

的显著水平为 α 的检验.

对于 σ^2 未知的场合, 构造统计量

$$T=\sqrt{\frac{n_1n_2(n_1+n_2-2)}{n_1+n_2}}\frac{(\bar{X}-\bar{Y})-(\mu_1-\mu_2)}{\sqrt{n_1S_1^2+n_2S_2^2}},$$

其中 $S_1^2=\frac{1}{n_1}\sum_{i=1}^{n_1}(X_i-\bar{X})^2,S_2^2=\frac{1}{n_2}\sum_{i=1}^{n_2}(Y_i-\bar{Y})^2$. 在 H_0 成立时, T 服从自由度为 n_1+n_2-2 的 t 分布. 拒绝域则依照 H_1 的具体内容来构造, 即依照 H_1 决定采用双侧或单侧检验.

具体步骤与单总体的 T 检验类似.

对于 $\sigma_1=\sigma_2=\sigma$ (未知), 比较两独立正态总体样本均值的检验, 可以用以下方法实施 Matlab 程序实现:

函数 ttest2

格式 h=ttest2(x,y,alpha)%x,y 为两个正态总体的样本,alpha 为显著性水平,可省略(此时 alpha 即为默认值 0.05)

[h,sig,ci]=ttest2(x,y,alpha,tail)%sig 为观察值的概率,当 sig 为小概率时则对原假设提出质疑,ci 为真正均值的 1-alpha 置信区间

注意 Matlab 默认 tail = 0, 即表示双侧检验; 若为右侧检验, 则令 tail = 1; 若为左侧检验, 则令 tail = −1.

输出结果: 若 $h=0$, 表明在显著性水平 alpha 下, 不能拒绝原假设; 若 $h=1$, 表明在显著性水平 alpha 下, 可以拒绝原假设.

例 7.2.7 某工厂生产某种电器材料. 要检验原来使用的材料与一种新研制的材料的疲劳寿命有无显著性差异, 各取若干样品, 做疲劳寿命(单位: 小时)试验, 所得数据如下:

原材料: 40 110 150 65 90 210 270

新材料: 60 150 220 310 380 350 250 450 110 175

一般认为, 材料的疲劳寿命服从对数正态分布, 并可以假定原材料疲劳寿命的对数 $\lg X$ 与新材料疲劳寿命的对数 $\lg Y$ 有相同的方差, 即可设 $\lg X\sim N(\mu_1,\sigma^2)$, $\lg Y\sim N(\mu_2,\sigma^2)$, $\alpha=0.05$.

解　这是双总体均值相等的检验问题，此时两总体方差相等但未知，采用 T 检验.

(1)提出原假设 H_0：$\mu_1 = \mu_2$，备择假设 H_1：$\mu_1 \neq \mu_2$；

(2)在 H_0 成立的条件下，构造统计量

$$T = \sqrt{\frac{n_1 n_2 (n_1 + n_2 - 2)}{n_1 + n_2}} \frac{(\bar{X} - \bar{Y})}{\sqrt{n_1 S_1^2 + n_2 S_2^2}},$$

确定统计量 T 的分布，$T \sim t(n_1 + n_2 - 2) = t(15)$；

(3)对于给定显著性水平 $\alpha = 0.05$，查 t 分布表(附表 3)，查 $\frac{\alpha}{2} = 0.025$，自由度为 15，得临界值 $t_{1-\frac{\alpha}{2}}(n-1) = t_{0.975}(15) = 2.132$；

(4)将前面的试验数据取对数:

$\lg X$: 1.602　2.041　2.176　1.813　1.954　2.322　2.431

$\lg Y$: 1.778　2.176　2.342　2.491　2.560　2.544　2.398　2.653　2.041　2.243

记 $\lg X$ 的样本为 $X_1, X_2, \cdots, X_{n_1}$，$\lg Y$ 的样本为 $Y_1, Y_2, \cdots, Y_{n_2}$，则可算出

$$\bar{x} = 2.0484, \quad s_1^2 = \frac{0.501}{7} \approx 0.072, \quad n_1 = 7,$$

$$\bar{y} = 2.3246, \quad s_2^2 = \frac{0.663}{10} = 0.0663, \quad n_2 = 10.$$

计算出统计量 T 的观测值为 $t = -2.01$；

(5)下结论. 因为 $|t| = 2.01 < t_{1-\frac{\alpha}{2}}(n-1) = t_{0.975}(15) = 2.131$，因此不能否定 H_0，即认为两种材料的疲劳寿命没有显著性差异.

Matlab 程序实现

```
>>x=[40  110  150  65  90  210  270];
>>y=[60  150  220  310  380  350  250  450  110  175];
>>[h,sig,ci]=ttest2(log(x),log(y),0.05,0)
```

输出结果为

```
h=
     0
sig=
    0.0626
ci=
   -1.3095    0.0379
```

结果表明: $h = 0$，说明在显著性水平 $\alpha = 0.05$ 下，不能拒绝原假设，即认为两种材料的疲劳寿命没有显著性差异.

在第一种情形中，我们实际上是假设了来自这两个正态总体的样本是相互独立的，然而在实际问题中有时候情况不是这样，可能这两个正态总体的样本是来自同一总体上的重复测量，它们是成对出现的并且是相关的. 例如，为了考察一种降血压药的效果，测试了 n 个高血压病人服药前后的血压分别为 $X_1, X_2, \cdots, X_n$ 和 $Y_1, Y_2, \cdots, Y_n$. 这里 (X_i, Y_i) 是第 i 个病人服药前和服药后的血压，它们是有关系的，不会相互独立. 另一方面，$X_1, X_2, \cdots, X_n$ 是 n 个不同病人的

血压，由于各人的体质诸方面的条件不同，这 n 个观测值也不能看成来自同一个正态总体的样本，$Y_1,Y_2,\cdots,Y_n$ 也一样．这样的数据称为配对数据或成对数据．对这样的数据第一种情形讨论的检验方法就不适用．

对于这种情形，σ_1,σ_2 未知，但 $n_1=n_2=n$，则可考虑所谓配对 T 检验法(成对数据的 T 检验法)．此时令 $Z_i=X_i-Y_i, i=1,2,\cdots,n$，则

$$\bar{Z}=\frac{1}{n}\sum_{i=1}^{n}Z_i,\quad S^2=\frac{1}{n}\sum_{i=1}^{n}(Z_i-\bar{Z})^2.$$

由于当 $\mu_1=\mu_2$ 时，$Z_i\sim N(0,\sigma_1^2+\sigma_2^2)$，且相互独立，则

$$\bar{Z}\sim N\left(0,\frac{\sigma_1^2+\sigma_2^2}{n}\right),\quad \frac{nS^2}{\sigma_1^2+\sigma_2^2}\sim\chi^2(n-1),$$

且 $\bar{Z}$ 与 S^2 独立，故

$$T=\frac{\bar{Z}\Big/\sqrt{\dfrac{\sigma_1^2+\sigma_2^2}{n}}}{\sqrt{\dfrac{nS^2}{\sigma_1^2+\sigma_2^2}\cdot\dfrac{1}{n-1}}}=\frac{\sqrt{n-1}\bar{Z}}{S}\sim t(n-1).$$

T 可作为 $H_0:\mu_1-\mu_2=0$ 的检验统计量．

步骤可仿照单总体的 T 检验的五个步骤．

例 7.2.8 对甲、乙两种玉米进行品种试验，分别在相同的 5 块地上以相同的管理条件进行试验，假定玉米的产量服从正态分布，收成后得到的产量(单位：千克)数据如下：

甲品种：951　966　1008　1082　983

乙品种：730　864　742　774　990

问这两种玉米的产量有无显著差异($\alpha=0.05$)？

解 由条件得 $n_1=n_2=5,\sigma_1^2,\sigma_2^2$ 未知，可采用配对 T 检验法．

设甲、乙两种玉米产量分别服从 $X\sim N(\mu_1,\sigma_1^2),Y\sim N(\mu_2,\sigma_2^2)$，

(1) 提出原假设 H_0：$\mu_1=\mu_2$，备择假设 H_1：$\mu_1\neq\mu_2$；

(2) 在 H_0 成立的条件下，构造统计量

$$T=\frac{\sqrt{n-1}\bar{Z}}{S},$$

确定统计量 T 的分布，$T\sim t(n-1)=t(4)$；

(3) 对于给定显著性水平 $\alpha=0.05$，查 t 分布表，查 $\frac{\alpha}{2}=0.025$，自由度为 4，得临界值 $t_{1-\frac{\alpha}{2}}(n-1)=t_{0.975}(4)=2.776$；

(4) 由前面数据可算出

$$\bar{z}=178,\quad s^2=13298.8,$$

计算出统计量 T 的观测值为 $t=3.087$；

(5) 下结论．因为 $|t|=3.087>t_{1-\frac{\alpha}{2}}(n-1)=t_{0.975}(4)=2.766$，所以拒绝原假设 $H_0:\mu_1=\mu_2$，即这两种玉米的产量有显著差异．

Matlab 程序实现

```
>>x1=[951  966  1008  1082  983];
>>x2=[730  864  742  774  990];
>>[h,sig,ci,stats]=ttest(x1-x2,0,0.05,0)
```

输出结果为

```
h=
     1
sig=
    0.0367
ci=
   17.9096  338.0904              %均值 0 不在该置信区间内
stats=
   tstat: 3.0871                  %T 统计量的值
      df: 4                       %统计量的自由度
      sd: 128.9322                %x1-x2 的标准差
```

结果表明: $h=1$, 说明在显著性水平 $\alpha=0.05$ 下, 可以拒绝原假设, 即认为这两种玉米的产量有显著差异.

7.2.3 χ^2 检验

以上讨论的 U 检验和 T 检验都是关于均值的检验, 现在来讨论正态总体方差的检验. χ^2 检验适用于对单个正态总体方差的检验.

设 $X_1,X_2,\cdots,X_n$ 为来自 $N(\mu,\sigma^2)$ 的样本, 要对参数 σ^2 进行检验, 这里 μ 往往是未知的(若 μ 已知时, 讨论的方法完全类似, 区别在于统计量服从的分布的自由度不同).

假设的形式通常如下.

(i) H_0: $\sigma^2=\sigma_0^2$, H_1: $\sigma^2\neq\sigma_0^2$.

(ii) H_0: $\sigma^2\leqslant\sigma_0^2$, H_1: $\sigma^2>\sigma_0^2$;

H_0: $\sigma^2\geqslant\sigma_0^2$, H_1: $\sigma^2<\sigma_0^2$.

都可选择统计量

$$\chi^2=\frac{nS^2}{\sigma_0^2}.$$

对于(i)当 H_0 成立时, 式 $\chi^2=\dfrac{nS^2}{\sigma_0^2}$ 右边服从 $\chi^2(n-1)$ 分布. 由于 $\dfrac{n}{n-1}S^2$ 是 σ^2 的无偏估计, 因此, 当 H_0 成立时, 上述值应趋向于 $n-1$, 而它也正好是 $\chi^2(n-1)$ 的期望值. 比值太大或太小都不利于 H_0, 自然地, 可以用双侧检验, 取拒绝域为

$$C=\left\{\chi^2<\chi^2_{\frac{\alpha}{2}}(n-1)\right\}\cup\left\{\chi^2>\chi^2_{1-\frac{\alpha}{2}}(n-1)\right\},$$

如图 7-3 所示. 此时 $P(C\mid H_0)=\dfrac{\alpha}{2}+\dfrac{\alpha}{2}=\alpha$.

对于(i)的情形, 一般步骤为

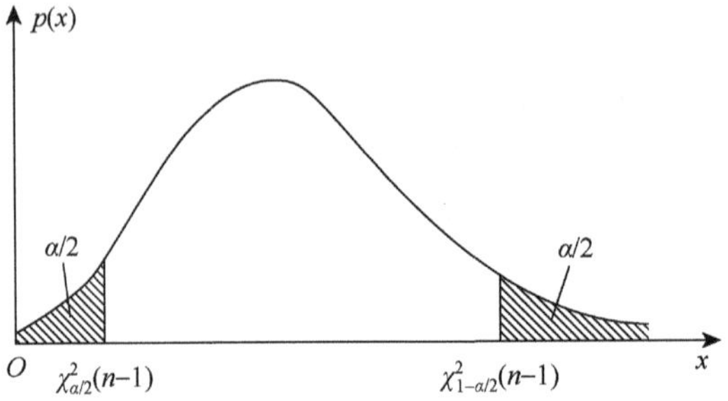

图 7-3

(1) 提出原假设 H_0：$\sigma^2 = \sigma_0^2$，备择假设 H_1：$\sigma^2 \neq \sigma_0^2$；

(2) 在 H_0 成立的条件下，构造统计量

$$\chi^2 = \frac{nS^2}{\sigma_0^2},$$

确定统计量 χ^2 的分布，$\chi^2 \sim \chi^2(n-1)$；

(3) 对于给定显著性水平 α，查 χ^2 分布表(附表 4)，确定临界值，分别查 $1-\frac{\alpha}{2},\frac{\alpha}{2}$，自由度为 $n-1$，得临界值 $\chi^2_{\frac{\alpha}{2}}(n-1),\chi^2_{1-\frac{\alpha}{2}}(n-1)$；

(4) 计算统计量 $\chi^2 = \frac{nS^2}{\sigma_0^2}$ 的观测值 $w = \frac{ns^2}{\sigma_0^2}$；

(5) 下结论．若 $w < \chi^2_{\frac{\alpha}{2}}(n-1)$ 或 $w > \chi^2_{1-\frac{\alpha}{2}}(n-1)$，则拒绝 H_0：$\sigma^2 = \sigma_0^2$，即接受 H_1：$\sigma^2 \neq \sigma_0^2$，否则接受 H_0：$\sigma^2 = \sigma_0^2$，即拒绝 H_1：$\sigma^2 \neq \sigma_0^2$．

单个正态总体方差的检验的 Matlab 程序实现的步骤

函数　vartest

格式　h=vartest(x,v,alpha)% x 为正态总体的样本,v 为方差,alpha 为显著性水平,可省略(此时 alpha 即为默认值 0.05)

[h,sig,ci,stats]=vartest(x,v,alpha,tail)%sig 为观察值的概率,当 sig 为小概率时则对原假设提出质疑,ci 为真正方差的 1-alpha 置信区间;stats 表示返回统计量的值和统计量的自由度

注意　Matlab 默认 tail = 0，即表示双侧检验；若为右侧检验，则令 tail = 1；若为左侧检验，则令 tail = −1．

输出结果：若 $h = 0$，表明在显著性水平 alpha 下，不能拒绝原假设；若 $h = 1$，表明在显著性水平 alpha 下，可以拒绝原假设．

例 7.2.9　某炼铁厂的铁水含碳量 X 在正常情况下服从正态分布，现对工艺进行了某些改进，从中抽取 5 炉铁水测得含碳量如下：

4.421　4.052　4.357　4.287　4.683

据此是否可判断新工艺炼出的铁水含碳量的方差仍为 0.1082（$\alpha = 0.05$）？

解　这是要检验总体方差为常数的问题，采用 χ^2 检验．

设总体 $X \sim N(\mu,\sigma^2)$，由 χ^2 检验的步骤，

(1) 提出原假设 H_0：$\sigma^2 = 0.1082$，备择假设 H_1：$\sigma^2 \neq 0.1082$；

(2) 在 H_0 成立的条件下，构造统计量

$$\chi^2=\frac{nS^2}{\sigma_0^2},$$

确定统计量 χ^2 的分布，$\chi^2 \sim \chi^2(n-1)=\chi^2(4)$；

(3) 对于给定显著性水平 $\alpha=0.05$，查 χ^2 分布表(附表 4)，确定临界值，分别查 $1-\frac{\alpha}{2}=0.975$，$\frac{\alpha}{2}=0.025$，自由度为 $n-1=4$，得临界值 $\chi^2_{0.025}(4)=0.484$，$\chi^2_{0.975}(4)=11.143$；

(4) 计算统计量 $\chi^2=\frac{nS^2}{\sigma_0^2}$ 的观测值 $w=\frac{ns^2}{\sigma_0^2}=17.8543$；

(5) 下结论. 若 $w=17.8543>\chi^2_{1-\frac{\alpha}{2}}(4)=11.143$，则拒绝 H_0：$\sigma^2=0.1082$，即可判断新工艺炼出的铁水含碳量的方差不是 0.1082 .

Matlab 程序实现

```
>>x=[4.421 4.052 4.357 4.287 4.683];
>>[h,sig,ci,stats]=vartest(x,0.1082,0.05,0)
```

输出结果为

```
h=
     0
sig=
    0.5008

ci=
    0.0187    0.4299
stats=
    chisqstat: 1.9247
           df: 4
```

结果表明：$h=0$，说明在显著性水平 $\alpha=0.05$ 下，不能拒绝原假设，即认为新工艺炼出的铁水含碳量的方差仍为 0.1082.

对于(ii)，当 H_0 成立时，$\sigma^2 \leqslant \sigma_0^2$，构造的统计量仍是

$$\chi^2=\frac{nS^2}{\sigma_0^2},$$

分布和(i)的情形一样，仍服从 $\chi^2 \sim \chi^2(n-1)$，注意到此时，不利于 H_0 的事件是统计量 χ^2 变大，因此，采用单侧检验，即取否定域为

$$C=\{\chi^2>\chi^2_{1-\alpha}(n-1)\},$$

可知此时有

$$P(C|H_0)\leqslant P\{\chi^2>\chi^2_{1-\alpha}(n-1)\}=\alpha .$$

也就是说，对于给定显著性水平 α，查 χ^2 分布表，确定临界值与(i)的情形不相同，此时查 α 自由度为 $n-1$，得临界值 $\chi^2_{1-\alpha}(n-1)$，当统计量的观测值 $w=\frac{ns^2}{\sigma_0^2}>\chi^2_{1-\alpha}(n-1)$ 时，拒绝原假设

H_0，否则接受原假设 H_0.

由于上面检验构造的 χ^2 统计量，因此称上面的检验方法为 χ^2 检验.

7.2.4 F 检验

设 $X_1,X_2,\cdots,X_{n_1}$ 为来自 $N(\mu_1,\sigma_1^2)$ 的样本，$Y_1,Y_2,\cdots,Y_{n_2}$ 为出自 $N(\mu_2,\sigma_2^2)$ 的样本，且样本之间独立. 检验假设

(i) H_0：$\sigma_1^2=\sigma_2^2$，H_1：$\sigma_1^2\neq\sigma_2^2$；

(ii) H_0：$\sigma_1^2\leqslant\sigma_2^2$，$H_1$：$\sigma_1^2>\sigma_2^2$

的步骤仍是五步，此时可采用统计量

$$F=\frac{n_1(n_2-1)S_1^2}{n_2(n_1-1)S_2^2}$$

来进行检验，由前面知识可知，对于(i)，在原假设 H_0 成立的条件下，$F\sim F(n_1-1,n_2-1)$，拒绝域为

$$C=\left\{F<F_{\frac{\alpha}{2}}(n_1-1,n_2-1)\right\}\cup\left\{F>F_{1-\frac{\alpha}{2}}(n_1-1,n_2-1)\right\},$$

此时 $P(C\,|\,H_0)=\alpha$.

也就是说，对于给定显著性水平 α，查 F 分布表(附表 5)，确定临界值，分别查 $1-\dfrac{\alpha}{2},\dfrac{\alpha}{2}$，自由度分别为 n_1-1,n_2-1，得临界值 $F_{\frac{\alpha}{2}}(n_1-1,n_2-1),F_{1-\frac{\alpha}{2}}(n_1-1,n_2-1)$，当统计量的观测值 $f=\dfrac{n_1(n_2-1)s_1^2}{n_2(n_1-1)s_2^2}<F_{\frac{\alpha}{2}}(n_1-1,n_2-1)$ 或 $f=\dfrac{n_1(n_2-1)s_1^2}{n_2(n_1-1)s_2^2}>F_{1-\frac{\alpha}{2}}(n_1-1,n_2-1)$ 时，拒绝原假设 H_0，否则接受 H_0.

对于(ii)，类似前面的讨论，可取拒绝域为

$$C=\{F>F_{1-\alpha}(n_1-1,n_2-1)\},$$

此时 $P(C\,|\,H_0)\leqslant\alpha$.

与(i)不同的是，对于给定显著性水平 α，查 F 分布表(附表 5)，确定临界值不一样，查 α，自由度分别为 n_1-1,n_2-1，得临界值 $F_{1-\alpha}(n_1-1,n_2-1)$，当统计量的观测值 $f=\dfrac{n_1(n_2-1)s_1^2}{n_2(n_1-1)s_2^2}>F_{1-\alpha}(n_1-1,n_2-1)$ 时，拒绝原假设 H_0，否则接受 H_0.

上面检验构造的是 F 统计量，所以通常称为 F 检验法.

***F* 检验法的 Matlab 程序实现**

函数 vartest2

格式 h=vartest2(x,y,alpha)% x,y 为两个正态总体的样本,alpha 为显著性水平,可省略(此时 alpha 即为默认值 0.05)

[h,sig,ci,stats]=vartest2(x,y,alpha,tail)%sig 为观察值的概率,当 sig 为小概率时则对原假设提出质疑,ci 为真正方差的 1-alpha 置信区间;stats 表示返回统计量的值和统计量的自由度

注意 Matlab 默认 tail = 0，则表示双侧检验；若为右侧检验，则令 tail = 1；若为左侧检验，则令 tail = −1.

输出结果: 若 $h=0$, 表明在显著性水平 alpha 下, 不能拒绝原假设; 若 $h=1$, 表明在显著性水平 alpha 下, 可以拒绝原假设.

例 7.2.10　一台机床大修前曾加工一批零件, 共 $n_1=10$ 件, 加工尺寸的样本方差为 $s_1^2=2500(\mu m^2)$, 大修后加工一批零件, 共 $n_2=12$ 件, 加工尺寸的样本方差为 $s_2^2=400(\mu m^2)$. 问此机床大修后, 精度有明显提高的最小显著性水平大致有多大?

解　对此实际问题, 可设加工尺寸服从正态分布, 即机床大修前后加工尺寸分别服从 $N(\mu_1,\sigma_1^2)$ 和 $N(\mu_2,\sigma_2^2)$. 于是由 F 检验的步骤有

(1) 提出原假设 H_0: $\sigma_1^2=\sigma_2^2$, 备择假设 H_1: $\sigma_1^2>\sigma_2^2$.

(2) 在 H_0 成立的条件下, 构造统计量

$$F=\frac{n_1(n_2-1)S_1^2}{n_2(n_1-1)S_2^2},$$

确定统计量 F 的分布, $F\sim F(n_1-1,n_2-1)=F(9,11)$.

(3) 查 F 分布表(附表 5), 得

当 $\alpha=0.001$ 时, $F_{1-\alpha}(9,11)=F_{1-0.001}(9,11)=8.12$①,

当 $\alpha=0.005$ 时, $F_{1-\alpha}(9,11)=F_{1-0.005}(9,11)=5.54$②.

(4) 由前面数据可算出统计量 F 的观测值为

$$f=\frac{n_1(n_2-1)s_1^2}{n_2(n_1-1)s_2^2}=\frac{10\times11\times2500}{12\times9\times400}\approx6.36.$$

(5) 下结论. 因为 $F_{1-0.005}(9,11)=5.54<f=6.36<F_{1-0.001}(9,11)=8.12$, 所以在否定 H_0 的前提下, 最小显著性水平在 0.001 到 0.005 之间.

Matlab 程序实现

例题中未给出原始数据, 总体均值、方差未知, 我们分别从 $N(200,2500)$ 和 $N(200,400)$ 中随机抽取了 10 个和 12 个数据, 并对样本标准差做了处理, 以尽量符合题目要求.

```
>>x=normrnd(200,50,1,10);
>>r=x.*(50/std(x));
>>y=normrnd(200,20,1,12);
>>s=y.*(20/std(y));
>>[h,sig,ci,stats]=vartest2(r,s,0.001,1)
```

输出结果为

```
h=
     0
sig=
    0.0031
ci=
    0.7701    Inf
stats=
    fstat: 6.2500
```

① 查完全的 F 分布表可得.

② 查完全的 F 分布表可得.

```
        df1: 9
        df2: 11
```

结果表明: $h=0$, 说明在显著性水平 $\alpha=0.001$ 下, 不能拒绝原假设.

```
>>x=normrnd(200,50,1,10);
>>r=x.*(50/std(x));
>>y=normrnd(200,20,1,12);
>>s=y.*(20/std(y));
>>[h,sig,ci,stats]=vartest2(r,s,0.005,1)
```

输出结果为

```
h=
    1
sig=
    0.0031
ci=
    1.1288    Inf
stats=
    fstat: 6.2500
      df1: 9
      df2: 11
```

结果表明: $h=1$, 说明在显著性水平 $\alpha=0.005$ 下, 可以拒绝原假设.

习　题　7.2

1. 某种产品的重量 $X\sim N(12,1)$ (单位: g), 更新设备后, 从新生产的产品中, 随机抽取 100 个, 测得样本均值 $\bar{x}=12.5\text{g}$, 如果方差没有变化, 问设备更新后, 产品的平均重量是否有显著变化($\alpha=0.1$)?

2. 某种零件的尺寸 $X\sim N(\mu,\sigma^2)$, $\sigma^2=1.21$. 随机抽取 6 件, 得尺寸数据(mm):

32.56　29.66　31.64　30.00　31.87　31.03

当显著性水平 $\alpha=0.01$ 时, 能否认为这批零件的平均尺寸为 32.50mm? 若 σ^2 未知呢?

3. 从清凉饮料自动售货机随机抽样 36 杯, 其平均含量为 219mL, 标准差为 14.2mL, 在 $\alpha=0.05$ 的显著性水平下, 试检验假设 H_0: $\mu=\mu_0=222$; H_1: $\mu<\mu_0=222$.

4. 一批灯泡中, 随机抽取 50 只, 分别测量其寿命, 算得其平均值 $\bar{x}=1900$ 小时, 标准差 $s=490$ 小时, 问能否认为这批灯泡的平均寿命为 2000 小时($\alpha=0.01$).

5. 如果你在商店买了一袋标有 500g 重的奶粉, 回家一称只有 480g, 明显分量不足. 于是, 你找到了监督部门. 当然, 他们会觉得一袋分量不够可能是随机的, 于是监督部门就去商店称了 50 袋同样品牌的奶粉, 得到均值(平均重量)是 497g, 标准差是 12g, 问这能否说明厂家生产的这批奶粉平均起来不够分量呢(显著水平 $\alpha=0.05$)?

6. 某批矿砂的五个样品中镍含量经测定为(%):

3.25　3.27　3.24　3.26　3.24

设测定值服从正态分布, 问能否认为这批矿砂的镍含量为 3.25%($\alpha=0.05$).

7. 某种导线的电阻服从正态分布 $N(\mu,0.005^2)$, 今从新生产的一批导线中抽取 9 根, 测其电阻, 测得 $s=0.008\ \Omega$, 对于 $\alpha=0.05$, 能否认为这批电阻的标准差仍为 0.005?

8. 设甲、乙两厂生产同样的灯泡, 其寿命 X, Y 分别服从正态分布 $N(\mu_1,\sigma_1^2), N(\mu_2,\sigma_2^2)$, 已知它的寿命的标准差分别为 84h 和 96h, 现从两厂生产的灯泡中各取 60 只, 测得平均寿命甲长为 1295h, 乙厂为 1230h, 能否认为两厂生产的灯泡寿命无明显差异($\alpha=0.05$).

9. 某地某年高考后随机抽取 15 名男生、12 名女生的物理考试成绩如下:

男生: 49 48 47 53 51 43 39 57 56 46 42 44 55 44 40

女生: 46 40 47 51 43 36 43 38 48 54 48 34

假设学生的物理成绩服从正态分布 $N(\mu,\sigma^2)$, 这 27 名学生的成绩能说明这个地区男、女生的物理成绩不相上下吗($\alpha=0.05$)?

10. 甲省 20 岁男人 153 人, 体重平均为 57.41kg, 均方差为 5.77kg; 乙省同龄男子 686 人, 体重平均 55.95kg, 均方差为 5.17kg. 试问两省 20 岁男子平均体重有无显著性差异 ($\alpha=0.01$)?

11. 设有来自正态总体 $X\sim N(\mu,\sigma^2)$ 的容量为 100 的样本, 样本均值 $\bar{x}=2.7$, μ, σ^2 均未知, 而 $\sum_{i=1}^{n}(x_i-\bar{x})^2=225$, 在 $\alpha=0.05$ 水平下, 试检验下列假设:

(1) $H_0:\mu=3$; $H_1:\mu\neq 3$. (2) $H_0:\sigma^2=2.5$; $H_1:\sigma^2\neq 2.5$.

12. 机器包装食盐, 假设每袋食盐净重服从正态分布, 规定每袋标准含量为 500 克, 标准差不得超过 10 克, 某天开工后, 随机抽取 9 袋, 测得净重(单位: 克)如下:

497 507 510 475 515 484 488 524 491

检验假设: (1) H_0: $\mu=500$; H_1: $\mu\neq 500$. (2) H_0: $\sigma\leqslant 10$; H_1: $\sigma>10$ 以判断这天包装机工作是否正常($\alpha=0.05$, 假设(1), (2)有一项拒绝 H_0 , 即认为不正常).

13. 甲、乙两厂生产同一种电阻, 现从甲、乙两厂的产品分别随机抽取 12 个和 10 个样品, 测得它们的电阻值后, 计算出样本方差分别为 $s_1^2=1.40$, $s_2^2=4.38$, 假设电阻值服从正态分布, 在显著性水平 $\alpha=0.10$ 下, 是否可以认为两厂生产的电阻值的方差相等.

14. 有两台车床生产同一种型号的滚珠, 根据过去的经验, 可以认为这两台车床生产的滚珠的直径都服从正态分布, 现要比较两台车床所生产的滚珠直径的方差, 分别抽 8 个和 9 个样品, 测得滚珠直径(单位: mm)如下:

甲车床: 15.0 14.5 15.2 15.5 14.8 15.1 15.2 14.8

乙车床: 15.2 15.0 14.8 15.2 15.0 14.8 15.1 14.8 15.0

问乙车床产品的方差是否比甲车床的小($\alpha=0.05$)?

15. 有两台机器生产金属部件, 分别在两台机器所生产的部件中各取一容量为 $m=14$ 和 $n=12$ 的样本, 测得部件重量的样本方差 $s_1^2=15$, $s_2^2=9.66$, 设两样本相互独立, 试在水平 $\alpha=0.05$ 下检验假设

$$H_0:\ \sigma_1^2=\sigma_2^2;\quad H_1:\ \sigma_1^2>\sigma_2^2.$$

---

16. 一位研究者声称至少有 80%的观众对电视上的商业广告感到厌烦. 现随机询问了 120 名观众, 其中有 70 人同意此观点. 在显著性水平 $\alpha=0.05$ 下, 你是否同意该研究者的观点.

17. 给 10 个患者分别服用 A, B 两种安眠药, 得到延长睡眠时间的数据如下:

A: 0.7 −1.6 −0.2 −1.2 −0.1 3.4 3.7 0.8 0 2.0

B: 1.9 0.8 1.1 0.1 −0.1 5.5 4.4 1.6 4.6 3.4

假设服用两种安眠药延长睡眠时间之差服从正态分布, 在 $\alpha=0.05$ 下, 检验这两家安眠药的疗效有无显著差异.

18. 甲、乙两机床加工同一种零件, 抽样测得其产品的数据(单位: 毫米), 经计算得

甲机床: $n_1=80$, $\bar{x}=33.75$, $S_1=0.1$;

乙机床: $n_2=100$, $\bar{y}=34.15$, $S_2=0.15$.

问: 在 $\alpha=0.01$ 水平下, 两台机床加工的产品的尺寸有无显著差异?

19. 从听收音机的人群中随机抽取 33 人, 记录下他们每周收听的时间, 以 h 为单位的数据如下:

9 8 7 4 8 6 8 8 7 10 8 10 6 7 7 8 9

6 5 8 5 6 8 7 8 5 5 8 7 6 6 4 5

在显著性水平 $\alpha=0.05$ 下, 用下列两种方式检验假设:

$$H_0:\mu=5;\quad H_1:\mu\neq 5.$$

(1) 计算检验统计量的值, 并与 $\alpha=0.05$ 时的临界值进行比较;

(2) 求 μ 的置信水平为 $1-\alpha=0.95$ 的置信区间, 并观察 5 是否在此区间内;

(3) 你的结论是什么?

7.3 检验的实际意义及两类错误

前面对参数的假设检验的方法进行了较详尽的讨论, 但大家可能有不少疑问, 如这些检验方法对于相应的问题是不是唯一的方法? 若不是唯一的, 是不是最优的方法? 最优的标准又是什么? 检验的优劣与显著性水平 α 的关系如何? 下面我们将研究一下这方面的问题. 为了不涉及过多的概念和理论推证, 我们的讨论只是粗略的.

7.3.1 检验结果的实际意义

我们知道检验的原理是“小概率事件在一次试验中不发生”, 以此作为推断的依据, 决定是接受 H_0 或拒绝 H_0. 但是这一原理只是在概率意义下成立, 并不是严格成立的, 即不能说小概率事件在一次试验中绝对不可能发生. 也就是说假设检验的结果不一定完全正确.

同时要注意, 在假设检验中, 原假设 H_0 与备选假设 H_1 的地位是不对等的. 一般来说 α 是较小的, 因而检验推断是“偏向”原假设, 而“歧视”备选假设的. 因为, 通常若要否定原假设, 需要有显著性的事实, 即小概率事件发生, 否则就认为原假设成立. 因此在检验中接受 H_0, 并不等于从逻辑上证明了 H_0 的成立, 只是找不到 H_0 不成立的有力证据. 在应用中, 对同一问题若提出不同的原假设, 甚至可以有完全不同的结论, 为了理解这一点, 举例如下.

例 7.3.1 设总体 $X\sim N(\mu,1)$, 样本均值 $\bar{X}=X_1=0.5$, 样本容量 $n=1$, 取 $\alpha=0.05$, 欲检验 $\mu=0$, 还是 $\mu=1$.

这里有两种提出假设的方法, 分别如下:

(1) H_0: $\mu=0$, H_1: $\mu=1$;

(2) H_0: $\mu=1$, H_1: $\mu=0$.

如果按一般逻辑论证的想法, 当然认为无论怎样提假设, μ 的最终结果应该是一样的. 但事实不然, 计算如下:

对于 (1), 显然应取拒绝域为 $C=\{U>u_{0.95}=1.645\}$, 其中 $U=\dfrac{\bar{X}-\mu}{\sigma/\sqrt{n}}$, 当 H_0 成立时, $U\sim N(0,1)$, 实际算得

$$u=\frac{0.5-0}{1/\sqrt{1}}=0.5<1.645 \quad 或 \quad \bar{x}<1.645,$$

接受 H_0, 即认为 $\mu=0$.

对于 (2), 应取拒绝域为 $C=\{U<u_{0.05}=-1.645\}$. 此时

$$u=\frac{0.5-1}{1/\sqrt{1}}=-0.5>-1.645 \quad 或 \quad \bar{x}>-1.645+1,$$

接受 H_0, 即认为 $\mu=1$.

这种矛盾现象可以解释为, 试验结果既不否定 $\mu=0$, 也不否定 $\mu=1$, 究竟应认为 $\mu=0$, 还是 $\mu=1$, 就要看你要“保护”谁, 即怎样取原假设. 这一结果的几何解释如图 7-4 所示. 在图 7-4 中, $\bar{X}=0.5$ 既不在 $N(0,1)$ 密度函数的阴影部分所对应的区间里, 也不在 $N(1,1)$ 密度函数的阴影部分所对应的区间内. 所以无论怎样提出 H_0 都否定不了.

这一事实提醒了我们，在应用中一定要慎重提出原假设，它应该是有一定背景依据的. 因为它一经提出，通常在检验中是受到保护的，受保护的程度取决于显著性水平 α 的大小，α 越小，以 α 为概率的小概率事件就越难发生，H_0 就越难被否定. 在实际问题中，这种保护是必要的，如对一个有传统生产工艺和良好信誉的厂家的商品检验，我们就应该取原假设为产品合格来加以保护，并通过检验来印证，以免因抽样的随机性而轻易否定该厂商品的质量.

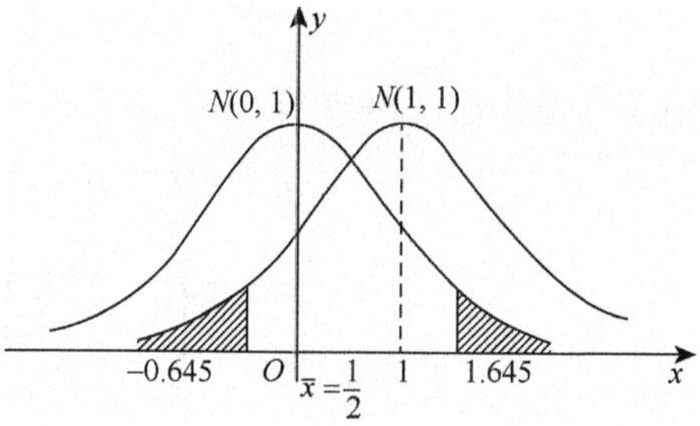

图 7-4

从另一个角度看，既然 H_0 是受保护的，则对于 H_0 的肯定相对来说是较缺乏说服力的，充其量不过是原假设与试验结果没有明显矛盾；反之，对于 H_0 的否定则是有力的，且 α 越小，小概率事件越难于发生，一旦发生了，这种否定就越有力，也就越能说明问题. 在应用中，如果要用假设检验说明某个结论成立，那么最好设 H_0 为该结论不成立. 若通过检验拒绝了 H_0，则说明该结论的成立是很具有说服力的，如上例那样. 而且 α 取得较小，如果仍拒绝 H_0 的话，结论成立的说服力越强.

7.3.2　检验中的两类错误

根据上面的讨论，我们按小概率原则确定 H_0 的拒绝域而达到检验 H_0 的目的是有些武断，可能会犯错误. 所谓犯错误就是检验的结论与实际情况不符，这里有两种情况：一是实际情况是 H_0 成立，而检验的结果表明 H_0 不成立，即拒绝了 H_0，这时称该检验犯了第一类错误或“弃真”的错误；二是实际情况是 H_0 不成立，H_1 成立，而检验的结果表明 H_0 成立，即接受了 H_0，这时称该检验犯了第二类错误，或称“取伪”的错误. 我们来研究一下，对于一个检验，这两类错误有多大.

我们知道，一个检验本质上就是一个拒绝域 C，所谓拒绝 H_0，就是通过构造统计量 T，计算出统计量 T 的观测值，得出样本点落在 C 内的结论. 所以，第一类错误的概率就是在 H_0 成立的条件下 C 的概率 $P(C|H_0)$. 从前几节的具体例子可知，一般地，当 H_0 形如 $\theta=\theta_0$ 时，$P(C|H_0)=\alpha$. 当 H_0 形如 $\theta\leqslant\theta_0$ 或 $\theta\geqslant\theta_0$ 时，$P(C|H_0)\leqslant\alpha$. 由此可知，显著性水平 α 也就是检验犯第一类错误的概率.

同样，接受 H_0，即指样本点落在接受域 C^* 中，因此犯第二类错误的概率是

$$\beta=P\{C^*|H_1\},$$

当 H_1 中包含的参数不止一个时，一般 β 的具体计算是较困难的.

我们来看一个具体例子，加深对两类错误概念的理解.

例 7.3.2　设总体 $X\sim N(\mu,\sigma_0^2)$，σ_0^2 已知，样本容量为 n，求对问题

$$H_0:\ \mu=\mu_0;\quad H_1:\ \mu=\mu_1>\mu_0$$

的 U 检验的两类错误的概率.

解　在此检验中，拒绝域应为

$$C=\{u>u_{1-\alpha}\},$$

其中 $U=\dfrac{\overline{X}-\mu_0}{\sigma_0/\sqrt{n}}$，$\alpha$ 为某一显著性水平，易知 U 在 H_0 成立时服从 $N(0,1)$，在 H_1 成立时服从 $N\left(\dfrac{\sqrt{n}(\mu_1-\mu_0)}{\sigma_0},1\right)$. 于是，犯第一类错误的概率为

$$P\{C \mid \mu=\mu_0\} = \alpha,$$

犯第二类错误的概率为

$$\begin{aligned}\beta &= P\{C^* \mid \mu=\mu_1\} = P\{u \leqslant u_{1-\alpha} \mid \mu=\mu_1\} \\ &= P\left\{u - \frac{\sqrt{n}(\mu_1-\mu_0)}{\sigma_0} \leqslant u_{1-\alpha} - \frac{\sqrt{n}(\mu_1-\mu_0)}{\sigma_0} \middle| \mu=\mu_1\right\} \\ &= \Phi\left(u_{1-\alpha} - \frac{\sqrt{n}(\mu_1-\mu_0)}{\sigma_0}\right),\end{aligned}$$

其中 $\Phi(x)$ 为标准正态分布函数.

上述两类错误概率的大小可用图 7-5 中的阴影面积表示. 图中 $a_i = \dfrac{\mu_i}{\sigma_0/\sqrt{n}}$, $i=0,1$, $L = a_0 + u_{1-\alpha}$. 由图 7-5 可以看出, 若要第一类错误概率 α 变小, 则 $u_{1-\alpha}$ 变大, 从而第二类错误的概率 $\beta = \Phi\left(u_{1-\alpha} - \dfrac{\sqrt{n}(\mu_1-\mu_0)}{\sigma_0}\right)$ 也随之变大.

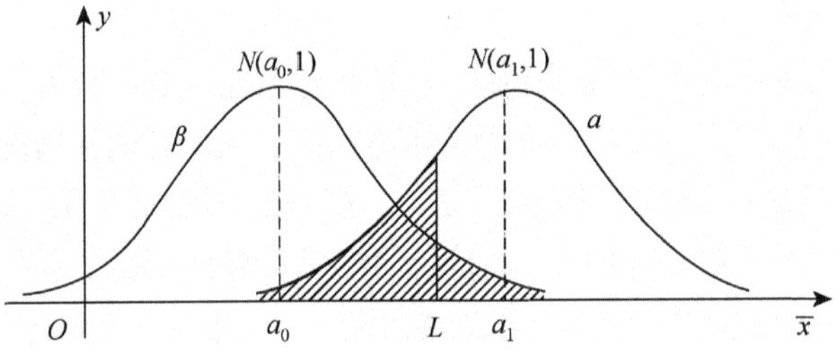

图 7-5

例 7.3.3　某厂生产的一种螺钉, 标准要求长度是 68 毫米. 实际生产的产品, 其长度服从正态分布 $N(\mu, 3.6^2)$, 考虑假设检验:

$$H_0: \mu=68;\quad H_1: \mu \neq 68.$$

设 $\bar{X}$ 为样本均值, 按下列方式进行假设检验:

当 $|\bar{X}-68|>1$ 时, 拒绝假设 H_0;

当 $|\bar{X}-68| \leqslant 1$ 时, 接受假设 H_0.

(1) 当样本容量 $n=36$ 时, 求犯第一类错误的概率 α;

(2) 当 $n=64$ 时, 求犯第一类错误的概率 α;

(3) 当 H_0 不成立(设 $\mu=70$), $n=64$ 时, 按上述检验法, 求犯第二类错误的概率 β.

解　(1) 当样本容量 $n=36$ 时,

$$\bar{X} \sim N\left(\mu, \frac{3.6^2}{36}\right) = N(\mu, 0.6^2).$$

$$\begin{aligned}\alpha &= P(|\bar{X}-68|>1 \mid H_0\text{成立}) = P(\bar{X}<67 \mid H_0\text{成立}) + P(\bar{X}>69 \mid H_0\text{成立}) \\ &= \Phi\left(\frac{67-68}{0.6}\right) + \left[1-\Phi\left(\frac{69-68}{0.6}\right)\right] \\ &= \Phi(-1.67) + [1-\Phi(1.67)] = 0.0950.\end{aligned}$$

(2) 当 $n=64$ 时，$\bar{X}\sim N(68,0.45^2)$,

$$\alpha=P(|\bar{X}-68|>1|H_0成立)=P(\bar{X}<67|H_0成立)+P(\bar{X}>69|H_0成立)$$
$$=\Phi\left(\frac{67-68}{0.45}\right)+\left[1-\Phi\left(\frac{69-68}{0.45}\right)\right]$$
$$=\Phi(-2.22)+[1-\Phi(2.22)]=0.0264.$$

注意　从 (1) 与 (2) 可以看出随着样本容量 n 的增大，得到关于总体的信息更多，从而犯拒真错误的概率越小.

(3) 当 $n=64,\mu=70$ 时，$\bar{X}\sim N(70,0.45^2)$，这时，犯第二类错误的概率

$$\beta(70)=P(67\leqslant\bar{X}\leqslant 69|\mu=70)$$
$$=\Phi\left(\frac{69-70}{0.45}\right)-\Phi\left(\frac{67-70}{0.45}\right)$$
$$=0.0132.$$

进一步，当 $n=64,\mu=68.5$ 时，同样可计算得 $\beta(66)=0.8860$.

注意　从 (3) 可以看出当样本容量 n 确定时，μ 的真值越接近 $\mu_0=68$，犯第二类错误的概率越大.

设计一个检验，当然最理想的是犯两类错误的概率都尽可能地小，但由例 7.3.2 可以看出，在样本容量 n 一定的情况下，要使两者都达到最小是不可能的. 考虑到 H_0 的提出既然是慎重的，否定它也要比较慎重. 因此，在设计检验时，一般采取控制第一类错误的概率在某一显著性水平 α 内，对于固定的 n，使第二类错误尽可能地小，并以此来建立评价检验是否最优的标准. 关于这一点我们不准备深入讨论，只强调一点，我们所讨论的检验都是某种意义下的最优检验.

7.3.3　样本容量确定问题

对于固定的样本容量 n，若要控制第一类错误的概率 α，就不可能使第二类错误的概率 β 尽可能地小. 但另一方面，从例 7.3.3 中可以看出，如果保持 α 不变，使 n 增大，则 $\beta=\Phi\left(u_{1-\alpha}-\frac{\sqrt{n}(\mu_1-\mu_0)}{\sigma_0}\right)$ 减小 (注意 $\mu_1>\mu_0$)，当 $n\to\infty$ 时，$\beta\to 0$. 也就是说，通过增大样本容量，犯第二类错误的概率可以小于任给的正数.

在实际问题中，样本容量是不可能无限制扩大的，因为做试验需要成本，抽样数量太大，既做不起，又没有必要. 另一方面，若样本容量太小，又不能使犯两类错误的概率同时都令人满意地小. 由此引出这样的问题，即能否确定一个最小的样本容量，使得检验的两类错误概率都在预先控制的范围内？这就是样本容量确定问题. 下面我们讨论两种具体的检验.

(1) 对于正态总体 $N(\mu,\sigma_0^2)$，σ_0^2 已知，考虑

$$H_0:\ \mu=\mu_0;\quad H_1:\ \mu=\mu_1>\mu_0$$

的 U 检验 ($\mu_1<\mu_0$ 类似可讨论)，设两类错误的概率 α,β 均已确定，要求样本容量 n. 事实上，由例 7.3.3

$$\beta=\Phi\left(u_{1-\alpha}-\frac{\sqrt{n}(\mu_1-\mu_0)}{\sigma_0}\right),$$

可得

$$u_\beta = u_{1-\alpha} - \frac{\sqrt{n}(\mu_1 - \mu_0)}{\sigma_0},$$

即知

$$n = \left[\frac{\sigma_0(u_{1-\alpha} - u_\beta)}{\mu_1 - \mu_0}\right]^2.$$

当上式右边不是整数时，取不小于右边的最小的整数.

(2)对于正态总体 $N(\mu,\sigma^2)$，μ 未知，考虑

$$H_0:\ \sigma^2 = \sigma_0^2;\quad H_1:\ \sigma^2 = \sigma_1^2 > \sigma_0^2$$

的 χ^2 检验（$\sigma_1^2 < \sigma_0^2$ 类似）易知，此时对于给定的显著水平 α，拒绝域为

$$C = \{\chi^2 > \chi^2_{1-\alpha}(n-1)\},$$

其中 $\chi^2 = \dfrac{nS^2}{\sigma_0^2}$，而接受域为

$$C^* = \{\chi^2 \leqslant \chi^2_{1-\alpha}(n-1)\}.$$

注意到当 H_1 成立时，$\dfrac{\sigma_0^2}{\sigma_1^2}\chi^2 = \dfrac{nS^2}{\sigma_1^2} \sim \chi^2(n-1)$，故

$$\begin{aligned}\beta &= P(C^* \mid H_1) = P(\chi^2 \leqslant \chi^2_{1-\alpha}(n-1) \mid H_1)\\ &= P\left(\frac{\sigma_0^2}{\sigma_1^2}\chi^2 \leqslant \frac{\sigma_0^2}{\sigma_1^2}\chi^2_{1-\alpha}(n-1)\right) = F_{\chi^2(n-1)}\left(\frac{\sigma_0^2}{\sigma_1^2}\chi^2_{1-\alpha}(n-1)\right).\end{aligned}$$

可以证明，当 $\sigma_1^2 > \sigma_0^2$ 时，β 是 n 的减函数，且由上式可得

$$\chi^2_\beta(n-1) = (\text{或} \geqslant)\frac{\sigma_0^2}{\sigma_1^2}\chi^2_{1-\alpha}(n-1).$$

当然，从上式无法得到 n 的解析表示，但对于给定的 α, β，可以通过查 χ^2 分布表(附表 4)，采取“试算”的方式确定 n.

例 7.3.4 一门炮需通过发射试验来进行精度验收，假设命中误差是纯随机的，又横向(或纵向)误差允许的标准差为 σ_0，制造方要求采用的检验方法保证：如果产品合格而被拒绝的概率应不大于 5%；使用方要求保证：若产品不合格且标准差超过 $\sqrt{2}\sigma_0$ 而被接受的概率小于 10%. 试问，至少应发射多少发炮弹进行试验，才能满足双方的要求？

解 可以设炮弹落点的横向(或纵向)偏差服从 $N(0,\sigma^2)$，由题意，可将问题简化为

$$H_0:\ \sigma^2 = \sigma_0^2;\quad H_1:\ \sigma^2 = \sigma_1^2 = 2\sigma_0^2,$$

用 χ^2 检验，已知 $\alpha = 0.05$，又要求 $\beta = 0.1$，利用 $\chi^2_\beta(n-1) = (\text{或} \geqslant)\dfrac{\sigma_0^2}{\sigma_1^2}\chi^2_{1-\alpha}(n-1)$，试着取 n：若取 $n = 36$，$\chi^2_{0.95}(35) = 49.802$，$\dfrac{1}{2}\chi^2_{0.95}(35) = 24.901 > 24.797 = \chi^2_{0.1}(35)$；取 $n = 37$，$\chi^2_{0.95}(36) = 50.988$[①]，$\dfrac{1}{2}\chi^2_{0.95}(36) = 25.494 < 25.643 = \chi^2_{0.1}(36)$. 由此可知至少需要发射 37 发炮弹.

---

① 由完全的 χ^2 分布表可得.

习题 7.3

1. 在假设检验中，如何确定原假设 H_0 和备择假设 H_1？

2. 犯第一类错误的概率 α 与犯第二类错误的概率 β 之间的关系？

3. 在假设经验中，如何理解指定的显著性水平 α？

4. 设 $X_1,X_2,\cdots,X_n$ 取自正态总体 $N(\mu,\sigma^2)$ 的样本，σ 已知. 在显著性水平 α 下检验假设

$$H_0:\ \mu=\mu_0;\quad H_1:\ \mu=\mu_1<\mu_0.$$

若要求犯第二类错误的概率小于 β，样本容量最小是多少？

5. 考虑如下的假设检验

$$H_0:\ \mu=10;\quad H_1:\ \mu<10.$$

样本容量为 120，$\sigma=5$, $\alpha=0.05$. 如果总体均值的真实值是 9，可计算犯第二类错误的概率 $\beta=0.2912$. 假定研究者想将 β 减小到 0.1，你建议选多大的样本容量？

6. 设总体 $X\sim N(\mu,1)$, $X_1,X_2,\cdots,X_n$ 为取自 X 的样本，对于假设检验 $H_0:\ \mu=0$; $H_1:\ \mu\neq 0$，取显著性水平 α，拒绝域 $C=\left\{|u|>u_{\frac{\alpha}{2}}\right\}$，其中 $u=\sqrt{n}\bar{X}$，求:

(1) 当 H_0 成立时，犯第一类错误的概率 α；

(2) 当 H_0 不成立时(若 $\mu\neq 0$)，犯第二类错误的概率 β.

7. 某罐头厂的机器设计为每罐装 485 克的苹果酱，据以往经验知 $\sigma^2=150$, 检验人员每天要打开 25 听罐头，称其重量. 如果 25 听罐头的平均数不在 480 与 490 之间，该罐装程序即自行关停，机器予以维修.

(1) 这里检验的是什么假设？

(2) 若机器正常，犯第一类错误的概率是多少？

(3) 如果实际上 $\mu=478$，犯第二类错误的概率是多少？

8. 设 $x_1,x_2,\cdots,x_n$ 是来自 $N(\mu,1)$ 的样本，考虑如下假设检验问题

$$H_0:\ \mu=2;\quad H_1:\ \mu=3.$$

若检验由拒绝域 $C=\{\bar{x}\geqslant 2.6\}$ 确定.

(1) 当 $n=20$ 时，求检验犯两类错误的概率；

(2) 如果要使犯第二类错误的概率 $\beta\leqslant 0.01$，n 最小应取多少？

(3) 证明：当 $n\to\infty$ 时，$\alpha\to 0,\beta\to 0$.

9. 设 $X_1,X_2,\cdots,X_{22}$ 是取自正态总体 $N(\mu,1)$ 的样本，在显著性水平 $\alpha=0.05$ 下检验假设:

$$H_0:\ \mu=0;\quad H_1:\ \mu>0.$$

(1) 求出检验的拒绝域；

(2) 若由样本计算得 $\bar{X}=0.4$，你得出什么结论？可能犯哪一类错误？犯错误的概率是多少？

(3) 若由样本计算得 $\bar{X}=0.3$，你得出什么结论？可能犯哪一类错误？若 $\mu=0.2$，犯错误的概率是多少？

7.4 非参数假设检验

前面讨论的总体分布中未知参数的估计和检验都是假定总体分布类型已知，比如为正态总体的前提下进行的，在实际应用时，总体的分布往往未知，首先应对总体分布类型进行推断，如何对总体的分布进行推断呢，不难想象，我们可以由样本作经验分布函数的提示，对总体分布类型作假设，然后再对所提的假设进行检验. 由于所用的方法不依赖于总体分布的具体数学形式. 在数理统计中，就把这种不依赖于分布的统计方法称为非参数统计法. 非参数统计的内容十分丰富，在本节我们主要介绍非参数假设检验中最重要的一类——分布函数的拟合检验. 主要介绍 χ^2 拟合优度检验法、独立性检验法.

7.4.1　χ^2 拟合检验法

下面介绍皮尔逊(K. Pearson)提出的 χ^2 拟合检验法，它能像各种显著性检验一样控制犯第一类错误的概率.

(1) 设总体 $X \sim F(x)$，但 $F(x)$ 未知，从总体 X 中抽取样本 $X_1,X_2,\cdots,X_n$ 的观测值为 $x_1,x_2,\cdots,x_n$，据此检验：$H_0:F(x)=F_0(x)$ (其中 $F_0(x)$ 为某个已知的分布，不含未知参数)，我们将 X 的可能取值范围 R 分成 k 个互不相交的区间：$A_1=[a_0,a_1),A_2=[a_1,a_2),\cdots,A_k=[a_{k-1},a_k)$ (这些区间不一定长度相等，且 a_0 可为 $-\infty$，a_k 可为 $+\infty$).

以 n_i 表示样本观测值 $x_1,x_2,\cdots,x_n$ 中落入 A_i 的频数 n_i，称之为观测频数，显然有 $\sum\limits_{i=1}^{k} n_i = n$，而事件 $(X\in A_i)$ 在 n 次观测中发生的频率为 $\dfrac{n_i}{n}$.

我们知道，当 H_0 为真时，$P(X\in A_i)=F_0(a_i)-F_0(a_{i-1})=p_i,\ i=1,2,\cdots,k$. 于是得到在 H_0 为真时，容量为 n 的样本落入区间 A_i 的理论频数为 np_i，且有

$$\sum_{i=1}^{k} np_i = n\sum_{i=1}^{k} p_i = n.$$

由大数定律知，当 H_0 为真时，$\dfrac{n_i}{n}\xrightarrow{P} p_i\ (n\to\infty)$ 即知，当 n 充分大时，n_i 与 np_i 的差异不应太大. 根据这个思想，皮尔逊构造出 H_0 的检验统计量为

$$\chi^2=\sum_{i=1}^{k}\frac{(n_i-np_i)^2}{np_i},$$

并证明了如下的结论.

定理 7.4.1(皮尔逊定理)　当 H_0 为真时，χ^2 统计量 $\chi^2=\sum\limits_{i=1}^{k}\dfrac{(n_i-np_i)^2}{np_i}$ 的渐近分布是自由度为 $k-1$ 的 χ^2 分布，即

$$\chi^2=\sum_{i=1}^{k}\frac{(n_i-np_i)^2}{np_i}\xrightarrow{L}\chi^2(k-1)\quad (n\to\infty).$$

证明略.

对于给定的水平 α，$P(\chi^2\geqslant\chi^2_{1-\alpha})$ 查 $\chi^2(k-1)$ 分布表，确定出临界值，从而得 H_0 的拒绝域 $C=(\chi^2_{1-\alpha},+\infty)$，将样本观察值代入 χ^2 统计量算出其观测值 χ^2，视其是否落入 C 而作出拒绝或接受 H_0 的判断.

上面的检验法称为皮尔逊 χ^2 拟合检验法，它适合下面更一般的情况.

(2) 总体 $X\sim F(x)$，其中 $F(x)$ 未知，需检验：$H_0:F(x)=F_0(x;\theta_1,\theta_2,\cdots,\theta_m)$，其中 F_0 为已知类型的分布，但含有 m 个未知参数 $\theta_1,\theta_2,\cdots,\theta_m$，在这种情况，我们首先用 $\theta_1,\theta_2,\cdots,\theta_m$ 的极大似然估计 $\hat\theta_1,\cdots,\hat\theta_m$ 代替 F_0 的 $\theta_1,\theta_2,\cdots,\theta_m$，再按情况(1)的办法进行检验，但这时 χ^2 统计量的渐近分布将是 $\chi^2(k-m-1)$，即有定理 7.4.2.

定理 7.4.2(费希尔定理)　在 H_0 为真时，用 $\theta_1,\theta_2,\cdots,\theta_m$ 的极大似然估计 $\hat\theta_1,\cdots,\hat\theta_m$ 代替 $F_0(x;\theta_1,\theta_2,\cdots,\theta_m)$ 中的未知参数 $\theta_1,\theta_2,\cdots,\theta_m$，并用

$$\hat p_i=F_0(a_i;\hat\theta_1,\cdots,\hat\theta_m)-F_0(a_{i-1};\hat\theta_1,\cdots,\hat\theta_m)$$

代替 $\chi^2=\sum_{i=1}^{k}\frac{(n_i-np_i)^2}{np_i}$ 中的 p_i 所得的统计量

$$\chi^2=\sum_{i=1}^{k}\frac{(n_i-n\hat{p}_i)^2}{n\hat{p}_i}.$$

当 $n\to\infty$ 时，服从自由度为 $k-m-1$ 的 χ^2 分布.

例 7.4.1　研究混凝土抗压强度的分布. 200 件混凝土制件的抗压强度以分组的形式列出，如表 7-3 所示.

表 7-3　混凝土制件的抗压强度频数分布表

压强区间/(千克/厘米 ^{2})	频数 n_i
190～200	10
200～210	26
210～220	56
220～230	64
230～240	30
240～250	14

$n=\sum n_i=200$. 要求在给定的显著性水平 $\alpha=0.05$ 下检验原假设

$$H_0: F(x)\in\{N(\mu,\sigma^2)\},$$

其中，$F(x)$ 为抗压强度的分布.

解　原假设锁定的止态分布的参数 μ 和 σ^2 是未知的，由例 6.1.9 可知 μ 和 σ^2 的极大似然估计分别为样本均值 $\bar{x}$ 和样本方差 $\hat{\sigma}^2=\frac{1}{n}\sum_{i=1}^{n}(x_i-\bar{x})^2$.

设 x_i^* 为第 i 组的组中值，我们计算 $\bar{x}$ 和 $\hat{\sigma}^2$.

$$\bar{x}=\frac{\sum_i x_i^* n_i}{n}=\frac{195\times10+205\times26+215\times56+225\times64+235\times30+245\times14}{200}$$
$$=221\,(\text{千克/厘米}^2).$$

$$\hat{\sigma}^2=\frac{1}{n}\sum_{i=1}^{n}(x_i-\bar{x})^2$$
$$=\frac{1}{200}\{(-26)^2\times10+(-16)^2\times26+(-6)^2\times56+4^2\times64+14^2\times30+24^2\times14\}$$
$$=152.$$

$\hat{\sigma}\approx12.33$ (千克/厘米 ^{2}).

原假设 H_0 改写成 $F(x)$ 是正态分布 $N(221,12.33^2)$. 计算每个区间的理论概率值

$$p_i=P(a_{i-1}\leqslant\xi<a_i)=\varPhi(u_i)-\varPhi(u_{i-1}),\quad i=1,2,\cdots,6,$$

其中，$u_i=\frac{a_i-\bar{x}}{\hat{\sigma}},\varPhi(u_i)=\frac{1}{\sqrt{2\pi}}\int_{-\infty}^{u_i}\mathrm{e}^{-\frac{t^2}{2}}\mathrm{d}t$.

为了算出统计量 χ^2 的值，我们把需要进行的计算列表如表 7-4 所示.

表 7-4　相应数据计算列表

压强区间	频数 n_i	标准化区间 $[u_i,u_{i+1})$	$p_i=\Phi(u_i)-\Phi(u_{i-1})$	np_i	$(n_i-np_i)^2$	$\frac{(n_i-np_i)^2}{np_i}$
190～200	10	$[-\infty,-1.70)$	0.045	9	1	0.11
200～210	26	$[-1.70,-0.89)$	0.142	28.4	5.76	0.20
210～220	56	$[-0.89,-0.08)$	0.281	56.2	0.04	0.00
220～230	64	$[-0.08,0.73)$	0.299	59.8	17.64	0.29
230～240	30	$[0.73,1.54)$	0.171	34.2	17.64	0.52
240～250	14	$[1.54,\infty)$	0.062	12.4	2.56	0.23
Σ			1	200		1.35

从上面的计算得出 χ^2 的观测值为 1.35. 在显著性水平 $\alpha=0.05$ 下，查自由度 $\nu=6-2-1=3$ 的 χ^2 分布表(附表 4)，得到临界值 $\chi^2_{0.95}=1.35<7.815=\chi^2_{0.95}(3)$，不能拒绝原假设，所以认为混凝土制件的受压强度的分布是正态分布 $N(221,152)$.

χ^2 检验作分布函数的拟合检验的一般步骤:

(1)把总体的值 X 划分为 k 个互不相交的区间 $[a_i,a_{i+1}),i=1,2,\cdots,k$，其中 a_1,a_{k+1} 可以分别取 $-\infty,+\infty$ (每个划分的区间必须包含不少于 5 个个体，若个体数少于 5 时，则可把这种区间并入其相邻的区间，或者把几个频数都小于 5，但不一定相邻的区间并成一个区间 i)；

(2)在 H_0 成立下，用极大似然估计法估计分布所含的位置参数;

(3)在 H_0 成立条件下，计算理论概率 $p_i=F_0(a_{i-1})-F_0(a_i)$，并且计算出理论频数 np_i；

(4)按照样本观察值 $x_1,x_2,\cdots,x_n$ 落在区间 $[a_i,a_{i+1})$ 中的个数，即实际频数 $n_i,i=1,2,\cdots,k$ 和(3)中算出的理论频数 np_i，计算 $\chi^2=\sum_{i=1}^{k}\frac{(n_i-np_i)^2}{np_i}$ 的值((3)，(4)两项的计算可列表进行)；

(5)按照所给出的显著性水平 α，查自由度 $k-m-1$ 的 χ^2 分布表(附表 4)得到 $\chi^2_{1-\alpha}(k-m-1)$，其中 m 是未知参数的个数;

(6)若 $\chi^2\geqslant\chi^2_{1-\alpha}$，则拒绝原假设 H_0，若 $\chi^2<\chi^2_{1-\alpha}$，则认为原假设 H_0 成立.

χ^2 拟合检验法的 Matlab 程序实现

函数　chi2gof

格式　h=chi2gof(x,'Name',value)%x 为待检验样本,Name 为参数名称,value 为参数值,显著性水平 alpha 默认值为 0.05

[h,p,stats]=chi2gof(x,'Name',value)%p 为接受假设的概率值,p 越接近 0,越应该拒绝原假设,stats 表示返回统计量的值和自由度等

注意　输出结果: 若 $h=0$，表明在显著性水平 alpha 下，不能拒绝原假设，即认为 x 服从正态分布; 若 $h=1$，表明在显著性水平 alpha 下，可以拒绝原假设.

函数　jbtest

格式　h=jbtest(x,alpha)%x 为待检验样本,alpha 为显著性水平,可省略(此时 alpha 即为默认值 0.05)

[h,p,j,cv]=jbtest(x,alpha)%p 为接受假设的概率值,p 越接近 0,越应该拒绝原假设,j 为统计量的值,cv 为临界值

注意　输出结果：若 $h=0$，表明在显著性水平 alpha 下，不能拒绝原假设，即认为 x 服从正态分布；若 $h=1$，表明在显著性水平 alpha 下，可以拒绝原假设.

jbtest 函数适用于大样本情形，如为小样本，则使用 lillietest 函数.

函数　`lillietest`

格式　h=lillietest(x,alpha)%对 x 进行 Lilliefors 检验,alpha 为显著性水平,取值在 0.01 和 0.2 之间,可省略(此时 alpha 即为默认值 0.05)

[h,p,l,cv]=jbtest(x,alpha)%p 为接受假设的概率值,p 越接近 0,越应该拒绝原假设,l 为统计量的值,cv 为临界值

例 7.4.1 的 Matlab 程序实现

该例中只有分组数据，我们按照分组情况生成了六组随机数，并合并成一大组数据模拟原始数据进行拟合优度检验.

```
>>x1=rand(1,10);
>>y1=190+x1.*10;
>>x2=rand(1,26);
>>y2=200+x2.*10;
>>x3=rand(1,56);
>>y3=210+x3.*10;
>>x4=rand(1,64);
>>y4=220+x4.*10;
>>x5=rand(1,30);
>>y5=230+x5.*10;
>>x6=rand(1,14);
>>y6=240+x6.*10;
>>y=[y1 y2 y3 y4 y5 y6];
>>[h,p,s]=chi2gof(y,'nbins',6,'cdf',{@normcdf,mean(y),std(y)},
'emin',9)
```

输出结果为

```
h=
   0
p=
   0.5086
s=
   chi2stat:2.3205
         df:3
      edges:[190.9754 200.6951 210.4149 220.1346 229.8544 239.5741
             249.2939]
          O:[13 24 57 61 31 14]
          E:[9.9602 29.1023 55.3422 58.3267 34.0725 13.1960]
```

结果表明：$h=0$，说明在显著性水平 $\alpha=0.05$ 下，不能拒绝原假设，认为混凝土制件的受压强度的分布是正态分布 $N(221,152)$.

注意　`chi2gof(y,'nbins',6,'cdf',{@normcdf,mean(y),std(y)},'emin',9)` 中`'nbins',6` 表示初始分组数为 6; 参数`'cdf'`的值是由函数句柄与函数中所含参数的参数值构成的元胞数组; `'emin',9` 表示最小理论频数为 9.

7.4.2　独立性检验

下面分析按两个特征分类的频数数据, 它通常称为交叉分类数据. 这种都以表格形式给出, 叫做联列表. 先看一个例子.

例 7.4.2　为研究儿童智力发展与营养的关系, 抽查了 950 名学生, 得到如下分类数据(表 7.5).

表 7-5　例 7.4.2 观测数值

	智商				总计
	<80	80～89	90～99	≥100	
营养良好	245	228	177	219	869
营养不良	31	27	13	10	81
总计	276	255	190	229	950

这种数据按两个特征分类, 称为二向联列表. 这里我们就是讨论这种形式的分类数据.

二向联列表的一般形式　设所研究的总体具有特征 A 及 B, 它们分为 r 类 $A_1,\cdots,A_r$ 及 c 类 $B_1,\cdots,B_c$, 把 A 的类作为行, B 的类作为列, 可以得到一个二向的表格, 从该总体中抽取一个容量为 n 的样本, 将有关频数填入二向表格得到如表 7-6 所示的 $r\times c$ 联列表, 这就是二向联列表的一般形式.

表 7-6　二项联表

	B_1 B_2 $\cdots$ B_j $\cdots$ B_c	总计
A_1	n_{11} n_{12} $\cdots$ n_{1j} $\cdots$ n_{1c}	$n_{1\cdot}$
A_2	n_{21} n_{22} $\cdots$ n_{2j} $\cdots$ n_{2c}	$n_{2\cdot}$
$\vdots$	$\vdots$	$\vdots$
A_i	n_{i1} n_{i2} $\cdots$ n_{ij} $\cdots$ n_{ic}	$n_{i\cdot}$
$\vdots$	$\vdots$	$\vdots$
A_r	n_{r1} n_{r2} $\cdots$ n_{rj} $\cdots$ n_{rc}	$n_{r\cdot}$
总计	$n_{\cdot 1}$ $n_{\cdot 2}$ $\cdots$ $n_{\cdot j}$ $\cdots$ $n_{\cdot c}$	

表中 n_{ij} 等于 A_iB_j 的频数, $n_{i\cdot}$ 等于 $\sum\limits_{j=1}^{c}n_{ij}=A_i$ 的频数, $n_{\cdot j}$ 等于 $\sum\limits_{i=1}^{r}n_{ij}=B_j$ 的频数.

若记 $p_{ij}=P(A_iB_j),i=1,\cdots,r,j=1,\cdots,c$, 则 $p_{i\cdot}=P(A_i),i=1,\cdots,r$, $p_{\cdot j}=P(B_j),j=1,\cdots,c$.

那么, 想利用二向联列表提供的数据来研究两种分类之间是否有某种联系, 相当于提出统计假设

$$H_0:p_{ij}=p_{i\cdot}p_{\cdot j},\quad 对一切 i,j 成立.$$

按照概率论中独立性的概念, 如果接受零假设, 即表明 A 与 B 是相互独立的; 反之, 拒绝

零假设 H_0，则表明 A 与 B 之间是有某种联系的. 这就是联列表的独立性检验. 利用它也可以检验两个随机变量的独立性，这时应把它们的取值分别归类，正如我们在上一段做的那样.

这里处理的还是分类数据，共有 $r\times c$ 类，要求检验独立模型的拟合优度，因此自然期望仍然能用前面介绍的 χ^2 检验法. 事实也的确如此.

首先应该从样本出发估计未知参数，从而确定概率 p_{ij}. 若 H_0 成立，则只需估计 $p_{i\cdot}, i=1,\cdots,r$ 及 $p_{\cdot j}, j=1,\cdots,c$, 注意到 $p_{i\cdot}, i=1,\cdots,r$ 是事件 A_i 发生的概率，因此自然用 A_i 发生的频率 $\frac{n_{i\cdot}}{n}$ 来估计它. 由参数估计一节中知，频率也是相应概率的极大似然估计. 类似地，$\frac{n_{\cdot j}}{n}$ 是 $p_{\cdot j}$ 的极大似然估计. 因此概率的估计为

$$\hat{p}_{ij}=\hat{p}_{i\cdot}\cdot\hat{p}_{\cdot j}=\frac{n_{i\cdot}\cdot n_{\cdot j}}{n^2}.$$

这时相应于 A_iB_j 的期望值 E_{ij} 估计为

$$\hat{E}_{ij}=n\hat{p}_{ij}=\frac{n_{i\cdot}\cdot n_{\cdot j}}{n^2},$$

所以，χ^2 统计量为

$$\chi^2=\sum_{i=1}^{r}\sum_{j=1}^{c}\frac{(n_{ij}-\hat{E}_{ij})^2}{\hat{E}_{ij}}=\sum_{i=1}^{r}\sum_{j=1}^{c}\frac{\left(n_{ij}-\dfrac{n_{i\cdot}n_{\cdot j}}{n}\right)^2}{\dfrac{n_{i\cdot}n_{\cdot j}}{n}}=n\sum_{i=1}^{r}\sum_{j=1}^{c}\frac{\left(n_{ij}-\dfrac{n_{i\cdot}n_{\cdot j}}{n}\right)^2}{n_{i\cdot}n_{\cdot j}}.$$

在上述导出的统计量过程中，被估计的参数为 $r+c-2$ 个：$\hat{p}_{1\cdot},\cdots,\hat{p}_{r-1\cdot}$. 因为

$$p_{r\cdot}=1-\sum_{i=1}^{r-1}p_{i\cdot}p_{\cdot c}=1-\sum_{j=1}^{c-1}p_{\cdot j}$$

无须估计，所以根据公式知，χ^2 统计量近似服从 $\chi^2((r-1)(c-1))$ 分布 $(rc-(r+c-2)-1=(r-1)(c-1))$.

为了计算 χ^2 统计量方便起见，从公式出发，可导出下列等价形式：

$$\chi^2=\sum_{i=1}^{r}\sum_{j=1}^{c}\frac{n_{ij}^2}{\hat{E}_{ij}}-n=\sum_{i=1}^{r}\sum_{j=1}^{c}\left(\frac{n_{ij}^2}{n\hat{E}_{ij}}-1\right)n=\sum_{i=1}^{r}\sum_{j=1}^{c}\left(\frac{n_{ij}^2}{n_{i\cdot}n_{\cdot j}}-1\right)n.$$

2×2 联列表在应用中特别重要，称为四格表，一般的四格表可以写成如表 7-7 所示的形式. 所用的统计量为 $\chi^2=\sum\limits_{i=1}^{2}\frac{(O_i-E_i)^2}{E_i}$.

表 7-7　四格表

变量(属性) A	变量(属性) B		总计
	类 1	类 2	
类 1	a	b	$a+b$
类 2	c	d	$c+d$
总计	$a+c$	$b+d$	$n=a+b+c+d$

如果对所有的 $i, \lvert O_i-E_i\rvert=\frac{\lvert ad-bc\rvert}{n}$，则不难导出

$$\chi^2=\frac{n(ad-bc)^2}{(a+b)(a+c)(b+d)(c+d)},$$

这是一个比较方便的计算公式.

上述统计量近似服从自由度为1的 χ^2 分布.

例 7.4.3 调查339名50岁以上吸烟习惯与患慢性气管炎病的情况, 获数据如表7-8所示.

表 7-8 例 7.4.3 观测数值

	患慢性气管炎	未患慢性气管炎	总计
吸烟	43	162	205
不吸烟	13	121	134
合计	56	283	339

试问吸烟习惯与患慢性气管炎病是否有关?

解 这是 2×2 联列表的独立性检验.

(1) 统计假设 H_0: 吸烟习惯与患慢性气管炎无关;

(2) 对 $\alpha=0.05$, 查 χ^2 分布表(附表4)得临界值 $\chi^2_{0.95}(1)=3.841$;

(3) 计算统计量的观测值

$$\chi^2=\frac{n(ad-bc)^2}{(a+b)(a+c)(b+d)(c+d)}=\frac{339\times(43\times121-162\times13)^2}{205\times56\times283\times134}=7.469;$$

(4) 作决策: 由于 $\chi^2=7.469>3.841=\chi^2_{0.95}(1)$, 因此拒绝零假设设 H_0, 即说明吸烟习惯与患慢性气管炎有关.

程序实现

本例中只给出了数据的联列表形式, 使用R软件中的chisq.test函数进行独立性检验.

函数 `chisq.test`

格式
```
chisq.test(x,y=NULL,correct=TRUE,
p=rep(1/length(x),length(x)),rescale.p=FALSE,
simulate.p.value=FALSE,B=2000)
```

说明 x 为向量或矩阵; y 为向量, 当 x 为矩阵时省略; `correct = TRUE` 表示计算检验统计量时进行连续性校正(默认值), 反之则不进行校正; p 为与 x 等长的概率向量; `rescale.p` 为逻辑标量, `rescale.p=TRUE`, 则 p 总和为1, 反之不为1; `simulate.p.value=TRUE` 表示用重复B = 2000次的Monte Carlo法计算p-value; 反之利用渐近卡方分布计算.

注意 输出结果X-squared表示卡方检验统计量的值; df表示自由度; p-value为接受假设的概率值, 越接近0, 越应该拒绝原假设.

R程序如下:

```
>x<-matrix(c(43,13,162,121),nr=2)%把列联表表示成矩阵形式
>chisq.test(x,correct=F)%不带连续校正
```

输出结果为

```
        Pearson's Chi-squared test
data:x
```

```
X-squared=7.4688,df=1,p-value=0.006278
```

结果表明: 在 0.05 显著性水平下, 拒绝原假设, 即说明吸烟与患慢性气管炎有关.

习 题 7.4

1. 蒲丰曾将一枚硬币掷了 $n=4040$ 次, 正面发生 $m=2048$ 次, 问能否认为出现正面的概率是 $\frac{1}{2}$ ($\alpha=0.05$).

2. 掷一枚骰子 120 次, 得点数的频数分布如表 7-9 所示.

表 7-9

点数	1	2	3	4	5	6
频数	21	28	19	24	16	12

根据试验结果检验这枚骰子六个方面是否均匀($\alpha=0.05$)?

3. 某电话交换台, 在 100 分钟内记录了每分钟被呼唤的次数 X, 设 m 为出现该 X 值的频数, 整理后的结果如表 7-10 所示.

表 7-10

X	0	1	2	3	4	5	6	7	8	9
m	0	7	12	18	17	20	13	6	3	7

问: 总体 X (电话交换台每分钟的呼唤次数)服从泊松分布吗($\alpha=0.05$)?

4. 在某公路桥上 50min 之间, 观察没 15s 内通过的汽车数量, 得到的次数分布如表 7-11 所示.

表 7-11

通过的汽车数	0	1	2	3	4	>4
次数	92	69	27	11	1	0

试检验这个分布是否是泊松分布($\alpha=0.05$).

5. 某商场自开办有奖销售以来的 13 期中奖号码中, 各数码出现的频数如表 7-12 所示.

表 7-12

数码	0	1	2	3	4	5	6	7	8	9	总计
频数	21	28	37	36	31	45	30	37	33	52	350

问该商场的摇奖结果是否公平? 取 $\alpha=0.05$ 和 $\alpha=0.01$, 结论一样吗?

6. 对某汽车零件制造厂所生产的汽缸螺栓口径进行抽样检验, 测得 100 个数据分组表如表 7-13 所示.

表 7-13

组限	频数
10.93～10.95	5
10.95～10.97	8
10.97～10.99	20
10.99～11.01	34
11.01～11.03	17
11.03～11.05	6
11.05～11.07	6
11.07～11.09	4

试检验螺栓口径是否服从正态分布($\alpha = 0.05$)?

7. 为研究儿童智力与营养的关系, 某研究机构调查了 1436 名儿童, 得到如下数据(表 7-14), 试在显著性水平 $\alpha = 0.05$ 下判断智力发展与营养有无关系.

表 7-14

	智商				合计
	<80	80~89	90~99	≥100	
营养良好	367	342	266	329	1304
营养不良	56	40	20	16	132
合计	423	382	286	345	1436

本 章 概 要

1. 假设检验是利用概率论中的所谓的“小概率论”, 其含义是: 概率很小的时间在一次试验或观察中几乎不可能发生.

2. 假设检验的 5 个主要步骤如下所述.

(1) 提出假设.

(2) 构造统计量.

(3) 对于检验水平 α, 查表求得临界值.

(4) 根据样本观察值计算统计量的实际值.

(5) 比较实际值与临界值得出结论: 对假设进行拒绝或接受.

3. 假设检验也被称为概率意义的反证法.

4. 对一个正态总体均值或方差参数进行假设检验的常用方法如下.

(1) 已知方差, 检验 $H_0: \mu = \mu_0$ (U 统计量).

(2) 未知方差, 检验 $H_0: \mu = \mu_0$ (T 统计量).

(3) 已知方差, 检验 $H_0: \mu \leqslant \mu_0$ (U 统计量).

(4) 未知方差, 检验 $H_0: \mu \leqslant \mu_0$ (T 统计量).

(5) 对一个正态总体, 检验 $H_0: \sigma^2 = \sigma_0^2$ (χ^2 统计量).

(6) 对一个正态总体, 检验 $H_0: \sigma^2 \leqslant \sigma_0^2$ (χ^2 统计量).

5. 对两个正态总体参数的比较检验常用的方法如下.

(1) 比较方差是否相等, 检验 $H_0: \sigma_1^2 = \sigma_2^2$ (F 统计量).

(2) 比较均值是否相等, 检验 $H_0: \mu_1 = \mu_2$ (T 统计量).

(3) 比较一个总体的方差是否比另一个总体的方差小, 检验 $H_0: \sigma_1^2 \leqslant \sigma_2^2$ (F 统计量).

6. 临界值的确定.

(1) 在假设检验中, 检验参数等于某个值(所谓“等式”检验)采用双侧临界值.

(2) 在假设检验中, 检验参数小于或大于某个值(所谓“不等式”检验)采用单侧临界值.

常 用 术 语

假设检验问题　小概率事件　原假设　备择假设　检验统计量　显著性水平　双侧检验　单侧检验　临界值　拒绝域　第一类错误　第二类错误　U 检验　T 检验　χ^2 检验

常 用 公 式

1. 一个正态总体参数检验常用方法

设 $X_1, X_2, \cdots, X_n$ 是来自正态总体 $X \sim N(\mu, \sigma^2)$ 的样本，$\bar{X}$ 和 S^2 分别是样本均值和方差.

(1) 检验总体均值 μ (已知方差)，采用统计量 $Z = \dfrac{\overline{X} - \mu}{\sigma_0 / \sqrt{n}} \sim N(0,1)$.

(2) 检验总体均值 μ (未知方差)，采用统计量 $T = \dfrac{\overline{X} - \mu}{S / \sqrt{n}} \sim t(n-1)$.

(3) 检验总体方差 σ_0，采用统计量 $\chi^2 = \dfrac{(n-1)S}{\sigma^2} \sim \chi^2(n-1)$.

2. 两个正态总体参数的比较检验常用方法

设 $X_1, X_2, \cdots, X_{n_1}$ 是来自正态总体 $X \sim N(\mu, \sigma_1^2)$ 的样本，$\bar{X}$ 和 S_1^2 分别是样本均值和方差. $Y_1, Y_2, \cdots, Y_{n_2}$ 是来自正态总体 $X \sim N(\mu^2, \sigma_2^2)$ 的样本，$\bar{Y}$ 和 S_2^2 分别是样本均值和方差.

(1) 检验均值是否相同，采用统计量

$$T = \frac{(\bar{X} - \bar{Y})}{\sqrt{[(n_1 - 1)S_1^2 + (n_2 - 1)S_2^2] / (n_1 + n_2 - 1)} \sqrt{1 / n_1 + 1 / n_2}} \sim t(2n-2) .$$

特别地，当 $n_1 = n_2$ 时

$$T = \frac{(\bar{X} - \bar{Y})}{\sqrt{(S_1^2 + S_2^2) / n}} \sim t(2n-2).$$

(2) 检验方差是否相同，采用统计量

$$F = \frac{n_1 S_1^2}{n_2 S_2^2} \sim F(n_1 - 1, n_2 - 1).$$

第 8 章　方差分析及线性回归分析初步

8.1　方 差 分 析

8.1.1　方差分析的基本原理

方差分析是数理统计的基本方法之一，是分析数据的一种重要工具. 在工农业生产及科学研究中，影响产品质量与产量(或研究结果)的因素一般较多，例如，影响农作物产量的因素就有种子品种，肥料、雨水等. 影响儿童识记效果的因素有教学材料、教学法等. 为了找出影响结果(效果)最显著的因素，并指出它们在什么状态下对结果最有利，就要先做些试验，然后对测试的数据进行统计推断，方差分析就是对实测数据进行统计推断的一种方法.

方差分析中，常称上述的因素为因子，用 A,B,C 等表示因素，在试验中所处的不同情况或状态称为水平，例如，因子 A 的 r 个不同水平表为 $A_1,A_2,\cdots,A_r$.

下面以一简例说明方差分析的原理.

例 8.1.1　从小学入学新生中随机抽取 20 名学生作教学试验，将儿童均分为四组，分别用四种汉字教学法进行教学，一段时间后对他们进行统一测验，成绩如表 8-1 所示.

表 8-1　例 8.1.1 中观测数值

教法	A_1	A_2	A_3	A_4
学生成绩 y_{ij}	74	88	80	76
	82	80	73	74
	70	85	70	80
	76	83	76	73
	80	84	82	82

希望通过试验数据推断：不同教学法的教学效果是否有显著差异？

在上例中，只考虑了教学法这一个因子(记为 A)对教学效果的影响，四种不同的教学法就是该因子的四个不同水平(分别记为 A_1,A_2,A_3,A_4).

从表 8-1 中数据看出，即使同一教学法下，由于随机因素(学生个体差异，随机误差等)的影响，学生成绩也不同. 因而有：

(1) 学生测试成绩是随机变量；

(2) 应把同一教学法(同一水平)得到的测验成绩看作同一总体抽得的样本，不同教学法下的测试成绩视为不同总体下抽得的样本，故表中数据应看成从四个总体 y_1,y_2,y_3,y_4 中分别抽了容量为 5 的样本的观测值.

判断教学法对测试成绩是否有显著影响的问题，就是要辨别测试成绩之间的差异主要是由随机误差造成的，还是由不同教学法造成的，这一问题可归结为四个总体是否有相同分布的讨论.

由于在实际中有充分的理由认为测试成绩服从正态分布，且在安排试验时，除所关心的因子(这儿是教学法)外，其他试验条件总是尽可能做到一致，这就使我们可以认为每个总体的方差相同，即例 8.1.1 中 $y_i \sim N(\mu_i, \sigma^2)$，$i=1,2,3,4$，因此，推断几个总体是否具有相同分布的问题就简化为：检验几个具有相同方差的正态总体是否均值相等的问题，即只需检验

$$H_0: \mu_1 = \mu_2 = \mu_3 = \mu_4.$$

像这类检验若干同方差的正态总体均值是否相等的一种统计分析方法称为方差分析.

在实际问题中，影响总体均值的因素可能不止一个，按试验中因子的个数，称为单因子方差分析、二因子方差分析、多因子方差分析等. 我们先介绍单因子方差分析，再讨论二因子方差分析，至于多因子方差分析与二因子的类似.

8.1.2　单因子方差分析方法

1. 单因子方差分析模型

单因子方差分析模型如下：

$$\begin{cases} y_{ij} = \mu_i + \varepsilon_{ij}, \\ \varepsilon_{ij} \sim N(0, \sigma^2), \end{cases} \quad i=1,\cdots,r, \quad j=1,2,\cdots,t,$$

这里 y_i 看成第 i 个水平下的试验结果，$y_i \sim N(\mu_i, \sigma^2)$，在 A_i 水平下做了 t 次试验，获得 t 个数据 y_{ij}，$i=1,\cdots,r$.

所有试验的结果可列于表 8-2.

表 8-2　单因子方差分析试验数据

因子水平	试验数据	和	平均
A_1	y_{11}　y_{12}　$\cdots$　y_{1t}	T_1	$\bar{y}_1$
A_2	y_{21}　y_{22}　$\cdots$　y_{2t}	T_2	$\bar{y}_2$
$\vdots$	$\vdots$　$\vdots$　　$\vdots$	$\vdots$	$\vdots$
A_r	y_{r1}　y_{r2}　$\cdots$　y_{rt}	T_r	$\bar{y}_r$
合计		T	$\bar{y}$

对这个试验要研究的问题是：r 个水平 $A_1,\cdots,A_r$ 间有无显著差异. 即需检验假设 $H_0: \mu_1 = \mu_2 = \cdots = \mu_r$.

把参数形式改变一下，记

$$\mu = \frac{1}{r}\sum_{i}^{r} \mu_i,$$

$$\alpha_i = \mu_i - \mu, \quad i=1,\cdots,r.$$

我们称 μ 为一般平均，α_i 为因子 A 的第 i 个水平的效应，r 个效应满足关系式：

$$\sum_{i=1}^{r} \alpha_i = \sum_{i=1}^{r} \mu_i - r\mu = 0,$$

于是单因子方差分析模型可改写成

$$\begin{cases} y_{ij}=\mu+\alpha_i+\varepsilon_{ij}, & i=1,\cdots,r,\ j=1,\cdots,t, \\ \varepsilon_{ij} \sim N(0,\sigma^2), \\ \sum_{i=1}^{r}\alpha_i=0. \end{cases}$$

所要检验的假设可改写为

$$H_0:\alpha_1=\alpha_2=\cdots=\alpha_r=0,$$

需指出的是观察到的是 y_{ij}，而 ε_{ij} 是观察不到的, 通常称 ε_{ij} 为随机误差或随机干扰.

2. 基本假定

(1) 第 i 个水平下的数据 $y_{i1},y_{i2},\cdots,y_{it}$ 是来自正态总体 $N(\mu_i,\sigma_i^2)$，$i=1,2,\cdots,r$ 的一个样本;

(2) r 个样本的方差相同, 即 $\sigma_1^2=\sigma_2^2=\cdots=\sigma_r^2=\sigma^2$;

(3) 诸数据 y_{ij} 都相互独立.

在这三个基本假定下, 要检验的假设是

$$H_0:\mu_1=\mu_2=\cdots=\mu_r,\quad H_1:\mu_1,\mu_2,\cdots,\mu_r \text{ 不全相等}$$

或

$$H_0:\alpha_1=\alpha_2=\cdots=\alpha_r=0,\quad H_1:\alpha_1,\alpha_2,\cdots,\alpha_r \text{ 不全为零.}$$

3. 平方和分解式

下面就来讨论上面的检验.

我们首先分析引起 y_{ij} 波动的原因, 原因通常有如下两个:

(1) H_0 为真, 由随机误差引起 y_{ij} 的波动;

(2) H_0 不真引起 y_{ij} 的波动.

今后 y_{ij} 视情况不同可以表示随机变量, 也可以表示观测数据, 下面就从分解平方和入手, 找出反映上述两个原因的量来, 为此先引入

$$\overline{y}_{i\cdot}=\frac{1}{t}\sum_{j=1}^{t}y_{ij}\overset{\Delta}{=}\frac{1}{t}y_{i\cdot},$$

$$\overline{y}=\frac{1}{rt}\sum_{i=1}^{r}\sum_{j=1}^{t}y_{ij}=\frac{1}{n}\sum_{i=1}^{t}y_{i\cdot},\quad \text{其中 } n=rt.$$

称 $\overline{y}_{i\cdot}$ 是从第 i 个总体抽得的样本的平均, 常称为组平均值, 而 $\overline{y}$ 称为样本总平均值, 我们称

$$S_T=\sum_{i=1}^{r}\sum_{j=1}^{t}(y_{ij}-\overline{y})^2$$

为总偏差平方和.

由于有

$$\sum_{j=1}^{t}(y_{ij}-\overline{y}_{i\cdot})=0,\quad i=1,2,\cdots,r,$$

所以

$$\sum_{i=1}^{r}\sum_{j=1}^{t}(y_{ij}-\overline{y}_{i\cdot})(\overline{y}_{i}-\overline{y})=0.$$

故总偏差平方和有如下分解式

$$S_T=\sum_{i=1}^{r}\sum_{j=1}^{t}(y_{ij}-\overline{y})^2=\sum_{i=1}^{r}\sum_{j=1}^{t}(y_{ij}-\overline{y}_{i\cdot})^2+\sum_{i=1}^{r}t(y_{i\cdot}-\overline{y})^2=S_e+S_A,$$

其中

$$S_e=\sum_{i=1}^{r}\sum_{j=1}^{t}(y_{ij}-\overline{y}_{i\cdot})^2=\sum_{i=1}^{r}\sum_{j=1}^{t}(\varepsilon_{ij}-\overline{\varepsilon}_{i\cdot})^2$$

称为误差的偏差平方和，它反映了观察 y_{ij} 时，抽样误差的大小程度.

$$S_A=\sum_{i=1}^{r}t(\overline{y}_{i\cdot}-\overline{y})^2=\sum_{i=1}^{t}t(\alpha_i+\varepsilon_{i\cdot}-\overline{\varepsilon})^2$$

称为因子 A 的偏差平方和，在 H_0 为真时，它反映误差的波动，在 H_0 不真时，它反映因子 A 的不同水平效应间的偏差.

下面分别计算它们的数学期望

$$E(S_e)=\sum_{i=1}^{r}(t-1)E\left[\frac{1}{t-1}\sum_{j=1}^{t}(y_{ij}-\overline{y}_{i\cdot})^2\right]=\sum_{i=1}^{r}(t-1)\sigma^2=(n-r)\sigma^2.$$

所以

$$E(S_A)=t\sum_{i=1}^{r}\alpha_i^{\ 2}+tE\left(\sum_{i=1}^{r}\overline{\varepsilon}_{i\cdot}^{2}-r\overline{\varepsilon}^{2}\right)=t\sum_{i=1}^{r}\alpha_i^{\ 2}+(r-1)\sigma^2.$$

从而，$\dfrac{S_e}{n-r}$ 为 σ^2 的无偏估计，而当 H_0 为真时，$\dfrac{S_e}{n-r}$ 也是 σ^2 的无偏估计.

故统计量 $F=\dfrac{S_A/(r-1)}{S_e/(n-r)}$ 在假设 H_0 为真时接近 1，而 H_0 不真时有偏大的趋势，我们取 F 作 H_0 的检验统计量，下面就来推导其分布，先看一个重要的定理.

定理 8.1.1（柯赫伦定理）　设 $x_1,x_2,\cdots,x_n$ 为 n 个独立同服从 $N(0,1)$ 分布的随机变量，又设 $Q=Q_1+Q_2+\cdots+Q_k=\sum_{i=1}^{n}x_i^{\ 2}$ 为 $\chi^2(n)$ 变量，其中 $Q_i(i=1,2,\cdots,k)$ 是秩为 f_i 的关于 $x_1,x_2,\cdots,x_n$ 的非负二次型，则 $Q_i(i=1,2,\cdots,k)$ 相互独立，且分别服从自由度为 f_i 的 χ^2 分布的充要条件是 $\sum_{i=1}^{k}f_i=n$.

有了上面的定理，我们便可推出上面的 F 统计量的分布.

事实上，当 H_0 为真时有 $\alpha_1=\alpha_2=\cdots=\alpha_r=0$.

由已知条件有 $y_{ij}\sim N(\mu,\sigma^2)$ 且相互独立，即所有 $y_{ij}(i=1,2,\cdots,r,j=1,2,\cdots,t)$ 可以看作取自正态 $N(\mu,\sigma^2)$ 总体的容量为 $n=rt$ 的样本，而 $y_{ij}-\mu\sim N(0,\sigma^2)$，由于

$$\sum_{i=1}^{r}\sum_{j=1}^{t}(y_{ij}-\mu)^2=\sum_{i=1}^{r}\sum_{j=1}^{t}(y_{ij}-\overline{y}+\overline{y}-\mu)^2$$

$$=\sum_{i=1}^{r}\sum_{j=1}^{t}(y_{ij}-\overline{y})^2+2\sum_{i=1}^{r}\sum_{j=1}^{t}(\overline{y}-\mu)(y_{ij}-\overline{y})+n(\overline{y}-\mu)^2$$

$$=S_T+n(\overline{y}-\mu)=S_e+S_A+n(\overline{y}-\mu)^2,$$

于是 $\sum_{i=1}^{r}\sum_{j=1}^{t}\left(\dfrac{y_{ij}-\mu}{\sigma}\right)^2=\dfrac{S_e}{\sigma^2}+\dfrac{S_A}{\sigma^2}+\dfrac{n(\overline{y}-\mu)^2}{\sigma^2}\overset{\Delta}{=}Q_1+Q_2+Q_3.$

上式左边是 n 个 $N(0,1)$ 变量的平方和, 右边显然是 y_{ij} 的三个非负二次型, Q_3 的秩显然为1.

因 $S_e=\sum_{i=1}^{r}\sum_{j=1}^{t}(y_{ij}-\overline{y}_{i\cdot})^2$, 含有 r 个线性关系 $\sum_{j=1}^{t}(y_{ij}-\overline{y}_{i\cdot})=0$, 故 S_e 的秩为 $n-r$.

因 $S_A=\sum_{i=1}^{r}t(y_{i\cdot}-\overline{y})^2$, 包含一个线性关系 $\sum_{i=1}^{r}t(\overline{y}_{i\cdot}-\overline{y})=0$, 所以 S_A 的秩为 $r-1$.

由于 Q_1,Q_2,Q_3 三个非负二次型的秩满足 $(n-r)+(r-1)+1=n$, 由柯赫伦定理知

$$Q_1=\frac{S_e}{\sigma^2}\sim\chi^2(n-r),\quad \frac{Q_2}{\sigma^2}\sim\chi^2(r-1),$$

且它们相互独立, 从而有上面所示的 F 统计量

$$F=\frac{S_A/(r-1)}{S_e/(n-r)}\sim F(r-1,n-r).$$

在具体计算时, S_e,S_A 的计算可简化如下:

$$S_T=\sum_{i=1}^{r}\sum_{j=1}^{t}y_{ij}^2-n\overline{y}^2=\sum_{i=1}^{r}\sum_{j=1}^{t}y_{ij}^2-\frac{\left(\sum\limits_i\sum\limits_j y_{ij}\right)^2}{n},\quad f_T=n-1,$$

$$S_A=\sum_{i=1}^{r}\frac{y_{i\cdot}^2}{t}-n\overline{y}^2=\sum_{i=1}^{r}\frac{y_{i\cdot}^2}{t}-\frac{\left(\sum\limits_i\sum\limits_j y_{ij}\right)^2}{n},\quad f_A=r-1,$$

$$S_e=S_T-S_A,\quad f_e=n-r=f_T-f_A.$$

并将上述结果可以列成如下的方差分析表(表 8-3).

表 8-3　单因子方差分析表

来源	平方和	自由度	均方和	F 比
因子	$S_A=\frac{1}{m}\sum_{i=1}^{r}T_i^2-\frac{T^2}{rm}$	$f_A=r-1$	$MS_A=S_A/f_A$	$F=MS_A/MS_e$
误差	$S_e=S_T-S_A$	$f_e=n-r$	$MS_e=S_e/f_e$	
总和	$S_T=\sum_{i=1}^{r}\sum_{j=1}^{m}y_{ij}^2-\frac{T^2}{rm}$	$f_T=n-1=rt-1$		

4. 判断

在 H_0 成立的条件下, 以 $F=\dfrac{S_A/(r-1)}{S_e/(n-r)}$ 作为 $H_0:\alpha_1=\alpha_2=\cdots=\alpha_r=0$ 的检验统计量, 对任给的水平 $\alpha\in(0,1)$, 由 $P(F>F_{1-\alpha})=\alpha$, 查 F 分布表(附表 5), 定出临界值 $F_{1-\alpha}(f_A,f_e)$. 然后视 F 统计量的观察值是否大于 $F_{1-\alpha}$ 作出拒绝或接受 H_0 的判断.

单因子方差分析可以通过 Matlab 程序来实现，具体操作如下

函数　anova1

格式　p=anova1(x)% x 的各列为相互独立的样本观测值,元素个数相同,p 为各列均值相等的概率值,p 值接近于 0,说明至少有一列均值与其余列不同

p=anova1(x,group,'displayopt')%x 和 group 均为向量且 group 要与 x 对应,displayopt=on/off 表示显示与隐藏方差分析表图和盒图

[p,table,stats]=anova1(…)%table 为方差分析表,stats 为分析结果的构造.

例 8.1.2　续例 8.1.1.

由前述表中数据，$r=4,t=5,n=20$ 计算如表 8-4 所示.

表 8-4

教法	A_1	A_2	A_3	A_4	
y_{ij}	74	88	80	76	
	82	80	73	74	
	70	85	70	80	
	76	83	76	78	
	80	84	82	82	
$y_{i\cdot}$	382	420	381	390	$\sum_i\sum_j y_{ij}=1573$
$y_{i\cdot}^2$	145924	176400	145161	152100	$\sum_{i\cdot} y_i^2=619585$

$$\sum_{i=1}^{4}\sum_{j=1}^{5}y_{ij}^2=124179,\quad \frac{1}{20}\left(\sum_i\sum_j y_{ij}\right)^2=123716.45,$$

$$S_T=124179-123716.45=462.55,$$

$$S_A=\frac{1}{5}\times 619585-123716.45=200.55,$$

$$S_e=S_T-S_A=262.$$

从而

$$F=\frac{S_A/r-1}{S_e/n-r}=\frac{200.55/3}{262/16}=\frac{66.85}{16.375}=4.082.$$

取检验水平 $\alpha=0.05$，查 F 分布表(附表 5)得 $F_{0.95}(3,16)=3.24$[①].

因为 $F=4.082>F_{1-\alpha}$，故拒绝 $H_0:\mu_1=\mu_2=\mu_3=\mu_4$.

可以认为在 $\alpha=0.05$ 下，不同教学法对识字效果影响显著.

Matlab 程序实现

```
>>x=[74 88 80 76;82 80 73 74;70 85 70 80;76 83 76 78;80 84 82 82];
>>p=anova1(x)
```

输出结果为

```
p=0.0249
```

同时输出方差分析表和方差盒图如图 8-1 和图 8-2 所示.

---

① 由完全的 F 分布表可查得.

ANOVA Table

Source	SS	df	MS	F	Prob>F
Columns	200.55	3	66.85	4.08	0.0249
Error	262	16	16.375		
Total	462.55	19			

图 8-1

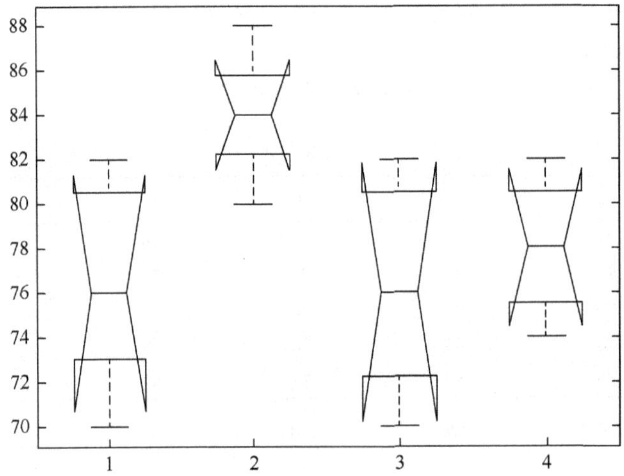

图 8-2

结果表明: p 值<0.05, 拒绝原假设, 认为不同教学法对识字效果影响显著.

若在因子的每一水平下所进行的试验次数不等, 设在第 i 个水平下重复了 t_i 次, $i=1,2,\cdots,r$, 上面的结论仍然成立, 只是在具体计算时, 相关公式可修改为

$$\begin{cases} S_T = \sum_{i=1}^{r}\sum_{j=1}^{t} y_{ij}^{\ 2} - n\overline{y}^2, \\ S_A = \sum_{i=1}^{r} \dfrac{y_{i\cdot}^{\ 2}}{t_i} - n\overline{y}^2, \\ S_e = S_T - S_A. \end{cases}$$

例 8.1.3　灯泡厂用 4 种不同材料制成灯丝, 检验灯丝材料这一因素对灯泡寿命的影响, $\alpha = 0.05$, 并且假定灯泡寿命服从正态分布. 不同材料的灯丝制成的灯泡寿命方差相等, 试根据试验数据(表 8-5), 判断灯泡寿命是否因灯丝不同而有显著差异.

表 8-5　例 8.1.3 中的试验数据

试验水平	试验批号							
	1	2	3	4	5	6	7	8
A_1	1600	1610	1650	1680	1700	1720	1800	
A_2	1580	1640	1640	1700	1750			
A_3	1460	1550	1600	1620	1640	1660	1740	1820
A_4	1510	1520	1530	1570	1600	1680		

解　由条件得 $r=4, n=n_1+n_2+n_3+n_4=26$, 假设灯泡寿命不因灯丝不同而有显著差异.

(1)假设 $H_0: \mu_1 = \mu_2 = \mu_3 = \mu_4 = \mu$. 构造统计量

$$F = \frac{S_A/(r-1)}{S_e/(n-r)} = \frac{S_A/3}{S_e/22} \sim F(3,22).$$

对于检验水平 $\alpha = 0.05$，查 F 分布表(附表 5)得临界值 $F_{0.95}(3,22) = 3.05$[①]. 根据样本的观察值计算统计量实际值.

把数据表中的每个数据减去 1640，再除以 10，则原始数据计算分布如表 8-6 所示.

表 8-6

材料水平	试验批号								样本容量	行和	行和平方除以自由度	行平方和
	1	2	3	4	5	6	7	8	n_i	T_i	$\frac{T_i^2}{n_i}$	$\sum x_{ij}^2$
A_1	−4	−3	1	4	6	8	16		7	28	112	398
A_2	−6	0	0	6	11				5	11	24.2	193
A_3	−18	−9	−4	−2	0	2	10	18	8	−3	1.125	853
A_4	−13	−12	−11	−7	−4	4			6	−43	308.16	515
总和									$n=26$	$T=-7$	$\sum\frac{T_i^2}{n_i}=445.49$	$\sum\sum x_{ij}^2=1959$

离差平方和 $S_T = \sum_{i=1}^{r}\sum_{j=1}^{n_i} x_{ij}^2 - \frac{T^2}{n} = 1959 - 1.8446 \approx 1957.115$;

组间离差平方和 $S_A = \sum_{i=1}^{r}\frac{T_{i*}^2}{n_i} - \frac{T^2}{n} = 445.49 - 1.8446 \approx 443.645$;

组内离差平方和 $S_e = S_T - S_A = 1957.115 - 443.645 = 1513.47$;

计算统计量实际值 $f = \frac{S_A/3}{S_E/22} \approx 2.15$.

因此，比较得出结论，由于 $f = 2.15 < F_{0.95}(3,22) = 3.05$，接受原假设，所以灯泡不因灯丝不同而有显著差异.

Matlab 程序实现

```
>>x = [1600 1610 1650 1680 1700 1720 1800 1580 1640 1640 1700 1750…
1460 1550 1600 1620 1640 1660 1740 1820 1510 1520 1530 1570 1600
1680]; %从第一个总体到第四个总体样本一次排列;
>>group={'a1', 'a1', 'a1', 'a1', 'a1', 'a1', 'a1', 'a2', 'a2', 'a2',
'a2',…
'a2', 'a3', 'a3', 'a3', 'a3', 'a3', 'a3', 'a3', 'a3', 'a4', 'a4',
'a4', 'a4',…
'a4', 'a4'}; %group 与 x 等长，表示 x 中的元素是如何分组的
%或者写为 group = [ones(1, 7), 2*ones(1, 5), 3*ones(1, 8), 4*ones(1,
6)];
>>[p, table, stats] = anova1(x, group, 'off')
```

① 由完全的 F 分布表可得.

输出结果为

```
p=
   0.1229
table =
   'Source'  'SS'            'df'  'MS'            'F'        'Prob>F'
   'Groups'  [4.4361e+04]   [3]  [1.4787e+04]  [2.1494]   [0.1229]
   'Error'   [1.5135e+05]   [22]  [6.8796e+03]        []        []
   'Total'   [1.9571e+05]   [25]            []        []        []
stats=
   gnames:{4x1 cell}
        n:[7 5 8 6]
   source:'anova1'
    means:[1680 1662 1.6363e+03 1.5683e+03]
       df:22
        s:82.9433
```

结果表明: p 值>0.05, 接受原假设, 所以灯泡不因灯丝不同而有显著差异.

8.1.3 单因子方差分析中的参数估计

因为

$$\overline{y}_i=\mu+\alpha_i+\varepsilon_i,\quad i=1,2,\cdots,r,\qquad \overline{y}=\mu+\overline{\varepsilon},$$

所以有

$$E(\overline{y}_i)=\mu+\alpha_i=\mu,\qquad E(\overline{y})=\mu,$$

因此, 当拒绝 H_0 时, 得到 μ_i 与 μ 的点估计:

$$\hat{\mu}_i=\overline{y}_i,\quad \hat{\mu}=\overline{y},$$

又得到 $\alpha_i=\mu_i-\mu$ 的点估计:

$$\hat{\alpha}_i=\overline{y}_i-\overline{y}\qquad (i=1,2,\cdots,r).$$

又由以上讨论可知, 组内均分离差 $\overline{S}_e=\dfrac{S_e}{n-r}$ 是 σ^2 的点估计:

$$\hat{\sigma}^2=\overline{S}_e=\frac{S_e}{n-r}.$$

必有 $E(\hat{\sigma}^2)=\sigma^2$.

还可作出两个总体 $N(\mu_i,\sigma^2)$ 和 $N(\mu_j,\sigma^2)$ $(i\neq j)$ 的均值差

$$\mu_j-\mu_i=(\mu+\alpha_j)-(\mu+\alpha_i)=\alpha_j-\alpha_i$$

的区间估计. 因

$$E(\overline{y}_j-\overline{y}_i)=\mu_j-\mu_i=\alpha_j-\alpha_i,$$

$$D(\overline{y}_j-\overline{y}_i)=\sigma^2\left(\frac{1}{t}+\frac{1}{t}\right)=\frac{2\sigma^2}{t},$$

从而

$$\frac{(\overline{y}_j-\overline{y}_i)-(\mu_j-\mu_i)}{\sqrt{\dfrac{2}{t}}\sigma}\sim N(0,1).$$

因 $\dfrac{S_e}{\sigma^2} \sim \chi^2(n-r)$，又 $\overline{y}_j - \overline{y}_i$ 与 s_e 相互独立，记

$$t = \frac{(\overline{y}_j - \overline{y}_i) - (\mu_j - \mu_i)}{\sqrt{\dfrac{2}{t}}\sigma} = \frac{(\overline{y}_j - \overline{y}_i) - (\mu_j - \mu_i)}{\sqrt{\dfrac{2}{t}}\sigma} \Bigg/ \sqrt{\frac{S_e}{\sigma^2(n-r)}} \sim t(n-r),$$

于是，均值差 $\mu_j - \mu_i = \alpha_j - \alpha_i$ 的置信度为 $1-\alpha$ 的置信上下限为

$$(\overline{y}_j - \overline{y}_i) \pm t_{\frac{\alpha}{2}}(n-r)\sqrt{\frac{2}{t}\overline{S}_e}.$$

例 8.1.4 续例 8.1.1. 求

(1) $\mu_i, \alpha_i (i=1,2,3,4)$ 与 μ, σ^2 的点估计；

(2) $\mu_1-\mu_2, \mu_1-\mu_3, \mu_1-\mu_4, \mu_2-\mu_3, \mu_2-\mu_4, \mu_3-\mu_4$ 的区间估计 $(1-\alpha=0.99)$.

解 (1) $\hat{\mu}_1 = \hat{y}_1 = 76.4$, $\hat{\mu}_2 = 84$, $\hat{\mu}_3 = 76.2$, $\hat{\mu}_4 = 77$, $\hat{\mu} = 78.4$,

$\overline{y} = -2$, $\hat{\alpha}_2 = 5.6$, $\hat{\alpha}_3 = -0.2$, $\hat{\alpha}_4 = -1.4$, $\hat{\sigma}^2 = \overline{S}_e = 16.375$.

(2) $t_{0.005}(16) = 2.9208, t_{0.005}(16)\sqrt{\dfrac{2}{5}\overline{S}_e} = 7.475$. $\mu_1 - \mu_2$ 的区间估计为

$$(\overline{y}_1 - \overline{y}_2) \pm t_{0.005}(16)\sqrt{\frac{2}{5}\overline{S}_e} = -1.6 \pm 7.475,$$

即 $(-9.075, 5.875)$.

同样可求得 $\mu_1-\mu_3, \mu_1-\mu_4, \mu_2-\mu_3, \mu_2-\mu_4, \mu_3-\mu_4$ 的区间估计分别为

$(-7.275, 7.675)$, $(-8.075, 6.875)$, $(0.325, 15.275)$, $(-1.875, 13.075)$, $(-8.275, 6.675)$.

8.1.4 二因子方差分析

上面我们讨论了单因子试验中的方差分析，但在实际问题中，更多出现的却是多因素试验，往往需要同时研究几种因素对试验结果的影响，比如农业生产中需要同时研究肥料和种子品种对农作物产量的影响. 这样的问题就存在两个因子：一个因子是肥料的种类，另一个因子是种子的品种. 它们两者同时影响着农作物的产量. 我们希望通过试验选取使产量达到最高的肥料种类和种子品种. 由于有两个因子的影响，就产生一个新问题：不同种类的肥料和不同品种的种子对产量的联合影响不一定是它们分别对产量影响的叠加，也就是说肥料类型和种子品种要搭配得当才能得到最高产量，这类各因子的不同水平的搭配所产生的影响在统计学中称为交互作用. 各因子间是否存在交互作用是多因子方差分析中产生的新问题.

由于多因子问题复杂，而解决的基本方法又类似，为简单起见，我们仅介绍二因子方差分析，分两种情况讨论.

1. 无交互作用的二因子方差分析

设在某试验中同时考虑 A 与 B 两因子的作用，因子 A 取 r 个不同的水平 $A_1, A_2, \cdots, A_r$，因子 B 取 s 个不同的水平 $B_1, B_2, \cdots, B_s$，由于我们在这里只考虑 A, B 两因子无交互作用的情形，因此对每种不同水平的组合 (A_i, B_j) 均进行一次独立试验，共得 rs 个试验结果 y_{ij}，可列成如表 8-7 所示形式.

表 8-7

A 因子	B 因子				$y_{i\cdot}$
	B_1	B_2	$\cdots$	B_s	
A_1	y_{11}	y_{12}	$\cdots$	y_{1s}	$y_{1\cdot}$
A_2	y_{21}	y_{22}	$\cdots$	y_{2s}	$y_{2\cdot}$
$\vdots$	$\vdots$	$\vdots$		$\vdots$	$\vdots$
A_r	y_{r1}	y_{r2}	$\cdots$	y_{rs}	$y_{r\cdot}$
$y_{\cdot j}$	$y_{\cdot 1}$	$y_{\cdot 2}$	$\cdots$	$y_{\cdot s}$	$\overline{y}=\frac{1}{s}\sum_{j=1}^{s}y_{\cdot j}=\frac{1}{r}\sum_{i=1}^{r}y_{i\cdot}$

这里仍假定 y_{ij} 是独立地取自分布为 $N(\mu_{ij},\sigma^2)$ 的正态总体的样本.

为研究问题方便, 仍如单因子方差分析一样把参数改变一下, 令

$$\mu=\frac{1}{rs}\sum_{i=1}^{r}\sum_{j=1}^{s}\mu_{ij},\quad \text{称}\mu\text{为一般平均}.$$

$$\mu_{i\cdot}=\frac{1}{s}\sum_{j=1}^{s}\mu_{ij},\quad i=1,2,\cdots,r.$$

$$\mu_{\cdot j}=\frac{1}{r}\sum_{i=1}^{r}\mu_{ij},\quad j=1,2,\cdots,s.$$

$$\alpha_i=\mu_{i\cdot}-\mu,\quad i=1,\cdots,r,\quad \text{称}\alpha_i\text{为因子}A\text{的第}i\text{个水平的效应}.$$

$$\beta_j=\mu_{\cdot j}-\mu,\quad j=1,\cdots,s,\quad \text{称}\beta_j\text{为因子}B\text{的第}j\text{个水平的效应}.$$

显然有 $\sum_{i=1}^{r}\alpha_i=0,\sum_{j=1}^{s}\beta_j=0.$

在 A, B 无交互作用的假设下, 应有

$$\mu_{ij}=\mu+\alpha_i+\beta_j,$$

综上, 得如下(无交互作用)的方差分析模型

$$\begin{cases}y_{ij}=\mu+\alpha_i+\beta_j+\varepsilon_{ij},\quad i=1,\cdots,r,\quad j=1,\cdots,s,\\ \sum_{i=1}^{r}\alpha_i=0,\ \sum_{j=1}^{s}\beta_j=0,\\ \varepsilon_{ij}\sim N(0,\sigma^2)\text{且相互独立}.\end{cases}$$

要判断因子 A (或 B) 不同水平的影响是否有显著差异, 只需检验下面的假设 H_{01} (或 H_{02})

$$H_{01}:\alpha_1=\alpha_2=\cdots=\alpha_r=0;\qquad H_{02}:\beta_1=\beta_2=\cdots=\beta_s=0.$$

为检验 H_{01} 和 H_{02}, 我们仍如单因子时一样, 采用分解平方和的方法, 为此先引进如下记号:

$$y_{i\cdot}=\sum_{j=1}^{s}y_{ij},\quad \overline{y}_{i\cdot}=\frac{1}{s}y_{i\cdot},\quad i=1,\cdots,r,$$

$$y_{\cdot j}=\sum_{i=1}^{r}y_{ij},\quad \overline{y}_{\cdot j}=\frac{1}{r}y_{\cdot j},\quad j=1,\cdots,s,$$

$$\overline{y}=\frac{1}{rs}\sum_{i=1}^{r}\sum_{j=1}^{s}y_{ij}=\frac{1}{r}\sum_{i=1}^{r}\overline{y}_{i\cdot}=\frac{1}{s}\sum_{j=1}^{s}\overline{y}_{\cdot j}.$$

由上面可知有

$$\overline{y}_{i\cdot}=\mu+\alpha_i+\overline{\varepsilon}_{i\cdot},\quad i=1,\cdots,r,$$
$$\overline{y}_{\cdot j}=\mu+\beta_j+\overline{\varepsilon}_{\cdot j},\quad j=1,\cdots,s,$$
$$\overline{y}=\mu+\overline{\varepsilon}.$$

分解总偏差平方和

$$\begin{aligned}S_T&=\sum_{i=1}^{r}\sum_{j=1}^{s}(y_{ij}-\overline{y})^2\\&=\sum_{i=1}^{r}\sum_{j=1}^{s}[(y_{ij}-\overline{y}_{i\cdot}-\overline{y}_{\cdot j}+\overline{y})+(\overline{y}_{i\cdot}-\overline{y})+(\overline{y}_{\cdot j}-\overline{y})]^2\\&=\sum_{i=1}^{r}\sum_{j=1}^{s}(y_{ij}-\overline{y}_{i\cdot}-\overline{y}_{\cdot j}+\overline{y})^2+s\sum_{i=1}^{r}(\overline{y}_{i\cdot}-\overline{y})^2+r\sum_{j=1}^{s}(\overline{y}_{\cdot j}-\overline{y})^2\\&=S_e+S_A+S_B,\end{aligned}$$

其中

$$S_e=\sum_{i=1}^{r}\sum_{j=1}^{s}(y_{ij}-\overline{y}_{i\cdot}-\overline{y}_{\cdot j}+\overline{y})^2=\sum_{i=1}^{r}\sum_{j=1}^{s}(\varepsilon_{ij}-\overline{\varepsilon}_{i\cdot}-\overline{\varepsilon}_{\cdot j}+\overline{\varepsilon})^2$$

称为误差偏差平方和, 它反映了误差的波动.

$S_A=s\sum_{i=1}^{r}(\overline{y}_{i\cdot}-\overline{y})^2=s\sum_{i=1}^{r}(\alpha_i+\overline{\varepsilon}_{i\cdot}-\overline{\varepsilon})^2$ 称为因子 A 的偏差平方和.

$S_B=r\sum_{j=1}^{s}(\overline{y}_{\cdot j}-\overline{y})^2=r\sum_{j=1}^{s}(\beta_j+\overline{\varepsilon}_{\cdot j}-\overline{\varepsilon})^2$ 称为因子 B 的偏差平方和.

可计算得

$$E(S_A)=(r-1)\sigma^2+s\sum_{i=1}^{r}\alpha_i^2,$$

$$E(S_B)=(s-1)\sigma^2+r\sum_{j=1}^{r}\beta_j^2,$$

$$E(S_e)=(r-1)(s-1)\sigma^2.$$

因此在 H_{01} 和 H_{02} 为真时, $\dfrac{S_A}{r-1},\dfrac{S_B}{s-1}$ 分别是 σ^2 的无偏估计, 为此构造统计量

$$F_A=\frac{S_A/(r-1)}{S_e/(r-1)(s-1)}\sim F((r-1),(r-1)(s-1)),$$

$$F_B=\frac{S_B/(s-1)}{S_e/(r-1)(s-1)}\sim F((s-1),(r-1)(s-1))$$

(与单因子时一样, 利用柯赫伦定理可以证明 F_A, F_B 具有上述 F 分布), 分别作 H_{01} 和 H_{02} 的检验统计量, 在 H_{01} 和 H_{02} 不真时, F_A, F_B 分别有偏大的趋势.

对给定的水平 α, 可查 F 分布表(附表 5)分别得 $1-\alpha$ 分位数 $F_{1-\alpha}((r-1),(r-1)(s-1))$, $F_{1-\alpha}((s-1),(r-1)(s-1))$. 当值 $F_A>F_{1-\alpha}((r-1),(r-1)(s-1))$ 时拒绝 H_{01}, 当值 $F_B>F_{1-\alpha}((s-1),(r-1)(s-1))$ 时拒绝 H_{02}.

二因子方差分析也可以通过 Matlab 程序来实现, 具体操作如下

函数　`anova2`

格式　`p=anova2(x,reps,' displayopg')`

`[p,table,stats]=anova2(…)`

说明 比较样本 x 中两列或两列以上和两行以上数据的均值，不同列数据表示因子 A 的变化，不同行数据表示因子 B 的变化，若在每一行每一列交叉处有一个以上观测值，则参数 reps 表示每个单元观测值的个数. 当 reps = 1(默认值)时，表示无交互作用的双因素方差分析，当 reps>1 时，表示有交互作用的双因素方差分析.

%x 的各列为相互独立的样本观测值,元素个数相同,p 为各列均值相等的概率值,p 值接近于 0,说明至少有一列均值与其余列不同

```
p=anoval(x,group,'displayopt') %x 和 group 均为向量且 group 要与 x
                               对应，displayopt=on/off 表示显示
                               与隐藏方差分析表图和盒图
    %table 为方差分析表，stats 为分析结果的构造
```

例 8.1.5 为了考察蒸馏水的pH值和硫酸铜溶液浓度对化验血清中白蛋白对球蛋白的影响，对蒸馏水的pH值(A)取了 4 个不同水平，对硫酸铜溶液浓度(B)取了 3 个不同水平，在不同水平组合(A_i,B_j)下各测一次白蛋白与球蛋白之比，其结果列于下述计算表的左上角. 试在$\alpha=0.05$显著水平下检验两个因子对化验结果有无显著差异.

解 用方差分析解决这里的问题. 检验H_{01}：因子A对化验结果无显著影响；H_{02}：因子B对化验结果无显著影响.

这里$r=4,s=3$，记$n=rs=12$，具体计算见表 8-8.

表 8-8 例 8.1.5 中观测数据

B	A				$y_{\cdot j}$	$y_{\cdot j}^2$
	A_1	A_2	A_3	A_4		
B_1	3.5	2.6	2.0	1.4	9.5	90.25
B_2	2.3	2.0	1.5	0.8	6.6	43.56
B_3	2.0	1.9	1.2	0.3	5.4	29.16
$y_{i\cdot}$	7.8	6.5	4.7	2.5	$\sum_i\sum_j y_{ij}=21.5$	$\sum_{j=1}^{s}\overline{y}_{\cdot j}=162.92$
$y_{j\cdot}^2$	60.84	30.25	22.09	6.25	$\sum_{i=1}^{r}y_{i\cdot}^2=131.43$	

又$\sum_{i=1}^{r}\sum_{j=1}^{s}{y_{ij}}^2=46.29,\ \frac{1}{n}\left(\sum_i\sum_j y_{ij}\right)^2=38.52$，由上述计算可得

$$S_T=\sum_{i=1}^{r}\sum_{j=1}^{s}y_{ij}^2-\frac{1}{n}\left(\sum_i\sum_j y_{ij}\right)^2=46.29-38.52=7.77,$$

$$S_A=\frac{1}{s}\sum_{i=1}^{r}y_{i\cdot}^2-\frac{1}{n}\left(\sum_{i=1}^{r}\sum_{j=1}^{s}y_{ij}\right)^2=\frac{1}{3}\times131.43-38.52=5.29,$$

$$S_B=\frac{1}{r}\sum_{j=1}^{s}{y_{\cdot j}}^2-\frac{1}{n}\left(\sum_i\sum_j y_{ij}\right)^2=\frac{1}{4}\times162.92-38.52=2.21,$$

$$S_e=S_T-S_A-S_B=0.27.$$

从而

$$F_A=\frac{(r-1)(s-1)}{(r-1)}\cdot\frac{S_A}{S_e}=\frac{2\times5.29}{0.27}\approx39.185,$$

$$F_B=\frac{(r-1)(s-1)}{(s-1)}\cdot\frac{S_B}{S_e}=\frac{3\times2.21}{0.27}\approx24.556.$$

对 $\alpha=0.05$，因 $F_A \sim F(3,6)$，查 F 分布表(附表 5)得 $F_{1-\alpha}=F_{0.95}(3,6)=4.8$. $F_B \sim F(2,6)$，查 F 分布表(附表 5)得 $F_{1-\alpha}=F_{0.95}(2,6)=5.1$.

因 $F_A > F_{1-\alpha}(3,6), F_B > F_{1-\alpha}(2,6)$，故拒绝 H_{01}, H_{02} 认为因子 A, B 对化验结果都有显著影响.

Matlab 程序实现

```
>>x=[3.5 2.6 2.0 1.4;2.3 2.0 1.5 0.8;2.0 1.9 1.2 0.3]';
>>p=anova2(x,1)
```

输出结果为

```
p=
   0.0011  0.0002
```

输出的方差分析表如图 8-3 所示.

ANOVA Table

Source	SS	df	MS	F	Prob>F
Columns	2.22167	2	1.11083	25.8	0.0011
Rows	5.28917	3	1.76306	40.95	0.0002
Error	0.25833	6	0.04306		
Total	7.76917	11			

图 8-3

结果表明：因子 A 和因子 B 对应的 p 值均小于 0.05，均拒绝原假设，认为因子 A, B 对化验结果都有显著影响.

2. 具有交互效应的二因子方差分析

在这种情形下，用前面的记号，因为两因子 A 与 B 存在交互效应，会有 $\mu_{ij} \neq \mu+\alpha_i+\beta_j$，记 $\gamma_{ij}=\mu_{ij}-\mu-\alpha_i-\beta_j$，称它为因子 A 的第 i 个水平和因子 B 的第 j 个水平的交互效应，其满足关系式:

$$\sum_{i=1}^{r}\gamma_{ij}=0,\quad j=1,\cdots,s,\quad \sum_{j=1}^{s}\gamma_{ij}=0,\quad i=1,\cdots,r.$$

为了研究交互效应，需对两因子各个水平的组合进行若干次重复的观察，其结果如表 8-9 所示.

表 8-9　二因子方差分析试验数据

因子 A	因子 B			
	B_1	B_2	$\cdots$	B_s
A_1	$y_{111}, \cdots\ y_{11t}$	$y_{121}, \cdots\ y_{12t}$	$\cdots$	$y_{1s1}, \cdots\ y_{1st}$
A_2	$y_{211}, \cdots\ y_{21t}$	$y_{221}, \cdots\ y_{22t}$	$\cdots$	$y_{2s1}, \cdots\ y_{2st}$
$\vdots$	$\vdots$	$\vdots$		$\vdots$
A_r	$y_{r11}, \cdots\ y_{r1t}$	$y_{r21}, \cdots\ y_{r2t}$	$\cdots$	$y_{rs1}, \cdots\ y_{rst}$

这里视 $(y_{ij1}, \cdots, y_{ijt})$，$i=1\text{–}r$, $j=1\text{–}s$ 为取自 $N(\mu_{ij},\sigma^2)$ 总体的简单随机样本，又由各总体间相互独立的假设，故所有 y_{ijk} 相互独立.

综上，得有交互作用的二因子方差分析模型为

$$\begin{cases} y_{ijk} = \mu + \alpha_i + \beta_i + \gamma_{ij} + \varepsilon_{ijk}, & i = 1,\cdots,r, \\ \sum_{i=1}^{r}\alpha_i = 0, \sum_{j=1}^{s}\beta_j = 0, \sum_{i=1}^{r}\gamma_{ij} = 0, \sum_{j=1}^{s}\gamma_{ij} = 0, & j = 1,\cdots,s, \\ \varepsilon_{ijk} \sim N(0,\sigma^2)\text{且相互独立}, & k = 1,\cdots,t. \end{cases}$$

对此模型，除需检验因子 A，B 对试验结果有无显著影响，即检验

$$H_{01}: \alpha_1 = \alpha_2 = \cdots = \alpha_r = 0\text{；}\quad H_{02}: \beta_1 = \beta_2 = \cdots = \beta_s = 0,$$

还需检验 A，B 的交互作用是否对试验结果有显著影响，即

$$H_{03}: \gamma_{ij} = 0,\quad \text{对一切}\, i = 1,\cdots,r, j = 1,\cdots,s.$$

为此，需找出以上这些显著性检验的检验统计量，与前一段的讨论类似，我们需分解平方和，先引入一些记号

$$y_{ij\cdot} = \sum_{k=1}^{t} y_{ijk},\quad \overline{y}_{ij\cdot} = \frac{1}{t} y_{ij\cdot},\quad i = 1,\cdots,r,\quad j = 1,\cdots,s,$$

$$y_{i\cdot\cdot} = \sum_{j=1}^{s}\sum_{k=1}^{t} y_{ijk},\quad \overline{y}_{i\cdot\cdot} = \frac{1}{t} y_{i\cdot\cdot},\quad i = 1,\cdots,r,$$

$$\overline{y} = \frac{1}{n}\sum_{i=1}^{r}\sum_{j=1}^{s}\sum_{k=1}^{t} y_{ijk} = \frac{1}{r}\sum_{i=1}^{r}\overline{y}_{i\cdot\cdot} = \frac{1}{s}\sum_{j=1}^{s}\overline{y}_{\cdot j\cdot}.$$

由上面可知

$$\begin{aligned} &\overline{y} = \mu + \overline{\varepsilon}, \\ &\overline{y}_{ij\cdot} = \mu + \alpha_i + \beta_j + \gamma_{ij} + \overline{\varepsilon}_{ij\cdot}, \\ &\overline{y}_{i\cdot\cdot} = \mu + \alpha_i + \overline{\varepsilon}_{i\cdot\cdot}, \\ &\overline{y}_{\cdot j\cdot} = \mu + \beta_j + \overline{\varepsilon}_{\cdot j\cdot}. \end{aligned}$$

将总偏差平方和作如下分解：

$$\begin{aligned} S_T &= \sum_{i=1}^{r}\sum_{j=1}^{s}\sum_{k=1}^{t}(y_{ijk} - \overline{y})^2 \\ &= \sum_{i=1}^{r}\sum_{j=1}^{s}\sum_{k=1}^{t}[(y_{ijk} - \overline{y}_{ij\cdot}) + (\overline{y}_{i\cdot\cdot} - \overline{y}) + (\overline{y}_{\cdot j\cdot} - \overline{y}) + (\overline{y}_{ij\cdot} - \overline{y}_{i\cdot\cdot} - \overline{y}_{\cdot j\cdot} + \overline{y})]^2 \\ &= \sum_{i=1}^{r}\sum_{j=1}^{s}\sum_{k=1}^{t}(y_{ijk} - \overline{y}_{ij\cdot})^2 + st\sum_{i=1}^{r}(\overline{y}_{i\cdot\cdot} - \overline{y})^2 + rt\sum_{j=1}^{s}(\overline{y}_{\cdot j\cdot} - \overline{y})^2 \\ &\quad + t\sum_{i=1}^{r}\sum_{j=1}^{s}(\overline{y}_{ij\cdot} - \overline{y}_{i\cdot\cdot} - \overline{y}_{\cdot j\cdot} + \overline{y})^2 \overset{\Delta}{=} S_e + S_A + S_B + S_{A\times B}, \end{aligned}$$

其中

$$S_e = \sum_{i=1}^{r}\sum_{j=1}^{s}\sum_{k=1}^{t}(y_{ijk} - \overline{y}_{ij\cdot})^2 = \sum_{i=1}^{r}\sum_{j=1}^{s}\sum_{k=1}^{t}(\varepsilon_{ijk} - \overline{\varepsilon}_{ij\cdot})^2$$

称为误差偏差平方和(反映了随机误差对试验结果的影响).

$S_A = st\sum_{i=1}^{r}(\overline{y}_{i\cdot\cdot} - \overline{y})^2 = st\sum_{i=1}^{r}(\alpha_i + \overline{\varepsilon}_{i\cdot\cdot} - \overline{\varepsilon})^2$ 称为因子 A 引起的偏差平方和(除含有误差波动外，反映因子 A 对试验结果的影响).

$S_B = rt\sum_{j=1}^{s}(\overline{y}_{.j.} - \overline{y})^2 = rt\sum_{j=1}^{s}(\beta_j + \overline{\varepsilon}_{.j.} - \overline{\varepsilon})^2$ 称为因子 B 的偏差平方和.

$S_{A\times B} = t\sum_{i=1}^{r}\sum_{j=1}^{s}(\overline{y}_{ij.} - \overline{y}_{i..} - \overline{y}_{.j.} + \overline{y})^2 = t\sum_{i=1}^{r}\sum_{j=1}^{s}(\gamma_{ij} + \overline{\varepsilon}_{ij.} - \overline{\varepsilon}_{i..} - \overline{\varepsilon}_{.j.} + \overline{\varepsilon})^2$ 为因子 A 与 B 的交互作用的偏差平方和, 反映了因子 A 与 B 的交互作用对试验结果的影响.

我们可以计算出

$$E(S_e) = rs(t-1)\sigma^2, \quad E(S_A) = (r-1)\sigma^2 + st\sum_{i=1}^{r}\alpha_i^2,$$

$$E(S_B) = (s-1)\sigma^2 + rt\sum_{j=1}^{s}\beta_j^2, \quad E(S_{A\times B}) = (r-1)(s-1)\sigma^2 + t\sum_{i=1}^{r}\sum_{j=1}^{s}\gamma_{ij}^2.$$

据此可构造 H_{01}, H_{02}, H_{03} 的检验统计量分别为

$$F_A = \frac{S_A/(r-1)}{S_e/rs(t-1)} = \frac{rs(t-1)}{r-1}\frac{S_A}{S_e},$$

$$F_B = \frac{S_B/(s-1)}{S_e/rs(t-1)} = \frac{rs(t-1)}{s-1}\frac{S_B}{S_e},$$

$$F_{A\times B} = \frac{S_{A\times B}/(r-1)(S-1)}{S_e/rs(t-1)} = \frac{rs(t-1)}{(r-1)(s-1)}\frac{S_{A\times B}}{S_e}.$$

显然, 当 H_{01}, H_{02}, H_{03} 分别不成立时, $F_A, F_B, F_{A\times B}$ 分别有偏大的趋势.

由柯赫伦定理可以证明

$$F_A \overset{H_{01}\text{真}}{\sim} F((r-1), rs(t-1)),$$

$$F_B \overset{H_{02}\text{真}}{\sim} F((s-1), rs(t-1)),$$

$$F_{A\times B} \overset{H_{03}\text{真}}{\sim} F((r-1)(s-1), rs(t-1)).$$

对于给定的显著性水平 α,

当观察值 $F_A > F_{1-\alpha}((r-1), rs(t-1))$ 时, 拒绝 H_{01}, 否则接受 H_{01}.

当观察值 $F_B > F_{1-\alpha}((s-1), rs(t-1))$ 时, 拒绝 H_{02}, 否则接受 H_{02}.

当观察值 $F_{A\times B} > F_{1-\alpha}((r-1)(s-1), rs(t-1))$ 时, 拒绝 H_{03}, 否则接受 H_{03}.

习　题　8.1

1. 方差分析是用于研究哪些数据的统计方法? 请举一个可应用单因素方差分析的实际问题.

2. 单因素方差分析的基本假设是什么?

3. 什么是偏差平方和? 什么是平方和的自由度?

4. 什么是总偏差平方和? 它可以分解为哪两部分? 这种分解与方差分析有什么关系?

5. 电视机工程师对不同类型外壳的彩色显像管的管子传导率是否有差异感兴趣, 测量了 4 种类型的显像管, 得传导体的观察值见表 8-10.

表 8-10

类型 1	143	141	150	146
类型 2	152	144	137	143
类型 3	134	136	133	129
类型 4	129	128	134	129

试问外壳类型对传导体有显著影响吗(取 $\alpha = 0.05$)？

6. 考察实验室一小时内，在不同电流强度下得到的电解铜的强度，对每种电流强度各做了 5 次试验，分别测其含杂质率(%)，数据如表 8-11 所示.

表 8-11　杂质率的相关试验数据

电流/安	样品号				
	1	2	3	4	5
A_1	1.7	2.1	2.2	2.1	1.9
A_2	2.1	2.2	2.0	2.2	2.1
A_3	1.5	1.3	1.8	1.4	1.7
A_4	1.9	1.9	2.2	2.3	2.0

试判断电流强度对电解铜的杂质率是否有显著影响($\alpha = 0.01$)？

7. 抽查某地区三所小学五年级男学生的身高，得数据见表 8-12.

表 8-12　三所小学五年级男生的身高数据

小学	身高/厘米					
第一小学	128.1	134.1	133.1	138.9	140.8	127.4
第二小学	150.3	147.9	136.8	126.0	150.7	155.8
第三小学	140.6	143.1	144.5	143.7	148.5	146.4

(1) 该地区三所小学五年级男学生的平均身高是否有显著差异($\alpha = 0.05$)？

(2) 分别求这三所小学五年级男学生的平均身高及方差的点估计.

8. 某化工厂在用钡泥制取硝酸钡的试验中，考虑到溶钡的溶出率随酸度的增大而提高，今将溶钡酸度从 pH = 4 降至 pH = 1，取四个水平 A_1(pH = 4), A_2(pH = 3), A_3(pH = 2), A_4(pH = 1)，每次各作 4 次试验，测得硝酸钡含量见表 8-13.

表 8-13　硝酸钡含量试验数据

溶钡酸度	样品号			
	1	2	3	4
A_1	6.17	6.73	6.45	6.53
A_2	5.89	5.73	5.50	5.61
A_3	5.01	5.19	5.37	5.26
A_4	4.28	4.75	4.79	4.50

(1) 溶钡酸度对废水中硝酸钡含量是否有显著影响($\alpha = 0.01$)？

(2) 求 μ_1, μ_2, μ_3, μ_4, μ 及 σ^2 的点估计;

(3) 求 $\mu_1 - \mu_2$ 的 95%的置信区间.

---

9. 某养鸡场为检验三种不同饲料对鸡增重是否有差异，从鸡场中选择 18 只相似的小鸡，随机等分为 3 组，每组各喂一种饲料, 20 天后测得增重的数据(单位: 克)如表 8-14 所示.

表 8-14 不同饲料对鸡增重的实验数据

饲料	增重
A_1	47, 42, 45, 49, 50, 45
A_2	49, 38, 40, 39, 50, 41
A_3	33, 34, 40, 38, 47, 36

方差分析的结果如表 8-15 所示.

表 8-15 方差分析的结果

方差来源	平方和	自由度	均方和	F	p 值
因素(组间)	210.1111	2	105.0556	5.0481	0.0211
误差(组内)	312.1667	15	20.8111		
全部	522.2778	17			

(1) 针对本问题, 说明进行方差分析应具备的条件;

(2) 给出所检验的假设;

(3) 从这个方差分析表, 当显著性水平取 0.005 时, 你能做出什么结论? 当显著性水平取 0.01 时, 你能做出什么结论?

(4) 当得到的结论是三种不同饲料下鸡的平均增重有显著差异, 你还应该做些什么分析?

8.2 线性回归分析初步

8.2.1 回归分析的相关概念

以前我们所研究的函数关系是完全确定的, 但在实际问题中, 常常会遇到两个变量之间具有密切关系却又不能用一个确定的数学式子表达, 这种非确定性的关系称为相关关系. 通过大量的试验和观察, 用统计的方法找到试验结果的统计规律, 这种方法称为回归分析.

回归分析是研究变量之间相关关系的一种统计推断法.

例如, 人的血压 y 与年龄 x 有关, 这里 x 是一个普通变量, y 是随机变量. y 与 x 之间的相依关系 $f(x)$ 受随机误差 ε 的干扰使之不能完全确定, 故可设有

$$y=f(x)+\varepsilon,$$

式中 $f(x)$ 称作回归函数, ε 为随机误差或随机干扰, 它是一个分布与 x 无关的随机变量, 我们常假定它是均值为 0 的正态变量. 为估计未知的回归函数 $f(x)$, 我们通过 n 次独立观测, 得 x 与 y 的 n 对实测数据 (x_i, y_i), $i=1,2,\cdots,n$, 对 $f(x)$ 作估计.

实际中常遇到的是多个自变量的情形.

例如, 在考察某化学反应时, 发现反应速度 y 与催化剂用量 x_1, 反应温度 x_2, 所加压力 x_3 等多种因素有关. 这里 $x_1,x_2,\cdots,x_k$ 都是可控制的普通变量, y 是随机变量, y 与诸 x_i 间的依存关系受随机干扰和随机误差的影响, 使之不能完全确定, 故可假设有

$$y=f(x_1,x_2,\cdots,x_k)+\varepsilon.$$

这里 ε 是不可观察的随机误差, 它是分布与 $x_1,x_2,\cdots,x_k$ 无关的随机变量, 一般设其均值为 0, 这里的多元函数 $f(x_1,x_2,\cdots,x_k)$ 称为回归函数, 为了估计未知的回归函数, 同样可作 n 次独立观察, 基于观测值去估计 $f(x_1,x_2,\cdots,x_k)$.

以下的讨论中我们总称自变量 $x_1,x_2,\cdots,x_k$ 为控制变量 y 为响应变量，不难想象，如对回归函数 $f(x_1,x_2,\cdots,x_k)$ 的形式不作任何假设，问题过于一般，将难以处理，所以本章将主要讨论 y 和控制变量 $x_1,x_2,\cdots,x_k$ 呈现线性相关关系的情形，即假定

$$f(x_1,x_2,\cdots,x_k)=b_0+b_1x+b_2x^2+\cdots+b_kx^k.$$

并称由它确定的模型为线性回归模型. 对于线性回归模型，估计回归函数 $f(x_1,x_2,\cdots,x_k)$ 就转化为估计系数 $b_0,b_i(i=1,2,\cdots,k)$.

当线性回归模型只有一个控制变量时，称为一元线性回归模型，有多个控制变量时称为多元线性回归模型，本着由浅入深的原则，我们重点讨论一元的，在此基础上简单介绍多元的.

8.2.2 一元线性回归

前面我们曾提到，在一元线性回归中有两个变量，其中 x 是可观测、可控制的普通变量，常称它为自变量或控制变量，y 为随机变量，常称其为因变量或响应变量. 通过散点图或计算相关系数判定 y 与 x 之间存在着显著的线性相关关系，即 y 与 x 之间存在如下关系：

$$y=a+bx+\varepsilon.$$

通常认为 $\varepsilon\sim N(0,\sigma^2)$ 且假设 σ^2 与 x 无关. 将观测数据 (x_i,y_i) $(i=1,2,\cdots,n)$ 代入上式中得

$$\begin{cases}y_i=a+bx_i+\varepsilon_i(i=1,\cdots,n),\\ \varepsilon_1,\cdots,\varepsilon_n\text{独立同分布}N(0,\sigma^2).\end{cases}$$

称上面两式所确定的模型为一元（正态）线性回归模型. 对其进行统计分析称为一元线性回归分析.

$y=a+bx$ 就是所谓的一元线性回归方程，其图像就是回归直线，b 为回归系数，a 称为回归常数，有时也通称 a，b 为回归系数.

一元线性回归问题主要分以下三个方面：

(1) 通过对大量试验数据的分析、处理，得到两个变量之间的经验公式，即一元线性回归方程；

(2) 对经验公式的可信程度进行检验，判断经验公式是否可信；

(3) 利用已建立的经验公式，进行预测和控制.

1. 散点图与回归直线

在一元线性回归分析里，主要是考察随机变量 y 与普通变量 x 之间的关系. 通过试验，可得到 x，y 的若干对实测数据，将这些数据在坐标系中描绘出来，所得到的图叫做散点图.

例 8.2.1 在硝酸钠 ($NaNO_3$) 的溶解度试验中，测得在不同温度 x (℃) 下，溶解于 100 份水中的硝酸钠份数 y 的数据如表 8-16 所示.

表 8-16 例 8.2.1 中试验数据

x_i	0	4	10	15	21	29	36	61	68
y_i	66.7	71.0	76.3	80.6	85.7	92.9	99.4	113.6	125.1

给出散点图并试建 x 与 y 的经验公式.

解 将每对观察值 (x_i,y_i) 在直角坐标系中描出，得散点图如图 8-4 所示. 从图中可看出，这些点虽不在一条直线上，但都在一条直线附近. 于是，很自然会想到用一条直线来近似地

表示 x 与 y 之间的关系，这条直线的方程就叫做 y 对 x 的一元线性回归方程. 设这条直线的方程为 $\hat{y}=a+bx$，其中 a,b 叫做回归系数（$\hat{y}$ 表示直线上 y 的值与实际值 y_i 不同）.

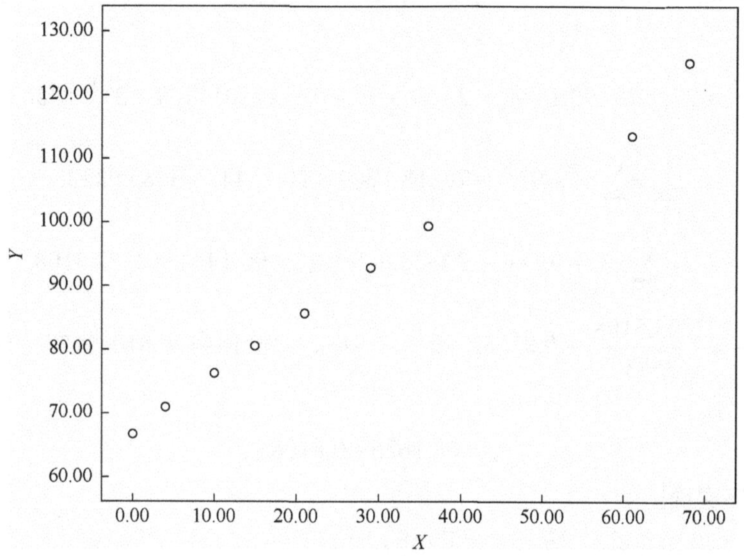

图 8-4 散点图

下面是怎样确定 a 和 b，使直线总的看来最靠近这几个点.

2. 最小二乘法

在一次试验中，取得 n 对数据 (x_i,y_i)，其中 y_i 是随机变量 y 对应于 x_i 的观察值. 我们所要求的直线应该是使所有 $|y_i-\hat{y}|$ 之和最小的一条直线，其中 $\hat{y}_i=a+bx_i$. 由于绝对值在处理上比较麻烦，所以用平方和来代替，即要求 a，b 的值使 $Q=\sum_{i=1}^{n}(y_i-\hat{y}_i)^2$ 最小. 利用多元函数求极值的方法求回归系数 $\hat{a}$，$\hat{b}$，得

$$\begin{cases}\hat{a}=\overline{y}-\hat{b}\overline{x},\\ \hat{b}=\dfrac{L_{xy}}{L_{xx}},\end{cases}$$

其中

$$\overline{x}=\frac{1}{n}\sum_{i=1}^{n}x_i,\quad \overline{y}=\frac{1}{n}\sum_{i=1}^{n}y_i,\quad L_{xx}=\sum_{i=1}^{n}(x_i-\overline{x})^2=\sum_{i=1}^{n}x_i^2-n\overline{x}^2,$$

$$L_{yy}=\sum_{i=1}^{n}(y_i-\overline{y})^2=\sum_{i=1}^{n}y_i^2-n\overline{y}^2,\quad L_{xy}=\sum_{i=1}^{n}(x_i-\overline{x})(y_i-\overline{y})=\sum_{i=1}^{n}x_iy_i-n\overline{x}\overline{y}.$$

从而得到一元线性回归方程 $\hat{y}=\hat{a}+\hat{b}x$，其中 $\hat{a}$，$\hat{b}$ 称为参数 a，b 的最小二乘估计，上述方法叫做最小二乘估计法.

回归分析可以通过程序来实现，具体操作如下

命令 `[b,bint,r,rint,stats]=regress(y,x,alpha)`

说明 `b` 为回归系数的估计值(第一个为常数项)；`bint` 为回归系数的区间估计；`r` 为残差；

`rint` 为残差的置信区间; `stats` 为用于检验回归模型的统计量, 依次为相关系数 r_2, F 值, 与 F 对应的概率 p 和残差的方差; `alpha` 为显著性水平(默认值 0.05).

下面计算例 8.2.1 中 y 对 x 的一元线性回归方程. 这里 $n=9$, (x_i,y_i) 由例 8.2.1 给出, 计算出

$$\bar{x}=27,\ \bar{y}=90.1444,\quad L_{xx}=\sum_{i=1}^{9}x_i^2-9\bar{x}^2=10144-9\times 27^2=3583,$$

$$L_{yy}=\sum_{i=1}^{9}y_i^2-9\bar{y}^2=76218.17-9\times 90.1444^2=3083.9822,$$

$$L_{xy}=\sum_{i=1}^{9}x_iy_i-9\bar{x}\cdot\bar{y}=24628.6-9\times 27\times 90.1444=2723.5108,$$

$$\hat{b}=\frac{L_{xy}}{L_{xx}}=\frac{2723.5108}{3583}=0.8108,\quad \hat{a}=\bar{y}-\hat{b}\,\bar{x}=90.1444-0.8108\times 27=68.1625.$$

故所求回归方程为

$$\hat{y}=68.1625+0.8108x.$$

Matlab 程序实现

```
>>x=[0 4 10 15 21 29 36 61 68]';
>>y=[66.7 71.0 76.3 80.6 85.7 92.9 99.4 113.6 125.1]';
>>plot(x,y,'o')%绘制散点图
>>x=[ones(9,1),x];
>>b=regress(y,x)
b=
68.1625
0.8108
```

由此可知所求回归方程为: $y=68.1625+0.8108x$. 输出的散点图如图 8-5 所示.

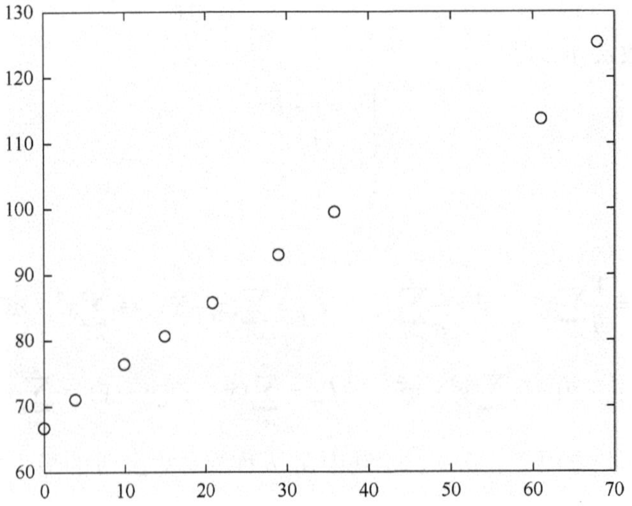

图 8-5

例 8.2.2　若已知市场上某种商品的价格和供给之间的数量关系如下:

价格 x: 2.0　2.5　2.7　3.5　4.0　4.5　5.2　6.3　7.1　8.0　9.0　10.0

供给 y: 1.3　2.5　2.5　2.7　3.5　4.2　5.0　6.4　6.3　7.0　8.0　8.1

试求 y 对 x 的一元线性回归方程.

解　设所求的一元线性回归方程为 $\hat{y}=\hat{b}_0+\hat{b}_1x$. 由条件 $n=12, \bar{x}=5.4, \bar{y}=4.7167$, 有

$$L_{xx}=428.18-12\times 5.4^2=78.26,$$
$$L_{xy}=378-12\times 5.4\times 4.7917=67.5,$$

因此, 可求出方程的参数最小二乘估计值为

$$\hat{b}_1=\frac{L_{xy}}{L_{xx}}=\frac{67.5}{78.26}=0.8625,$$

$$\hat{b}_0=\hat{y}-\hat{b}_1\bar{x}=4.7917-0.8625\times 5.4=0.1341,$$

所以, 所求的一元线性回归方程为 $\hat{y}=0.1341+0.8625x$.

Matlab 程序实现

```
>>x=[2.0 2.5 2.7 3.5 4.0 4.5 5.2 6.3 7.1 8.0 9.0 10.0]';
>>y=[1.3 2.5 2.5 2.7 3.5 4.2 5.0 6.4 6.3 7.0 8.0 8.1]';
>>x=[ones(12, 1), x];
>>b=regress(y, x)
b=
   0.1341
   0.8625
```

由此可知所求回归方程为: $y=0.1341+0.8625x$.

3. 最小二乘估计 $\hat{a},\hat{b}$ 的基本性质

定理 8.2.1　在一元线性回归分析中, a,b 的最小二乘估计 $\hat{a},\hat{b}$ 满足:

(1) $E(\hat{a})=a,\ E(\hat{b})=b$;

(2) $D(\hat{a})=\left(\frac{1}{n}+\frac{\bar{x}^2}{L_{xx}}\right)\sigma^2, D(\hat{b})=\frac{1}{L_{xx}}\sigma^2$;

(3) $\operatorname{cov}(\hat{a},\hat{b})=-\frac{\bar{x}}{L_{xx}}\sigma^2$.

证明　(1) 注意到对任意 $i=1,2,\cdots,n$ 有

$$E(y_i)=a+bx_i,\quad E(\bar{y})=a+b\bar{x},$$
$$Dy_i=\sigma^2,\quad E(y_i-\bar{y})=E(y_i)-E(\bar{y})=b(x_i-\bar{x})^2,$$

于是

$$E(\hat{b})=\frac{1}{L_{xx}}E\left[\sum_{i=1}^{n}(x_i-\bar{x})(y_i-\bar{y})\right]=\frac{b\sum_{i=1}^{n}(x_i-\bar{x})^2}{L_{xx}}=b,$$
$$E(\hat{a})=E(\bar{y})-\bar{x}E(\hat{b})=a+b\bar{x}-b\bar{x}=a.$$

(2) 利用 $\sum_{i=1}^{n}(x_i-\bar{x})=0$, 将 $\hat{a},\hat{b}$ 表示为

$$\hat{b}=\frac{1}{L_{xx}}\sum_{i=1}^{n}(x_i-\bar{x})(y_i-\bar{y})=\frac{1}{L_{xx}}\sum_{i=1}^{n}(x_i-\bar{x})y_i,$$

$$\hat{a}=\frac{1}{n}\sum_{i=1}^{n}y_i-\overline{x}\hat{b}=\sum_{i=1}^{n}\left[\frac{1}{n}-\frac{(x_i-\overline{x})\overline{x}}{L_{xx}}\right]y_i.$$

由于 $y_1,y_2,\cdots,y_n$ 相互独立，有

$$D(\hat{b})=\frac{1}{L_{xx}^2}\sum_{i=1}^{n}(x_i-\overline{x})^2\sigma^2=\frac{\sigma^2}{L_{xx}},$$

$$D(\hat{a})=\sum_{i=1}^{n}\left[\frac{1}{n}-\frac{(x_i-\overline{x})\overline{x}}{L_{xx}}\right]^2\sigma^2$$

$$=\left[\frac{1}{n}+\sum_{i=1}^{n}\frac{(x_i-\overline{x})^2\overline{x}^2}{L_{xx}^2}\right]\sigma^2=\left(\frac{1}{n}+\frac{\overline{x}^2}{L_{xx}^2}\right)\sigma^2.$$

上述定理表明，a,b 的最小二乘估计 $\hat{a},\hat{b}$ 是无偏的，从上述证明过程中还知道它们又是线性的，因此 a,b 的最小二乘估计 $\hat{a},\hat{b}$ 分别是 a,b 的线性无偏估计.

4. 回归方程的显著性检验

一般的情况下，给定 n 对数组，总能建立一个方程，但是这个方程是否有效，还需作检验，也就是说回归的显著不显著需要检验. 若回归方程中 $b=0$，则回归方程变成 $y=a$，不再与 x 有关，因此检验的原假设与备择假设为

$$H_0:b=0;\quad H_1:b\neq 0.$$

为了寻求检验的统计量. 我们把总体平方和分解，令 $\hat{y}_i=\hat{a}+\hat{b}x_i$，

$$S_{总}=\sum_{i=1}^{n}(y_i-\overline{y})^2=\sum_{i=1}^{n}(y_i-\hat{y}_i)^2+\sum_{i=1}^{n}(\hat{y}_i-\overline{y})^2.$$

令 $\sum_{i=1}^{n}(y_i-\hat{y}_i)^2=S_{剩}$ 称为剩余平方和，$\sum_{i=1}^{n}(\hat{y}_i-\overline{y})^2=S_{回}$ 称为回归平方和.

再来分析它们的分布，$\dfrac{\sum_{i=1}^{n}(y_i-\overline{y})^2}{\sigma^2}\sim\chi^2(n-1)$，若能求出 $\dfrac{\sum_{i=1}^{n}(y_i-\hat{y}_i)^2}{\sigma^2}$ 的自由度，则 $\dfrac{\sum_{i=1}^{n}(\hat{y}_i-\overline{y})^2}{\sigma^2}$ 的自由度也就知道了. 为了求 $\dfrac{\sum_{i=1}^{n}(y_i-\hat{y}_i)^2}{\sigma^2}$ 的自由度，只要求出 $\sum_{i=1}^{n}(y_i-\hat{y}_i)^2$ 的数学期望就可以了.

由

$$E\left[\sum_{i=1}^{n}(y_i-\hat{y})_i\right]^2=E\left[\sum_{i=1}^{n}(y_i-\overline{y})^2\right]-E(\hat{b})^2L_{xx}=(n-1)\sigma^2+b^2L_{xx}-\sigma^2-b^2L_{xx}=(n-2)\sigma^2$$

可知

$$\frac{\sum_{i=1}^{n}(y_i-\hat{y})^2}{\sigma^2}\sim\chi^2(n-2),$$

因此，

$$\frac{\sum_{i=1}^{n}(\hat{y}_i-\overline{y})^2}{\sigma^2}\sim\chi^2(1),$$

又记为

$$\frac{S_{总}}{\sigma^2}\sim\chi^2(n-1),\quad \frac{S_{回}}{\sigma^2}\sim\chi^2(1),\quad \frac{S_{剩}}{\sigma^2}\sim\chi^2(n-2),$$

在 H_0 成立的条件下，检验统计量 $F=\dfrac{S_{回}/1}{S_{剩}/(n-2)}\sim F(1,n-2)$，拒绝域为

$$\{F\geqslant F_{1-\alpha}(1,n-2)\}.$$

5. 相关性检验

在使用由试验数据求出回归方程的最小二乘法之前，并没有判定两个变量之间是否具有线性的相关关系. 因此，即使在平面上一些并不呈现线性关系的点之间，也照样可以求出一条回归直线，这显然毫无意义. 因此，我们要用假设检验的方法进行相关关系的检验，其方法如下:

(1) 假设 H_0 : y 与 x 存在密切的线性相关关系;

(2) 计算相关系数 $r=\dfrac{L_{xy}}{\sqrt{L_{xx}L_{yy}}}$；

(3) 给定 α，根据自由度 $n-2$，查相关系数临界值表(附表 7)，求出临界值 λ；

(4) 作出判断：如果 $|r|\geqslant\lambda$ 时，接受假设 H_0，即认为在显著性水平 α 下，y 与 x 的线性相关关系较显著；如果 $|r|<\lambda$ 时，则可认为在显著性水平 α 下，y 与 x 的线性相关关系不显著，即拒绝假设 H_0.

相关性检验也可以用 Matlab 程序 来实现，具体操作如下

函数　corrcoef

格式　r=corrcoef(A)%返回A的相关系数的矩阵,其中A的列表示随机变量,行表示观测值

r=corrcoef(A,B)%返回两个随机变量A和B之间的系数

[r,p]=corrcoef(…)%返回相关系数的矩阵和 p 值矩阵,用于测试观测到的现象之间没有关系的假设(原假设),如果p的非对角线元素小于显著性水平(默认值为0.05),则r中的相应相关性被视为显著.

例 8.2.3　若已知市场上某种商品的价格和供给之间的数量关系如下:

价格 x: 2.0　2.5　2.7　3.5　4.0　4.5　5.2　6.3　7.1　8.0　9.0　10.0

供给 y: 1.3　2.5　2.5　2.7　3.5　4.2　5.0　6.4　6.3　7.0　8.0　8.1

试求供给 y 与价格 x 之间的线性关系是否显著($\alpha=0.05$).

解　设所求的一元线性回归方差为 $y=b_0+b_1x$. 要检验变量之间的线性关系的显著性，就是要检验参数 $b_1=0$ 是否成立，即需要假设 $H_0:b_1=0$ 成立. 构造统计量

$$r=\frac{L_{xy}}{\sqrt{L_{xx}}\sqrt{L_{yy}}}.$$

对于检验水平 $\alpha=0.05$，查相关系数临界值表(附表 7)确定临界值 $R_{0.05}(n-2)$=$R_{0.05}(10)$=0.576. 结合观察值计算的统计量为 $r=\dfrac{L_{xy}}{\sqrt{L_{xx}}\sqrt{L_{yy}}}=\dfrac{67.5}{\sqrt{78.26}\sqrt{60.11}}=0.9842.$

因此，比较实际值与临界值得出的结论，拒绝原假设 H_0，即 $b_1=0$ 不合理，可以认为供给 y 与价格 x 之间的线性关系显著.

Matlab 程序实现

```
>>x=[2.0 2.5 2.7 3.5 4.0 4.5 5.2 6.3 7.1 8.0 9.0 10.0]';
>>y=[1.3 2.5 2.5 2.7 3.5 4.2 5.0 6.4 6.3 7.0 8.0 8.1]';
>>[r,p]=corrcoef(x,y)
```

输出结果为

```
r=
   1.0000  0.9842
   0.9842  1.0000
p=
   1.0000  0.0000
   0.0000  1.0000
```

结果表明: p 的非对角线元素小于显著性水平 0.05, 可以认为供给 y 与价格 x 之间的线性关系显著.

6. 预测与控制

在求出随机变量 y 与变量 x 的一元线性回归方程, 并通过相关性检验后, 便能用回归方程进行预测和控制.

(1) 预测.

点预测: 对给定的 $x=x_0$, 根据回归方程求得 $\hat{y}_0=\hat{a}+bx_0$, 作为 y_0 的预测值, 这种方法叫做点预测.

区间预测: 区间预测就是对给定的 $x=x_0$, 利用区间估计的方法求出 y_0 的置信区间. 对给定的 $x=x_0$, 由回归方程可计算一个回归值 $\hat{y}_0=\hat{a}+bx_0$. 设在 $x=x_0$ 的一次观察值为 y_0, 记 $\varepsilon_0=y_0-\hat{y}_0, \varepsilon_i=y_i-\hat{y}_i\ (i=1,2,\cdots,n)$, 其中 y_i 为对应 x_i 的观察值, $\hat{y}_i$ 为对应 x_i 的回归值.

一般地(特别当 n 很大时), ε_0 与 $\varepsilon_1,\varepsilon_2,\cdots,\varepsilon_n$ 相互独立, 而且服从同一正态分布 $N(0,\sigma^2)$.

可以证明, 统计量 $\hat{\sigma}^2=S_y^2=\dfrac{Q}{n-2}$ 是 σ^2 的无偏估计量, 其中 $Q=\sum\limits_{i=1}^{n}\varepsilon_i^2=\sum\limits_{i=1}^{n}(y_i-\hat{y}_i)^2=L_{yy}-\hat{b}L_{xy}$. 从而可近似地认为 $\dfrac{y_0-\hat{y}_0}{S_y}\sim N(0,1)$.

于是, 我们得到 y_0 的 95%预测区间为 $(\hat{y}_0-1.96S_y,\hat{y}_0+1.96S_y)$, y_0 的 99%预测区间为 $(\hat{y}_0-2.58S_y,\hat{y}_0+2.58S_y)$.

上述预测区间在 n 较大且 $(x_0-\bar{x})$ 较小时适用.

(2) 控制.

控制是预测的反问题, 就是如何控制 x 值使 y 落在指定范围内, 也就是给定 y 的变化范围求 x 的变化范围.

如果希望 y 在区间 (y_1,y_2) 内取值(y_1 与 y_2 已知), 则 x 的控制区间的两个端点 x_1, x_2 可由下述方程解出

$$\begin{cases} y_1=\hat{a}+\hat{b}x_1-3S_y, \\ y_2=\hat{a}+\hat{b}x_2+3S_y, \end{cases}$$

当回归系数 $\hat{b}>0$ 时, 控制区间为 (x_1,x_2); 当 $\hat{b}<0$ 时, 控制区间为 (x_2,x_1).

应当指出下面两点:

(1) y 的取值范围一般仅限于在已试验过的 y 的变化范围之内, 不能任意外推;

(2) 对 y 的指定区间 (y_1, y_2) 不能任意小, 按上面的方程组计算时, y_1, y_2 必须满足 $y_2 - y_1 > 6S_y$ 时, 所求的 x 的控制区间才有意义.

例 8.2.4　商品需求量与居民人数有关, 某市商业部门为了预定今年某商品采购量以便满足市场需求, 经调查得到的资料如下:

居民数(人): 100　200　300　300　400　500　550　600　600　600.

需求量(kg): 50　120　160　190　240　290　330　350　360　380.

居民数(人): 700　750　800　800　850　850　900　950　950　1000.

需求量(kg): 400　450　490　480　500　490　550　540　560　610.

(1) 问商品需求量与居民人数之间是否存在线性关系;

(2) 如果存在线性关系, 求出商品需求量与居民人数之间的线性回归方程;

(3) 假定居民点的人数为 600, 试问商品的需求量与居民人数之间的线性回归方程;

(4) 假定居民点的人数为 600, 试以 95%的置信度估计需求量的区间范围.

解　(1) 设所求的一元线性回归方差为 $y = b_0 + b_1 x$. 由条件,

$$L_{xx} = 100^2 \times 135.05, \quad L_{xy} = 100^2 \times 80.76, \quad L_{yy} = 100^2 \times 48.602.$$

要检验变量之间的线性关系的显著性, 就是要检验假设 $H_0: b_1 = 0$. 构造统计量

$$r = \frac{L_{xy}}{\sqrt{L_{xx}}\sqrt{L_{yy}}}.$$

对于检验水平 $\alpha = 0.05$, 查相关系数临界值表(附表 7)确定临界值 $R_{0.05}(n-2) = R_{0.05}(18) = 0.444$. 根据观察值计算的统计量为 $r = \dfrac{L_{xy}}{\sqrt{L_{xx}}\sqrt{L_{yy}}} = 0.997$.

因此, 比较实际值与临界值得出的结论, 拒绝原假设 H_0, 即 $b_1 = 0$ 不合理, 可以认为供给 y 与价格 x 之间的线性关系显著.

(2) 设所求的一元线性回归方程为 $y = b_0 + b_1 x$, 因此

$$\hat{b}_1 = \frac{L_{xy}}{L_{xx}} = \frac{100^2 \times 80.76}{100^2 \times 135.05} = 0.598;$$

$$\hat{b}_0 = \overline{y} - b_1 \overline{x} = -2.73.$$

所以, 所求的一元线性回归方差为 $\hat{y} = -2.73 + 0.598x$.

(3) 当居民点的人数为 600 时, 需求量的点预测值为

$$\hat{y}_0 = -2.73 + 0.598x = -2.73 + 0.598 \times 600 = 356.07.$$

(4) 当居民点的人数为 600 时, 需求量为 95%的区间预测范围计算如下.

由题意知

$$\hat{\sigma} = \sqrt{\frac{Q}{n-2}} = \sqrt{\frac{L_{xy}(1-r^2)}{n-2}} = \sqrt{\frac{486020(1-0.994)}{20-2}} \approx 12.728,$$

其中, $k = \sqrt{1 + \dfrac{1}{n} + \dfrac{(x-x_0)^2}{L_{xx}}} = \sqrt{1 + \dfrac{1}{20} + \dfrac{(600-635)^2}{1350500}} \approx 1.025.$

对于 $\alpha = 0.05$，查相关系数临界值表(附表 7)确定临界值 $t_{0.05}(n-2) = t_{0.05}(18) = 2.101$.

预测区间的下限 e_1 与上限 e_2 分别是

$$e_1 = y_0 - t_\alpha \hat{\sigma} k = 356.07 - 2.101 \times 12.728 \times 1.025 = 328.66;$$

$$e_2 = y_0 + t_\alpha \hat{\sigma} k = 356.07 + 2.101 \times 12.728 \times 1.028 = 383.48.$$

所以，商品需求以 95%的置信度估计需求量的区间为(328.66, 383.48).

Matlab 程序实现

```
>>x=[100  200  300  300  400  500  550  600  600  600…
700  750  800  800  850  850  900  950  950  1000]';
>>y=[50  120  160  190  240  290  330  350  360  380…
400  450  490  480  500  490  550  540  560  610]';
>>[r,p]=corrcoef(x,y)
```

输出结果为

```
r=
   1.0000   0.9968
   0.9968   1.0000
p=
   1.0000  0.0000
   0.0000  1.0000
>>x=[ones(20,1),x];
>>b=regress(y,x)
```

输出结果为

```
b=
   -2.7305
   0.5980
```

结果表明：p 的非对角线元素小于显著性水平 0.05，可以认为商品需求量与居民人数之间存在线性关系. 所求的一元线性回归方差为 $\hat{y} = -2.73 + 0.598x$.

```
>>yhat=b(1)+600*b(2)%当居民点的人数为 600 时,需求量的点预测值
yhat=
    356.0700
>>e1=yhat-tinv(0.975,18)*12.728*1.025  %预测区间下限
e1=
    328.6609
>>e2=yhat+tinv(0.975,18)*12.728*1.025  %预测区间上限
e2=
   383.4790
```

8.2.3 多元线性回归

实际应用中，很多情况要用到多元回归的方法才能更好地描述变量间的关系，因此有必要在本节对多元线性回归做一简单介绍，就方法的实质来说，处理多元的方法与处理一元的方法基本相同，只是多元线性回归的方法复杂些，计算量也大得多，一般都用计算机进行处理.

1. 多元线性回归的模型

设因变量 y 与自变量 $x_1, x_2, \cdots, x_k$ 之间有关系式:

$$\begin{cases} y = b_0 + b_1 x_1 + \cdots + b_k x_k + \varepsilon, \\ \varepsilon \sim N(0, \sigma^2), \end{cases}$$

抽样得 n 组观测数据:

$$(y_1; x_{11}, x_{21}, \cdots, x_{k1})$$
$$(y_2; x_{12}, x_{22}, \cdots, x_{k2}),$$
$$\cdots\cdots$$
$$(y_n; x_{1n}, x_{2n}, \cdots, x_{kn}),$$

其中 x_{ij} 是自变量 x_i 的第 j 个观测值, y_j 是因变量 y 的第 j 个值, 代入模型知数据结构式:

$$\begin{cases} y_1 = b_0 + b_1 x_{11} + b_2 x_{21} + \cdots + b_k x_{k1} + \varepsilon_1, \\ y_2 = b_0 + b_1 x_{12} + b_1 x_{22} + \cdots + b_k x_{k2} + \varepsilon_2, \\ \qquad\cdots\cdots \\ y_n = b_0 + b_1 x_{1n} + b_2 x_{2n} + \cdots + b_k x_{kn} + \varepsilon_n, \\ \varepsilon_1, \varepsilon_2, \cdots, \varepsilon_n \text{独立同分布} N(0, \sigma^2). \end{cases}$$

上述模型即称为 k 元正态线性回归模型, 其中 $b_0, b_2, \cdots, b_k$ 及 σ^2 都是未知待估的参数, 对 k 元线性模型, 需讨论的问题与一元时相同.

2. 参数估计

与一元时一样, 采用最小二乘法估计回归系数 $b_0, b_2, \cdots, b_k$. 称使

$$Q(b_0, b_1, \cdots, b_k) \triangleq \sum_{t=1}^{n} [y_t - (b_0 + b_1 x_{1t} + b_2 x_{2t} + \cdots + b_k x_{kt})]^2$$

达到最小的 $\hat{b}_0, \hat{b}_1, \cdots, \hat{b}_k$ 为参数 $(b_0, b_2, \cdots, b_k)$ 的最小二乘估计, 利用微积分知识, 最小二乘估计就是如下方程组的解:

$$\begin{cases} l_{11} b_1 + l_{12} b_2 + \cdots + l_{1k} b_k = L_{1y}, \\ l_{21} b_1 + l_{22} b_2 + \cdots + l_{2k} b_k = L_{2y}, \\ \qquad\cdots\cdots \\ l_{k1} b_1 + l_{k2} b_2 + \cdots + l_{kk} b_k = L_{ky}, \\ b_0 = \overline{y} - b_1 \overline{x} + b_2 \overline{x}_2 + \cdots + b_k \overline{x}_k, \end{cases}$$

其中

$$\overline{y} = \frac{1}{n} \sum_{t=1}^{n} y_t, \quad \overline{x}_i = \frac{1}{n} \sum_{t=1}^{n} x_{it} \quad (i = 1, 2, \cdots, k),$$

$$l_{ij} = \frac{1}{n} \sum_{t=1}^{n} (x_{it} - \overline{x}_i)(x_{jt} - \overline{x}_j) = l_{ji} \quad (i, j = 1, 2, \cdots, k),$$

$$L_{iy} = \frac{1}{n} \sum_{t=1}^{n} (x_{it} - \overline{x}_i)(y_t - \overline{y}) \quad (i = 1, 2, \cdots, k).$$

通常称该方程为正规方程组, 其中前 k 个方程的系数矩阵记为 $L^* = (l_{ij})_{k \times k}$, 当 L^* 可逆时,

正规方程组有解，便可得 $\hat{b}_0,\hat{b}_1,\cdots,\hat{b}_k$ 的最小二乘估计 $\hat{b}_0,\hat{b}_1,\cdots,\hat{b}_k$，即

$$\begin{pmatrix}\hat{b}_1\\ \vdots\\ \hat{b}_k\end{pmatrix}=(L^*)^{-1}\begin{pmatrix}L_{1y}\\ \vdots\\ L_{ky}\end{pmatrix},\quad \hat{b}_0=\overline{y}-\hat{b}_1\overline{x}_1-\cdots-\hat{b}_k\overline{x}_k,$$

略去随机项得经验回归方程为

$$\hat{y}=\hat{b}_0+\hat{b}_1x_1+\cdots+\hat{b}_kx_k.$$

类似一元可以证明，$\hat{b}_i$ 都是相应的 $b_i\ (i=1,2,\cdots,k)$ 的无偏估计，且 σ^2 的无偏估计为

$$\hat{\sigma}^2=\frac{Q(\hat{b}_0,\hat{b}_1,\cdots,\hat{b}_k)}{n-k-1}.$$

3. 回归方程的显著性检验

与一元的情形一样，上面的讨论是在 y 与 $x_1,x_2,\cdots,x_k$ 之间呈现线性相关的前提下进行的，所求的经验方程是否有显著意义，还需对 y 与诸 x_i 间是否存在线性相关关系作显著性假设检验，与一元类似，对 $\hat{y}=\hat{b}_0+\hat{b}_1x_1+\cdots+\hat{b}_kx_k$ 是否有显著意义，可通过检验 $H_0:b_0=b_1=\cdots=b_k=0$.

为了找检验 H_0 的检验统计量，也需将总偏差平方和 L_{yy} 作分解：

$$L=\sum_{t=1}^{n}(y_t-\overline{y})^2=\sum_{t=1}^{n}(y_t-\hat{y}_t+\hat{y}_t-\overline{y}_t)^2=\sum_t(y_t-\hat{y}_t)^2+\sum_t(\hat{y}_t-\overline{y})^2=Q_e+U,$$

即 $L=U+Q_e$，其中 $L=l_{yy}$，$U=\sum_t(\hat{y}_t-\overline{y})^2, Q_e=\sum_t(y_t-\hat{y}_t)^2$．这里 $\hat{y}_t=\hat{b}_0+\hat{b}_1x_{1t}+\cdots+\hat{b}_kx_{kt}$．分别称 Q_e,U 为残差平方和、回归平方和，可以证明：

$$U=\hat{b}_1l_{1y}+\hat{b}_2l_{2y}+\cdots+\hat{b}_kl_{ky}\overset{\Delta}{=}\sum_{j=1}^{k}\hat{b}_jl_{jy}.$$

利用柯赫伦定理可以证明：在 H_0 成立下，$\dfrac{U}{\sigma^2}\sim\chi^2(k),\dfrac{Q_e}{\sigma^2}\sim\chi^2(n-k-1)$ 且 U 与 Q_e 相互独立，所以有统计量

$$F=\frac{U/k}{Q/(n-k-1)}\sim F(k,n-k-1)$$

(这里记 Q_e 为 Q 下同). 拒绝域为

$$\{F>F_{1-\alpha}(k,n-k-1)\}.$$

通过 F 检验得到的回归方程有显著意义，只能说明 y 与 $x_1,x_2,\cdots,x_k$ 之间存在显著的线性相关关系，衡量经验回归方程与观测值之间拟合好坏的常用统计量有复相关系数 R 及拟合优度系数 R^2．仿一元线性回归的情况，定义：

$$R^2=\frac{U}{L}=1-\frac{Q}{L},$$

$$|R|=\sqrt{1-\frac{Q}{L}}.$$

可以证明 R 就是观测值 $y_1,y_2,\cdots,y_n$ 与回归值的 $\hat{y}_1,\hat{y}_2,\cdots,\hat{y}_n$ 的相关系数. 实用中, 为消除自由度的影响, 又定义

$$\overline{R}^2=1=\frac{Q/(n-k-1)}{L/(n-1)}$$

为修正的似合优度系数.

例 8.2.5　某公司的企业利润主要取决于两种重点产品的产量, 由于市场需求波动于价格之间关系的影响, 产量与利润之间的有关统计数据如表 8-17 所示.

表 8-17

序号	企业利润 y/万元	甲产品产量 x_1/吨	乙产品产量 x_2/吨
1	59	12.1	48.2
2	59.5	12.9	48.9
3	60	13.8	49.54
4	60.6	14.8	50.25
5	62.4	16.4	51.02
6	66.2	20.9	51.84
7	67.7	24.2	52.76
8	70.1	28.1	53.69
9	71.8	30.1	54.55
10	75.3	35.8	55.35
11	81.3	48.5	56.16
12	86	54.8	56.98

(1) 试求企业理论对两种产品产量的二元线性回归方程 $y=b_0+b_1x_1+b_2x_2$;

(2) 试求当甲产品产量 $x_1=67$ 吨, 乙产品产量 $x_2=59$ 时的企业理论的点预测;

(3) 试求当甲产品产量 $x_1=67$ 吨, 乙产品产量 $x_2=59$ 时的企业理论的区间预测.

解　设所求的线性回归模型为 $Y=Xb+\varepsilon$;　X,Y,b,ε 分别如下所示.

$$X=\begin{pmatrix}1&12.1&48.2\\1&12.9&48.9\\\vdots&\vdots&\vdots\\1&54.8&56.98\end{pmatrix},\quad Y=\begin{pmatrix}59\\59.5\\\vdots\\86\end{pmatrix},\quad b=\begin{pmatrix}b_0\\b_1\\b_2\end{pmatrix},\quad \varepsilon=\begin{pmatrix}\varepsilon_0\\\varepsilon_1\\\varepsilon_2\end{pmatrix}.$$

通过计算机求解, 可求得以下的计算结果.

(1) 二元线性回归方程

$$\hat{y}=20.5202+0.4969x_1+0.6649x_2,$$

其中, $R^2=0.9976, F=1888.95$.

回归模型的 F 检验如下, 设原假设为 $H_0:b_1=b_0=0$. 构造统计量有

$$F(k,n-k-1)=\frac{U/2}{Q/2}=F(2,9).$$

当 $\alpha=0.05$ 时, $F_\alpha=F_{0.05}(2,9)=4.26$. 进一步, 因为 $F=1888.95>F_\alpha$, 所以回归效果显著.

回归模型参数的 T 检验:

假设 $H_0:b_i=0,i=1,2$. 构造统计量

$$t_i = \frac{\hat{b}_i \sim b_i}{S_{\hat{b}i}} \sim t(n-k-l).$$

当 $\alpha = 0.05$ 时，$t_\alpha = t_{0.05}(9) = 2.262$．进一步，因为

$$\hat{b}_0 = 20.5202,\quad \hat{b}_1 = 0.4969,\quad \hat{b}_2 = 0.6649,\quad S_{\hat{b}_0} = 7.4351,\quad \hat{S}_{\hat{b}_1} = 0.0326,\quad S_{\hat{b}_2} = 0.1570,$$

又 $t_0 = 2.76, t_1 = 2.76, t_0 = 15.26, t_2 = 4.24$，由于 $|t_i| > 2.262, i = 1,2$，所以参数估计都通过检验.

(2) 当 $x_1 = 67, x_2 = 58$ 时，$X_0 = (1,67,58)$ 由线性回归方程得 y 点预测为

$$\hat{y}_0 = 20.5202 + 0.4969 \times 67 + 0.6649 \times 58 = 92.3767\text{（万元）}.$$

(3) 查表计算得到 $t_{0.05}(9) = 2.262, \hat{\sigma} = 0.4816, \sqrt{1 + X_0(X^{\mathrm{T}}X)^{-1}X_0^{\mathrm{T}}} = 1.5827$.

预测区间上限为: $y = 92.3767 + 2.262 \times 0.4816 \times 1.5827 = 94.10$.

预测区间下限为: $y = 92.3767 - 2.262 \times 0.4816 \times 1.5827 = 90.65$.

即企业利润的置信度为 95%的预测区间为(90.65, 94.10).

Matlab 程序实现

```
>>X=[12.1 12.9 13.8 14.8 16.4 20.9 24.2 28.1 30.1 35.8 48.5 54.8;
48.2 48.9 49.54 50.25 51.02 51.84 52.76 53.69 54.55 55.35 56.16
56.98]';
>>Y=[59 59.5 60 60.6 62.4 66.2 67.7 70.1 71.8 75.3 81.3 86]';
>>X=[ones(12,1),X];
>>[b,bint,r,rint,stats]=regress(Y,X);
>>b,stats
```

输出结果为

```
b=
   20.5202
   0.4969
   0.6650
stats=
1.0e+03*
   0.0010  1.8889  0.0000  0.0002
```

由输出结果得二元线性回归方程 $y = 20.5202 + 0.4969x_1 + 0.6650x_2, p<0.05$，因此回归效果显著.

```
>>yhat=b(1)+b(2)*67+b(3)*58  %当 x2=67. x2=58 时, y 的点预测
yhat=
     92.3798
>>x_0=[1 67 58];
>>xx=sqrt(1+x_0*inv(X'*X)*x_0')
xx=
    1.5827
>>e1=yhat-tinv(0.975, 9)*sqrt(stats(4))*xx  %预测区间下限
e1=
```

```
   90.6554
>>e2=yhat+tinv(0.975,9)*sqrt(stats(4))*xx    %预测区间上限
e2=
   94.1042
```

由于 Matlab 中没有对多元线性回归系数的 T 检验的函数，这里自编了一个 M 文件 huigui 函数供参考.

```
function huigui(X,Y,alpha)
X=input('请输入正态总体 X 的样本值:\n');
Y=input('请输入正态总体 Y 的样本值:\n');
X=[ones(length(Y),1),X];
C=inv(X'*X);Y_mean=mean(Y);
beta_hat=C*X'*Y;%回归系数β
Y_hat=X*beta_hat; % 回归预测
% 离差和参数计算
Q=(Y-Y_hat)'*(Y-Y_hat); % 残差平方和
U=(Y_hat-Y_mean)'*(Y_hat-Y_mean); % 回归离差平方和
L=(Y-Y_mean)'*(Y-Y_mean); % 总离差平方和,且满足 L=Q+U
R=sqrt(U/L); % 复相关系数,表征回归离差占总离差的百分比,越大越好
[n,p]=size(X); % p 变量个数,n 样本个数
% 回归方程显著性检验
fV=(U/(p-1))/(Q/(n-p)); % 服从 F 分布
alpha=input('请输入显著性水平:\n');
if fV>finv(1-alpha,p-1,n-p);
disp('回归方程显著')
else disp('回归方程不显著')
end
% 回归系数的显著性检验
chi2=sqrt(diag(C)*Q/(n-p)); % 服从χ2(n-p)分布
tV=beta_hat./chi2; % 服从 t 分布,绝对值越大线性关系显著
tInv=tinv(1-alpha/2,n-p);
for i=2:length(beta_hat)
if abs(tV(i))>tInv;
disp('回归系数显著')
else disp('回归系数不显著')
end
end
beta_hat
```

将以上 M 文件保存在 Matlab 的工作空间所在的文件夹，在命令窗口输入 huigui，按提示输入以下内容:

请输入正态总体 X 的样本值:

```
[12.1 12.9 13.8 14.8 16.4 20.9 24.2 28.1 30.1 35.8 48.5 54.8;
48.2 48.9 49.54 50.25 51.02 51.84 52.76 53.69 54.55 55.35 56.16
56.98]'
```

请输入正态总体 Y 的样本值:

```
[59 59.5 60 60.6 62.4 66.2 67.7 70.1 71.8 75.3 81.3 86]'
```

请输入显著性水平:

```
0.05
```

结果显示:

```
回归方程显著
回归系数显著
回归系数显著
beta_hat =
20.5202
0.4969
0.6650
```

因此, 所有的回归系数都通过了显著性检验.

习　题　8.2

1. 试举出有相关关系的变量的几个例子.
2. 什么是最小二乘法? 最小二乘法在回归分析中起什么作用?
3. 回归方程用于预测, 怎样衡量预测的好坏? 能否事先就知道?
4. 合成纤维的强度与拉伸倍数有关, 测得数据如表 8-18 所示.

表 8-18　合成纤维的强度与拉伸倍数试验数据

拉伸倍数 x	2.0	2.5	3.0	4.0	5.0
强度 y/(kg/mm^2)	1.5	2.5	3.0	3.5	5.5

求经验回归方程 $\hat{y}=\hat{a}+\hat{b}x$, 并检验方程的显著性.

5. 北京市协议离婚的对数(《北京青年报》1992 年 6 月 28 日)如表 8-19 所示.

表 8-19　北京市 1986—1991 年协议离婚相关数据

年份	1986	1987	1988	1989	1990	1991
对数	2474	3218	4188	5121	5740	6467

问离婚的对数呈线性增长趋势吗? 求相应的回归方程, 并预测 1992 年的离婚对数.

6. 为了研究重量 x(单位: 克)对弹簧长度 y(单位: 厘米)的影响, 对不同重量的 6 根弹簧进行测量, 得如下数据(表 8-20).

表 8-20　重量对弹簧长度影响的试验数据

x	5	10	15	20	25	30
y	7.25	8.12	8.95	9.90	10.9	11.8

求: (1)经验回归方程 $\hat{y}=\hat{a}+\hat{b}x$; (2)相关系数 r; (3) σ^2 的估计 $\hat{\sigma}^2$.

7. 以家庭为单位, 某种商品年需求量与该商品价格之间的一组调查数据如表 8-21 所示.

表 8-21　某种商品年需求量与该商品价格之间调查数据

价格 x/元	5	2	2	2.3	2.5	2.6	2.8	3	3.3	3.5
求量 y/千克	1	3.5	3	2.7	2.4	2.5	2	1.5	1.2	1.2

(1)求经验回归方程 $\hat{y}=\hat{a}+\hat{b}x$; (2)检验线性关系的显著性($\alpha=0.05$).

8. 通过原点的一元线性回归模型为: $y_i=bx_i+\varepsilon_i\ (i=1,2,\cdots,n)$, 其中 $\varepsilon_i\ (i=1,2,\cdots,n)$ 相互独立, 且都服从正态分布 $N(0,\sigma^2)$, 试由 n 组观察值(x_i, y_i)$(i=1,2,\cdots,n)$, 用最小二乘法估计 b.

9. 假设儿子的身长(y)与父亲的身长(x)适合一元正态线性回归模型, 观察了 10 对父子的身长(英寸①)如表 8-22 所示.

表 8-22　父子的身长数据

x	60	62	64	65	66	67	68	70	72	74
y	63.6	65.2	66	65.5	66.9	67.1	67.4	63.3	70.1	70

(1)建立 y 关于 x 的回归方程;
(2)对线性回归方程作假设检验($\alpha=0.05$);
(3)给出 $x_0=69$ 时, y_0 的置信度为 95%的预测区间.

本 章 概 要

1. 方差分析是研究因素对“试验结果”是否有显著性影响而进行分析的一种有效方法.

2. 试验中只有一个因素在变化, 其他可控制的条件不变, 称为单因素试验; 若试验中可控制的变化因素多于一个, 则称为双因素或多因素试验.

3. 单因素试验中, 探讨不同水平对试验结果影响的显著性称为单因素方差分析.

4. 单因素方差分析可采用假设检验的五步骤方法进行分析, 或通过单因素方差分析表进行分析.

5. 变量的数量关系可简单分为函数关系和统计相关关系.

6. 两个变量回归方程的类型, 可根据散点图或实际经验初步判断.

7. 一元线性回归方程参数可以通过最小二乘法进行估计.

8. 任何两个变量都可以通过最小二乘法得到线性回归方程. 如果两个变量线性关系不显著, 则所求的拟合回归直线方程就没有什么使用价值. 因此, 一元线性回归模型能否应用, 要通过统计检验才能决定.

9. 两个变量的线性显著性检验可以通过相关系数来检验.

10. 对于两个变量之间存在的非线性关系, 有些可以通过变换转化为线性形式来解决.

11. 对于多个变量线性回归模型也可以通过最小二乘法来估计参数, 并进行显著性检验, 参数显著性检验、回归模型能否应用, 要通过统计检验才能决定.

12. 多元线性回归模型的参数估计与回归方程的检验等可以通过计算机程序来解决.

13. 回归分析是解决经济管理数量分析问题的有效手段, 但要注意理论联系实际. 同一

① 1 英寸 = 2.54 cm.

个问题回归模型可以有多种形式，应当灵活应用，避免教条的使用回归模型作出分析与预测，导致理论与实际结果出现矛盾.

常 用 术 语

方差分析　因子　水平　单因子方差分析　离差平方和　组间离差平方和　组内离差平方和　自由度　回归分析　回归函数　随机误差　一元线性回归模型　散点图　最小二乘法　显著性检验　优度系数　点预测　区间预测

常 用 公 式

离差平方总和$S_T=\sum_{i=1}^{r}\sum_{j=1}^{n_i}(X_{ij}-\bar{X})^2=\sum_{i=1}^{r}\sum_{j=1}^{n_i}X_{ij}^2-\frac{T^2}{n}$.

组间离差平方和$S_A=\sum_{i=1}^{r}n_i(\bar{X}_i-\bar{X})^2=\sum_{i=1}^{r}\frac{T_{i\cdot}^2}{n_i}-\frac{T^2}{n}$.

组内离差平方和$S_E=\sum_{i=1}^{r}\sum_{j=1}^{n_i}(X_{ij}-\bar{X}_i)^2$.

离差平方总和S_T、组间离差平方和S_A、组内离差平方和S_E三者之间的关系为

$$S_T=S_A+S_E.$$

离差平方总和S_T的分布形式为$\frac{1}{\sigma^2}S_T\sim\chi^2(n-1)$.

组间离差平方和S_A的分布形式为$\frac{1}{\sigma^2}S_A\sim\chi^2(r-1)$.

组内离差平方和S_E的分布形式为$\frac{1}{\sigma^2}S_E\sim\chi^2(n-r)$.

方差分析构造的统计量形式为$F=\frac{S_A/(r-1)}{S_E/(n-r)}\sim F(r-1,n-r)$.

最小二乘法. 一元线性回归方程$y=b_0+b_1x$中参数b_0，b_1的最小二乘估计为

$$\hat{b}_1=\frac{\sum_{i=1}^{n}x_iy_i-n\bar{x}\,\bar{y}}{\sum_{i=1}^{n}x_i^2-n\bar{x}^2}=\frac{L_{xy}}{L_{xx}},$$

所求的一元线性回归方程为$y=\hat{b}_0+\hat{b}_1x$，其中，$\bar{x}=\frac{1}{n}\sum_{i=1}^{n}x_i$，$\bar{y}=\frac{1}{n}\sum_{i=1}^{n}y_i$.

$$L_{xx}=\sum_{i=1}^{n}(x_i-\bar{x})^2=\sum_{i=1}^{n}x^2-n\bar{x}^2,\quad L_{yy}=\sum_{i=1}^{n}(y_i-\bar{y})^2=\sum_{i=1}^{n}y^2-n\bar{y}^2,$$

$$L_{xy}=\sum_{i=1}^{n}(x_i-\bar{x})(y_i-\bar{y})=\sum_{i=1}^{n}x_iy_i-n\bar{x}\,\bar{y}.$$

相关系数

$$r=\frac{\sum_{i=1}^{n}(x_i-\overline{x})(y_i-\overline{y})}{\sqrt{\sum_{i=1}^{n}(x_i-\overline{x})^2}\sqrt{\sum_{i=1}^{n}(y_i-\overline{y})^2}}=\frac{L_{xy}}{\sqrt{L_{xx}}\sqrt{L_{yy}}}.$$

总离差平方和(TSS)，亦称总平方和

$$\mathrm{TSS}=\sum_{i=1}^{n}(y_i-\overline{y})^2.$$

回归平方和(U)，亦称为回归离差平方和

$$U=\sum_{i=1}^{n}(\hat{y}_i-\overline{y})^2.$$

残差平方和(Q)，亦称为剩余离差平方和或剩余平方和

$$Q=\sum_{i=1}^{n}(y_i-\hat{y}_i)^2.$$

总离差平方和、回归平方和与残差平方和之间的关系为

总离差平方和 = 回归平方和 + 残差平方和.

多元线性回归方程最小二乘法. 多元线性回归方程组化为$Y=Xb+\varepsilon$, 其中

$$X=\begin{bmatrix}1 & x_{11} & \cdots & x_{k1}\\ 1 & x_{12} & \cdots & x_{k2}\\ \vdots & \vdots & & \vdots\\ 1 & x_{1n} & \cdots & x_{kn}\end{bmatrix},\quad Y=\begin{bmatrix}y_1\\ y_2\\ \vdots\\ y_n\end{bmatrix},\quad b=\begin{bmatrix}b_0\\ b_1\\ \vdots\\ b_k\end{bmatrix},\quad \varepsilon=\begin{bmatrix}\varepsilon_1\\ \varepsilon_2\\ \vdots\\ \varepsilon_n\end{bmatrix}.$$

上述方程组的正规方程的矩阵形式是$X^{\mathrm{T}}Xb=X^{\mathrm{T}}Y$, 参数的最小二乘估计为$\hat{b}=(X^{\mathrm{T}}X)^{-1}(X^{\mathrm{T}}Y)$.

部分习题答案

习题 1.1

1. $\Omega=\begin{Bmatrix}(反、反、反),(反、反、正),(反、正、反),(正、反、反),\\(反、正、正),(正、反、正),(正、正、反),(正、正、正)\end{Bmatrix}$;

$\Omega=\{(x,y,z)\mid x,y,z=1,2,3,4,5,6\}$;

$\Omega=\{(正),(反、正),(反、反、正),(反、反、反、正),\cdots\}$;

$\Omega=\{x\mid x\geqslant 0\}$.

2. $A=\begin{Bmatrix}(反、反、正),(反、正、反),(正、反、反),(反、正、正),\\(正、反、正),(正、正,反),(正、正、正)\end{Bmatrix}$;

$B=\{(反、反、反),(反、反、正),(反、正、反),(正、反、反)\}$;

$C=\{(正、反、反),(反、正、反),(反、反、正)\}$;

$D=\{(正、正、正),(反、反、反)\}$.

3. (1) $\bigcap_{i=1}^{n}A_i$;

(2) $\bigcup_{i=1}^{n}\overline{A}_i$;

(3) $\bigcup_{i=1}^{n}A_1A_2\cdots A_{i-1}\overline{A}_iA_{i+1}\cdots A_n$;

(4) $\bigcup_{1\leqslant i<j\leqslant n}A_iA_j$;

(5) $\bigcup_{1\leqslant i_1<i_2<\cdots<i_k\leqslant n}A_{i1}A_{i2}\cdots A_{ik}\overline{A}_{i,k+1}\cdots\overline{A}_{in}$.

4. (1) $A_1\overline{A}_2\overline{A}_3$;

(2) $A_1A_2\overline{A}_3$;

(3) $A_1\overline{A}_2\overline{A}_3\cup\overline{A}_1A_2\overline{A}_3\cup\overline{A}_1\overline{A}_2A_3$;

(4) $A_1\cup A_2\cup A_3$;

(5) $\overline{A}_1\overline{A}_2\overline{A}_3$.

5. (1) 表示三次射击至少有一次没有击中目标;

(2) 表示前两次射击至少有一次没有击中目标;

(3) 表示恰好连续两次击中目标.

6. (1) 互不相容; (2) 互不相容; (3) 互不相容; (4) 对立; (5) 相容.

9. (1) $A\subset B$; (2) $AB=\varnothing$.

习题 1.2

1. 0.3.

2. (1) $\frac{1}{2}$；(2) $\frac{1}{6}$；(3) $\frac{1}{3}$.

3. $\frac{11}{12}$.

4. (1) $\frac{3}{8}$；(2) $\frac{5}{8}$.

5. $1-p$.

6. 0.7；0.8.

7. (1) $P(AB)=P(A)$时，$P(AB)$取得最大值 0.6；

(2) $P(A\cup B)=1$时，$P(AB)$取得最小值 0.3.

习题 1.3

1. (1) $\frac{3}{10}$；(2) $\frac{7}{15},\frac{1}{15}$.

2. $\frac{3}{4}$.

3. (1) $\frac{1}{6}$；(2) $\frac{5}{18}$；(3) $\frac{1}{6}$.

4. (1) 0.0026；(2) 0.0106；(3) 0.1055；(4) 0.1104.

5. $\frac{3}{8},\frac{9}{16},\frac{1}{16}$.

6. (1) $\frac{1}{12}$；(2) $\frac{1}{20}$.

7. $\frac{3}{4}$.

8. $1-\frac{5^n+8^n-4^n}{9^n}$.

9. (1) $\frac{1}{5}$；(2) $\frac{2}{5}$；(3) $\frac{1}{100}$.

10. (1) $\frac{1}{10^7}$；(2) $\frac{A_{10}^7}{10^7}$；(3) $\frac{8^7}{10^7}$；(4) $\frac{C_7^2 9^5}{10^7}$.

11. $\frac{2}{9}$.

12. $\frac{23}{21}$.

13. 0.597.

14. $\frac{17}{25}$.

15. 0.879.

16. 0.866.

17. $p=\frac{19}{36},q=\frac{1}{18}$.

18. (1) $\dfrac{C_{N+n-k-2}^{n-k}}{C_{N+n-1}^{n}}, 0 \leqslant k \leqslant n$; (2) $\dfrac{C_N^m C_{N-m-1}^{n-1}}{C_{N+n-1}^{n}}, N-n \leqslant m \leqslant N-1$;

(3) $\dfrac{C_N^m C_{N-m-1}^{n-1}}{C_{N+n-1}^{n}}, N-n \leqslant m \leqslant N-1$.

19. $1-C_n^1\left(1-\dfrac{1}{n}\right)^k+C_n^2\left(1-\dfrac{2}{n}\right)^k-\cdots+(-1)^{n-1}C_n^{n-1}\left(1-\dfrac{n-1}{n}\right)^k$.

20. $\dfrac{1}{2}+\dfrac{1}{\pi}$.

习题 1.4

1. $\dfrac{2}{3}$.
2. $\dfrac{1}{5}$.
3. 0.5.
4. 0.25.
5. $\dfrac{1}{3}$.
6. $\dfrac{2}{3}$.
7. $\dfrac{6}{7}$.
8. (1) 0.862; (2) 0.8626; (3) 0.988.
9. 0.4565.
10. 0.645.
11. 0.455.
12. (1) 0.4; (2) 0.485.
13. (1) 0.943; (2) 0.85.
14. 0.923; 0.75.
15. (1) 0.8; (2) 0.5.
16. (1) $\dfrac{a(n+1)+bn}{(a+b)(n+m+1)}$; (2) $\dfrac{a(a-1)(n+2)+2ab(n+1)+b(b-1)n}{(a+b)(a+b-1)(n+m+2)}$.
17. 0.51.
18. $\dfrac{13}{48}$.
19. 4.

习题 1.5

1. (1) 0.72; (2) 0.98; (3) 0.26.
2. $\dfrac{15}{22}$.

3. (1) $\prod_{i=1}^{n}(1-p_i)$; (2) $1-\prod_{i=1}^{n}(1-p_i)$; (3) $\sum_{i=1}^{n}(1-p_1)\cdots(1-p_{i-1})p_i(1-p_{i+1})\cdots(1-p_n)$.

5. (1) $p_1^{\ 2}[1-(1-p_2)^3]$;

(2) $p_1p_2(2-p_1)(1-p_3)+p_3$;

(3) $p_3[1-(1-p_1)^2(1-p_2)]^2+(1-p_3)\{p_1p_2(2-p_1)[2-p_1p_2(2-p_1)]\}$.

6. 当 $p>\frac{1}{2}$ 时，对甲来说采用五局三胜制为有利;

当 $p=\frac{1}{2}$ 时，两种赛制甲、乙获胜的概率相同.

7. 0.

8. (1) 0.3; (2) 0.5; (3) 0.7.

9. (1) 0.5; (2) 0.25.

10. $P(A)=P(B)=\frac{2}{3}$.

11. (1) 0.507; (2) 0.0341.

12. (1) 0.0729; (2) 0.00856; (3) 0.09954; (4) 0.40951.

13. $\frac{2}{3}$.

14. $\frac{1}{2}\left(1+\frac{1}{3^n}\right)$.

15. 0.901.

16. (1) $(0.94)^n$; (2) $C_n^2(0.94)^{n-2}(0.06)^2$; (3) $1-n(0.94)^{n-1}\cdot 0.06-(0.94)^n$.

19. (1) $\frac{(\lambda p)^k}{k!}e^{-\lambda p}(k=0,1,2,\cdots)$.

(2) 当 $m<k$ 时，为 0; 当 $m\geqslant k$ 时，为 $\frac{(\lambda q)^{m-k}}{(m-k)!}e^{-\lambda q}(m=k,k+1,\cdots)$.

20. 1.

习题 2.1

1. $$F(x)=\begin{cases}0, & x<1,\\ \frac{11}{36}, & 1\leqslant x<2,\\ \frac{20}{36}, & 2\leqslant x<3,\\ \frac{27}{36}, & 3\leqslant x<4,\\ \frac{32}{36}, & 4\leqslant x<5,\\ \frac{35}{36}, & 5\leqslant x<6,\\ 1, & x\geqslant 6.\end{cases}$$

2. $F(x)=\begin{cases}0, & x<0,\\ \dfrac{x}{a}, & 0\leqslant x<a,\\ 1, & x\geqslant a.\end{cases}$

3. $\dfrac{1}{3},\dfrac{1}{2},\dfrac{2}{3},\dfrac{3}{4}$.

4. $\ln 2,\ 1,\ \ln 1.25$.

5. (1) $F(b,c)-F(a,c)$; (2) $F(+\infty,b)-F(+\infty,0)$; (3) $1+F(a,b)-F(+\infty,b)-F(+\infty,0)$.

6. $F_X(x)=\begin{cases}1-\mathrm{e}^{-x}, & x>0,\\ 0, & x\leqslant 0.\end{cases}$ $F_Y(y)=\begin{cases}1-\mathrm{e}^{-y}, & y>0,\\ 0, & y\leqslant 0.\end{cases}$

不独立.

7. $F_X(x)=\begin{cases}1-\mathrm{e}^{-x}, & x>0,\\ 0, & x\leqslant 0.\end{cases}$ $F_Y(y)=\begin{cases}0, & y<0,\\ y, & 0\leqslant y<1,\\ 1, & y\geqslant 1.\end{cases}$

X 与 Y 相互独立.

8. X 与 Y 相互独立.

9. (1) $a=1,b=0$; (2) $\mathrm{e}^{-2}-\mathrm{e}^{-3}$.

10. X 与 Y 不独立.

习题 2.2

1. (1) $\dfrac{1}{5}$; (2) $\dfrac{2}{5}$; (3) $\dfrac{3}{5}$.

2.

X	3	4	5
p	$\frac{1}{10}$	$\frac{3}{10}$	$\frac{6}{10}$

$$F(x)=\begin{cases}0, & x<3,\\ \dfrac{1}{10}, & 3\leqslant x<4,\\ \dfrac{2}{5}, & 4\leqslant x<5,\\ 1, & x\geqslant 5.\end{cases}$$

3.

X	-2	0	1
p	0.1	0.3	0.6

4. $\dfrac{80}{81}$.

5. 0.0902.

6. 0.2381.

7. (1) 0.000069；(2) 0.986305，0.615961.

8. 0.999986.

9. (1) $a=\frac{1}{3}$；(2) $F(x)=\begin{cases}0, & x<1\text{或}y<-1,\\ \frac{1}{4}, & 1\leqslant x<2,-1\leqslant y<0,\\ \frac{5}{12}, & x\geqslant 2,-1\leqslant y<0,\\ \frac{1}{2}, & 1\leqslant x<2,y\leqslant 0,\\ 1, & x\leqslant 2,y\leqslant 0;\end{cases}$

(3) $F_X(x)=\begin{cases}0, & x<1,\\ \frac{1}{2}, & 1\leqslant x<2,\\ 1, & x\geqslant 2,\end{cases}$ $F_Y(y)=\begin{cases}0, & y<-1,\\ \frac{5}{12}, & -1\leqslant y<0,\\ 1, & y\geqslant 0.\end{cases}$

10. (1)

Y \ X	0	1
0	$\frac{25}{36}$	$\frac{5}{36}$
1	$\frac{5}{36}$	$\frac{1}{36}$

(2)

Y \ X	0	1
0	$\frac{45}{66}$	$\frac{10}{66}$
1	$\frac{10}{66}$	$\frac{1}{66}$

11.

X \ Y	1	3
0	0	$\frac{1}{8}$
1	$\frac{3}{8}$	0
2	$\frac{3}{8}$	0
3	0	$\frac{1}{8}$

X	0	1	2	3
p	$\frac{1}{8}$	$\frac{3}{8}$	$\frac{3}{8}$	$\frac{1}{8}$

Y	1	3
p	$\frac{3}{4}$	$\frac{1}{4}$

12. $\frac{9}{35}$.

13. $a=\frac{1}{18},b=\frac{2}{9},c=\frac{1}{6}$.

14. 0.5.

15. (1)

$X \backslash Y$	-1	0	1
0	$\frac{1}{4}$	0	$\frac{1}{4}$
1	0	$\frac{1}{2}$	0

(2) X 与 Y 不独立.

16.

$X \backslash Y$	$-\frac{1}{2}$	1	3
-2	$\frac{1}{8}$	$\frac{1}{16}$	$\frac{1}{16}$
-1	$\frac{1}{6}$	$\frac{1}{12}$	$\frac{1}{12}$
0	$\frac{1}{12}$	$\frac{1}{48}$	$\frac{1}{48}$
$\frac{1}{2}$	$\frac{1}{6}$	$\frac{1}{12}$	$\frac{1}{12}$

$P(X+Y=1)=\frac{1}{12}$; $P(X+Y\neq 0)=\frac{3}{4}$.

17. $P(Y=k)=\frac{(\lambda p)^k}{k!}\mathrm{e}^{-\lambda p}(k=0,1,2\cdots)$.

18. (1) $F(x)=\begin{cases}0, & x\leqslant -1\\ \frac{5x+7}{16}, & -1<x\leqslant 1,\\ 1, & x>1;\end{cases}$ (2) $\frac{7}{16}$.

19.

$X_1 \backslash X_2$	0	1
0	p^3+q^3	$3p^2q$
1	$3q^2p$	0

20.

Y \ X	0	1
0	$\frac{2}{3}$	$\frac{1}{12}$
1	$\frac{1}{6}$	$\frac{1}{12}$

习题 2.3

1. (1) $a=-1,b=2$; (2) $\frac{3}{4}$; (3) $F(x)=\begin{cases}0, & x\leqslant 0,\\ \frac{x^2}{2}, & 0<x\leqslant 1,\\ 2x-\frac{x^2}{2}-1, & 1<x\leqslant 2,\\ 1, & x>2.\end{cases}$

2. (1) $A=1,B=-1$; (2) $1-\mathrm{e}^{-2}$; (3) $p(x)=\begin{cases}2\mathrm{e}^{-2x}, & x>0,\\ 0, & x\leqslant 0.\end{cases}$

3. 0.268.

4. $\frac{\ln 2}{\lambda}$.

5. $u=2,\sigma^2=3$; $c=2$.

6. (1) 0.9544; (2) 0.63; (3) $d\leqslant 0.16$.

7. 0.0456.

8. 不变化.

9. 一样大小.

10. 5.56.

11. (1) $\frac{1}{8}$; (2) $\frac{3}{8}$; (3) $\frac{2}{3}$.

12. (1) 12; (2) $F(x,y)=\begin{cases}(1-\mathrm{e}^{-3x})(1-\mathrm{e}^{-4y}), & x>0,y>0,\\ 0, & \text{其他};\end{cases}$ (3) $1-\mathrm{e}^{-3}-\mathrm{e}^{-8}+\mathrm{e}^{-11}$;

(4) 相互独立.

13. (1) $p_X(x)=\begin{cases}2x, & 0<x<1,\\ 0, & \text{其他},\end{cases}$ $p_Y(y)=\begin{cases}1+y, & -1<y<0,\\ 1-y, & 0<y<1,\\ 0, & \text{其他}.\end{cases}$ 不独立

(2) $\frac{1}{4};\frac{1}{8}$.

14. $p_X(x)=\begin{cases}\frac{2}{\pi}\sqrt{1-x^2}, & -1\leqslant x\leqslant 1,\\ 0, & \text{其他}.\end{cases}$ $p_Y(y)=\begin{cases}\frac{2}{\pi}\sqrt{1-y^2}, & -1\leqslant y\leqslant 1,\\ 0, & \text{其他}.\end{cases}$ 不独立

15. (1) $p(x,y)=\begin{cases}\mathrm{e}^{-y}, & 0<x<1,y>0,\\ 0, & \text{其他};\end{cases}$ (2) e^{-1}; (3) e^{-1}.

16. (1) $p_X(x)=\begin{cases}\frac{3}{2}x^2, & 0<x<1,\\ 0, & \text{其他};\end{cases}$ $p_Y(y)=\begin{cases}\frac{3}{2}(1-y^2), & 0<y<1,\\ 0, & \text{其他}.\end{cases}$

(2) $\frac{1}{64}$.

(3) X 与 Y 不独立. 理由略.

17. (1) 0.0642 ; (2) 在电子元件损坏的情况下，电压超过 240V 的概率最大.

18. $\frac{9}{64}$.

19. (1) $p(x,y)=\begin{cases}3, & (x,y)\in D,\\ 0, & \text{其他};\end{cases}$

(2) $p_X(x)=\begin{cases}3(\sqrt{x}-x^2), & 0\leqslant x\leqslant 1,\\ 0, & \text{其他},\end{cases}$ $p_Y(y)=\begin{cases}3(\sqrt{y}-y^2), & 0\leqslant y\leqslant 1,\\ 0, & \text{其他};\end{cases}$

(3) $\frac{1}{2}$.

20. $b=0,\sqrt{ac}=A\pi$.

习题 2.4

1. (1) $a=\frac{1}{10}$;

(2)

Y	-1	0	3	8
p	$\frac{3}{10}$	$\frac{1}{5}$	$\frac{3}{10}$	$\frac{1}{5}$

2.

Y	-1	0	1
p	$\frac{2}{15}$	$\frac{1}{3}$	$\frac{8}{15}$

3. (1)

$X+Y$	-2	0	1	3	4
p	$\frac{1}{10}$	$\frac{2}{10}$	$\frac{5}{10}$	$\frac{1}{10}$	$\frac{1}{10}$

(2)

$X\cdot Y$	-2	0	1	2	4
p	$\frac{5}{10}$	$\frac{2}{10}$	$\frac{1}{10}$	$\frac{1}{10}$	$\frac{1}{10}$

(3)

$\max\{X,Y\}$	-1	1	2
p	$\frac{1}{10}$	$\frac{2}{10}$	$\frac{7}{10}$

4.

Y	-1	1
p	$\frac{1}{3}$	$\frac{2}{3}$

5. 当$c>0$时，$p_Y(y)=\begin{cases}\dfrac{1}{c(b-a)}, & ca+d\leqslant y\leqslant cb+d,\\ 0, & 其他;\end{cases}$

当$c<0$时，$p_Y(y)=\begin{cases}-\dfrac{1}{c(b-a)}, & cb+d\leqslant y\leqslant ca+d,\\ 0, & 其他.\end{cases}$

6. $p_Y(y)=\begin{cases}\sqrt{\dfrac{2}{n}}\mathrm{e}^{-\frac{y^2}{2}}, & y\geqslant 0,\\ 0, & y<0.\end{cases}$

7. $p_Y(y)=\mathrm{e}^{4y}\cdot\mathrm{e}^{-\mathrm{e}^{2y}}(-\infty<y<+\infty)$.

8. $p_Y(y)=\begin{cases}-\dfrac{2\ln y}{y}, & \mathrm{e}^{-1}<y<1,\\ 0, & 其他.\end{cases}$

9. (1) $p_X(x)=\begin{cases}\dfrac{1}{2\sqrt{2\pi}}\mathrm{e}^{-\frac{(\ln x-1)^2}{2\cdot 4}}\cdot\dfrac{1}{x}, & x>0,\\ 0, & x\leqslant 0;\end{cases}$ (2) 0.2412.

10. $F_Y(y)=\begin{cases}0, & y<1,\\ 1-(1-\sqrt{y-1})^2, & 1\leqslant y<2;\end{cases}$ $p_Y(y)=\begin{cases}\dfrac{1}{\sqrt{y-1}}-1, & 1<y<2,\\ 0, & 其他.\end{cases}$

11. $p_Z(z)=\begin{cases}z\mathrm{e}^{-z}, & z>0,\\ 0, & z\leqslant 0.\end{cases}$

12. $\dfrac{1}{2\pi}\left[\Phi\left(\dfrac{z+\pi-u}{\sigma}\right)-\Phi\left(\dfrac{z-\pi-u}{\sigma}\right)\right]$.

13. $p_Z(z)=\begin{cases}z\mathrm{e}^{-\frac{z^2}{2}}, & z>0,\\ 0, & z\leqslant 0.\end{cases}$

14. $p_Z(z)=\begin{cases}\dfrac{3}{2}(1-z^2), & 0\leqslant z<1,\\ 0, & 其他.\end{cases}$

15. $p_Z(z)=\begin{cases}\dfrac{1}{a^2}\ln\dfrac{a^2}{z}, & 0<z<a^2,\\ 0, & \text{其他}.\end{cases}$

16. $p_U(u)=\begin{cases}u, & 0<u<1,\\ \dfrac{1}{2}, & 1\leqslant u<2,\\ 0, & \text{其他};\end{cases}$ $p_V(v)=\begin{cases}3-v, & 0<v<1,\\ 0, & \text{其他}.\end{cases}$

17. $F_Y(y)=\begin{cases}0, & y<0,\\ 1-\mathrm{e}^{-\frac{y}{5}}, & 0\leqslant y<2,\\ 1, & y\geqslant 2.\end{cases}$

18.

Y	-1	2	3
p	0.2	0.5	0.3

19. (1) $p_Y(y)=\begin{cases}\dfrac{3}{8\sqrt{y}}, & 0<y<1,\\ \dfrac{1}{8\sqrt{y}}, & 1\leqslant y<4,\\ 0, & \text{其他};\end{cases}$ (2) $\dfrac{1}{4}$.

20. $p_U(u)=\begin{cases}\dfrac{1}{2}(2-u), & 0<u<2,\\ 0, & \text{其他}.\end{cases}$

习题 2.5

1. (1) $P(X=0\mid Y=0)=0.8$，$P(X=1\mid Y=0)=0.2$，$P(X=2\mid Y=0)=0$，

$P(Y=-1\mid X=0)=\dfrac{1}{3}$，$P(Y=0\mid X=0)=\dfrac{2}{3}$，$P(Y=2\mid X=0)=0$;

(2) X 与 Y 不独立.

2. (1)

X \ Y	1	2	3
0	0.1	0.2	0.4
1	0.15	0.1	0.05

(2)

X	0	1
$P(X\mid Y\neq 3)$	0.545	0.455

3. $P(X=k\mid X+Y=n)=\mathrm{C}_n^k\left(\dfrac{\lambda_1}{\lambda_1+\lambda_2}\right)^k\left(\dfrac{\lambda_1}{\lambda_1+\lambda_2}\right)^{n-k}, k=0,1,\cdots,n.$

4. $p_{X|Y}(x|y)=\begin{cases}\dfrac{1}{2\sqrt{1-y^2}}, & -\sqrt{1-y^2}\leqslant x\leqslant\sqrt{1-y^2},\\ 0, & \text{其他},\end{cases}$ X 与 Y 不独立.

5. $\dfrac{47}{64}$.

6. (1) 2;

(2) $p_{X|Y}(x|y)=\begin{cases}2e^{-2x}, & x>0,\\ 0, & \text{其他}\end{cases}(y>0)$, $p_{Y|X}(y|x)=\begin{cases}e^{-y}, & y>0,\\ 0, & \text{其他}\end{cases}(x>0)$;

(3) $1-e^{-4}$.

7. (1) $P_{X|Y}(x|y)=\begin{cases}\dfrac{1}{y}, & 0<x<y,\\ 0, & \text{其他},\end{cases}$ X 与 Y 不独立;

(2) $\dfrac{1}{2}$.

8. $\dfrac{7}{15}$.

9. $P(X=m,Y=n)=p^2(1-p)^{n-2}(m=1,2,\cdots,n-1;n=2,3,\cdots)$;

$P(X=m|Y=n)=\dfrac{1}{n-1}, P(Y=n|X=m)=p(1-p)^{n-m-1}$, 其中 $m=1,2,\cdots,n-1;\ n=2,3,\cdots$.

10. (1) $\dfrac{3}{16}$;

(2) $P_{X|Y}(x|y)=\begin{cases}\dfrac{2x}{4-y}, & \sqrt{y}<x<2,\\ 0, & \text{其他},\end{cases}$ $P_{Y|X}(y|x)=\begin{cases}\dfrac{2y}{x^4}, & 0\leqslant y\leqslant x^2,\\ 0, & \text{其他}.\end{cases}$

习题 3.1

1. $\dfrac{k(n+1)}{2}$.

2. 2.

3. 1.0556.

5. 10.

6. $\dfrac{1}{3}(n+2)$.

7. 262.

8. (1) 0; (2) 3; (3) 2.

9. (1) $a=\dfrac{1}{2}$, $b=1$; (2) $\dfrac{5}{8}$.

10. 5.

11. $\dfrac{\pi}{24}(a^2+ab^2+b^3)$.

12. (1) $a=\dfrac{1}{4}$, $b=1$, $c=-\dfrac{1}{4}$; (2) $\dfrac{1}{4}(e^2-1)$.

13. (1) $E(X)=1.05$, $E(Y)=0.5$; (2) 0.25.

14. $\frac{5}{8}$.

15. (1) $\frac{1}{2}$, -3; (2) 0.

16. $\frac{4}{5}$, $\frac{3}{5}$, $\frac{1}{2}$, $\frac{16}{15}$.

17. 6.

18. $\sqrt{\frac{2}{\pi}}$.

19. 1.

20. 14166.67(元).

习题 3.2

1. (1) $\frac{6}{5}$, $\frac{12}{25}$; (2) $\frac{6}{5}$, $\frac{9}{25}$.

2. X的可能取值为$0,1,2,\cdots,9$; $P(X\leqslant 8)=1-\left(\frac{1}{3}\right)^8$.

3. $\frac{m}{p}$, $\frac{mq}{p^2}$.

4. $a=12$, $b=-12$, $c=3$.

5. $P(X=k)=\frac{2k-1}{36}$, $k=1,2,\cdots,6$; $E(X)=4.47$; $D(X)=1.97$.

6. $e^{\mu+\frac{\sigma}{2}}$; $e^{2\mu+\sigma^2}(e^{\sigma^2}-1)$.

7. 27.

8. 7, 37.25.

9. $\frac{8}{9}$.

11. (1) $\frac{n+1}{2}$, $\frac{1}{12}(n+1)(n-1)$; (2) n, $n(n-1)$.

12. $\frac{1}{n}$, $\frac{1}{n^2}$.

习题 3.3

1. 4, 18, 6, 1.

2. 61, 21.

3. -0.02

4. $-\frac{n}{36}$, $-\frac{1}{5}$.

5. $\frac{2}{3}$, 0, 0.

6. $\dfrac{3}{\sqrt{57}}$.

7. 0, 0.

8. ρ.

9. $\dfrac{a^2-b^2}{a^2+b^2}$.

10. $\dfrac{1}{18}$.

12. $\dfrac{1}{3\sqrt{5}\pi}e^{-\frac{8}{15}\left(\frac{x^2}{3}+\frac{xy}{4\sqrt{3}}+\frac{y^2}{4}\right)}$.

14. $\geqslant 0.271$.

15. $\leqslant \dfrac{1}{12}$.

16. (1) $\begin{pmatrix} \frac{1}{18} & 0 \\ 0 & \frac{3}{80} \end{pmatrix}$; (2) $\begin{pmatrix} \frac{11}{36} & -\frac{1}{36} \\ -\frac{1}{36} & \frac{11}{36} \end{pmatrix}$.

17. (1) 0, 2; (2) 0, 不相关; (3) 不独立.

18. (1) 0，3; (2) 0; (3) 相互独立. 理由略.

19. (1) $p_X(x)=\dfrac{1}{\sqrt{2\pi}}e^{-\frac{x^2}{2}}$，$p_Y(y)=\dfrac{1}{\sqrt{2\pi}}e^{-\frac{y^2}{2}}$，$\rho=0$; (2) 不独立. 理由略.

20. (1) $\dfrac{n-1}{n}$; (2) $-\dfrac{1}{n}$.

习题 3.4

1. $\dfrac{78}{25}$，2.

2. $\dfrac{na}{a+b}$.

3. $\dfrac{7}{12}$.

4. $\dfrac{1}{3}(1+2y)$.

习题 4.1

1. 验证马尔可夫条件.
2. 验证马尔可夫条件.
3. 验证马尔可夫条件.
4. 不适用.
5. 由辛钦大数定律知 $\{\xi_k\}$ 服从大数定律.
6. 服从.

7. 验证马尔可夫条件.
8. 验证辛钦大数定律的条件.

习题 4.2

5. (1) 否; (2) 是.

习题 4.3

1. 0.1103.
2. 0.925.
3. 0.4714.
4. 0.9394.
5. 0.2119.
6. 0.9162.
7. 14.
8. 0.96.
9. 98.
10. 35.
11. 0.8185; 81 .
12. 2360.8 千瓦.
13. $\frac{1}{\varepsilon}\sqrt{\frac{2pq}{n\pi}}e^{-\frac{\varepsilon^2 n}{2pq}}$.
15. 证明略. $E\eta_n=\alpha_2$, $D\eta_n=\frac{\alpha_4-\alpha_2^2}{n}$.

习题 5.1

1. 总体表示一盒产品中的次品数, 总体 X 服从二项分布 $b(k;m,p)$.

样本 $(X_1,X_2,\cdots,X_n)$ 表示所抽的 n 盒产品中各盒的次品数. $(X_1,X_2,\cdots,X_n)$ 的联合分布列为 $P(X_1=x_1,X_2=x_2,\cdots,X_n=x_n)=\prod_{i=1}^{n}[C_m^{x_i}p^{x_i}(1-p)^{m-x_i}]$.

2. 总体 X 表示一个电容器的使用寿命, X 服从参数为 λ 的指数分布.

样本 $(X_1,X_2,\cdots,X_n)$ 表示所抽取 n 只电容器中各只电容器的使用寿命.

样本 $(X_1,X_2,\cdots,X_n)$ 的联合密度函数为

$$p^*(x_1,x_2,\cdots,x_n)=\begin{cases}\lambda^n e^{-\lambda(x_1+\cdots+x_n)}, & x_1,x_2,\cdots,x_n>0,\\ 0, & \text{其他}.\end{cases}$$

3. $f(x_1,x_2,\cdots,x_5)=\prod_{i=1}^{5}p^{x_i}(1-p)^{1-x_i}$, $x_i=0,1$.

4. $f(x_1,x_2,x_3)=\frac{1}{(\sqrt{2\pi}\sigma)^3}e^{-\frac{1}{2\sigma^2}\sum_{i=1}^{3}(x_i-\mu)^2}$.

5. $p_1(x)=n[1-F(x)]^{n-1}\cdot p(x)$, $F_1(x)=1-[1-F(x)]^n$;

$p_n(x)=n[F(x)]^{n-1}\cdot p(x)$，$F_n(x)=[F(x)]^n$.

习题 5.3

1. X_1+X_2，$\max\limits_{1\leqslant i\leqslant 5}X_i$，$(X_1-X_2)^2$ 是统计量，X_5+2p 不是统计量.

2. 3，3.4，1.844.

3. (1) $\bar{X}\sim N\left(8,\dfrac{4}{5}\right)$；(2) 0.1335.

4. 1537.

5. 0，$\dfrac{1}{3n}$.

6. 0.3859.

7. (1) 0.94；(2) 0.895.

8. (1) $t(2)$；(2) $t(n-1)$；(3) $F(3,n-3)$.

9. $a=\dfrac{1}{20}$，$b=\dfrac{1}{100}$，自由度为 $n=2$.

11. 21.

12. $\dfrac{1}{3}$.

14. 介于 0.025 与 0.05 之间.

16. $t(2n-2)$.

18. $F(1,2n-2)$.

19. 0.7.

20. $\dfrac{1}{n}\left(\dfrac{2}{n-1}+1\right)$.

习题 6.1

1. $\hat{\theta}=2\bar{X}-1$.

2. $\dfrac{1}{15}$.

3. $\hat{p}=\dfrac{\bar{X}-\dfrac{1}{n}\sum\limits_{i=1}^{n}(X_i-\bar{X})^2}{\bar{X}}$；$\hat{k}=\dfrac{\bar{X}^2}{\bar{X}-\dfrac{1}{n}\sum\limits_{i=1}^{n}(X_i-\bar{X})^2}$.

4. $\hat{a}=\bar{X}-\sqrt{\dfrac{3}{n}\sum\limits_{i=1}^{n}(X_i-\bar{X})^2}$，$\hat{b}=\bar{X}-\sqrt{\dfrac{3}{n}\sum\limits_{i=1}^{n}(X_i-\bar{X})^2}$.

5. (1) $3\bar{X},3\bar{x}$；(2) $\left(\dfrac{\bar{X}}{1-\bar{X}}\right)^2,\left(\dfrac{\bar{x}}{1-\bar{x}}\right)^2$；(3) $\dfrac{2}{\bar{X}},\dfrac{2}{\bar{x}}$.

6. (1) $\left(\dfrac{n}{\sum\limits_{i=1}^{n}\ln x_i}\right)^2$；(2) $\max\left\{\dfrac{n}{\sum\limits_{i=1}^{n}\ln x_i-n/c},1\right\}$；

(3) $\hat{\theta}=\bar{x}-x_{(1)}$, $\hat{\mu}=x_{(1)}$.

7. $\hat{\theta}=\dfrac{5}{6},\hat{\theta}_L=\dfrac{5}{6}$.

8. $\hat{\theta}=\dfrac{2\bar{X}-1}{1-\bar{X}}$; $\hat{\theta}_2=-1-\dfrac{n}{\sum\limits_{i=1}^{n}b_iS_i}$.

9. (1) $\hat{\theta}=2\bar{X}$; (2) $\dfrac{\theta^2}{5n}$.

10. $\hat{\theta}=\bar{X}$.

11. (1) $\hat{\beta}=\dfrac{\bar{X}}{X-1}$; (2) $\hat{\beta}_2=\dfrac{n}{\sum\limits_{i=1}^{n}b_iX_i}$.

12. $\hat{\theta}=\dfrac{N}{n}$.

习题 6.2

2. (1) $c=\dfrac{1}{2^{n-1}}$; (2) $c=\dfrac{1}{n}$.

4. $\hat{\lambda}^2=\dfrac{1}{n}\sum\limits_{i=1}^{n}X_i^2-\bar{X}$.

6. (2) $\dfrac{X_{(n)}}{2}$, 不是无偏估, 是一致估计.

7. $\hat{\mu}_3$.

9.

(2)当$1\leqslant n\leqslant 7$时, $\hat{\theta}_1$比$\hat{\theta}_2,\hat{\theta}_3$更有效; 当$n\geqslant 8$时, $\hat{\theta}_2,\hat{\theta}_3$都比$\hat{\theta}_1$更有效.

10～12. 略.

13. $\hat{\sigma}_2=\dfrac{1}{n}\sum\limits_{i=1}^{n}|X_i|$, 无偏估计, 有效估计, 一致估计.

习题 6.3

1. (1) [14.81, 15.01]; (2) [15.07, 17.45].
2. (1) [42.92, 43.88]; (2) [0.53, 1.15].
3. 12.
4. 置信上限为 2116.15, 下限为 1783.85.
5. [2.689, 2.721], [0.000489, 0.002150].
6. [−9.126, 1.126].
7. [−0.63, 3.43].
8. [0.663, 5.337].
9. [0.016, 0.453].

10. [0.222, 3.601].

11. [0.218, 0.382].

12. [−4.05, 15.55].

习题 7.1

7. H_0：$\mu=100$，H_1：$\mu\neq100$.

$$U=\frac{\bar{X}-\mu_0}{\sqrt{\frac{\sigma^2}{n}}}=\frac{\bar{X}-100}{\frac{1.5}{\sqrt{9}}}=\frac{\bar{X}-100}{\frac{1.5}{\sqrt{9}}}\sim N(0,1).$$

设 $\alpha=0.05$，查正态分布表，得 $u_{0.975}=1.96$，计算 u 的统计值 $u=\frac{\bar{X}-100}{\frac{1.5}{\sqrt{9}}}=0.04$，$|u|=0.04<1.96$，所以接受 H_0.

习题 7.2

1. 有显著变化.

2. 若 σ^2 已知，认为这批零件的平均尺寸不是 32.50mm，若 σ^2 未知，尚不能拒绝这批零件的平均尺寸是 32.50mm.

3. 可以认为自动售货机售出的清凉饮料的平均含量为 222mL.

4. 可以认为灯泡寿命为 2000 小时.

5. 拒绝原假设，不能说明厂家生产的这批奶粉平均起来不够分量.

6. 可以认为这批矿砂的镍含量为 3.25%.

7. 不能认为这批导线的电阻的标准差仍为 0.005.

8. 可以认为两厂生产的灯泡寿命存在差异.

9. 可以认为这一地区男、女生的物理成绩不相上下.

10. 拒绝原假设，认为甲、乙两省 20 岁男子平均体重有显著差异.

11. (1) 接受 H_0；(2) 接受 H_0.

12. (1) 接受 H_0；(2) 拒绝 H_0. 认为机器工作不正常.

13. 可以认为两厂生产的电阻值的方差不同.

14. 可以认为乙车床生产的产品直径的方差比甲车床生产的产品的小.

15. 接受 H_0.

16. 尚没有足够的证据支持该研究者的观点.

17. 可以认为两种安眠药疗效无显著差异.

18. 可以认为两机床加工的产品的尺寸有显著差异.

19. (1) $T=7.05$, $\alpha=0.05$ 的临界值为 2.0369;

(2) 0.95 的置信区间为[6.38, 7.50], 5 不在此区间内.

(3) 结论是拒绝假设 H_0.

习题 7.3

7. (1) $H_0:\mu=485$; $H_1:\mu\neq485$.

(2) 0.0414; (3) 0.2061.

9. (1) 拒绝域为: $\{U>1.645\}$;

(2) 拒绝原假设 H_0，此时可能犯第一类错误, 犯第二类错误的概率不超过 0.05;

(3) 不能拒绝假设 H_0，此时, 可能犯第二类错误, 若 $H_0: \mu = 0.2$，犯错误的概率为 0.74.

习题 7.4

1. 可以认为掷出正面的概率为 $\frac{1}{2}$.

2. 可以认为骰子的六个面是匀称的.

3. 认为总体服从泊松分布.

4. 不能拒绝“15s 内通过的汽车辆数服从泊松分布”的假设.

5. 取 $\alpha = 0.05$，结论是拒绝原假设, 即认为摇奖结果不公平; 取 $\alpha = 0.01$，结论是不能拒绝原假设.

6. 可以认为零件长度服从正态分布.

7. 可以认为营养状况对智商有影响.

习题 8.1

5. 可以认为 4 种显像管的传导率是显著不同的.

6. 可以认为不同的电流强度对电解铜的杂质率有显著影响.

7. (1) 有显著差异;

(2) $\hat{\mu}_1 = 133.73$, $\hat{\mu}_2 = 144.58$, $\hat{\mu}_3 = 144.52$, $\hat{\sigma}^2 = 53.366$.

8. (1) 有显著影响;

(2) $\hat{\mu}_1 = 6.47$, $\hat{\mu}_2 = 5.68$, $\hat{\mu}_3 = 5.21$, $\hat{\mu}_4 = 4.58$, $\hat{\mu} = 5.49$, $\hat{\sigma}^2 = 0.0403$;

(3) $0.48 < \mu_1 - \mu_2 < 1.10$.

习题 8.2

4. $\hat{y} = -0.754 + 1.198x$，显著.

5. $\hat{y} = -1612627 + 813.257x$，1992 年的预测值是 7381 对.

6. (1) $\hat{y} = 6.284 + 0.183x$; (2) $r = 0.9995$; (3) $\hat{\sigma}^2 = 0.0033$.

7. (1) $\hat{y} = 6.5 - 1.6x$; (2) 显著.

8. $\hat{b} = \dfrac{\sum_{i=1}^{n} x_i y_i}{\sum_{i=1}^{n} x_i^2}$.

9. (1) $\hat{y} = 41.7072 + 0.3713x$; (2) 可以认为回归方程显著;

(3) (63.0432, 71.6106).

参 考 文 献

蔡海涛. 2003. 概率论与数理统计典型例题与解法. 长沙: 国防科学技术大学出版社.
复旦大学. 1979. 概率论(第一册概率论基础). 北京: 人民教育出版社.
李永乐, 李正元，王式安. 2007. 数学历年试题解析. 北京: 国家行政学院出版社.
茆诗松, 程依明, 濮晓龙. 2004. 概率论与数理统计教程. 北京: 高等教育出版社.
魏宗舒等. 2007. 概率论与数理统计教程. 北京: 高等教育出版社.
吴赣昌. 2006. 概率论与数理统计. 北京: 中国人民大学出版社.
张爱武, 常柏林. 2008. 概率论与数理统计. 北京: 北京出版社.

附录　常用分布表

附表 1　常用的概率分布、数学期望及方差

分布	分布律或概率密度	数学期望	方差
两点分布	$P(X=k)=p^k(1-p)^{1-k},\quad k=0,1$	p	$p(1-p)$
二项分布	$P(X=k)=C_n^k p^k(1-p)^{1-k},\quad k=0,1,\cdots,n$	np	$np(1-p)$
几何分布	$P(X=k)=p(1-p)^{k-1},\quad k=0,1$	$\dfrac{1}{p}$	$\dfrac{1-p}{p^2}$
泊松分布	$P(X=k)=\dfrac{\lambda^k}{k!}e^{-\lambda},\quad k=0,1,\cdots$	λ	λ
均匀分布	$p(x)=\begin{cases}\dfrac{1}{b-a}, & a<x<b\\ 0, & 其他\end{cases}$	$\dfrac{a+b}{2}$	$\dfrac{(b-a)^2}{12}$
正态分布	$p(x)=\dfrac{1}{\sqrt{2\pi}\sigma}e^{-\frac{(x-\mu)^2}{2\sigma^2}}$	μ	σ^2
指数分布	$p(x)=\begin{cases}\lambda e^{-\lambda x}, & x>0\\ 0, & 其他\end{cases}$	$\dfrac{1}{\lambda}$	$\dfrac{1}{\lambda^2}$
Γ-分布	$p(x)=\begin{cases}\dfrac{1}{\beta^\alpha\Gamma(\alpha)}x^{\alpha-1}e^{-\frac{x}{\beta}}, & x>0\\ 0, & 其他\end{cases}$	$\alpha\beta$	$\alpha\beta^2$
χ^2 分布	$p(x)=\begin{cases}\dfrac{1}{2^{\frac{n}{2}}\Gamma\left(\frac{n}{2}\right)}x^{\frac{n}{2}-1}e^{-\frac{x}{2}}, & x>0\\ 0, & 其他\end{cases}$	n	$2n$

附表 2 标准正态分布表

$$\Phi(x)=\int_{-\infty}^{x}\frac{1}{\sqrt{2\pi}}\mathrm{e}^{-u^2/2}\mathrm{d}u$$

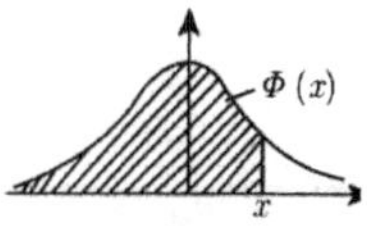

x	0	1	2	3	4	5	6	7	8	9
0.0	0.5000	0.5040	0.5080	0.5120	0.5160	0.5199	0.5239	0.5279	0.5319	0.5359
0.1	0.5398	0.5438	0.5478	0.5517	0.5557	0.5596	0.5636	0.5675	0.5714	0.5753
0.2	0.5793	0.5832	0.5871	0.5910	0.5948	0.5987	0.6026	0.6064	0.6103	0.6141
0.3	0.6179	0.6217	0.6255	0.6293	0.6331	0.6368	0.6406	0.6443	0.6480	0.6517
0.4	0.6554	0.6591	0.6628	0.6664	0.6700	0.6736	0.6772	0.6808	0.6844	0.6879
0.5	0.6915	0.6950	0.6985	0.7019	0.7054	0.7088	0.7123	0.7157	0.7190	0.7224
0.6	0.7257	0.7291	0.7324	0.7357	0.7389	0.7422	0.7454	0.7486	0.7517	0.7549
0.7	0.7580	0.7611	0.7642	0.7673	0.7703	0.7734	0.7764	0.7794	0.7823	0.7852
0.8	0.7881	0.7910	0.7939	0.7967	0.7995	0.8023	0.8051	0.8078	0.8106	0.8133
0.9	0.8159	0.8186	0.8212	0.8238	0.8264	0.8289	0.8315	0.8340	0.8365	0.8389
1.0	0.8413	0.8438	0.8461	0.8485	0.8508	0.8531	0.8554	0.8577	0.8599	0.8621
1.1	0.8643	0.8665	0.8686	0.8708	0.8729	0.8749	0.8770	0.8790	0.8810	0.8830
1.2	0.8849	0.8869	0.8888	0.8907	0.8925	0.8944	0.8962	0.8980	0.8997	0.9015
1.3	0.9032	0.9049	0.9066	0.9082	0.9099	0.9115	0.9131	0.9147	0.9162	0.9177
1.4	0.9192	0.9207	0.9222	0.9236	0.9251	0.9265	0.9278	0.9292	0.9306	0.9319
1.5	0.9332	0.9345	0.9357	0.9370	0.9382	0.9394	0.9406	0.9418	0.9430	0.9441
1.6	0.9452	0.9463	0.9474	0.9484	0.9495	0.9505	0.9515	0.9525	0.9535	0.9545
1.7	0.9554	0.9564	0.9573	0.9582	0.9591	0.9599	0.9608	0.9616	0.9625	0.9633
1.8	0.9641	0.9648	0.9656	0.9664	0.9671	0.9678	0.9686	0.9693	0.9700	0.9706
1.9	0.9713	0.9719	0.9726	0.9732	0.9738	0.9744	0.9750	0.9756	0.9762	0.9767
2.0	0.9772	0.9778	0.9783	0.9788	0.9793	0.9798	0.9803	0.9808	0.9812	0.9817
2.1	0.9821	0.9826	0.9830	0.9834	0.9838	0.9842	0.9846	0.9850	0.9854	0.9857
2.2	0.9861	0.9864	0.9868	0.9871	0.9874	0.9878	0.9881	0.9884	0.9887	0.9890
2.3	0.9893	0.9896	0.9898	0.9901	0.9904	0.9906	0.9909	0.9911	0.9913	0.9916
2.4	0.9918	0.9920	0.9922	0.9925	0.9927	0.9929	0.9931	0.9932	0.9934	0.9936
2.5	0.9938	0.9940	0.9941	0.9943	0.9945	0.9946	0.9948	0.9949	0.9951	0.9952
2.6	0.9953	0.9955	0.9956	0.9957	0.9959	0.9960	0.9961	0.9962	0.9963	0.9964
2.7	0.9965	0.9966	0.9967	0.9968	0.9969	0.9970	0.9971	0.9972	0.9973	0.9974
2.8	0.9974	0.9975	0.9976	0.9977	0.9977	0.9978	0.9979	0.9979	0.9980	0.9981
2.9	0.9981	0.9982	0.9982	0.9983	0.9984	0.9984	0.9985	0.9985	0.9986	0.9986
3.	0.9987	0.9990	0.9993	0.9995	0.9997	0.9998	0.9998	0.9999	0.9999	1.0000

注：表中末行为函数值 $\Phi(3.0), \Phi(3.1), \cdots, \Phi(3.9)$

附表 3　t 分布表

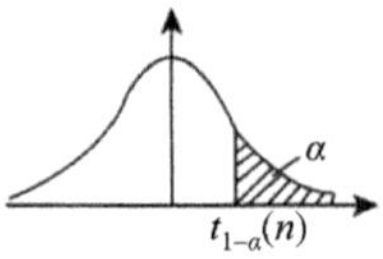

$$P(t > t_{1-\alpha}(n)) = \alpha$$

n \ α	0.25	0.10	0.05	0.025	0.01	0.005
1	1.0000	3.0777	6.3138	12.7062	31.8207	63.6574
2	0.8165	1.8856	2.9200	4.3027	6.9646	9.9248
3	0.7649	1.6377	2.3534	3.1824	4.5407	5.8409
4	0.7407	1.5332	2.1318	2.7764	3.7469	4.6041
5	0.7267	1.4759	2.0150	2.5706	3.3649	4.0322
6	0.7176	1.4398	1.9432	2.4469	3.1427	3.7074
7	0.7111	1.4149	1.8946	2.3646	2.9980	3.4995
8	0.7064	1.3968	1.8595	2.3060	2.8965	3.3554
9	0.7027	1.3830	1.8331	2.2622	2.8214	3.2498
10	0.6998	1.3722	1.8125	2.2281	2.7638	3.1693
11	0.6974	1.3634	1.7959	2.2010	2.7181	3.1058
12	0.6955	1.3562	1.7823	2.1788	2.6810	3.0545
13	0.6938	1.3502	1.7709	2.1604	2.6503	3.0123
14	0.6924	1.3450	1.7613	2.1448	2.6245	2.9768
15	0.6912	1.3406	1.7531	2.1315	2.6025	2.9467
16	0.6901	1.3368	1.7459	2.1199	2.5835	2.9208
17	0.6892	1.3334	1.7396	2.1098	2.5669	2.8982
18	0.6884	1.3304	1.7341	2.1009	2.5524	2.8784
19	0.6876	1.3277	1.7291	2.0930	2.5395	2.8609
20	0.6870	1.3253	1.7247	2.0860	2.5280	2.8453
21	0.6864	1.3232	1.7207	2.0796	2.5177	2.8314
22	0.6858	1.3212	1.7171	2.0739	2.5083	2.8188
23	0.6853	1.3195	1.7139	2.0687	2.4999	2.8073
24	0.6848	1.3178	1.7109	2.0639	2.4922	2.7969
25	0.6844	1.3163	1.7081	2.0595	2.4851	2.7874
26	0.6840	1.3150	1.7056	2.0555	2.4786	2.7787
27	0.6837	1.3137	1.7033	2.0518	2.4727	2.7707
28	0.6834	1.3125	1.7011	2.0484	2.4671	2.7633
29	0.6830	1.3114	1.6991	2.0452	2.4620	2.7564
30	0.6828	1.3104	1.6973	2.0423	2.4573	2.7500
40	0.681	1.303	1.684	2.021	2.423	2.704
60	0.679	1.296	1.671	2.000	2.390	2.660
120	0.677	1.289	1.658	1.980	2.358	2.617
∞	0.674	1.282	1.654	1.960	2.326	2.576

附表 4　χ^2 分布表

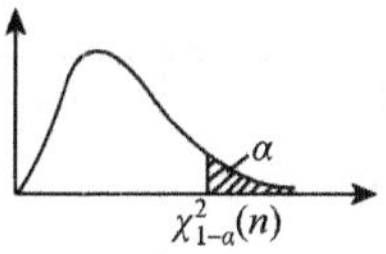

$$P(\chi^2 > \chi^2_{1-\alpha}(n)) = \alpha$$

n \ α	0.995	0.99	0.975	0.95	0.90	0.75
1	—	—	0.001	0.004	0.016	0.102
2	0.010	0.020	0.051	0.103	0.211	0.575
3	0.072	0.115	0.216	0.352	0.584	1.213
4	0.207	0.297	0.484	0.711	1.064	1.923
5	0.412	0.554	0.831	1.145	1.610	2.675
6	0.676	0.872	1.237	1.635	2.204	3.455
7	0.989	1.239	1.690	2.167	2.833	4.255
8	1.344	1.646	2.180	2.733	3.490	5.071
9	1.735	2.088	2.700	3.325	4.168	5.899
10	2.156	2.558	3.247	3.940	4.865	6.737
11	2.603	3.053	3.816	4.575	5.578	7.584
12	3.074	3.571	4.404	5.226	6.304	8.438
13	3.565	4.107	5.009	5.892	7.042	9.299
14	4.075	4.660	5.629	6.571	7.790	10.165
15	4.601	5.229	6.262	7.261	8.547	11.037
16	5.142	5.812	6.908	7.962	9.312	11.912
17	5.697	6.408	7.564	9.672	10.085	12.792
18	6.265	7.015	8.231	9.390	10.865	13.675
19	6.844	7.633	8.907	10.117	11.651	14.562
20	7.434	8.260	9.591	10.851	12.443	15.452
21	8.034	8.897	10.283	11.591	13.240	16.344
22	8.643	9.542	10.982	12.338	14.042	17.240
23	9.260	10.196	11.689	13.091	14.848	18.137
24	9.886	10.856	12.401	13.848	15.659	19.037
25	10.520	11.524	13.120	14.611	16.473	19.939
26	11.160	12.198	13.844	15.379	17.292	20.843
27	11.808	12.879	14.573	16.151	18.114	21.749
28	12.461	13.565	15.308	16.928	18.939	22.657
29	13.121	14.257	16.047	17.708	19.768	23.567
30	13.787	14.954	16.791	18.493	20.599	24.478
35	17.192	18.509	20.569	22.465	24.797	29.054
40	20.707	22.164	24.433	26.509	29.051	33.660
45	24.311	25.901	28.366	30.612	33.350	38.291

续表

n \ α	0.50	0.25	0.10	0.05	0.025	0.01	0.005
1	0.455	1.323	2.706	3.841	5.024	6.635	7.879
2	1.386	2.773	4.605	5.991	7.378	9.210	10.597
3	2.366	4.108	6.251	7.815	9.348	11.345	12.838
4	3.357	5.385	7.779	9.488	11.143	13.277	14.860
5	4.351	6.626	9.236	11.071	12.833	15.086	16.750
6	5.348	7.841	10.645	12.592	14.449	16.812	18.548
7	6.346	9.037	12.017	14.067	16.013	18.475	20.278
8	7.344	10.219	13.362	15.507	17.535	20.090	21.955
9	8.343	11.389	14.684	16.919	19.023	21.666	23.589
10	9.342	12.549	15.987	18.307	20.483	23.209	25.188
11	10.341	13.701	17.275	19.675	21.920	24.725	26.757
12	11.340	14.845	18.549	21.026	23.337	26.217	28.299
13	12.340	15.984	19.812	22.362	24.736	27.688	29.819
14	13.339	17.117	21.064	23.685	26.119	29.141	31.319
15	14.339	18.245	22.307	24.996	27.488	30.578	32.801
16	15.338	19.369	23.542	26.296	28.845	32.000	34.267
17	16.338	20.489	24.769	27.587	30.191	33.409	35.718
18	17.338	21.605	25.989	28.869	31.526	34.805	37.156
19	18.338	22.718	27.204	30.144	32.852	36.191	38.582
20	19.337	23.828	28.412	31.410	34.170	37.566	39.997
21	20.337	24.935	29.615	32.671	35.479	38.932	41.401
22	21.337	26.039	30.813	33.924	36.781	40.289	42.796
23	22.337	27.141	32.007	35.172	38.076	41.638	44.181
24	23.337	28.241	33.196	36.415	39.364	42.980	45.559
25	24.337	29.339	34.382	37.652	40.646	44.314	46.928
26	25.336	30.435	35.563	38.885	41.923	45.642	48.290
27	26.336	31.528	36.741	40.113	43.194	46.963	49.645
28	27.336	32.620	37.916	41.337	44.461	48.278	50.993
29	28.336	33.711	39.087	42.557	45.722	49.588	52.336
30	29.336	34.800	40.256	43.773	46.979	50.892	53.672
35	34.336	40.223	46.059	49.802	53.203	57.342	60.275
40	39.335	45.616	51.805	55.758	59.342	63.691	66.766
45	44.335	50.985	57.505	61.656	65.410	69.957	73.166

附表 5　F分布表

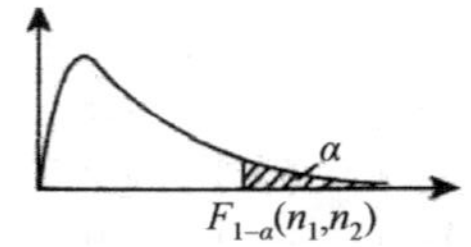

$$P(F > F_{1-\alpha}(n_1, n_2)) = \alpha$$

$\alpha = 0.10$

n_1 \ n_2	1	2	3	4	5	6	7	8	9	10	12	15	20	24	30	40	60	120	∞
1	39.86	49.50	53.59	55.83	57.24	58.20	58.91	59.44	59.86	60.19	60.71	61.22	61.74	62.00	62.26	62.53	62.79	63.06	63.33
2	8.53	9.00	9.16	9.24	9.29	9.33	9.35	9.37	9.38	9.39	9.41	9.42	9.44	9.45	9.46	9.47	9.47	9.48	9.49
3	5.54	5.46	5.39	5.34	5.31	5.28	5.27	5.25	5.24	5.23	5.22	5.20	5.18	5.18	5.17	5.16	5.15	5.14	5.13
4	4.54	4.32	4.19	4.11	4.05	4.01	3.98	3.95	3.94	3.92	3.90	3.87	3.84	3.83	3.82	3.80	3.79	3.78	4.76
5	4.06	3.78	3.62	3.52	3.45	3.40	3.37	3.34	3.32	3.30	3.27	3.24	3.21	3.19	3.17	3.16	3.14	3.12	3.10
6	3.78	3.46	3.29	3.18	3.11	3.05	3.01	2.98	2.96	2.94	2.90	2.87	2.84	2.82	2.80	2.78	2.76	2.74	2.72
7	3.59	3.26	3.07	2.96	2.88	2.83	2.78	2.75	2.72	2.70	2.67	2.63	2.59	2.58	2.56	2.54	2.51	2.49	2.47
8	3.46	3.11	2.92	2.81	2.73	2.67	2.62	2.59	2.56	2.54	2.50	2.46	2.42	2.40	2.38	2.36	2.34	2.32	2.29
9	3.36	3.01	2.81	2.69	2.61	2.55	2.51	2.47	2.44	2.42	2.38	2.34	2.30	2.28	2.25	2.23	2.21	2.18	2.16
10	3.29	2.92	2.73	2.61	2.52	2.46	2.41	2.38	2.35	2.32	2.28	2.24	2.20	2.18	2.16	2.13	2.11	2.08	2.06
11	3.23	2.86	2.66	2.54	2.45	2.39	2.34	2.30	2.27	2.25	2.21	2.17	2.12	2.10	2.08	2.05	2.03	2.00	1.97
12	3.18	2.81	2.61	2.48	2.39	2.33	2.28	2.24	2.21	2.19	2.15	2.10	2.06	2.04	2.01	1.99	1.96	1.93	1.90
13	3.14	2.76	2.56	2.43	2.35	2.28	2.23	2.20	2.16	2.14	2.10	2.05	2.01	1.98	1.96	1.93	1.90	1.88	1.85
14	3.10	2.73	2.52	2.39	2.31	2.24	2.19	2.15	2.12	2.10	2.05	2.01	1.96	1.94	1.91	1.89	1.86	1.83	1.80
15	3.07	2.70	2.49	2.36	2.27	2.21	2.16	2.12	2.09	2.06	2.02	1.97	1.92	1.90	1.87	1.85	1.82	1.79	1.76
16	3.05	2.67	2.46	2.33	2.24	2.18	2.13	2.09	2.06	2.03	1.99	1.94	1.89	1.87	1.84	1.81	1.78	1.75	1.72
17	3.03	2.64	2.44	2.31	2.22	2.15	2.10	2.06	2.03	2.00	1.96	1.91	1.86	1.84	1.81	1.78	1.75	1.72	1.69
18	3.01	2.62	2.42	2.29	2.20	2.13	2.08	2.04	2.00	1.98	1.93	1.89	1.84	1.81	1.78	1.75	1.72	1.69	1.66
19	2.99	2.61	2.40	2.27	2.18	2.11	2.06	2.02	1.98	1.96	1.91	1.86	1.81	1.79	1.76	1.73	1.70	1.67	1.63
20	2.97	2.59	2.38	2.25	2.16	2.09	2.04	2.00	1.96	1.94	1.89	1.84	1.79	1.77	1.74	1.71	1.68	1.64	1.61
21	2.96	2.57	2.36	2.23	2.14	2.08	2.02	1.98	1.95	1.92	1.87	1.83	1.78	1.75	1.72	1.69	1.66	1.62	1.59
22	2.95	2.56	2.35	2.22	2.13	2.06	2.01	1.97	1.93	1.90	1.86	1.81	1.76	1.73	1.70	1.67	1.64	1.60	1.57
23	2.94	2.55	2.34	2.21	2.11	2.05	1.99	1.95	1.92	1.89	1.84	1.80	1.74	1.72	1.69	1.66	1.62	1.59	1.55
24	2.93	2.54	2.33	2.19	2.10	2.04	1.98	1.94	1.91	1.88	1.83	1.78	1.73	1.70	1.67	1.64	1.61	1.57	1.53
25	2.92	2.53	2.32	2.18	2.09	2.02	1.97	1.93	1.89	1.87	1.82	1.77	1.72	1.69	1.66	1.63	1.59	1.56	1.52
26	2.91	2.52	2.31	2.17	2.08	2.01	1.96	1.92	1.88	1.86	1.81	1.76	1.71	1.68	1.65	1.61	1.58	1.54	1.50
27	2.90	2.51	2.30	2.17	2.07	2.00	1.95	1.91	1.87	1.85	1.80	1.75	1.70	1.67	1.64	1.60	1.57	1.53	1.49
28	2.89	2.50	2.29	2.16	2.06	2.00	1.94	1.90	1.87	1.84	1.79	1.74	1.69	1.66	1.63	1.59	1.56	1.52	1.48

续表

n_1 \ n_2	1	2	3	4	5	6	7	8	9	10	12	15	20	24	30	40	60	120	∞
$\alpha = 0.10$																			
29	2.89	2.50	2.28	2.15	2.06	1.99	1.93	1.89	1.86	1.83	1.78	1.73	1.68	1.65	1.62	1.58	1.55	1.51	1.47
30	2.88	2.49	2.28	2.14	2.05	1.98	1.93	1.88	1.85	1.82	1.77	1.72	1.67	1.64	1.61	1.57	1.54	1.50	1.46
40	2.84	2.44	2.23	2.09	2.00	1.93	1.87	1.83	1.79	1.76	1.71	1.66	1.61	1.57	1.54	1.51	1.47	1.42	1.38
60	2.79	2.39	2.18	2.04	1.95	1.87	1.82	1.77	1.74	1.71	1.66	1.60	1.54	1.51	1.48	1.44	1.40	1.35	1.29
120	2.75	2.35	2.13	1.99	1.90	1.82	1.77	1.72	1.68	1.65	1.60	1.55	1.48	1.45	1.41	1.37	1.32	1.26	1.19
∞	2.71	2.30	2.08	1.94	1.85	1.77	1.72	1.67	1.63	1.60	1.55	1.49	1.42	1.38	1.34	1.30	1.24	1.17	1.00
$\alpha = 0.05$																			
1	161.4	199.5	215.7	224.6	230.2	234.0	236.8	238.9	240.5	241.9	243.9	245.9	248.0	249.1	250.1	251.1	252.2	253.3	254.3
2	18.51	19.00	19.16	19.25	19.30	19.33	19.35	19.37	19.38	19.40	19.41	19.43	19.45	19.45	19.46	19.47	19.48	19.49	19.50
3	10.13	9.55	9.28	9.12	9.01	8.94	8.89	8.85	8.81	8.79	8.74	8.70	8.66	8.64	8.62	8.59	8.57	8.55	8.53
4	7.71	6.94	6.59	6.39	6.26	6.16	6.09	6.04	6.00	5.96	5.91	5.86	5.80	5.77	5.75	5.72	5.69	5.66	5.63
5	6.61	5.79	5.41	5.19	5.05	4.95	4.88	4.82	4.77	4.74	4.68	4.62	4.56	4.53	4.50	4.46	4.43	4.40	4.36
6	5.99	5.14	4.76	4.53	4.39	4.28	4.21	4.15	4.10	4.06	4.00	3.94	3.87	3.84	3.81	3.77	3.74	3.70	3.67
7	5.59	4.74	4.35	4.12	3.97	3.87	3.79	3.73	3.68	3.64	3.57	3.51	3.44	3.41	3.38	3.34	3.30	3.27	3.23
8	5.32	4.46	4.07	3.84	3.69	3.58	3.50	3.44	3.39	3.35	3.28	3.22	3.15	3.12	3.08	3.04	3.01	2.97	2.93
9	5.12	4.26	3.86	3.63	3.48	3.37	3.29	3.23	3.18	3.14	3.07	3.01	2.94	2.90	2.86	2.83	2.79	2.75	2.71
10	4.96	4.10	3.71	3.48	3.33	3.22	3.14	3.07	3.02	2.98	2.91	2.85	2.77	2.74	2.70	2.66	2.62	2.58	2.54
11	4.84	3.98	3.59	3.36	3.20	3.09	3.01	2.95	2.90	2.85	2.79	2.72	2.65	2.61	2.57	2.53	2.49	2.45	2.40
12	4.75	3.89	3.49	3.26	3.11	3.00	2.91	2.85	2.80	2.75	2.69	2.62	2.54	2.51	2.47	2.43	2.38	2.34	2.30
13	4.67	3.81	3.41	3.18	3.03	2.92	2.83	2.77	2.71	2.67	2.60	2.53	2.46	2.42	2.38	2.34	2.30	2.25	2.21
14	4.60	3.74	3.34	3.11	2.96	2.85	2.76	2.70	2.65	2.60	2.53	2.46	2.39	2.35	2.31	2.27	2.22	2.18	2.13
15	4.54	3.68	3.29	3.06	2.90	2.79	2.71	2.64	2.59	2.54	2.48	2.40	2.33	2.29	2.25	2.20	2.16	2.11	2.07
16	4.49	3.63	3.24	3.01	2.85	2.74	2.66	2.59	2.54	2.49	2.42	2.35	2.28	2.24	2.19	2.15	2.11	2.06	2.01
17	4.45	3.59	3.20	2.96	2.81	2.70	2.61	2.55	2.49	2.45	2.38	2.31	2.23	2.19	2.15	2.10	2.06	2.01	1.96
18	4.41	3.55	3.16	2.93	2.77	2.66	2.58	2.51	2.46	2.41	2.34	2.27	2.19	2.15	2.11	2.06	2.02	1.97	1.92
19	4.38	3.52	3.13	2.90	2.74	2.63	2.54	2.48	2.42	2.38	2.31	2.23	2.16	2.11	2.07	2.03	1.98	1.93	1.88
20	4.35	3.49	3.10	2.87	2.71	2.60	2.51	2.45	2.39	2.35	2.28	2.20	2.12	2.08	2.04	1.99	1.95	1.90	1.84
21	4.32	3.47	3.07	2.84	2.68	2.57	2.49	2.42	2.37	2.32	2.25	2.18	2.10	2.05	2.01	1.96	1.92	1.87	1.81
22	4.30	3.44	3.05	2.82	2.66	2.55	2.46	2.40	2.34	2.30	2.23	2.15	2.07	2.03	1.98	1.94	1.89	1.84	1.78
23	4.28	3.42	3.03	2.80	2.64	2.53	2.44	2.37	2.32	2.27	2.20	2.13	2.05	2.01	1.96	1.91	1.86	1.81	1.76
24	4.26	3.40	3.01	2.78	2.62	2.51	2.42	2.36	2.30	2.25	2.18	2.11	2.03	1.98	1.94	1.89	1.84	1.79	1.73
25	4.24	3.39	2.99	2.76	2.60	2.49	2.40	2.34	2.28	2.24	2.16	2.09	2.01	1.96	1.92	1.87	1.82	1.77	1.71

续表

n_1 \ n_2	1	2	3	4	5	6	7	8	9	10	12	15	20	24	30	40	60	120	∞
$\alpha = 0.05$																			
26	4.23	3.37	2.98	2.74	2.59	2.47	2.39	2.32	2.27	2.22	2.15	2.07	1.99	1.95	1.90	1.85	1.80	1.75	1.69
27	4.21	3.35	2.96	2.73	2.57	2.46	2.37	2.31	2.25	2.20	2.13	2.06	1.97	1.93	1.88	1.84	1.79	1.73	1.67
28	4.20	3.34	2.95	2.71	2.56	2.45	2.36	2.29	2.24	2.19	2.12	2.04	1.96	1.91	1.87	1.82	1.77	1.71	1.65
29	4.18	3.33	2.93	2.70	2.55	2.43	2.35	2.28	2.22	2.18	2.10	2.03	1.94	1.90	1.85	1.81	1.75	1.70	1.64
30	4.17	3.32	2.92	2.69	2.53	2.42	2.33	2.27	2.21	2.16	2.09	2.01	1.93	1.89	1.84	1.79	1.74	1.68	1.62
40	4.08	3.23	2.84	2.61	2.45	2.34	2.25	2.18	2.12	2.08	2.00	1.92	1.84	1.79	1.74	1.69	1.64	1.58	1.51
60	4.00	3.15	2.76	2.53	2.37	2.25	2.17	2.10	2.04	1.99	1.92	1.84	1.75	1.70	1.65	1.59	1.53	1.47	1.39
120	3.92	3.07	2.68	2.45	2.29	2.17	2.09	2.02	1.96	1.91	1.83	1.75	1.66	1.61	1.55	1.50	1.43	1.35	1.25
∞	3.84	3.00	2.60	2.37	2.21	2.10	2.01	1.94	1.88	1.83	1.75	1.67	1.57	1.52	1.46	1.39	1.32	1.22	1.00
$\alpha = 0.025$																			
1	647.8	799.5	864.2	899.6	921.8	937.1	948.2	956.7	963.3	968.6	976.7	984.9	993.1	997.2	1001	1006	1010	1014	1018
2	38.51	39.00	39.17	39.25	39.30	39.33	39.36	39.37	39.39	39.40	39.41	39.43	39.45	39.46	39.46	39.47	39.48	39.49	39.50
3	17.44	16.04	15.44	15.10	14.88	14.73	14.62	14.54	14.47	14.42	14.34	14.25	14.17	14.12	14.08	14.04	13.99	13.95	13.90
4	12.22	10.65	9.98	9.60	9.36	9.20	9.07	8.98	8.90	8.84	8.75	8.66	8.56	8.51	8.46	8.41	8.36	8.31	8.26
5	10.01	8.43	7.76	7.39	7.15	6.98	6.85	6.76	6.68	6.62	6.52	6.43	6.33	6.28	6.23	6.18	6.12	6.07	6.02
6	8.81	7.26	6.60	6.23	5.99	5.82	5.70	5.60	5.52	5.46	5.37	5.27	5.17	5.12	5.07	5.01	4.96	4.90	4.85
7	8.07	6.54	5.89	5.52	5.29	5.12	4.99	4.90	4.82	4.76	4.67	4.57	4.47	4.42	4.36	4.31	4.25	4.20	4.14
8	7.57	6.06	5.42	5.05	4.82	4.65	4.53	4.43	4.36	4.30	4.20	4.10	4.00	3.95	3.89	3.84	3.78	3.73	3.67
9	7.21	5.71	5.08	4.72	4.48	4.23	4.20	4.10	4.03	3.96	3.87	3.77	3.67	3.61	3.56	3.51	3.45	3.39	3.33
10	6.94	5.46	4.83	4.47	4.24	4.07	3.95	3.85	3.78	3.72	3.62	3.52	3.42	3.37	3.31	3.26	3.20	3.14	3.08
11	6.72	5.26	4.63	4.28	4.04	3.88	3.76	3.66	3.59	3.53	3.43	3.33	3.23	3.17	3.12	3.06	3.00	2.94	2.88
12	6.55	5.10	4.47	4.12	3.89	3.73	3.61	3.51	3.44	3.37	3.28	3.18	3.07	3.02	2.96	2.91	2.85	2.79	2.72
13	6.41	4.97	4.35	4.00	3.77	3.60	3.48	3.39	3.31	3.25	3.15	3.05	2.95	2.89	2.84	2.78	2.72	2.66	2.60
14	6.30	4.86	4.24	3.89	3.66	3.50	3.38	3.29	3.21	3.15	3.05	2.95	2.84	2.79	2.73	2.67	2.61	2.55	2.49
15	6.20	4.77	4.15	3.80	3.58	3.41	3.29	3.20	3.12	3.06	2.96	2.86	2.76	2.70	2.64	2.59	2.52	2.46	2.40
16	6.12	4.69	4.08	3.73	3.50	3.34	3.22	3.12	3.05	2.99	2.89	2.79	2.68	2.63	2.57	2.51	2.45	2.38	2.32
17	6.04	4.62	4.01	3.66	3.44	3.28	3.16	3.06	2.98	2.92	2.82	2.72	2.62	2.56	2.50	2.44	2.38	2.32	2.25
18	5.98	4.56	3.95	3.61	3.38	3.22	3.10	3.01	2.93	2.87	2.77	2.67	2.56	2.50	2.44	2.38	2.32	2.26	2.19
19	5.92	4.51	3.90	3.56	3.33	3.17	3.05	2.96	2.88	2.82	2.72	2.62	2.51	2.45	2.39	2.33	2.27	2.20	2.13
20	5.87	4.46	3.86	3.51	3.29	3.13	3.01	2.91	2.84	2.77	2.68	2.57	2.46	2.41	2.35	2.29	2.22	2.16	2.09
21	5.83	4.42	3.82	3.48	3.25	3.09	2.97	2.87	2.80	2.73	2.64	2.53	2.42	2.37	2.31	2.25	2.18	2.11	2.04
22	5.79	4.38	3.78	3.44	3.22	3.05	2.93	2.84	2.76	2.70	2.60	2.50	2.39	2.33	2.27	2.21	2.14	2.08	2.00

续表

$n_1 \backslash n_2$	1	2	3	4	5	6	7	8	9	10	12	15	20	24	30	40	60	120	∞
$\alpha = 0.025$																			
23	5.75	4.35	3.75	3.41	3.18	3.02	2.90	2.81	2.73	2.67	2.57	2.47	2.36	2.30	2.24	2.18	2.11	2.04	1.97
24	5.72	4.32	3.72	3.38	3.15	2.99	2.87	2.78	2.70	2.64	2.54	2.44	2.33	2.27	2.21	2.15	2.08	2.01	1.94
25	5.69	4.29	3.69	3.35	3.13	2.97	2.85	2.75	2.68	2.61	2.51	2.41	2.30	2.24	2.18	2.12	2.05	1.98	1.91
26	5.66	4.27	3.67	3.33	3.10	2.94	2.82	2.73	2.65	2.59	2.49	2.39	2.28	2.22	2.16	2.09	2.03	1.95	1.88
27	5.63	4.24	3.65	3.31	3.08	2.92	2.80	2.71	2.63	2.57	2.47	2.36	2.25	2.19	2.13	2.07	2.00	1.93	1.85
28	5.61	4.22	3.63	3.29	3.06	2.90	2.78	2.69	2.61	2.55	2.45	2.34	2.23	2.17	2.11	2.05	1.98	1.91	1.83
29	5.59	4.20	3.61	3.27	3.04	2.88	2.76	2.67	2.59	2.53	2.43	2.32	2.21	2.15	2.09	2.03	1.96	1.89	1.81
30	5.57	4.18	3.59	3.25	3.03	2.87	2.75	2.65	2.57	2.51	2.41	2.31	2.20	2.14	2.07	2.01	1.94	1.87	1.79
40	5.42	4.05	3.46	3.13	2.90	2.74	2.62	2.53	2.45	2.39	2.29	2.18	2.07	2.01	1.94	1.88	1.80	1.72	1.64
60	5.29	3.93	3.34	3.01	2.79	2.63	2.51	2.41	2.33	2.27	2.17	2.06	1.94	1.88	1.82	1.74	1.67	1.58	1.48
120	5.15	3.80	3.23	2.89	2.67	2.52	2.39	2.30	2.22	2.16	2.05	1.94	1.82	1.76	1.69	1.61	1.53	1.43	1.31
∞	5.02	3.69	3.12	2.79	2.57	2.41	2.29	2.19	2.11	2.05	1.94	1.83	1.71	1.64	1.57	1.48	1.39	1.27	1.00
$\alpha = 0.01$																			
1	4052	4999.5	5403	5625	5764	5859	5928	5982	6022	6056	6106	6157	6209	6235	6261	6287	6313	6339	6366
2	98.50	99.00	99.17	99.25	99.30	99.33	99.36	99.37	99.39	99.40	99.42	99.43	99.45	99.46	99.47	99.47	99.48	99.49	99.50
3	34.12	30.82	29.46	28.71	28.24	27.91	27.67	27.49	27.35	27.23	27.05	26.87	26.69	26.60	26.50	26.41	26.32	26.22	26.13
4	21.20	18.00	16.69	15.98	15.52	15.21	14.98	14.80	14.66	14.55	14.37	14.20	14.02	13.93	13.84	13.75	13.65	13.56	13.46
5	16.26	13.27	12.06	11.39	10.97	10.67	10.46	10.29	10.16	10.05	9.89	9.72	9.55	9.47	9.38	9.29	9.20	9.11	9.02
6	13.75	10.92	9.78	9.15	8.75	8.47	8.26	8.10	7.98	7.87	7.72	7.56	7.40	7.31	7.23	7.14	7.06	6.97	6.88
7	12.25	9.55	8.45	7.85	7.46	7.19	6.99	6.84	6.72	6.62	6.47	6.31	6.16	6.07	5.99	5.91	5.82	5.74	5.65
8	11.26	8.65	7.59	7.01	6.63	6.37	6.18	6.03	5.91	5.81	5.67	5.52	5.36	5.28	5.20	5.12	5.03	4.95	4.86
9	10.56	8.02	6.99	6.42	6.06	5.80	5.61	5.47	5.35	5.26	5.11	4.96	4.81	4.73	4.65	4.57	4.48	4.40	4.31
10	10.04	7.56	6.55	5.99	5.64	5.39	5.20	5.06	4.94	4.85	4.71	4.56	4.41	4.33	4.25	4.17	4.08	4.00	3.91
11	9.65	7.21	6.22	5.67	5.32	5.07	4.89	4.74	4.63	4.54	4.40	4.25	4.10	4.02	3.94	3.86	3.78	3.69	3.60
12	9.33	6.93	5.95	5.41	5.06	4.82	4.64	4.50	4.39	4.30	4.16	4.01	3.86	3.78	3.70	3.62	3.54	3.45	3.36
13	9.07	6.70	5.74	5.21	4.86	4.62	4.44	4.30	4.19	4.10	3.96	3.82	3.66	3.59	3.51	3.43	3.34	3.25	3.17
14	8.86	6.51	5.56	5.04	4.69	4.46	4.28	4.14	4.03	3.94	3.80	3.66	3.51	3.43	3.35	3.27	3.18	3.09	3.00
15	8.68	6.36	5.42	4.89	4.56	4.32	4.14	4.00	3.89	3.80	3.67	3.52	3.37	3.29	3.21	3.13	3.05	2.96	2.87
16	8.53	6.23	5.29	4.77	4.44	4.20	4.03	3.89	3.78	3.69	3.55	3.41	3.26	3.18	3.10	3.02	2.93	2.84	2.75
17	8.40	6.11	5.18	4.67	4.34	4.10	3.93	3.79	3.68	3.59	3.46	3.31	3.16	3.08	3.00	2.92	2.83	2.75	2.65
18	8.29	6.01	5.09	4.58	4.25	4.01	3.84	3.71	3.60	3.51	3.37	3.23	3.08	3.00	2.92	2.84	2.75	2.66	2.57

续表

n_1 \ n_2	1	2	3	4	5	6	7	8	9	10	12	15	20	24	30	40	60	120	∞
										$\alpha = 0.01$									
19	8.18	5.93	5.01	4.50	4.17	3.94	3.77	3.63	3.52	3.43	3.30	3.15	3.00	2.92	2.84	2.76	2.67	2.58	2.49
20	8.10	5.85	4.94	4.43	4.10	3.87	3.70	3.56	3.46	3.37	3.23	3.09	2.94	2.86	2.78	2.69	2.61	2.52	2.42
21	8.02	5.78	4.87	4.37	4.04	3.81	3.64	3.51	3.40	3.31	3.17	3.03	2.88	2.80	2.72	2.64	2.55	2.46	2.36
22	7.95	5.72	4.82	4.31	3.99	3.76	3.59	3.45	3.35	3.26	3.12	2.98	2.83	2.75	2.67	2.58	2.50	2.40	2.31
23	7.88	5.66	4.76	4.26	3.94	3.71	3.54	3.41	3.30	3.21	3.07	2.93	2.78	2.70	2.62	2.54	2.45	2.35	2.26
24	7.82	5.61	4.72	4.22	3.90	3.67	3.50	3.36	3.26	3.17	3.03	2.89	2.74	2.66	2.58	2.49	2.40	2.31	2.21
25	7.77	5.57	4.68	4.18	3.85	3.63	3.46	3.32	3.22	3.13	2.99	2.85	2.70	2.62	2.54	2.45	2.36	2.27	2.17
26	7.72	5.53	4.64	4.14	3.82	3.59	3.42	3.29	3.18	3.09	2.96	2.81	2.66	2.58	2.50	2.42	2.33	2.23	2.13
27	7.68	5.49	4.60	4.11	3.78	3.56	3.39	3.26	3.15	3.06	2.93	2.78	2.63	2.55	2.47	2.38	2.29	2.20	2.10
28	7.64	5.45	4.57	4.07	3.75	3.53	3.36	3.23	3.12	3.03	2.90	2.75	2.60	2.52	2.44	2.35	2.26	2.17	2.06
29	7.60	5.42	4.54	4.04	3.73	3.50	3.33	3.20	3.09	3.00	2.87	2.73	2.57	2.49	2.41	2.33	2.23	2.14	2.03
30	7.56	5.39	4.51	4.02	3.70	3.47	3.30	3.17	3.07	2.98	2.84	2.70	2.55	2.47	2.39	2.30	2.21	2.11	2.01
40	7.31	5.18	4.31	3.83	3.51	3.29	3.12	2.99	2.89	2.80	2.66	2.52	2.37	2.29	2.20	2.11	2.02	1.92	1.80
60	7.08	4.98	4.13	3.65	3.34	3.12	2.95	2.82	2.72	2.63	2.50	2.35	2.20	2.12	2.03	1.94	1.84	1.73	1.60
120	6.85	4.79	3.95	3.48	3.17	2.96	2.79	2.66	2.56	2.47	2.34	2.19	2.03	1.95	1.86	1.76	1.66	1.53	1.38
∞	6.63	4.61	3.78	3.32	3.02	2.80	2.64	2.51	2.41	2.32	2.18	2.04	1.88	1.79	1.70	1.59	1.47	1.32	1.00
										$\alpha = 0.005$									
1	16211	20000	21615	22500	23056	23437	23715	23925	24091	24224	24426	24630	24836	24940	25044	25148	25253	25359	25465
2	198.5	199.0	199.2	199.2	199.3	199.3	199.4	199.4	199.4	199.4	199.4	199.4	199.4	199.5	199.5	199.5	199.5	199.5	199.5
3	55.55	49.80	47.47	46.19	45.39	44.84	44.43	44.13	43.88	43.69	43.39	43.08	42.78	42.62	42.47	42.31	42.15	41.99	41.83
4	31.33	26.28	24.26	23.15	22.46	21.97	21.62	21.35	21.14	20.97	20.70	20.44	20.17	20.03	19.89	19.75	19.61	19.47	19.32
5	22.78	18.31	16.53	15.56	14.94	14.51	14.20	13.96	13.77	13.62	13.38	13.15	12.90	12.78	12.66	12.53	12.40	12.27	12.14
6	18.63	14.54	12.92	12.03	11.46	11.07	10.79	10.57	10.39	10.25	10.03	9.81	9.59	9.47	9.36	9.24	9.12	9.00	8.88
7	16.24	12.40	10.88	10.05	9.52	9.16	8.89	8.68	8.51	8.38	8.18	7.97	7.75	7.65	7.53	7.42	7.31	7.19	7.08
8	14.69	11.04	9.60	8.81	8.30	7.95	7.69	7.50	7.34	7.21	7.01	6.81	6.61	6.50	6.40	6.29	6.18	6.06	5.95
9	13.61	10.11	8.72	7.96	7.47	7.13	6.88	6.69	6.54	6.42	6.23	6.03	5.83	5.73	5.62	5.52	5.41	5.30	5.19
10	12.83	9.43	8.08	7.34	6.87	6.54	6.30	6.12	5.97	5.85	5.66	5.47	5.27	5.17	5.07	4.97	4.86	4.75	4.64
11	12.23	8.91	7.60	6.88	6.42	6.10	5.86	5.68	5.54	5.42	5.24	5.05	4.86	4.76	4.65	4.55	4.44	4.34	4.23
12	11.75	8.51	7.23	6.52	6.07	5.76	5.52	5.35	5.20	5.09	4.91	4.72	4.53	4.43	4.33	4.23	4.12	4.01	3.90
13	11.37	8.19	6.93	6.23	5.79	5.48	5.25	5.08	4.94	4.82	4.64	4.46	4.27	4.17	4.07	3.97	3.87	3.76	3.65
14	11.06	7.92	6.68	6.00	5.56	5.26	5.03	4.86	4.72	4.60	4.43	4.25	4.06	3.96	3.86	3.76	3.66	3.55	3.44

续表

n_1 \ n_2	1	2	3	4	5	6	7	8	9	10	12	15	20	24	30	40	60	120	∞
$\alpha = 0.005$																			
15	10.80	7.70	6.48	5.80	5.37	5.07	4.85	4.67	4.54	4.42	4.25	4.07	3.88	3.79	3.69	3.58	3.48	3.37	3.26
16	10.58	7.51	6.30	5.64	5.21	4.91	4.69	4.52	4.38	4.27	4.10	3.92	3.73	3.64	3.54	3.44	3.33	3.22	3.11
17	10.38	7.35	6.16	5.50	5.07	4.78	4.56	4.39	4.25	4.14	3.97	3.79	3.61	3.51	3.41	3.31	3.21	3.10	2.98
18	10.22	7.21	6.03	5.37	4.96	4.66	4.44	4.28	4.14	4.03	3.86	3.68	3.50	3.40	3.30	3.20	3.10	2.99	2.87
19	10.07	7.09	5.92	5.27	4.85	4.56	4.34	4.18	4.04	3.93	3.76	3.59	3.40	3.31	3.21	3.11	3.00	2.89	2.78
20	9.94	6.99	5.82	5.17	4.76	4.47	4.26	4.09	3.96	3.85	3.68	3.50	3.32	3.22	3.12	3.02	2.92	2.81	2.69
21	9.83	6.89	5.73	5.09	4.68	4.39	4.18	4.01	3.88	3.77	3.60	3.43	3.24	3.15	3.05	2.95	2.84	2.73	2.61
22	9.73	6.81	5.65	5.02	4.61	4.32	4.11	3.94	3.81	3.70	3.54	3.36	3.18	3.08	2.98	2.88	2.77	2.66	2.55
23	9.63	6.73	5.58	4.95	4.54	4.26	4.05	3.88	3.75	3.64	3.47	3.30	3.12	3.02	2.92	2.82	2.71	2.60	2.48
24	9.55	6.66	5.52	4.89	4.49	4.20	3.99	3.83	3.69	3.59	3.42	3.25	3.06	2.97	2.87	2.77	2.66	2.55	2.43
25	9.48	6.60	5.46	4.84	4.43	4.15	3.94	3.78	3.64	3.54	3.37	3.20	3.01	2.92	2.82	2.72	2.61	2.50	2.38
26	9.41	6.54	5.41	4.79	4.38	4.10	3.89	3.73	3.60	3.49	3.33	3.15	2.97	2.87	2.77	2.67	2.56	2.45	2.33
27	9.34	6.49	5.36	4.74	4.34	4.06	3.85	3.69	3.56	3.45	3.28	3.11	2.93	2.83	2.73	2.63	2.52	2.41	2.29
28	9.28	6.44	5.32	4.70	4.30	4.02	3.81	3.65	3.52	3.41	3.25	3.07	2.89	2.79	2.69	2.59	2.48	2.37	2.25
29	9.23	6.40	5.28	4.66	4.26	3.98	3.77	3.61	3.48	3.38	3.21	3.04	2.86	2.76	2.66	2.56	2.45	2.33	2.21
30	9.18	6.35	5.24	4.62	4.23	3.95	3.74	3.58	3.45	3.34	3.18	3.01	2.82	2.73	2.63	2.52	2.42	2.30	2.18
40	8.83	6.07	4.98	4.37	3.99	3.71	3.51	3.35	3.22	3.12	2.95	2.78	2.60	2.50	2.40	2.30	2.18	2.06	1.93
60	8.49	5.79	4.73	4.14	3.76	3.49	3.29	3.13	3.01	2.90	2.74	2.57	2.39	2.29	2.19	2.08	1.96	1.83	1.69
120	8.18	5.54	4.50	3.92	3.55	3.28	3.09	2.93	2.81	2.71	2.54	2.37	2.19	2.09	1.98	1.87	1.75	1.61	1.43
∞	7.88	5.30	4.28	3.72	3.35	3.09	2.90	2.74	2.62	2.52	2.36	2.19	2.00	1.90	1.79	1.67	1.53	1.36	1.00
$\alpha = 0.001$																			
1	4053†	5000†	5404†	5625†	5764†	5859†	5929†	5981†	6023†	6056†	6107†	6158†	6209†	6235†	6261†	6287†	6313†	6340†	6366†
2	998.5	999.0	999.2	999.2	999.3	999.3	999.4	999.4	999.4	999.4	999.4	999.4	999.4	999.5	999.5	999.5	999.5	999.5	999.5
3	167.0	148.5	141.1	137.1	134.6	132.8	131.6	130.6	129.9	129.2	128.3	127.4	126.4	125.9	125.4	125.0	124.5	124.0	123.5
4	74.14	61.25	56.18	53.44	51.71	50.53	49.66	49.00	48.47	48.05	47.41	46.76	46.10	45.77	45.43	45.09	44.75	44.40	44.05
5	47.18	37.12	33.20	31.09	27.75	28.84	28.16	27.64	27.24	26.92	26.42	25.91	25.39	25.14	24.87	24.60	24.33	24.06	23.79
6	35.51	27.00	23.70	21.92	20.81	20.03	19.46	19.03	18.69	18.41	17.99	17.56	17.12	16.89	16.67	16.44	16.21	15.99	15.75
7	29.25	21.69	18.77	17.19	16.21	15.52	15.02	14.63	14.33	14.08	13.71	13.32	12.93	12.73	12.53	12.33	12.12	11.91	11.70
8	25.42	18.49	15.83	14.39	13.49	12.86	12.40	12.04	11.77	11.54	11.19	10.84	10.48	10.30	10.11	9.92	9.73	9.53	9.33
9	22.86	16.39	13.90	12.56	11.71	11.13	10.70	10.37	10.11	9.89	9.57	9.24	8.90	8.72	8.55	8.37	8.19	8.00	7.81
10	21.04	14.91	12.55	11.28	10.48	9.92	9.52	9.20	8.96	8.75	8.45	8.13	7.80	7.64	7.47	7.30	7.12	6.94	6.76
11	19.69	13.81	11.56	10.35	9.58	9.05	8.66	8.35	8.12	7.92	7.63	7.32	7.01	6.85	6.68	6.52	6.35	6.17	6.00

续表

n_1 \ n_2	1	2	3	4	5	6	7	8	9	10	12	15	20	24	30	40	60	120	∞
$\alpha = 0.001$																			
12	18.64	12.97	10.80	9.63	8.89	8.38	8.00	7.71	7.48	7.29	7.00	6.71	6.40	6.25	6.09	5.93	5.76	5.59	5.42
13	17.81	12.31	10.21	9.07	8.35	7.86	7.49	7.21	6.98	6.80	6.52	6.23	5.93	5.78	5.63	5.47	5.30	5.14	4.97
14	17.14	11.78	9.73	8.62	7.92	7.43	7.08	6.80	6.58	6.40	6.13	5.85	5.56	5.41	5.25	5.10	4.94	4.77	4.60
15	16.59	11.34	9.34	8.25	7.57	7.09	6.74	6.47	6.26	6.08	5.81	5.54	5.25	5.10	4.95	4.80	4.64	4.47	4.31
16	16.12	10.97	9.00	7.94	7.27	6.81	6.46	6.19	5.98	5.81	5.55	5.27	4.99	4.85	4.70	4.54	4.39	4.23	4.06
17	15.72	10.66	8.73	7.68	7.02	6.56	6.22	5.96	5.75	5.58	5.32	5.05	4.78	4.63	4.48	4.33	4.18	4.02	3.85
18	15.38	10.39	8.49	7.46	6.81	6.35	6.02	5.76	5.56	5.39	5.13	4.87	4.59	4.45	4.30	4.15	4.00	3.84	3.67
19	15.08	10.16	8.28	7.26	6.62	6.18	5.85	5.59	5.39	5.22	4.97	4.70	4.43	4.29	4.14	3.99	3.84	3.68	3.51
20	14.82	9.95	8.10	7.10	6.46	6.02	5.69	5.44	5.24	5.08	4.82	4.56	4.29	4.15	4.00	3.86	3.70	3.54	3.38
21	14.59	9.77	7.94	6.95	6.32	5.88	5.56	5.31	5.11	4.95	4.70	4.44	4.17	4.03	3.88	3.74	3.58	3.42	3.26
22	14.38	9.61	7.80	6.81	6.19	5.76	5.44	5.19	4.99	4.83	4.58	4.33	4.06	3.92	3.78	3.63	3.48	3.32	3.15
23	14.19	9.47	7.67	6.69	6.08	5.65	5.33	5.09	4.89	4.73	4.48	4.23	3.96	3.82	3.68	3.53	3.38	3.22	3.05
24	14.03	9.34	7.55	6.59	5.98	5.55	5.23	4.99	4.80	4.64	4.39	4.14	3.87	3.74	3.59	3.45	3.29	3.14	2.97
25	13.88	9.22	7.45	6.49	5.88	5.46	5.15	4.91	4.71	4.56	4.31	4.06	3.79	3.66	3.52	3.37	3.22	3.06	2.89
26	13.74	9.12	7.36	6.41	5.80	5.38	5.07	4.83	4.64	4.48	4.24	3.99	3.72	3.59	3.44	3.30	3.15	2.99	2.82
27	13.61	9.02	7.27	6.33	5.73	5.31	5.00	4.76	4.57	4.41	4.17	3.92	3.66	3.52	3.38	3.23	3.08	2.92	2.75
28	13.50	8.93	7.19	6.25	5.66	5.24	4.93	4.69	4.50	4.35	4.11	3.86	3.60	3.46	3.32	3.18	3.02	2.86	2.69
29	13.39	8.85	7.12	6.19	5.59	5.18	4.87	4.64	4.45	4.29	4.05	3.80	3.54	3.41	3.27	3.12	2.97	2.81	2.64
30	13.29	8.77	7.05	6.12	5.53	5.12	4.82	4.58	4.39	4.24	4.00	3.75	3.49	3.36	3.22	3.07	2.92	2.76	2.59
40	12.61	8.25	6.60	5.70	5.13	4.73	4.44	4.21	4.02	3.87	3.64	3.40	3.15	3.01	2.87	2.73	2.57	2.41	2.23
60	11.97	7.76	6.17	5.31	4.76	4.37	4.09	3.87	3.69	3.54	3.31	3.08	2.83	2.69	2.55	2.41	2.25	2.08	1.89
120	11.38	7.32	5.79	4.95	4.42	4.04	3.77	3.55	3.38	3.24	3.02	2.78	2.53	2.40	2.26	2.11	1.95	1.76	1.54
∞	10.83	6.91	5.42	4.62	4.10	3.74	3.47	3.27	3.10	2.96	2.74	2.51	2.27	2.13	1.99	1.84	1.66	1.45	1.00

注：† 表示要将此数乘以 100

附表 6　泊松分布表

$$P(X \geqslant x)=\sum_{k=x}^{\infty} \frac{\lambda^{k\mathrm{e}^{-\lambda}}}{k!}$$

x	$\lambda=0.2$	$\lambda=0.3$	$\lambda=0.4$	$\lambda=0.5$	$\lambda=0.6$	$\lambda=0.7$
0	1.0000000	1.0000000	1.0000000	1.000000	1.000000	1.000000
1	0.1812692	0.2591818	0.3296800	0.393469	0.451188	0.503415
2	0.0175231	0,0369363	0.0615519	0.090204	0.121901	0.155805
3	0.0011485	0.0035995	0.0079263	0.014388	0.023115	0.034142
4	0.0000568	0.0002658	0.0007763	0.001752	0.003358	0.005753
5	0.0000023	0.0000158	0.0000612	0.000172	0.000394	0.000786
6	0.0000001	0.0000008	0.0000040	0.000014	0.000039	0.000090
7			0.0000002	0.000001	0.000003	0.000009
8						0.000001

x	$\lambda=0.8$	$\lambda=0.9$	$\lambda=1.0$	$\lambda=1.2$	$\lambda=1.5$	$\lambda=2.0$
0	1.000000	1.000000	1.000000	1.000000	1.000000	1.000000
1	0.550671	0.593430	0.632121	0.698806	0.776870	0.864665
2	0.191208	0.227518	0.264241	0.337373	0.442175	0.593994
3	0.047423	0.062857	0.080301	0.120513	0.191153	0.323324
4	0.009080	0.013459	0.018988	0.033769	0.065642	0.142877
5	0.001411	0.002344	0.003660	0.007746	0.018576	0.052653
6	0.000184	0.000343	0.000594	0.001500	0.004456	0.016564
7	0.000021	0.000043	0.000083	0.000251	0.000926	0.004534
8	0.000002	0.000005	0.000010	0.000037	0.000170	0.001097
9			0.000001	0.000005	0.000028	0.000237
10				0.000001	0.000004	0.000046
11					0.000001	0.000008
12						0.000001

x	$\lambda=2.5$	$\lambda=3.0$	$\lambda=3.5$	$\lambda=4.0$	$\lambda=4.5$	$\lambda=5.0$
0	1.000000	1.000000	1.000000	1.000000	1.000000	1.000000
1	0.917915	0.950213	0.969803	0.981684	0.988891	0.993262
2	0.712703	0.800852	0.864112	0.908422	0.938901	0.959572
3	0.456187	0.576810	0.679153	0.761897	0.826422	0.875348
4	0.242424	0.352768	0.463367	0.566530	0.657704	0.734974
5	0.108822	0.184737	0.274555	0.371163	0.467896	0.559507
6	0.042021	0.083918	0.142386	0.214870	0.297070	0.384039
7	0.014187	0.033509	0.065288	0.110674	0.168949	0.237817
8	0.004247	0.011905	0.026739	0.051134	0.086586	0.133372
9	0.001140	0.003803	0.009874	0.021363	0.040257	0.068094
10	0.000277	0.001102	0.003315	0.008132	0.017093	0.031828
11	0.000062	0.000292	0.001019	0.002840	0.006669	0.013695
12	0.000013	0.000071	0.000289	0.000915	0.002404	0.005453
13	0.000002	0.000016	0.000076	0.000274	0.000805	0.002019
14		0.000003	0.000019	0.000076	0.000252	0.000698
15		0.000001	0.000004	0.000020	0.000074	0.000226
16			0.000001	0.000005	0.000020	0.000069
17				0.000001	0.000005	0.000020
18					0.000001	0.000005
19						0.000001

附表 7　相关系数临界值表

P(2):	0.50	0.20	0.10	0.05	0.02	0.01	0.005	0.002	0.001
P(1):	0.25	0.10	0.05	0.025	0.01	0.005	0.0025	0.001	0.0005
1	0.707	0.951	0.988	0.997	1.000	1.000	1.000	1.000	1.000
2	0.500	0.800	0.900	0.950	0.980	0.990	0.995	0.998	0.999
3	0.404	0.687	0.805	0.878	0.934	0.959	0.974	0.986	0.991
4	0.347	0.603	0.729	0.811	0.882	0.917	0.942	0.963	0.974
5	0.309	0.551	0.669	0.755	0.833	0.875	0.906	0.935	0.951
6	0.281	0.507	0.621	0.707	0.789	0.834	0.870	0.905	0.925
7	0.260	0.472	0.582	0.666	0.750	0.798	0.836	0.875	0.898
8	0.242	0.443	0.549	0.632	0.715	0.765	0.805	0.847	0.872
9	0.228	0.419	0.521	0.602	0.685	0.735	0.776	0.820	0.847
10	0.216	0.398	0.497	0.576	0.658	0.708	0.750	0.795	0.823
11	0.206	0.380	0.476	0.553	0.634	0.684	0.726	0.772	0.801
12	0.197	0.365	0.457	0.532	0.612	0.661	0.703	0.750	0.780
13	0.189	0.351	0.441	0.514	0.592	0.641	0.683	0.730	0.760
14	0.182	0.338	0.426	0.497	0.574	0.623	0.664	0.711	0.742
15	0.176	0.327	0.412	0.482	0.558	0.606	0.647	0.694	0.725
16	0.170	0.317	0.400	0.468	0.542	0.590	0.631	0.678	0.708
17	0.165	0.308	0.389	0.456	0.529	0.575	0.616	0.622	0.693
18	0.160	0.299	0.378	0.444	0.515	0.561	0.602	0.648	0.679
19	0.156	0.291	0.369	0.433	0.503	0.549	0.589	0.635	0.665
20	0.152	0.284	0.360	0.423	0.492	0.537	0.576	0.622	0.652
21	0.148	0.277	0.352	0.413	0.482	0.526	0.565	0.610	0.640
22	0.145	0.271	0.344	0.404	0.472	0.515	0.554	0.599	0.629
23	0.141	0.265	0.337	0.396	0.462	0.505	0.543	0.588	0.618
24	0.138	0.260	0.330	0.388	0.453	0.496	0.534	0.578	0.607
25	0.136	0.255	0.323	0.381	0.445	0.487	0.524	0.568	0.597
26	0.133	0.250	0.317	0.374	0.437	0.479	0.515	0.559	0.588
27	0.131	0.245	0.311	0.367	0.430	0.471	0.507	0.550	0.579
28	0.128	0.241	0.306	0.361	0.423	0.463	0.499	0.541	0.570
29	0.126	0.237	0.301	0.355	0.416	0.456	0.491	0.533	0.562
30	0.124	0.233	0.296	0.349	0.409	0.449	0.484	0.526	0.554
31	0.122	0.229	0.291	0.344	0.403	0.442	0.477	0.518	0.546
32	0.120	0.226	0.287	0.339	0.397	0.436	0.470	0.511	0.539
33	0.118	0.222	0.283	0.334	0.392	0.430	0.464	0.504	0.532
34	0.116	0.219	0.279	0.329	0.386	0.424	0.458	0.498	0.525
35	0.115	0.216	0.275	0.325	0.381	0.418	0.452	0.492	0.519
36	0.113	0.213	0.271	0.320	0.376	0.413	0.446	0.486	0.513
37	0.111	0.210	0.267	0.316	0.371	0.408	0.441	0.480	0.507
38	0.110	0.207	0.264	0.312	0.367	0.403	0.435	0.474	0.501
39	0.108	0.204	0.261	0.308	0.362	0.398	0.430	0.469	0.495
40	0.107	0.202	0.257	0.304	0.358	0.393	0.425	0.463	0.490

续表

P(2):	0.50	0.20	0.10	0.05	0.02	0.01	0.005	0.002	0.001
P(1):	0.25	0.10	0.05	0.025	0.01	0.005	0.0025	0.001	0.0005
41	0.106	0.199	0.254	0.301	0.354	0.389	0.420	0.458	0.484
42	0.104	0.197	0.251	0.297	0.350	0.384	0.416	0.453	0.479
43	0.103	0.195	0.248	0.294	0.346	0.380	0.411	0.449	0.474
44	0.102	0.192	0.246	0.291	0.342	0.376	0.407	0.444	0.469
45	0.101	0.190	0.243	0.288	0.338	0.372	0.403	0.439	0.465
46	0.100	0.188	0.240	0.285	0.335	0.368	0.399	0.435	0.460
47	0.099	0.186	0.238	0.282	0.331	0.365	0.395	0.431	0.456
48	0.098	0.184	0.235	0.270	0.328	0.361	0.391	0.427	0.451
49	0.097	0.182	0.233	0.276	0.325	0.358	0.387	0.423	0.447
50	0.096	0.181	0.231	0.273	0.322	0.354	0.384	0.419	0.443
52	0.094	0.177	0.226	0.268	0.316	0.348	0.377	0.411	0.435
54	0.092	0.174	0.222	0.263	0.310	0.341	0.370	0.404	0.428
56	0.090	0.171	0.218	0.259	0.305	0.336	0.364	0.398	0.421
58	0.089	0.168	0.214	0.254	0.300	0.330	0.358	0.391	0.414
60	0.087	0.165	0.211	0.250	0.295	0.325	0.352	0.385	0.408
62	0.086	0.162	0.207	0.246	0.290	0.320	0.347	0.379	0.402
64	0.081	0.160	0.204	0.242	0.286	0.315	0.342	0.374	0.396
66	0.083	0.157	0.201	0.239	0.282	0.310	0.337	0.368	0.390
68	0.082	0.155	0.198	0.235	0.278	0.306	0.332	0.363	0.385
70	0.081	0.153	0.195	0.232	0.274	0.302	0.327	0.358	0.380
72	0.080	0.151	0.193	0.229	0.270	0.298	0.323	0.354	0.375
74	0.079	0.149	0.190	0.226	0.266	0.294	0.319	0.349	0.370
76	0.078	0.147	0.188	0.223	0.263	0.290	0.315	0.345	0.365
78	0.077	0.145	0.185	0.220	0.260	0.286	0.311	0.340	0.361
80	0.076	0.143	0.183	0.217	0.257	0.283	0.307	0.336	0.357
82	0.075	0.141	0.181	0.215	0.253	0.280	0.304	0.333	0.328
84	0.074	0.140	0.179	0.212	0.251	0.276	0.300	0.329	0.349
86	0.073	0.138	0.177	0.210	0.248	0.273	0.297	0.325	0.345
88	0.072	0.136	0.174	0.207	0.245	0.270	0.293	0.321	0.341
90	0.071	0.135	0.173	0.205	0.242	0.267	0.290	0.318	0.338
92	0.070	0.133	0.171	0.203	0.240	0.264	0.287	0.315	0.334
94	0.070	0.132	0.169	0.201	0.237	0.262	0.284	0.312	0.331
96	0.069	0.131	0.167	0.199	0.235	0.259	0.281	0.308	0.327
98	0.068	0.129	0.165	0.197	0.232	0.256	0.279	0.305	0.324
100	0.068	0.128	0.164	0.195	0.230	0.254	0.276	0.303	0.321
105	0.066	0.125	0.160	0.190	0.225	0.248	0.270	0.296	0.314
110	0.064	0.122	0.156	0.186	0.220	0.242	0.264	0.289	0.307
115	0.063	0.119	0.153	0.182	0.215	0.237	0.258	0.283	0.300
120	0.062	0.117	0.150	0.178	0.210	0.232	0.253	0.277	0.294
125	0.060	0.114	0.147	0.174	0.206	0.228	0.248	0.272	0.289

续表

P(2):	0.50	0.20	0.10	0.05	0.02	0.01	0.005	0.002	0.001
P(1):	0.25	0.10	0.05	0.025	0.01	0.005	0.0025	0.001	0.0005
130	0.059	0.112	0.144	0.171	0.202	0.223	0.243	0.267	0.283
135	0.058	0.110	0.141	0.168	0.199	0.219	0.239	0.262	0.278
140	0.057	0.108	0.139	0.165	0.195	0.215	0.234	0.257	0.273
145	0.056	0.106	0.136	0.162	0.192	0.212	0.230	0.253	0.269
150	0.055	0.105	0.134	0.159	0.189	0.208	0.227	0.249	0.264
160	0.053	0.101	0.130	0.154	0.183	0.202	0.220	0.241	0.256
170	0.052	0.098	0.126	0.150	0.177	0.196	0.213	0.234	0.249
180	0.050	0.095	0.122	0.145	0.172	0.190	0.207	0.228	0.242
190	0.049	0.093	0.119	0.142	0.168	0.185	0.202	0.222	0.236
200	0.048	0.091	0.116	0.138	0.164	0.181	0.197	0.216	0.230
250	0.043	0.081	0.104	0.124	0.146	0.162	0.176	0.194	0.206
300	0.039	0.074	0.095	0.113	0.134	0.148	0.161	0.177	0.188
350	0.036	0.068	0.088	0.105	0.124	0.137	0.149	0.164	0.175
400	0.034	0.064	0.082	0.098	0.116	0.128	0.140	0.154	0.164
450	0.032	0.060	0.077	0.092	0.109	0.121	0.132	0.145	0.154
500	0.030	0.057	0.074	0.088	0.104	0.115	0.125	0.138	0.146
600	0.028	0.052	0.067	0.080	0.095	0.105	0.114	0.126	0.134
700	0.026	0.048	0.062	0.074	0.088	0.097	0.106	0.116	0.124
800	0.024	0.045	0.058	0.060	0.082	0.091	0.099	0.109	0.116
900	0.022	0.043	0.055	0.065	0.077	0.086	0.093	0.103	0.100
1000	0.021	0.041	0.052	0.062	0.073	0.081	0.089	0.098	0.104